한국 선거정치의 변화와 지속

이념, 이슈, 캠페인과 투표참여

나남
nanam

강원택 (康元澤)

서울대 사회대 지리학과 졸업
서울대 대학원 정치학과 석사 졸업, 박사과정 수료
영국 London School of Economics and Political Science 정치학 박사
한국정치학회, 한국국제정치학회, 한국정당학회 연구이사
미국 듀크대 방문학자, 중앙선거방송토론위원회 전문위원 역임
현재 숭실대학교 정치외교학과 교수
　　　동아시아연구원 시민정치패널 소장, 입법조사처 조사분석지원 위원
　　　2010년 한국정당학회 회장

주요 저서
《보수정치는 어떻게 살아남았나》(2008)
《웹 2.0 시대의 한국정치》(2008)
《대통령제, 내각제, 이원정부제: 통치형태의 특성과 운영의 원리》(2007)
《인터넷과 한국정치: 정당정치에 대한 도전과 변화》(2007)
《한국의 정치개혁과 민주주의》(2005)
《한국의 선거정치: 이념, 지역, 세대와 미디어》(2003) 등 다수

나남신서 1443
한국 선거정치의 변화와 지속
이념, 이슈, 캠페인과 투표참여

2010년 1월 20일 발행
2010년 1월 20일 1쇄

지은이_ 康元澤
발행자_ 趙相浩
발행처_ (주) 나남
주소_ 413-756 경기도 파주시 교하읍
　　　출판도시 518-4
전화_ (031) 955-4600 (代), FAX : (031) 955-4555
등록_ 제 1-71호(79.5.12)
홈페이지_ http://www.nanam.net
전자우편_ post@nanam.net

ISBN 978-89-300-8443-7
ISBN 978-89-300-8001-9 (세트)
책값은 뒤표지에 있습니다.

나남신서 1443

한국 선거정치의 변화와 지속

이념, 이슈, 캠페인과 투표참여

강원택 지음

나남
nanam

Developments in Electoral Politics of South Korea

by

Kang, Won-Taek

nanam

　한국의 민주화는 공정한 선거정치의 복원을 의미하는 것이었다. 직선제 개헌으로 요약되는 민주화의 요구는 혁명적인 사회경제적 변혁이 아니라 절차적 민주주의의 확립에 대한 소망을 표현하고 있다. 이후 20여 년이 흐른 지금 적어도 선거정치에 관한 한 민주화운동 당시의 국민적 여망은 어느 정도 달성되었다. 우리는 이미　헌팅턴이 말하는 민주주의 공고화를 입증하는 두 번의 정권교체의 과정(*two-turnover test*)을 거쳤고, 대통령 탄핵과 같은 정치적 위기도 2004년 국회의원 선거를 통해 극복했다. 이와 같은 선거정치의 공고화와 함께 이에 대한 우리 학계의 학문적 연구도 커다란 진전을 이뤘다. 다양한 주제에 대한 열띤 토론과 함께 경쟁적 접근법, 상이한 해석 간의 논쟁도 활발하게 전개되었다. 외국이론의 수입, 적용을 넘어 이제 우리의 경험을 토대로 새로운 주장, 이론을 구축하려는 시도도 나타나고 있다. 이 책은 이와 같은 우리 사회의 정치적, 학문적 발전의 토대에 기반해 있다.

　이 책은 《한국의 선거정치: 이념, 지역, 세대와 미디어》 이후 6년여 만에 다시 펴내는 한국 선거에 대한 저자의 두 번째 저작이다. 그 책이 출간된 이후 2004년 국회의원 선거, 2006년 지방선거, 2007년 대통령 선거, 2008년 국회의원 선거 등 모두 네 차례 선거가 있었다. 이 책은 2002년 이후 전개된 한국 선거정치의 역동적 변화과정에 대한 추적이다. 이전 책에서 주목한 세대, 이념, 지역 등 구조적 변인은 여전히 선거정치에 큰 영향을 미치고 있지만 그 속성은 시간의 흐름에 따라 적지 않게 변화했다. 이 책에서는 그러한 구조적 변인이 어떻게 변화했는지 살펴보았다. 또한 민생이슈, 이미지 선거, 네거티브 캠페인 등 비교적 최근 선거에서 나타났던 새롭고 흥미로운 현상도 논의에 포함했다.

　민주화 이후 이뤄진 큰 변화 가운데 하나는 지방자치제도의 부활일 것이다. 그 이후 상당한 시간이 흘렀지만 '지방정치'에 대한 학문적 관심은 충분했다고 보기 어렵다. 여전

6

히 행정적 관점에서 지방자치를 바라보려는 경향이 강하다. 이에 대한 반성과 함께 이 책에서는 1998년, 2002년, 2006년 세 차례 지방선거에 대한 분석을 통해 지방정치와 중앙정치의 관계, 지방선거의 정치적 의미에 대해 살펴보고자 했다.

한편, 내 손으로 대통령을 뽑고 싶다는 국민적 여망이 사회를 민주화로 이끌었지만 최근 선거에서는 우려할 만한 수준으로까지 투표율이 하락하고 있다. 이렇게 된 데에는 여러 가지 이유가 있겠지만 이 책에서는 투표율 하락의 문제를 정치권에 대한 불만의 표출이라는 관점에서 새롭게 해석하고 이론화하고자 했다.

이번에 책을 준비하면서 크게 깨우친 것이 있다. 그동안 선거분석 때마다 가졌던 생각은 선거를 통해 표출된 그 시점의 민심의 특성을 찾아보자는 것이었다. 다시 말해 연구의 시제는 언제나 현재였다. 그러나 이 책의 준비과정에서 이전에 써둔 글을 읽으며 이런 '과거의' 선거분석이 갖게 되는 역사성에 대해 깨닫게 되었다. 선거연구가 선거라는 정치적 사건을 통해 한국 사회의 변화의 흐름을 기술하는 역사적 기록의 의미를 가질 수 있다는 사실을 알게 된 것이다. 그만큼 선거연구 작업의 무게감과 책임감이 더욱 크게 느껴졌다.

이 책에 실린 글들은 모두 학회나 학술지에 발표된 것을 기초로 하고 있다. 발표와 게재과정에서 유익한 토론과 따끔한 지적으로 이 글이 보다 나아진 모습을 갖출 수 있도록 도와주신 정치학계의 선후배 학자분들께 깊이 감사드린다. 이번 출판은 나남출판 조상호 사장님께 신세를 지게 되었다. 오랫동안 여러 가지로 배려해 주셨고 출판제안도 흔쾌히 받아주셨다. 이 자리를 통해 감사의 말씀을 전한다. 편집을 책임진 방순영 편집장과 깔끔한 책으로 꾸며주신 이병무 씨에게도 고마운 마음을 표하고 싶다.

책을 펴낼 때마다 마음에 느껴지는 부족함은 점점 더 커져만 가는 것 같다. 강호제현의 혜량과 질정을 감히 청한다.

2010년 1월
지천명(知天命)의 언덕에서

나남신서 1443

한국 선거정치의 변화와 지속
이념, 이슈, 캠페인과 투표참여

차
례

▫ 책을 펴내며   5

제 1 부   2007년 대통령 선거

제 1장 2007년 대통령 선거와 이슈:
　　　회고적 평가 혹은 전망적 기대?
　　1. 서론　　19
　　2. 이론적 검토　　22
　　3. 각 후보별 공약의 분석　　26
　　4. 이슈와 투표행태: 서베이 데이터 분석　　35
　　5. 결론　　48

제 2장 지역주의는 약화되었을까:
　　　지역주의와 2007년 대통령 선거
　　1. 서론　　49
　　2. 기존 연구에 대한 검토　　51
　　3. 2007년 대통령 선거와 지역주의　　56
　　4. 결론　　73

제 3장 네거티브 캠페인은 얼마나 효과적이었을까?

1. 서론 75
2. 이론적 논의 79
3. 경험적 분석 83
4. 결론 94

제 2 부 2004년과 2008년의 국회의원 선거

제 4장 누가 왜 바꿨나:
2007년 대선과 2008년 총선에서 유권자 지지의 변화

1. 서론 99
2. 분석의 틀 101
3. 분석: 누가 왜 바꿨나 104
4. 결론 122

제 5장 대통령 탄핵과 2004년 국회의원 선거:
새천년민주당은 왜 몰락했나?

1. 서론 125
2. 탄핵과 2004년 국회의원 선거 127
3. 열린우리당의 창당과 새천년민주당의 정체성 위기 131
4. 탄핵이슈와 정당경쟁 137
5. 결론 143

제 6장 2004년 국회의원 선거에서 민주노동당 지지에 대한 분석

1. 서론 145
2. 민주노동당 지지의 분석: 집합자료 분석 147
3. 누가 왜 민주노동당을 지지했나?: 정당투표를 중심으로 152
4. 결론 168

제3부   이념갈등과 한국 사회

제 7장 국회와 이념갈등:

16대, 17대, 18대 국회의원 이념성향의 비교

1. 서론   171
2. 분석의 틀: 이념갈등을 바라보는 상이한 시각   173
3. 국회의원 이념성향 분석과 정당정치의 특성   178
4. 결론   189

제 8장 386세대는 어디로 갔나?:

2007년 대선과 2008년 총선에서의 이념과 세대

1. 서론   193
2. 2007년 대선과 2008년 총선에서 이념의 영향   195
3. 세대와 이념: 386세대는 어디로 갔나?   206
4. 결론   217

제 9장 중도이념 유권자의 정치적 특성과 의미:

2004년 국회의원 선거를 중심으로

1. 서론   219
2. 이론적 검토   222
3. 주관적 중도 유권자에 대한 분석   225
4. 결론   239

제 4 부   지방선거

제 10장 지방선거는 중앙정치의 대리전?: 1998년 지방선거

1. 서론   243
2. 지방선거와 중앙정치: 이론적 논의   245
3. 1998년 지방선거에서 중앙정치의 영향   249
4. 결론   269

제 11장 2002년 지방선거의 정치적 의미:

중간평가 혹은 대선 전초전?

1. 서론   271
2. 선거효과의 연속성과 '전초전' 논리: 기존 논의의 검토   273
3. 2002년 지방선거와 대선 결과의 비교: 집합자료의 분석   276
4. 전초전 혹은 중간평가: 서베이 자료분석   280
5. 지방선거 결과의 정치적 효과: 여론조사 자료   289
6. 결론   293

제 12장 2006년 서울시장 선거분석: 이미지 선거?

1. 서론   295
2. 이론적 논의   297
3. 2006년 서울시장 선거운동: 후보, 상징색과 이미지   302
4. 이미지 선거: 경험적 분석   306
5. 결론   319

제 5 부 정치불만과 투표참여

제 13장 정치적 불만, 기권과 제3후보 지지:
1992년과 1997년 대통령 선거를 중심으로

1. 서론   323
2. 투표참여 이론에 대한 평가   325
3. 정치적 불만: 기권과 제3후보에 대한 지지   332
4. 경험적 분석: 1992년과 1997년 대통령 선거   339
5. 결론   350

제 14장 정치적 연계, 민주적 가치와 투표참여:
2007년 대선과 2008년 총선의 기권자 분석

1. 서론   353
2. 투표참여와 기권   355
3. 누가 기권했나?   359
4. 민주주의 가치와 투표참여   370
5. 대선에 투표한 이들은 왜 총선에서 기권했나   376
6. 결론   379

◦ 논문출처   381
◦ 참고문헌   383
◦ 찾아보기   397

표 · 그림
차례

제 1장

〈표 1-1〉주요 후보의 20대 공약   27
〈표 1-2〉제시된 공약의 분류 별 빈도   31
〈표 1-3〉노무현 정부 업무수행에 대한 평가   36
〈표 1-4〉5년 전과 비교한 경제상황에 대한 평가   37
〈표 1-5〉경제상황 평가와 노무현 대통령 업무 평가 간의 상관관계   38
〈표 1-6〉노무현 정부의 실정을 심판하고 정권교체를 이뤄야 한다는 데 대한 공감여부   39
〈표 1-7〉노무현 정부 심판론과 국가경제, 개인경제 변화에 대한 인식   39
〈표 1-8〉2007년 대통령 선거에서 가장 관심을 가진 이슈   41
〈표 1-9〉노무현 정부가 추진한 정책 가운데 가장 잘못된 것   42
〈표 1-10〉후보 간의 정책적 차이에 대한 인식   42
〈표 1-11〉투표결정에 영향을 미친 요인   43
〈표 1-12〉다항 로지스틱 모델: 대통령 후보 선택과 회고적 평가   45

제 2장

〈표 2-1〉주요 세 후보의 지역 별 득표율   57
〈표 2-2〉유권자의 출신지 별 지지후보 비율   59
〈표 2-3〉출신지역과 거주지역 별 후보자 지지의 비교   62
〈표 2-4〉거주지 별 후보자에 대한 호감도   64
〈표 2-5〉출신지역과 거주지역을 고려한 중요한 선거이슈의 비교   66
〈표 2-6〉지역 별 주관적 이념평균의 비교   70
〈표 2-7〉출신지역과 거주지역을 고려한 주관적 이념평균의 비교   70
〈표 2-8〉출신지역과 거주지역을 고려한 정책적 입장의 비교   72
〈표 2-9〉출신지에 따른 지역 별 거주인구비율   74

제 3장

〈표 3-1〉대선과정에서 나타난 가장 큰 문제점   77
〈표 3-2〉이항 로지스틱 회귀분석: 네거티브 캠페인의 효과(일반)   84
〈표 3-3〉한나라당 지지자 가운데 BBK 의혹과 투표결정   86
〈표 3-4〉한나라당 지지자 중 투표결정에 영향받은 사안에 따른 각 태도의 차이   86
〈표 3-5〉투표결정 시기와 지지후보 결정에 영향을 준 사안   88
〈표 3-6〉이항 로지스틱 회귀분석: 네거티브 캠페인과 투표참여   91
〈표 3-7〉네거티브 캠페인 인식에 따른 선거관심도의 차이   93

제 4장

〈표 4-1〉 2007년 대선 주요 후보 및 2008년 총선 주요 정당의 지역 별 득표율 106
〈표 4-2〉 두 선거에서 진보 정당/후보의 득표율 비교 107
〈표 4-3〉 2007년 대선 지지후보와 2008년 총선 지지정당 108
〈표 4-4〉 대선 직후 이명박 지지자의 총선 지지예정 정당의 비율 109
〈표 4-5〉 이명박 투표자들이 대선 직후에 밝힌 총선 지지정당과 실제 투표 정당 110
〈표 4-6〉 이명박 투표자의 투표 정당 별 2008년 총선에 대한 의미 111
〈표 4-7〉 대선 이명박 투표자 중 사회경제적 요인에 의한 총선 지지정당 구분 113
〈표 4-8〉 다항 로지스틱 모델 I : 이명박 투표자 중 범진보정당 및 기타 보수정당 지지요인
       (지역구 투표) 117
〈표 4-9〉 다항 로지스틱 모델 II : 이명박 투표자 중 범진보정당 및 기타 보수정당 지지요인
       (정당투표) 118
〈표 4-10〉 이명박 투표자들의 각 정당에 대한 호감도의 평균 121

제 5장

〈표 5-1〉 지지후보 결정에 가장 큰 영향을 준 사건 128
〈표 5-2〉 탄핵에 대한 연령, 정당투표, 지역 별 평가 129
〈표 5-3〉 각 정당 별 정책공약에 의한 이념성향 비교 133

제 6장

〈표 6-1〉 민주노동당의 지역구 출마지역 148
〈표 6-2〉 주요 3당의 비례대표 득표율과 지역구 득표율의 차이 149
〈표 6-3〉 인구사회학적 특성으로 본 민주노동당 지지자들의 특성 153
〈표 6-4〉 지지정당 별 유권자의 이념평균 158
〈표 6-5〉 호감 가는 정당 (제 1선호와 제 2선호의 비교) 160
〈표 6-6〉 민주노동당으로의 표의 이전 (정당투표) 161
〈표 6-7〉 열린우리당과 민주노동당 지지에 대한 이항 로지스틱 모델 163

제 7장

〈표 7-1〉 네 가지 이념 차원에 대한 조작적 정의 176
〈표 7-2〉 16대, 17대, 18대 의원의 정당 별 주관적 이념의 평균 179
〈표 7-3〉 반공이데올로기의 거부 대 수용 181
〈표 7-4〉 경제영역의 이념갈등: 좌-우 차원 184
〈표 7-5〉 이념의 사회적 차원: 자유지상주의-권위주의 186
〈표 7-6〉 탈권위주의 대 권위주의 차원 188

제 8장

〈표 8-1〉 이항 로지스틱 모델: 이명박-정동영 지지에 대한 이념적 요인   197

〈표 8-2〉 다항 로지스틱 모델: 총선에서 주요 3당 지지에 대한 이념의 영향(지역구)   201

〈표 8-3〉 가구소득과 교육 별 주관적 이념평균   204

〈표 8-4〉 각 쟁점정책과 가구소득, 교육 간의 상관관계   204

〈표 8-5〉 투표한 후보와 정당 별 유권자의 이념성향   205

〈표 8-6〉 2002년 대통령 선거에서의 세대 별 투표행태   207

〈표 8-7〉 2007년 대선과 2008년 총선에서의 세대 별 투표행태   208

〈표 8-8〉 386세대의 투표선택의 변화   210

〈표 8-9〉 출생연대 별 이념평균과 주요 후보와의 이념거리   212

〈표 8-10〉 구체적 쟁점정책에 대한 세대 별 태도   214

〈표 8-11〉 대통령 선거에서 유권자가 스스로 가장 중요하게 생각하는 정책과제   216

제 9장

〈표 9-1〉 이념집단 별 정당지지(2004년 국회의원 선거)   226

〈표 9-2〉 이념과 여야성향   227

〈표 9-3〉 이념 별 정당 호감도   228

〈표 9-4〉 이념 별 정당 지도자 호감도   228

〈표 9-5〉 2002년 대선과 2004년 총선에서 지지정당의 전이(중도-중립 유권자)   231

〈표 9-6〉 진보와 보수 이념집단의 정당투표 별 이념거리   232

〈표 9-7〉 중도이념집단의 정당투표 별 이념거리   233

〈표 9-8〉 이념집단과 정치적 효능감   235

〈표 9-9〉 이념집단과 정치적 귀속감   237

〈표 9-10〉 이념성향 별 2004년 국회의원 선거 투표여부   238

제 10장

〈표 10-1〉 지방선거를 중간평가로 간주하나?   251

〈표 10-2〉 정당지지에 따른 중간평가의 의미   253

〈표 10-3〉 중간평가 여부와 김대중 정부에 대한 평가   253

〈표 10-4〉 1997년 대통령 선거 지지후보와 중간평가 여부   254

〈표 10-5〉 지지한 정당과 문제해결 정당에 대한 유권자의 인식(광역단체장)   257

〈표 10-6〉 정당지지와 정치적 견해   258

〈표 10-7〉 경제위기상황과 여당지지(출신지 별)   259

〈표 10-8〉 1995~1998년 지방선거 간 정당지지 변화   261

〈표 10-9〉 1997년 대통령 선거와 1998년 지방선거 간 정당지지의 변화   261

〈표 10-10〉 1997년 대선에서 김대중 지지자의 1998년 광역단체장 선거에서의 지지분포   262

〈표 10-11〉 정당 별 일관투표 여부　264
〈표 10-12〉 지방자치단체의 권한에 대한 인식　266
〈표 10-13〉 각 선거에서 유권자의 선거관심도　267
〈표 10-14〉 지방선거에 무관심한 이유　268

제 11장
〈표 11-1〉 2002년 지방선거와 대통령 선거의 정당 별, 지역 별 득표율 비교　277
〈표 11-2〉 대선 후보들의 선거운동이 지방선거 투표결정에 미친 영향　281
〈표 11-3〉 정당일체감과 대선 후보의 영향력　281
〈표 11-4〉 좋아하는 정당의 친밀감과 대선 후보의 영향　283
〈표 11-5〉 이항 로지스틱 모델: '부패정부 및 정권교체 위해 야당 지지'　286
〈표 11-6〉 지방선거 전후 양자대결 가상 여론지지도의 추이　291
〈표 11-7〉 지방선거 전후 3자대결 가상 여론지지도의 추이　291
〈표 11-8〉 2002년 지방선거 때 지지정당에 따른 대선 때 예상 지지후보　292

제 12장
〈표 12-1〉 후보 별 지지원인의 변화추이　307
〈표 12-2〉 후보지지의 원인　309
〈표 12-3〉 두 후보 간 지지율의 변화추이　309
〈표 12-4〉 강금실 후보 지지자(1차 조사 기준)의 지지원인 별 잔류비율　310
〈표 12-5〉 두 후보 지지자의 사회경제적 속성　311
〈표 12-6〉 지지후보 별 TV토론 시청여부　313
〈표 12-7〉 선거관련 언론보도에서 관심을 갖는 내용　313
〈표 12-8〉 이전 선거에서의 선택과 서울시장 선거의 투표 후보　316
〈표 12-9〉 이항 로지스틱 회귀분석: 후보자, 정당 혹은 회고적 평가　317

제 13장
〈표 13-1〉 1992년 대통령 선거에서 투표선택과 유권자의 평가　340
〈표 13-2〉 정치인의 선호 및 3당 합당에 대한 태도(1992년)　343
〈표 13-3〉 기권과 제 3후보 지지에 대한 로지스틱 모델(1992년 선거)　343
〈표 13-4〉 1992년, 1997년 대통령 선거에서 지지의 이동　345
〈표 13-5〉 정치적 지지와 DJP연합에 대한 평가　346
〈표 13-6〉 정치적 지지와 IMF 경제위기에 대한 책임의 평가　347
〈표 13-7〉 기권과 제 3후보 지지에 대한 로지스틱 모델(1997년 선거)　348

16

제 14장
〈표 14-1〉 민주화 이후 대선과 총선의 투표율　358
〈표 14-2〉 2007년 대선과 2008년 총선에서의 투표참여 변화　360
〈표 14-3〉 2007년 대선 투표와 2008년 총선 투표참여 여부에 따른 사회경제적 특성　361
〈표 14-4〉 정당에 대한 호감도, 대표성에 대한 평가　364
〈표 14-5〉 투표참여 여부에 의한 네 집단의 정당정치에 대한 평가　365
〈표 14-6〉 정치적 지식과 정치적 정보획득의 빈도　366
〈표 14-7〉 정치적 의사표현을 위한 행동여부　368
〈표 14-8〉 4년 뒤 한국 경제상황에 대한 전망　369
〈표 14-9〉 투표자 집단과 기권자 집단의 민주적 가치에 대한 집단통계량　372
〈표 14-10〉 표준화 정준판별함수 계수: 투표참여와 민주가치　373
〈표 14-11〉 판별분석의 분류결과: 투표참여와 민주가치　373
〈표 14-12〉 이항 로지스틱 회귀분석 : 대선 투표자 중 총선 투표와 총선 기권　378

제 5장
〈그림 5-1〉 2007년 총선 이전 정당 별 지지율의 변화　128
〈그림 5-2〉 탄핵에 대한 태도와 정당 호감도　140
〈그림 5-3〉 탄핵에 대한 태도와 정당이념 평가　141

제 6장
〈그림 6-1〉 정당투표자의 이념적 분포　159

제 12장
〈그림 12-1〉 강금실, 오세훈 후보의 지지도 변화추이　307

제 13장
〈그림 13-1〉 기존 정당에 대한 불만의 반응과 유권자의 선택　339

제 1 부

2007년 대통령 선거

제 1 장 2007년 대통령 선거와 이슈 :
회고적 평가 혹은 전망적 기대?

제 2 장 지역주의는 약화되었을까 :
지역주의와 2007년 대통령 선거

제 3 장 네거티브 캠페인은 얼마나 효과적이었을까? :

    2007년 대통령 선거는 민주화 이후 치러진 이전의 네 차례 대통령 선거와 비교할 때 여러 가지 면에서 적지 않은 차이가 있었던 선거였다. 우선 과거 선거에 비해 정치적 이슈가 크게 부각되지 않았다. 군정종식, 재벌개혁, 행정개혁, 햇볕정책, 대미관계, 과거사 평가 등 정치적 이슈가 중요한 선거쟁점이 되었던 것과는 달리 2007년 대통령 선거에서는 경제, 민생과 같은 실용적 이슈가 유권자들의 관심사가 되었다. 또한 선거 때마다 분출되던 지역주의 갈등 역시 2007년 대통령 선거에서는 피부로 느낄 만큼 강하게 제기되지 않았다. 후보자마다 지역별 득표 패턴에 여전한 차이가 있었지만 이전과 비교한다면 확실히 그 정도는 약화되었다. 2007년 대통령 선거가 흥미로웠던 또 다른 이유는 이전 선거와는 달리 이명박 후보가 선거 초반부터 여론의 지지에서 일방적으로 다른 후보들을 압도했다는 점이다. 과거 선거에서 당선자와 차점자의 득표율이 대체로 10% 이내의 차이를 보였고, 특히 1997년 대선은 1.6%, 2002년의 경우 그 차이는 2.3%였다. 그러나 2007년 대통령 선거에서 이명박 당선자와 정동영 차점자의 득표율의 차이는 무려 22.6%에 달했다. 이런 일방적인 독주로 인해 선거운동은 선두후보에 대한 네거티브 캠페인을 중심으로 전개되었다.

    제 1부에서는 2007년 대통령 선거에서 발견할 수 있는 이런 흥미로운 현상에 대한 분석을 담고 있다. 제 1부에 포함된 세 장의 논의에서는 2007년 대통령 선거에서 주목받은 선거이슈의 특성, 지역주의 투표행태의 변화여부 그리고 네거티브 캠페인의 효과에 대해서 각각 살펴보기로 한다.

제1장

2007년 대통령 선거와 이슈: 회고적 평가 혹은 전망적 기대?

1. 서론

선거는 공직을 담당할 인물을 유권자의 집단적 선택(*collective choice*)에 의해 결정하는 절차이다. 각 후보들은 선거운동을 통해 왜 자신이 그 직책을 담당해야 하는지, 그 직책을 얼마나 잘 수행할 수 있는지 자신의 역량과 사명감을 유권자들에게 널리 알림으로써 지지를 얻고자 한다. 그런데 선거 때 주목을 끌게 되는 중요한 이슈는, 일차적으로는 그 당시 국민의 정치적 요구를 반영하는 것이지만, 또 한편으로는 출마한 후보자의 자질과 역량을 판단하게 해주는 기준으로 작용하기도 한다. 전시(戰時)와 평화 시, 경제적 어려움에 처해 있는 경우와 경제적으로 번영하는 시기, 사회적 갈등이 심한 경우와 안정적인 경우에 유권자들이 관심을 갖는 이슈는 각각 달라질 것이며 그에 따라 요구되는 리더십의 특성도 변화한다. 예를 들면, 제2차 세계대전을 승리로 이끈 영국의 처칠(Churchill) 수상이 전쟁 직후 실시된 1945년 총선에서는 노동당의 애틀리(Attlee)에게 크게 패배한 것도 상황의 변화에 따라 국민들이 관심을 갖는 이슈가 달라진 때문이었다. 즉 전쟁종식으로 이제 복구와 민생문제가 주요 관심사가 되면서 처칠의 리더십이 갖는 호소력이 줄어들게 된 것이다. 이처럼 선거에서는 유권자들이 원하는 이슈를 '자기 것'으로 만들 수 있는 후보자가 유리하다.

2002년 대통령 선거 때는 효순·미선 양 사망과 이와 관련된 미국과의 SOFA 개정 문제가 큰 논란의 대상이 되었다. 이 밖에도 행정수도 이전, 햇볕정책의 지속여부 등이 중요한 쟁점이 되면서 후보자 간 차별성을 부각시켰고 유권자의 투표결정에도 상당한 영향을 미쳤다. 그러나 2007년 대통령 선거에서는 유권자들의 큰 관심을 이끌어낸 이슈가 거의 없었다는 것이 일반적인 평가인 듯하다. 이렇게 된 한 원인은 각 정당의 후보자 선출이 시기적으로 무척 늦었다는 사실과 관련이 있다. 한나라당 이명박 후보는 선거일 4개월 전인 8월 후반에 지명되었고, 통합민주신당의 정동영 후보는 선거일 두 달 전, 그리고 무소속으로 나온 이회창 후보는 선거일을 불과 한 달 앞두고 출마를 선언했다. 선거일에 촉박하여 후보자가 결정되다 보니 각 후보가 제시한 정책의 타당성이나 실현가능성을 둘러싼 폭넓은 논의가 이뤄질 시간이 없었고, 선거경쟁은 자연히 인물 중심으로 진행될 수밖에 없었다. 또 한편으로는 이명박 후보가 2007년 초반부터 여론조사에서 높은 지지율을 유지하면서 계속 선두를 지켰기 때문에 다른 후보들의 선거운동은 이명박 후보의 지지율을 끌어내리기 위한 네거티브적 공세에 치중하게 되면서 정책이나 이슈는 실종되었다.

그렇다면 과연 2007년 대통령 선거에서는 유권자들이 지지후보를 결정할 때 이슈의 영향은 전혀 없었을까? 돌이켜 보면 지지자와 반대자를 극명하게 갈라놓을 만한 뜨거운 쟁점은 없었지만 그래도 경제성장이나 고용 등 경제이슈가 관심의 대상이 되기도 했다. 그렇다면 이런 이슈들은 과연 유권자의 선택에 영향을 미쳤을까? 이 장에서는 2007년 대통령 선거에서 제기된 이슈의 특성에 대해서 살펴보고, 그러한 이슈가 유권자의 결정에 어떤 형태로 영향을 미쳤는지 분석하고자 한다. 또한 이슈가 영향을 미쳤다면 그것은 퇴임을 앞둔 정부에 대한 회고적 평가를 반영한 것인지 혹은 새 정부에 대한 전망적 기대감을 반영한 것인지에 대해서도 살펴볼 것이다. 여기서 사용하는 데이터는 한국정치학회의 대선후조사 자료와 동아시아연구원(EAI)이 중앙일보, SBS, 한국리서치와 공동으로 실시한 패널조사 자료이다. [1]

---

1) 1차 조사는 2007년 4월 25~28일, 2차는 8월 10~13일, 3차는 10월 17~20일, 4차는 11월 25~27일, 5차는 12월 11~12일, 그리고 6차 조사는 대선 이후인 12월 20~21일에 각각 실시되었다. 최초 패널의 샘플 크기는 3,503명이었으며 최종 패널 유지율은 60.3%였다. 이에 대해서는 이현우·권혁용 편(2008: 17~35)을 참조할 것.

2. 이론적 검토

유권자의 투표결정에 영향을 미치는 요인은 무수히 많다. 투표결정 요인은 분석의 단위에 따라서 사회적 균열구조나 역사적 원인 등에 중요성을 부여하는 사회학적 접근법, 정당일체감이나 소속감 등에 주목하는 심리학적 접근법, 그리고 이념적, 정책적 측면에 주목하는 경제학적 접근법 등으로 구분하기도 한다(Barry 1970).

사회학적 접근은, 립셋과 록칸(Lipset and Rokkan 1967)의 연구가 잘 보여주는 것처럼, 역사적 과정을 거쳐 형성된 한 국가 내의 사회적, 정치적, 인종적, 문화적, 계급적, 지역적 균열이 유권자의 투표행태에 영향을 미친다는 것이다. 우리나라 선거에서라면 지역주의 투표성향이 이러한 사회학적 접근의 대표적인 예가 될 수 있을 것이다.

한편 심리학적 접근법은 미국 대통령 선거를 분석한 1960년대 캠벨과 동료들(Campbell et al. 1960)의 연구가 고전적 성과물이다. 그들은 정당일체감(*party identification*)이 유권자의 투표결정에 중요하다고 주장했는데, 투표결정에 있어 정치적 사회화의 과정이나 심리적 일체감이 중요하며 단기적 이슈보다는 장기적 측면에서의 심리적 연계감이 보다 큰 영향을 미친다는 것이다.

이에 비해 경제적 접근법은 선거에서 이슈의 중요성을 인정한다. 이러한 접근법의 대표적인 이론은 합리적 선택이론(*rational choice model*)이다. 경제학의 개념을 차용하여 유권자는 시장에서의 소비자처럼 선거에서 투표결정을 할 때 효용을 극대화하기 위한 결정을 내린다고 가정한다. 특히 이념적 근접성이 정치적 효용 극대화에 중요한 기능을 하는데, 선거과정에서 제기되는 정당 혹은 후보자의 이슈 포지션과 유권자의 입장 간의 이념적 거리감에 따라 투표결정이 이뤄지게 된다는 것이다(Downs 1957; Enelow and Hinich 1984). 즉 특정 이슈에 대한 정당이나 후보자의 정책적, 이념적 위치와 유권자의 정책적, 이념적 위치의 간격이 좁을수록 유권자가 느끼는 정치적 효용이 커지고, 유권자가 그 후보에게 투표하게 될 확률도 커지는 것이다. 물론 이와 다른 견해도 있다. 미국 의회 선거를 대상으로 한 연구에서는 특정 이슈에 대해서는 후보자가 뚜렷한 자기의 입장을 밝히는 것보다 애매한 태도를 취하는 것이 보다 유리할 수 있다는 연구결과도 있다(Jacobson and Kernell 1983). 그러나 유권자가 자신과 비슷한 정책적 입장을 취하는 후보자나 정당에 투표할 것이라는 주장은 경험적으로도 상당한 설득력을 갖는다.

그런데 합리적 선택이론의 기본가정을 수용하면서 특히 도구적인 (instrumental) 효용성을 강조하는 시각이 있다. 대표적인 것이 피오리나(Fiorina 1981)의 회고적 투표(retrospective voting) 이론이다. 피오리나는 미국 대통령 선거를 분석하면서 키(V. O. Key 1966)의 이론을 빌려 이전 정부에서 행한 업무성과에 대한 만족과 불만이 상(reward)과 벌(punishment)의 의미를 가지면서 후보자를 선택하는 데 영향을 미친다고 주장했다. 즉 퇴임을 앞둔 정부의 업적을 긍정적으로 평가한다면 퇴임하는 대통령과 같은 정당 출신의 후보자를 지지할 것이고, 반대로 그 정부의 업적을 부정적으로 평가한다면 이전 대통령의 소속이 아닌 정당의 후보자를 지지하게 된다는 것이다. 이러한 시각은 선거를 통한 정치적 책임성의 구현에 주목한 것이다.

회고적 투표이론은 특정 이슈를 바라보는 유권자의 시각이 퇴임을 앞둔 정부의 업적 평가와 관련하여 결정되는 것으로 볼 수 있다. 예컨대 한 선거에서 경제이슈가 중요하게 다뤄지는 것은 이전 정부의 경제정책의 실정에 대한 불만이 표출되는 것이며, 교육이슈나 보건 서비스 문제가 큰 중요성을 갖게 되는 것 역시 이전 정부의 정책수행에 대한 평가와 관련이 있다. 다운즈 등이 주장하는 합리적 이론이 미래에 실현될 효용이라는 전망적(prospective) 기대감을 전제하고 있다면, 피오리나의 관점은 미래가 아니라 이미 이뤄진 과거의 일에 대한 평가라는 회고적 시점에 기초해 있다.

그런데 회고적 평가는 우리나라의 선거에서는 흥미로운 토론거리를 제공한다. 미국과는 달리 우리 대통령제는 단임제이며 더욱이 정당정치의 제도화 수준도 낮기 때문이다. 이 때문에 학자들마다 우리나라 선거에서 회고적 투표이론의 적용가능성에 대한 견해는 갈린다. 박경산(1993)은 14대 대통령 선거를 분석하면서 우리나라 유권자들은 회고적 평가보다 전망적 차원의 경제투표 성향이 강하게 나타난다고 주장했다. 이현우(1998)는 1997년 대통령 선거를 분석하면서 유권자들이 외환위기에 대해 집권당이 책임져야 한다고 생각하지만, 이회창 후보의 경우에는 이러한 회고적 평가보다는 전망적 기대감이 더욱 컸다고 보았다. 같은 정당 출신이지만 김영삼 대통령과 이회창 후보를 별개의 존재로 보고 있다는 것이다. 황아란(2000) 역시 1997년 대통령 선거분석을 통해 전망적 평가가 보다 중요한 영향을 미쳤다고 결론지었다. 그러나 이내영·정한울(2007)은 2004년 국회의원 선거를 분석하면서 노무현 정부의 국정운영 평가나 경제실적에 대한 평가가 유권자의 선택에 중요한 요인이었다고 주장했다. 즉 회고적 평가가 중요한 고려사항이 되었다는 것이다.

그런데 투표결정에서 이슈의 중요성은 회고적 평가가 아니라도 얼마든지 생겨날 수 있다. 상황적 요인이나 예상치 않게 부각된 이슈 등이 선거과정에 영향을 미치는 경우가 발생할 수 있기 때문이다. 즉 선거 무렵의 경제상태의 급변이라든지 혹은 예상치 못한 단기적 사건이 선거에 큰 영향을 미칠 수 있다. 우리나라의 경우 2002년 여중생 사망사건, 영국에서는 1982년 초 포클랜드 전쟁이 발발한 일 등은 예기치 못한 단기적 이슈가 선거에 미치는 효과를 잘 보여주고 있다. 실제로 이현우(2006)는 2002년 대통령 선거 분석을 통해 후보 단일화나 촛불시위와 같은 구체적인 이슈가 노무현 후보에게 유리하게 작용하였다고 분석하였으며, 도리(Dorey 1995: 187)는 포클랜드 전쟁이 보수당과 대처 수상의 인기상승에 커다란 영향을 미쳤다고 주장했다.

그런데 2007년 대통령 선거에서 이슈의 영향이 궁금한 까닭은, 앞서 지적했듯이, 선거운동 과정에서 이슈가 유권자들이 피부로 느낄 만큼 강하게 부각되지 않았기 때문이다. 그렇다면 과연 2007년 대통령 선거에서 이슈는 유권자의 투표결정에 별다른 영향을 미치지 못했을까? 이슈가 후보자의 투표결정에 미친 영향을 분석하기 이전에 우선 각 후보들이 제시한 공약의 내용에 대한 분석으로부터 후보자 간 정책의 차별성과 유사성에 대해서 비교분석해 보기로 한다.

3. 각 후보별 공약의 분석

2007년 대통령 선거에서 이슈의 효과를 분석하기 위해 주요 후보들이 중앙선거관리위원회에 제출한 20개씩의 정책공약의 내용과 우선순위에 대해 살펴보았다.[2] 이 공약에 주목한 까닭은 동일한 형식을 갖추고 있어서 각 후보가 중시하는 정책사안을 비교하기에 적합하다고 판단되었고, 또한 국가기관인 중앙선거관리위원회(이하 중앙선관위)에 제출한 것이라는 점에서 공식성을 어느 정도 내포하고 있다고 보았기 때문이다. 2007년 대통령 선거에서의 최종 득표율을 고려하여, 이명박, 정동영, 이회창, 문국현, 권영길 등 다섯 후보만을 비교의 대상으로 선정하였다.

〈표 1-1〉에 정리된 다섯 후보의 공약내용을 살펴보면, 이명박, 정동영, 문국현 후보가 모두 경제성장을 최우선 과제로 제시한 것처럼 서로 유사한 항목도 적지 않지만, 각 후보별로 공약의 우선순위에 대한 비교적 분명한 차이가 확인된다. 〈표 1-1〉을 토대로 하여, 각 후보의 공약을 정책내용별로 나눠 정리한 것이 〈표 1-2〉의 결과이다. 각 후보가 중앙선관위에 제출한 20개의 공약은 서로 중복되거나 유사한 여러 항목을 포함하지만, 각 후보가 제시한 구체적인 정책내용을 들여다보면 적지 않은 차이가 나타난다. 우선 각 정책의 항목별 빈도에서 차이가 발견된다.

〈표 1-2〉에서 볼 수 있듯이, 2007년 대통령 선거에서 각 후보들이 제시한 공약 가운데 가장 빈도가 높은 것은 역시 경제이슈였다. 이전에 실시된 다른 선거의 경우와 비교하지는 않았기 때문에 경제문제에 가장 많은 공약을 내세운 것이 이번 선거의 유독 다른 특성인지 확인

---

2) http://www.nec.go.kr:8088/3pweb/view/candidate(검색일 2007. 12. 15)

〈표 1-1〉 주요 후보의 20대 공약

순위	이명박	정동영	이회창	문국현	권영길
1	7% 성장, 3백만 개 일자리, 친기업환경 조성	6% 성장, 일자리 250만 개, G-10	강소국 연방제	5백만 개 일자리, 비정규직 축소	서민소득 증대, 소득불평등 축소
2	금융 소외자 신용회복, 영세자영업자 지원, 주요생활비 30% 절감	중소기업 5만 개, 글로벌 중견기업 2천 개	법질서 회복	8% 경제성장	한미 FTA 백지화, 동아시아 경제연대협정
3	주택공급 확대, 장기보유 주택 세부담 완화	한반도 5대 철도망 구축	군인, 소방, 경찰, 국가희생자 처우 개선	중소기업 경쟁력 강화	재벌경제 개혁, 반부패 청산
4	신성장 동력 선점 발굴 및 지원	대입수능폐지, 내신위주선발, 영어국가책임제	작고 효율적인 정부, 민간주도	환동해 경제협력벨트 구축	4백만 비정규직 정규직 전환, 고용안정
5	R&D 투자확대 및 과학기술강국	비정규직 25%로 축소, 외주용역화 규제	감세	반의 반값 아파트 건설 및 부동산 시장 안정화	1가구 1주택, 택지국유화 실현
6	국제경쟁력 있는 중소기업 육성	수도권 2억 이하 아파트, 신혼부부 주거 대책	기업 규제 철폐	교육 경쟁력 세계 1위 달성	부유세, 양극화해소
7	농어촌 경쟁력 강화	항공우주, 로봇기계, 바이오 등 신성장동력	중소기업 육성	건설비리 척결	불공정하도급 근절, 중소기업 육성

28

〈표 1-1〉 계속

순위	이명박	정동영	이회창	문국현	권영길
8	맞춤형, 예방형 보건복지 서비스 실현	기름값, 약값, 카드수수료 등 인하	과학기술, 교부가가치서비스 등 신성장 산업 육성	정부 조직과 기능의 재편	대학평준화, 사교육비 문제 해결
9	여성 성공시대, Mom & Baby plan	대학 경쟁력 강화, 평생학습	공교육 정상화	개인 및 결선투표제 등 도입	병역비 걱정 없는 나라
10	저소득층 자녀 기회 확대 위한 계층합당제 도입	기초노령연금 확대, 노인 일자리 확대	교육 복지 확충	여성사회 참여 확대, 다문화 사회 구축	국가 책임 하에 농업 회생
11	노인 문제 해결	무상보육 교육, 여성진화사회 건설	250만 개 일자리 창출	공직부패 추방	가사, 육아, 간병 국가 부담, 여성 노동 보장
12	생활밀착형 문화 인프라 구축	건강보험 보장성 80%로 확대	수요자 중심의 맞춤형 복지, 생활복지	대북 평화 실리정책 추진	국공립 어린이집 확대, 취학전 아동 무상보육, 교육
13	3단계 대학 입시 자율화	북핵 문제 해결, 평화협정 체결	노인, 장애인 일자리 확대	노령화 사회 종합적 노인 정책 추진	장애인 차별 철폐 및 자립 보장
14	글로벌 인재 양성 및 대학경쟁력 강화	개성공단 확대 등 평화공동체 구축	보육 시스템 확대, 5세까지 국가 책임	조세제도 개혁	사회부총리 신설, 복지재정 2배 확충

〈표 1-1〉 계속

순위	이명박	정동영	이회창	문국현	권영길
15	다목적 대운하 건설	모병제 기반 구축 및 지연예비군제	1가구 1주택 부담 경감, 세금 완화	대입 제도 개혁 및 사교육비 해소	온실가스 20% 감축, 재생에너지 20% 증대
16	안전하고 지속가능한 환경복지국가	공직부패수사처 신설, 국가청렴도 제고	지구 온난화에 적극 대응	지구 온난화 대비	공공 문화 서비스 보급
17	법질서 파괴 근절, 권력형 비리 척결	공공부문 혁신 및 성과주의 예산제	환경오염 및 난개발 방지	환경성 질환 치단과 안전한 생활양식 구축	아토피 공공 클리닉 센터 설치, 어린이 안전 보장
18	침체된 지방경제 활성화	4년 대통령 연임제 개헌, 권역 별 비례대표제	상호주의, 국제공조로 북핵 폐기 및 개방개혁 유도	전략적 투자와 효율로 정예국방력	코리아연방공화국 지향
19	비핵, 개방 3000 구상	온난화 해결 위한 친환경 경제구조	이산가족, 납북자, 국군포로 해결	동북아 경제안보 협력 강화	한미동맹 해체, 주한미군 철수
20	정예강군 육성 위한 최첨단 전략화, 병영환경 개선	문화 강국 건설	한미동맹 강화	ODA 등 국제적 공헌 확대	선거제도 개혁, 비례대표제 확대

하기는 어렵다. 그러나 선거운동 기간 이전의 한나라당 경선과정에서도 박근혜 후보가 세금을 줄이고 규제를 풀고 법 기강을 세운다는 소위 '줄·푸·세' 공약을 내세운 것이나, 이명박 후보가 7% 성장, 국민소득 4만 달러, 7대 강국이라는 소위 '747' 공약을 내세운 것을 보면, 2007년 대통령 선거에서는 일찍부터 경제문제가 큰 이슈로 부상한 것만큼은 틀림이 없다. 문국현 후보가 출마하면서 내세운 변 역시 CEO 출신의 유능한 경제전문가라는 것이었다. 따라서 상황적으로 볼 때 경제이슈는 2007년 대통령 선거에서 매우 큰 관심의 대상이었으며, 후보들 역시 이러한 분위기에 맞춰 경제문제와 관련된 많은 공약을 내세운 것으로 볼 수 있다. 경제공약과 비교해볼 때, 정치관련 이슈는 그다지 많지 않다. 2002년 대통령 선거 때 미국과의 SOFA 개정, 정치개혁, 국가보안법 개정, 지역주의 타파, 햇볕정책 지속여부 등 정치관련 이슈와 이에 대한 각 후보자의 공약이 커다란 관심의 대상이 되었던 것과는 분명한 대조를 보인다.

다섯 후보의 공약을 모두 합친 100개의 공약을 분류한 결과, 역시 전체의 35%가 경제관련 공약이었으며, 복지관련 이슈는 18%로 두 번째로 많았다. 세 번째로는 군사, 안보, 대북정책 등 대외관계 이슈로 13%를 차지했다. 그다음으로는 교육이 9%를 차지했는데, 교육이라는 단일 이슈가 이 정도 비중을 차지한 것은 이번 선거에서 교육이슈 역시 큰 관심의 대상이 되었음을 보여주는 것으로 볼 수 있다. 그러나 이에 비해 정치개혁 관련 이슈는 7%로 그 비중이 상당히 낮았다. 〈표 1-2〉에서 본 공약의 빈도를 두고 볼 때 경제관련 사안이 2007년 대통령 선거에서 제일 중요하게 간주된 이슈였다. 여기에 노동이나 복지에 대한 공약을 합하면 실생활관련 이슈가 큰 중요성을 가진 선거였다고 볼 수 있다.

후보자별로 보면 이명박 후보는 경제관련 분야에서 다른 후보보다 가장 많은 9개의 공약을 제시했다. 이에 비해 정치개혁이나 노동관련

〈표 1-2〉 제시된 공약의 분류별 빈도

	이명박	정동영	이회창	문국현	권영길	계
경제(과학기술, 부동산, 농촌 포함)	9	6	7	6	7	35
복지, 여성, 노인, 장애인	4	3	4*	2	5	18
문화	1	1	0	0	1	3
교육	2	2	2	2	1	9
환경	1	1	2	2	2	8
노동	0	1	0	0	1	2
법과 질서(부패방지 포함)	1	1	1	2	0	5
북한, 군사, 안보	2	3	3	4	1	13
정치개혁, 개헌, 행정개혁	0	2	1	2	2	7

* 군인, 경찰, 소방관 및 희생자 처우 개선 포함

공약은 아예 없었다. 정동영 후보의 경제공약은 6개였으나 이명박 후보가 제시하지 않았던 정치개혁, 개헌분야에 두 개의 공약을 제시했고, 노동관련 공약도 있었다. 권영길 후보는 복지관련 공약이 상대적으로 많은 편이었지만 경제관련 공약이 7개로 제일 많았다. 이회창, 문국현 역시 경제관련 공약이 제일 다수였다.

그런데 사실 어느 선거에서나 후보들은 표를 얻는 데 도움이 될 만한 공약은 백화점식으로 모두 나열하는 것이 일반적이다. 따라서 〈표 1-2〉에서 나타난 차이는 형식적인 것일 뿐 실질적인 중요성을 제대로 보여주지 못한다는 비판도 가능할 것 같다. 이런 점을 고려하여 이번에는 각 후보가 중앙선관위에 제출한 공약의 순위를 분석하여 후보별로 어떤 공약에 보다 큰 무게를 실었는지에 대해 살펴보았다. 후보자 입장에서는 아무래도 보다 강조하고 싶고 또 중요하게 생각하는 공약을 앞선 순위에 둘 것으로 가정하였다.

분석결과 많은 후보가 제1순위의 공약으로 선거운동 과정에서 많이 논의되었던 경제성장, 고용증대를 내세웠다. 이명박은 7% 성장, 3백만 개 일자리 공약이 제 1순위, 정동영은 6% 성장 250만 개 일자리 공약이 제 1순위, 문국현은 제 1순위로 5백만 개 일자리(두 번째 순위 공약은 8% 성장)를 제시하였다. 이러한 패턴으로 볼 때 각 후보가 제시한 공약의 순서가 무작위로 나열된 것이 아니라는 점을 알 수 있다. 이명박 후보의 1번부터 7번까지 공약은 모두 경제관련 사안이었다. 정동영 후보는 1번부터 3번까지, 그리고 6번부터 8번까지가 경제관련 공약이었다. 이회창 후보는 4번부터 8번까지가 경제관련 공약이었고 문국현 후보는 1번부터 5번까지, 그리고 권영길 후보는 1번, 3번, 5~7번이 경제관련 공약이었다. 이처럼 각 후보들이 제시한 공약의 내용을 보면 이번 대선에서 가장 중요했던 이슈가 경제였음을 다시 확인시켜준다.

그러나 구체적인 내용에서는 적지 않은 차이도 확인이 된다. 2002년 이후 우리 정치에서 정당별 이념차이가 보다 분명해지고 있다는 사실이 〈표 1-1〉의 공약내용에서도 드러난다. 즉 각 후보별 입장에 따라 경제운용 방향에 대한 상당한 인식의 차이가 확인된다는 것이다. 각 후보 별로 제시한 예상성장률의 차이가 있지만 본질적인 정책방향의 차이라고 보기는 어렵다. 후보별 차이가 확인되는 것은 우선 세금관련 이슈이다. 이명박과 이회창은 세금정책 완화, 감세를 약속한 반면, 정동영은 이와 관련된 공약이 없고, 권영길은 오히려 증세를 약속했다. 문국현은 조세개혁을 공약했는데 부동산 보유 세율은 높이고 근로소득세 등은 낮추겠다고 했다. 세금공약을 두고 볼 때 이회창, 이명박이 우파, 권영길이 강한 좌파, 그리고 정동영과 문국현이 그 사이에 놓이는 것으로 볼 수 있다. 비정규직 문제도 정동영, 문국현, 권영길 후보가 분명한 정책적 입장을 제시한 데 비해 이명박과 이회창 후보는 이에 대한 입장을 밝히지 않았다. 경제정책과 관련해서 볼 때 이명박, 이회창 두 보수적 후보와 진보적인 나머지 세 후보 간의 시각 차이가 발견된다.

한편 그동안 우리 정치에서 강한 이념적 대립과 갈등을 불러온 대북정책에 대해서는 이명박 후보는 20개 가운데 19번째 공약으로 '비핵, 개방 3000'을 제시한 반면, 정동영 후보는 세 번째 공약으로 남북철도 건설, 열세 번째 공약으로 북핵 해결, 평화협정 체결, 그리고 열네 번째 공약으로 개성공단 확대 등 평화공동체 구축안을 제시하였다. 한편, 이회창 후보는 18, 19, 20번째에 '상호주의, 국제공조로 북핵 폐기 및 개방개혁 유도', '이산가족, 납북자, 국군포로 해결' 그리고 '한미동맹 강화' 등 세 가지 정책을 제시했다. 대북정책에서 후보자 간에 매우 뚜렷한 정책적 차이를 확인할 수 있다. 문국현 후보는 '대북 평화 실리 정책'을 표방했지만 분명한 입장을 나타내지는 않았다. 권영길 후보는 '코리아연방공화국'이라는 매우 '강한' 공약을 제시했다. 주요 세 후보를 대상으로 비교해볼 때, 정동영 후보가 '전통적 진보'의 입장인 대북유화정책, 이회창 후보가 '전통적인 보수'의 입장인 대북강경정책의 입장을 취하고 있다면, 이명박 후보는 경제를 강조한 반면 대북문제는 우선순위가 낮을 뿐만 아니라 이에 대한 분명한 입장도 제시하지 않았다.

〈표 1-1〉에서 제시한 주요 세 후보자의 정책공약의 입장을 분석하면 다음과 같은 몇 가지 특성을 발견할 수 있다. 첫째, 경제이슈가 모든 후보들에게서 가장 중요한 정책공약으로 제시되었다. 특히 이명박 후보는 공약 중 거의 절반 가까이가 경제관련 공약으로 후보자 중 경제이슈에 가장 큰 의미를 부여했다. 둘째, 경제가 중요한 선거이슈였지만 각 후보 별 경제정책의 방향은 뚜렷하게 구분되었다. 이명박, 이회창 후보가 신자유주의적 노선을 강조하였다면 나머지 세 후보의 경제정책은 정도의 차이는 있지만 대체로 진보적 속성을 보였다. 세 번째, 대북정책은 이회창 후보가 '전통적 보수의 색깔'을 강조했고 정동영 후보는 진보진영의 대북유화정책을 이어받았다. 이명박 후보는 정동영 후보보다는 명백히 보수적이지만 이회창 후보가 대표하는 전통적 보수입장과는 또 다른 차이점을 보였다. 네 번째, 2002년 대통령 선거 때와는 달리 정치개혁 등 국내정치 분야에 대한 공약은 별로 중요하게 다

뤄지지 않았다. 결국 〈표 1-1〉에서 정리한 각 후보의 정책공약은 경제이슈의 중요성이 강조됨에도 불구하고 후보자 간 정책적, 이념적 지향점이 상당히 다르다는 사실을 잘 보여주고 있다. 각 후보가 추구하는 이념적, 정치적 색채에 따라 각기 중시하는 공약의 내용이 상당히 다르다는 점을 알 수 있다.

이처럼 2007년 대통령 선거에서 각 후보자가 제시한 공약과 정책은 여러 가지 면에서 매우 분명한 차별성을 보였다. 즉 유권자들이 선택할 수 있는 상이한 정책적 대안이 마련되어 있었던 것이다. 문제는 이러한 차별적인 여러 정책이슈 가운데 과연 어떤 이슈가, 어느 정도의 영향을 유권자의 투표결정에 미쳤을까 하는 점이다. 여기서 갖게 되는 의문점은 크게 두 가지이다. 하나는, 만약 이러한 후보자 간 정책적 차별성이 유권자의 선택에 영향을 미쳤다면 이는 과연 전망적 투표(prospective voting)를 의미하는 것이냐 하는 점이다. 즉 어떤 후보자가 당선된 이후 실천에 옮길 정책에 대한 기대감이 반영된 것이냐 하는 점이다. 이와 함께 합리적 선택이론에서 가정하는 것처럼 유권자의 이념적, 정책적 선호와 후보자의 정책적 위치의 근접성이 투표결정에 영향을 미쳤을 것인가 하는 점도 궁금한 부분이다. 둘째는, 이와는 반대로 이러한 이슈들이 미래지향적 판단의 근거가 아니라 노무현 정부의 정책수행에 대한 불만과 연계된 것일 수 있다는 점이다. 각 후보의 이런 공약에 대한 유권자들의 반응이 회고적 평가와 관련되어 있다면 투표결정의 근거는 전혀 달라질 것이다. 이런 경우라면 각 후보자가 제시한 이슈에 대한 반응의 근거는 후보자가 미래에 가져다줄 효용에 대한 기대감이 아니라 노무현 정부의 실정(失政)에 대한 반발이 될 것이기 때문이다. 이러한 의문점에 대한 답을 찾기 위해 다음 절에서는 유권자의 투표행태에 대한 분석을 실시할 것이다.

4. 이슈와 투표행태: 서베이 데이터 분석

1) 경제상황에 대한 주관적 평가

앞 절에서 2007년 대통령 선거에서 중시된 이슈의 속성이 경제분야에 집중되어 있음을 후보자의 공약 비교를 통해 확인했다. 빈도에서나 우선순위에서 모든 후보가 매우 경쟁적으로 경제관련 공약을 제시하였다. 후보자들이 앞 다투듯이 경제관련 공약을 '쏟아낸다'는 것은 그만큼 유권자들이 느끼는 경제적 상태가 만족스럽지 못하다는 사실을 반영한 것으로 보인다. 선거 당시 유권자들이 갖는 경제여건에 대한 불안감과 경제정책에 대한 불만을 고려하여 후보자들이 다양한 형태로 경제관련 공약을 제시했다고 볼 수 있다. 경제공약의 강조가 이런 이유 때문이라면 이는 기본적으로 회고적 평가를 반영하는 것이다. 즉 퇴임을 앞둔 정부의 경제정책에 대한 불만과 현실적인 살림살이의 어려움이 투표결정의 일차적 요인이 될 수 있다.

　이러한 특성을 확인하기 위해 우선 노무현 정부의 정책수행에 대한 평가에 대해서 살펴보았다. 〈표 1-3〉은 선거일 9일 전 실시한 설문조사의 결과이다. 노무현 정부의 업무수행에 대해서 긍정적 평가를 내리고 있는 이들의 비율은 30.3%인 반면 부정적 평가는 68.6%에 달한다. 부정적 평가가 압도적이다. '매우 잘하고 있다'는 강한 긍정의 비율은 1.9%에 불과한 반면, '매우 못하고 있다'는 강한 부정의 응답은 18.6%에 달한다. 전체적으로 볼 때 노무현 정부의 업무수행에 대한 평가는 대단히 비판적이라는 사실을 알 수 있다. 그런데 현직 대통령에 대한 업무수행에 대한 평가는 매우 다양한 내용을 포함할 수 있다. 정책적으로는 만족한다고 해도 리더십 스타일이 싫을 수 있고, 전반적인 정책수행이나 리더십이 다 좋다고 해도 특정 정책에 대한 입장이 달라서 부정적 평

〈표 1-3〉 노무현 정부 업무수행에 대한 평가

업무 평가	매우 잘하고 있다	대체로 잘하고 있다	별로 못하고 있다	매우 못하고 있다	모름/ 무응답	N
%	1.9	28.4	50.0	18.6	1.1	4086

자료: 동아시아연구원(EAI), 중앙일보, SBS 패널 5차 조사자료(2007.12.11).

가가 나타날 수도 있다. 따라서 여기서 나타난 노무현 대통령에 대한 높은 비율의 부정적 평가가 반드시 경제정책의 실패를 의미하는 것으로 볼 수는 없다. 다만 피오리나가 말하는 회고적 투표이론이 적용될 수 있을 만큼 현직 대통령에 대한 불만은 대단히 크고, 그런 만큼 기존 정책으로부터의 변화의 필요성에 대한 공감이 폭넓게 존재했다고 볼 수는 있다.

　이번에는 보다 구체적으로 유권자들이 느끼는 경제상황에 대한 주관적 평가에 대해서 살펴보았다. 경제상황에 대한 인식은 크게 두 가지로 구분한다. 하나는 자신의 개인적 경제상황에 대한 고려이다. 이는 흔히 '주머니경제 투표'(pocketbook voting)라고 부르는데 국가경제나 다른 사람의 경제상태의 변화와 무관하게 개인의 경제적 상황에 대한 주관적 인식이 투표결정에 영향을 미친다는 것이다. 이와 반대되는 개념으로는 '사회경제 투표'(sociotropic voting)가 있다. 이는 개인의 경제상태보다 국가경제상황이나 경제에 대한 사회적 분위기나 평가가 투표결정에 보다 중요하다는 주장이다. 이 두 가지 주장은 나라마다 선거마다 각기 다른 결과를 나타내지만 일반적으로 서구 민주주의 국가에서의 연구결과는 개인적인 '주머니경제 투표'가 보다 더 중요한 영향을 미치는 것으로 알려져 있다(예컨대, Feldman 1982). 그러나 이현우(1998)는 우리나라에서는 '주머니경제 투표'보다 '사회경제 투표'가 보다 중요한 영향을 미친다고 주장했다. 한편, 루이스-벡과 스테그메이어

〈표 1-4〉 5년 전과 비교한 경제상황에 대한 평가

(%)

	매우 좋아졌다	대체로 좋아졌다	별다른 차이가 없다	대체로 나빠졌다	매우 나빠졌다	모름/ 무응답	N
국가경제	0.3	9.5	38.0	39.3	12.5	0.4	4086
가정살림	0.7	9.3	57.4	23.5	9.0	0.1	4086

자료: 동아시아연구원(EAI), 중앙일보, SBS 대선 패널 1차 조사(2007.4.25).

(Lewis-Beck and Stegmaier 2000)는 경제상황에 대해 느끼는 이러한 두 가지 기준에, 전망적 평가와 회고적 평가라는 두 가지 시간적 기준을 더하여 네 가지 차원에서 유권자의 인식을 나눠 설명하기도 했다.[3]

〈표 1-4〉는 2007년 대통령 선거를 앞두고 유권자들이 주관적으로 평가하는 경제상황에 대한 인식을 정리한 것이다. 국가경제에 대한 평가와 개인 가정살림에 대한 평가 간에 매우 흥미로운 특성이 발견된다. 우선 5년 전에 비해 경제상황이 나아졌다고 응답한 긍정적 평가는 두 범주에서 모두 매우 비슷한 결과가 나타났다. 대략 10% 정도의 응답자들이 국가경제이든 가정살림이든 이전보다 나아졌다고 응답했다. 그러나 별 차이가 없다는 응답은 가정살림에 대한 평가에서는 57.4%로 매우 높게 나타난, 반면 국가경제에 대해서는 38.0%로 상대적으로 그 비율이 낮았다. 5년 전에 비해 나빠졌다는 부정적 평가는 가정살림의 경우에는 32.5%인 반면 국가경제에 대한 평가는 51.8%로 상대적으로 높았다. 즉 국가경제가 지난 5년 동안 나빠졌다고 하는 인식이 매우 높았다. 만일 〈표 1-3〉에서 본 노무현 대통령의 업무수행에 대한 부정적 평가가 경제상황에 대한 평가와 관련이 있다면 〈표 1-4〉의 결과는 국가경제상황이 나빠졌다고 하는 인식이 보다 큰 영향을 미쳤을 것이라는 추측을 가능하게 한다.

---

3) 이에 대한 한국 사례는 정한울(2007) 참조.

38

〈표 1-5〉 경제상황 평가와 노무현 대통령 업무 평가 간의 상관관계

상관관계	국가경제 변화	가정살림 변화
노무현 대통령 업무평가	0.33	0.26

자료: 동아시아연구원(EAI), 중앙일보, SBS 대선 패널 1차(2007.4.25).
상관계수는 모두 p<0.01.

    이러한 특성을 확인하기 위해 〈표 1-3〉과 〈표 1-4〉의 항목 간의 상관관계를 측정해 보았다. 〈표 1-5〉에서 볼 수 있는 것처럼 역시 국가경제에 대한 평가와 노무현 정부에 대한 평가 간의 상관관계가 상대적으로 보다 높게 나타났다. 국가경제와의 상관계수는 0.33인 반면, 개인경제와의 상관계수는 0.26으로 보다 낮았다. 이런 점에서 볼 때, 2007년 대통령 선거에서 경제적 이슈가 크게 부각된 것은 개인적 수준에서 경제적 어려움이 크게 가중되었다기보다는, 국가경제 수준에서 경제적 활력과 출구를 찾지 못하겠다는 유권자의 불만이 반영된 것으로 보인다. 노무현 정부에 대한 불만은 주머니경제 투표보다 사회경제 투표의 특성이 강하게 나타나고 있다.

    따라서 앞 절에서 논의한 것과 같이 각 후보들이 경제관련 공약을 쏟아낸 것과 국가경제에 대한 유권자의 불만의 증가는 긴밀하게 관련되어 있음을 짐작할 수 있다. 그렇다면 피오리나가 말한 대로, 현직 대통령에 대한 불만이 투표결정에 영향을 미친다는 회고적 투표의 영향력은 어떠할까? 〈표 1-6〉은 대통령 선거일 직전에 행한 설문조사의 결과이다. 2007년 대통령 선거의 의미가 노무현 정부의 실정을 심판하고 정권교체를 이뤄내야 하는 것이냐는 질문에 대해 60%의 응답자가 긍정적으로 평가하고 있다. 특히 '매우 공감한다'는 강한 긍정의 응답도 28.1%에 달했다. 이에 비해 공감하지 않는다는 응답은 33.6%에 그쳤다. 전체적으로 볼 때 2007년 대통령 선거에서는 국가경제와 관련된

불만이 매우 높았고 그것이 피오리나가 말하는 것과 같이 노무현 정부에 대한 심판과 권력교체를 이뤄야 한다는 '벌'의 관점에서 회고적 투표를 행한 것으로 볼 수 있다.

이번에는 노무현 정부 실정에 대한 심판론에 대한 입장과 개인경제, 국가경제 변화에 대한 인식 간의 관계에 대해서 살펴보았다. 〈표 1-7〉에서 보듯이, 2007년 대통령 선거가 노무현 정부의 실정에 대한 심판의 성격을 갖는다는 데 공감을 표현한 응답자들의 국가경제 변화에 대한 인식은 가계경제 변화에 대한 인식과 매우 분명한 차이점을 나타내고 있다. 국가경제가 나아졌다는 응답은 8.2%에 불과한 반면, 변화

〈표 1-6〉 노무현 정부의 실정을 심판하고 정권교체를 이뤄야 한다는 데 대한 공감여부

구 분	매우 공감한다	대체로 공감한다	별로 공감하지 않는다	전혀 공감하지 않는다	모름/ 무응답	N
%	28.1	31.9	26.5	7.1	6.4	2208

자료: 동아시아연구원(EAI), 중앙일보, SBS 대선 패널 5차(2007.12.10).

〈표 1-7〉 노무현 정부 심판론과 국가경제, 개인경제 변화에 대한 인식

(%)

노무현 정부 실정에 대한 심판		공감한다	공감하지 않는다	chi-square
국가경제 변화	나아졌다	8.2	17.3	$x^2 = 121.2$ $p < 0.01$
	변화 없다	31.7	45.7	
	나빠졌다	**60.1**	37.1	
계(N)		100.0(1446)	100.0(852)	
가계경제 변화	나아졌다	9.9	13.7	$x^2 = 26.2$ $p < 0.01$
	변화 없다	**56.3**	**62.1**	
	나빠졌다	33.8	24.2	
계(N)		100.0(1447)	100.0(854)	

자료: 동아시아연구원(EAI), 중앙일보, SBS 대선 패널 1차, 5차 조사자료.

없다 31.7%, 그리고 나빠졌다는 응답은 60.1%로 매우 일관된 형태로
나타나고 있다. 그러나 이에 비해 노무현 정부 심판론에 공감하는 이
들 가운데 가계경제 변화는 '변화 없다'는 응답이 56.3%로 가장 높게
나타났다. 즉 노무현 정부에 대한 불만은 개인경제의 문제보다 국가경
제 운영과 관련된 것임을 〈표 1-7〉의 결과는 보여주고 있다.

2) 이슈와 투표결정

지금까지 살펴본 결과 2007년 대통령 선거에서는 노무현 정부에 대한
회고적 평가가 투표결정에 매우 중요한 영향을 미쳤다는 사실을 알 수
있다. 그리고 국가경제 운영에 대한 불만이 노무현 정부에 대해 등을
돌리게 했다 할 수 있다. 그렇다면 보다 구체적으로는 과연 어떤 이슈
가 실제로 유권자의 투표결정에 영향을 미쳤을까?
　이를 확인하기 위해 유권자들이 2007년 대통령 선거에서 가장 큰
관심을 가진 이슈에 대해서 살펴보았다. 〈표 1-8〉에서 볼 수 있듯이
가장 큰 관심을 보인 이슈는 일자리 창출이었다. 응답자의 거의 절반
이 고용문제가 이번 대선에서 가장 중요한 관심사라고 답했다. 국가경
제 운영에 대한 불만이 컸다는 앞 절에서의 발견과 맥을 같이하는 응
답으로 볼 수 있다. 질문에 포함된 7개의 이슈를 각각의 특성을 감안
하여 실용적-일상적 이슈(*lifestyle issues*)와 정치적-개혁적 이슈
(*political issues*)로 구분해서 살펴보았다. 〈표 1-8〉에서 볼 수 있듯이,
유권자들이 관심을 가진 이슈는 압도적으로 실용적-일상적 이슈였으
며, 과거 대통령 선거 때마다 크게 부각되었던 정치적 이슈는 별다른
관심의 대상이 되지 못했다. 실용적 이슈의 응답비율은 74.3%에 달한
반면, 정치적 이슈는 불과 18.1%에 그쳤다. 정치적 이슈 가운데 정치
개혁이 14.0%로 비교적 높게 나타났을 뿐, 대북정책은 2.8%, 재벌개

〈표 1-8〉 2007년 대통령 선거에서 가장 관심을 가진 이슈

실용적 이슈	%	정치적 이슈	%
교육	8.9	대북정책	2.8
일자리 창출	49.3	정치개혁	14.0
부동산 문제	15.3	재벌개혁	1.3
환경 문제	0.8		
합 계	74.3	합 계	18.1

기타/무응답 7.7%는 표기하지 않았음.
자료: 한국정치학회, 2007 대선후조사.

혁은 겨우 1.3%에 불과했다. 앞 절에서 본 대로 각 후보들이 경쟁적으로 경제관련 공약을 쏟아낸 것도 바로 이와 같은 유권자의 관심의 변화와 긴밀한 관련을 갖는다고 할 수 있다.

앞 절에서의 논의결과는 2007년 대통령 선거가 회고적 평가의 의미가 강하다는 점을 밝혔다. 즉 노무현 정부에 대한 부정적 평가가 투표결정에 중요한 영향을 미쳤다는 것이다. 그런데 〈표 1-8〉에서 나타난 대로 구체적 이슈 가운데 일자리 창출이나 부동산, 교육과 같은 실용적 이슈에 대한 관심이 컸다는 것은 노무현 정부의 정책 가운데 이러한 사안들에 대한 불만이 컸다는 것을 의미하는 것으로 볼 수 있을 것이다. 이를 확인하기 위해서 노무현 정부의 정책 가운데 가장 불만이 큰 정책에 대해서 살펴보았다.

〈표 1-9〉에 나타난 대로 경제관련 정책에 대한 국민들의 불만이 매우 높았다. 경제정책과 부동산정책 등 실생활과 관련된 정책에 대한 불만의 비율은 84.1%에 달한다. 반면 대북정책, 정치개혁, 재벌정책과 같이 정치적이거나 이념적 특성을 갖는 정책에 대한 불만은 다 합쳐도 16%에 불과했다. 즉 〈표 1-8〉에서 볼 수 있는 것과 같이 2007년 대통령 선거에서 경제적 이슈가 큰 관심의 대상이 된 것은 노무현 정부에 대한 정책적 실망감이나 불만과 큰 관련이 있음을 알 수 있다.

42

이런 상황에서 과연 유권자들은 경제 등 여러 가지 '달콤한' 공약을
제시한 후보자들 간의 정책적 차이를 어떻게 인식하고 있는지 궁금했
다. 〈표 1-10〉에서 볼 수 있듯이 유권자들은 후보자 간의 정책적 차이
를 비교적 분명하게 인식하고 있었다. 후보자 간의 정책적 차이가 있
다고 응답한 유권자의 비율은 64.5%에 이르며 그 차이가 매우 크다는
응답도 14.9%나 되었다. 이러한 응답은 선거운동 과정에서 정책을 둘
러싼 공방이나 검증작업이 제대로 이뤄지지 못했고 후보자 개인에 대
한 의혹 제기 등 네거티브 선거운동만이 활발하게 이뤄졌다는 비판에
도 불구하고, 대다수의 유권자가 자신이 중요하게 생각하는 이슈에 대
해 관심을 갖고 있었고 후보자 간 입장의 차이에 대해서도 인지하고

〈표 1-9〉 노무현 정부가 추진한 정책 가운데 가장 잘못된 것

정 책	%	정 책	%
경제정책	35.4	대북정책	4.8
부동산정책	24.6	정치개혁	4.4
인사정책	6.5	재벌정책	2.1
교육정책	9.6	기타/무응답	4.7
한미 FTA	8.0		

자료: 한국정치학회, 2007 대선후조사.

〈표 1-10〉 후보 간의 정책적 차이에 대한 인식

후보 간의 정책적 차이	%
매우 차이가 있다	14.9
어느 정도 차이가 있다	49.6
별로 차이가 없다	30.3
전혀 차이가 없다	4.0

모름/무응답 1.2% 제외.
자료: 한국정치학회, 2007 대선후조사.

있었다는 사실을 알려준다.

　그렇다면 이러한 경제이슈의 부각과 후보자 간 정책적 입장의 차이는 유권자들이 실제 투표결정을 내리는 데도 영향을 미쳤을까? 이를 알아보기 위해 무엇을 보고 후보자를 결정했는지에 대해 분석했다. 2007년 대통령 선거의 특성을 보다 정확하게 파악하기 위해 2002년 대통령 선거 이후의 설문결과와 비교해 보았다. 질문의 항목이 다소 달라 직접적인 비교는 어렵지만 대체적인 경향을 확인하는 데 큰 문제는 없어 보인다. 〈표 1-11〉에서 볼 수 있듯이 우선 정책, 공약을 보고 선택했다고 하는 응답이 5년 전에 비해서 8%가량 높게 나타난 점이 눈에 띈다. 이러한 질문에 대한 응답은 대체로 규범적 특성을 나타내기도 하지만, 그렇다고 해도 8%의 차이는 적지 않아 보인다. 후보자 요인이 중요하다는 응답은 2002년의 경우 62. 2%(후보능력 + 정치경력)였지만 2007년에는 46. 1%(후보능력 + 도덕성)로 낮아졌다는 점도 주목할 만하다. 이런 결과는 2007년 대통령 선거는 '3김'이나 노무현-이회창의 대결이었던 이전 선거와는 달리 후보자 개인에 대한 일체감이나 충성도가 상대적으로 약해졌다는 사실을 알려준다.

〈표 1-11〉 투표결정에 영향을 미친 요인

2007	%	2002	%
정책, 공약	31.5	정책, 공약	23.5
소속정당	10.8	소속정당	8.4
후보 능력	32.9	후보 능력(도덕성, 자질)	55.7
이념	4.4	정치 경력	6.5
도덕성	13.2		
출신지역	1.6	출신지역 등 연고	1.3
주변의 평가	3.8		
기타	1.8	기타	4.7

자료: 한국정치학회, 2007 대선후조사. 한국선거학회, 2002 대선후조사.

　지금까지의 논의를 토대로 종합적으로 후보 지지의 요인에 대해 살펴보기 위해 다항 로지스틱 모델을 설정하였다. 종속변인에서 참조범주는 이명박, 정동영 두 후보를 제외한 '기타 후보' 지지자로 설정하였다. 〈표 1-12〉에서 보듯이 모두 14개의 독립변인이 포함되었다. 이들 독립변인은 5가지 종류의 특성을 담고 있다. 우선 노무현 정부에 대한 회고적 평가여부를 알아보기 위해 노무현 대통령의 국정운영 평가와 2007년 대통령 선거를 노무현 정부 실정에 대한 심판으로 간주하는지에 대한 질문을 포함시켰다. 경제이슈가 커다란 중요성을 가졌던 점을 감안하여 주머니경제 투표와 사회경제 투표 중 어느 것이 보다 큰 영향을 주었는지 살펴보기 위해 지난 5년간 국가경제 변화와 가계경제 변화의 평가항목과 현재 경제상태에 대한 만족도를 포함했다. 또한 실용적 이슈가 정말 투표행태에 영향을 미쳤는지 보기 위해 5개의 관련 이슈를 포함했다. 그리고 그동안 우리나라 선거에서 투표선택에 영향을 미치는 것으로 확인된 지역변수와 이념변수를 각각 포함했다.

　분석결과 매우 흥미로운 특성이 발견되었다. 전체적으로 볼 때 2007년 대통령 선거에서는 노무현 정부에 대한 회고적 평가가 후보자 지지에 매우 큰 영향을 주었음이 확인되었다. 노무현 대통령의 국정운영에 대한 평가가 부정적이고 노무현 정부 심판의 의미로 대통령 선거를 바라본다는 입장이 강할수록 이명박 후보를 지지할 확률이 매우 높아졌다. 특히 이명박 지지자 가운데 노무현 정부 심판론의 왈드(Wald) 값은 63.8로 이 변인이 매우 큰 영향을 미쳤음을 보여주고 있다. 이에 비해 정동영 지지자들은 이 변인에 대한 부호의 방향이 반대로 나타나 이명박, 노무현 두 후보 지지자들 간 뚜렷한 시각차이를 보여주었다.

　경제평가에서는 지난 5년간 국가경제 변화에 대한 인식이 부정적일수록 이명박 지지가 높게 나타나 사회경제 투표의 경향이 있음이 확인되었다. 그러나 가정경제에 대한 평가에서는 이명박, 정동영 두 후보 간 차별성이 확인되지 않았다.

실용적 이슈에 대해서 이명박 후보 지지자들은 제시된 이슈가 중요하다고 생각할수록, 이명박 후보 지지비율이 상대적으로 높아지는 것으로 나타났다. 계수의 수치도 비교적 큰 값이었고 왈드 값도 높았다. 실생활과 관련된 이슈에 있어 이명박 후보에 대한 커다란 기대감이 반영된 것으로 보인다. 이에 비해 정동영 후보 지지자들에게서는 이슈의 중요성에 대한 평가의 영향이 거의 확인되지 않았다. 고용문제에서만 통계적으로 유의미한 관계가 확인되었다.

전통적으로 선거에서 중요한 영향을 미친 지역변인은 여기서도 유의미한 값으로 나타났다. 정동영 후보의 경우에는 제시된 4가지 지역변인에 대해 모두 통계적으로 유의미하게 나타났지만, 이명박 후보는

〈표 1-12〉 다항 로지스틱 모델: 대통령 후보 선택과 회고적 평가

		변인	B	Wald	Exp(B)
이명박		절편	-1.93	3.51	
	노무현 평가	노무현 국정운영 평가	0.23^2	4.32	1.25
		노무현 실정 심판	-0.65^1	63.8	0.52
	경제 평가	경제상태 만족도	-0.06	0.44	0.94
		5년간 국가경제 변화	-0.22^2	6.02	0.80
		5년간 가계경제 변화	0.29^1	10.95	1.34
	선거 때 중요하게 생각한 이슈	교육	0.85^1	12.3	2.34
		부동산	0.65^1	7.46	1.92
		대북대미정책	0.86^1	7.58	2.37
		연금보건의료	0.55^2	4.32	1.74
		고용	0.98^1	18.06	2.66
	거주지역	호남	-0.02	0.00	0.98
		대구, 경북	0.51^2	0.22	1.65
		부산, 경남, 울산	-0.14	0.67	0.87
		충청	-0.56^1	8.26	0.57
	이념		0.03	0.62	0.98

〈표 1-12〉계속

		변인	B	Wald	Exp(B)
정동영		절편	−0.67	0.29	
	노무현 평가	노무현 국정운영 평가	−0.41[1]	9.35	0.67
		노무현 실정 심판	0.35[1]	12.84	1.42
	경제 평가	경제상태 만족도	−0.04	0.12	0.96
		5년간 국가경제 변화	0.14	1.55	1.15
		5년간 가계경제 변화	−0.26[2]	5.54	0.77
	선거 때 중요하게 생각한 이슈	교육	0.32	1.22	1.38
		부동산	0.42	2.10	1.52
		대북대미정책	0.05	0.02	1.05
		연금보건의료	0.37	1.39	1.45
		고용	0.70[2]	6.20	2.01
	거주지역	호남	2.57[1]	63.4	13.1
		대구, 경북	−0.85[2]	6.11	0.43
		부산, 경남, 울산	−0.71[1]	9.77	0.49
		충청	−0.60[2]	6.21	0.55
	이념		−0.04	0.85	0.96

−2 Log likelihood = 2731.4(p<0.01)   Percentage correct = 64.2%
Cox & Snell Pseudo R^2 = 0.34

자료: 동아시아연구원(EAI), 중앙일보, SBS 대선 패널 4차, 5차, 6차 조사자료.
1−p < 0.001 ; 2−p < 0.05 ; 3−p < 0.1.

노무현 국정운영 평가: "노무현 대통령은 국정운영을 어떻게 하고 있다고 보십니까?" ① 매우 잘하고 있다 ② 대체로 잘하고 있다 ③ 대체로 못하고 있다 ④ 매우 못하고 있다
노무현 실정 심판: "대통령 선거에서 노무현 정부의 실정을 심판하고 정권교체를 해야 한다"는 주장에 대해 어떻게 생각하십니까? ① 매우 공감 ② 대체로 공감 ③ 별로 공감 않음 ④ 전혀 공감 않음
경제상태 만족도: "현재 우리나라 경제상태에 어느 정도 만족하십니까?" ① 매우 만족 ② 대체로 만족 ③ 그저 그렇다 ④ 대체로 만족 못함 ⑤ 전혀 만족 못함
5년간 국가경제 변화, 5년간 가계경제 변화: 지난 5년간 ___님 댁의 가정살림은(우리나라 경제는) 어떻게 변했습니까? ① 매우 좋아졌다 ② 대체로 좋아졌다 ③별 변화 없다 ④ 대체로 나빠졌다 ⑤ 매우 나빠졌다
선거 때 중요하게 생각한 이슈: "이번 대선에서 가장 중요하게 생각하신 정책 분야는 무엇입니까?" 각 항목 1, 기타 0 (dummy variable).
이념: 0 − 매우 진보 … 10 − 매우 보수

대구, 경북과 충청지역에서만 그 관계가 통계적으로 확인되었다. 이에 대한 논의는 제2장에서 보다 상세하게 논의될 것이다. 이념변인은 두 후보 모두에게서 그 관계가 통계적으로 입증되지 않았다.

〈표 1-12〉의 결과는 2007년 대통령 선거가 회고적 평가의 특성을 강하게 지녔음을 잘 보여주고 있다. 노무현 정부에 대한 강한 실망감이 확인되고 있으며 회고적 평가의 기준은 국가경제가 우선시되는 것으로 나타났다. 주머니경제 투표보다 사회경제적 투표가 이뤄졌던 것이다. 또한 실용적 이슈에 대한 관심과 이명박 후보 지지 사이의 강한 연관성을 감안할 때 이명박 후보가 노무현 정부에 대한 실망으로 인한 반사효과로 큰 수혜를 입었다는 사실도 알 수 있다.

5. 결론

2007년 대통령 선거는 이전과 비교할 때 정책토론이나 구체적 이슈가 크게 부각되지 않았다는 점에서 매우 특이한 모습을 보였다. 외형상 선거운동은 후보자에 대한 의혹이나 문제점 제기가 주를 이뤘고 구체적 정책을 둘러싼 정치적 논쟁은 거의 이뤄지지 못했다. 따라서 선거에서 이슈는 유권자의 투표결정에 그다지 중요한 변수가 되지 못했다는 것이 세간의 평가였다.

그러나 이런 세간의 인식과는 달리 앞에서 분석한 대로 이번 대통령 선거 과정에서 대다수 유권자들이 관심을 갖는 이슈가 실재했고 그러한 이슈가 실제로 유권자의 투표결정에 영향을 미쳤다. 유권자들은 무엇보다 경제정책 등 실생활과 관련된 이슈에 대해서 커다란 관심을 갖고 있었는데 그것은 노무현 정부의 정책에 대한 불만감과 깊이 관련되어 있었다. 각 후보자들이 경제관련 공약을 많이 강조한 것도 바로 이러한 유권자의 정서를 반영한 것이었다. 또한 이번 대통령 선거 과정에서 정책논쟁이 크지 않았다고 해도 유권자들은 후보자 간 정책적 입장의 차이를 상당히 인식하고 있었던 것으로 나타났다. 실제 공약에서도 후보자 간 차별성이 분명하게 드러났다.

2007년 대통령 선거는 이처럼 회고적 특성이 강조되었고, 후보자의 공약에서나 유권자의 반응에서 보듯이 경제가 2007년 대통령 선거를 사실상 결정짓는 가장 중요한 이슈가 되었다. 특히 국가경제에 대한 우려가 유권자의 표심에 강하게 반영되었다. 이러한 특성은 민주화 이후 지난 4차례 대통령 선거에서 여러 가지 정치적 이슈가 선거과정을 주도했던 것과 비교할 때 매우 다른 모습이기도 하다. 민주화 20년을 지나면서 정치적 패러다임의 전환이 이뤄지고 있다는 사실을 2007년 대통령 선거 과정을 통해서 살펴볼 수 있는 것이다.

제2장

지역주의는 약화되었을까:
지역주의와 2007년 대통령 선거

1. 서론

민주화 이후 한국 선거에서 가장 중요한 변인이라면 역시 지역주의일 것이다. 이 장에서는 대통령 선거에 미친 지역주의의 효과에 대해서 논의한다. 앞 장에서 지적한 대로, 대미관계 변화, 대북포용정책 추진 등 쟁점을 둘러싼 찬성과 반대가 서로 부딪치며 선거열기를 뜨겁게 했던 2002년과 비교할 때 2007년의 대통령 선거는 상대적으로 '조용했다'. 더욱이 그동안 한국 선거에서 중요한 변인이었던 지역주의 역시 전반적으로 볼 때 별다른 논란거리가 되지 않았다. 지역주의 갈등이 완전히 사라졌다고 할 수는 없지만 적어도 이전과 비교할 때 그 폐해를 피부로 느낄 만큼 심각한 문제로 대두되지 않았다.

그런데 지역주의 균열에 대한 '체감지표'는 크게 약화되었지만 정작 투표결과를 보면 선호 후보나 정당에 대한 지역적 집중현상은 여전한 것으로 나타났다. 정동영 후보는 전북에서 81.6%, 전남에서 78.7%, 광주에서 79.8%를 득표하는 등 호남지방에서 압도적 지지를 얻었고, 이명박 후보는 대구에서 69.4%, 경북에서 72.6%의 득표로 영남 유권자의 표를 휩쓸었다. 즉 지역주의 투표행태는 '결과적으로 볼 때' 별로 바뀌지 않았다.

과연 우리나라 선거에서 지역주의는 이전과 질적으로 변화하지 않은 채 그대로 지속되고 있는 것일까? 아니면 외형적 유사성에도 불구하고 그 근본적 속성에는 큰 변화가 일어나고 있는 것일까? 이 장에서의 논의는 '3김'의 정치적 퇴장 이후 명백히 달라진 지역주의 갈등의 강도에도 불구하고 결과적으로 볼 때 여전히 건재해 보이는 지역주의 투표행태를 어떻게 이해해야 할 것인가에 대한 궁금증에서 출발하고 있다. 이 장에서 주장하고자 하는 바는 외형적 유사성에도 불구하고 지역주의는 이미 의미심장한 변화의 과정을 겪고 있으며 그 특성 역시 이전과는 매우 다른 모습을 보이고 있다는 것이다. 그러한 변화의 속성을 2007년 대통령 선거결과를 통해 확인하고자 한다.

여기에서 사용되는 데이터는 앞 장에서와 마찬가지로 동아시아연구원(EAI), 중앙일보, SBS, 한국리서치가 공동으로 실시한 2007년 대통령 선거 패널조사 결과이다.

2. 기존 연구에 대한 검토

민주화 이후 한국 선거에서 지역주의는 언제나 가장 중요한 변인으로 존재했다. 이 때문에 다양한 시각에서 지역주의의 원인이나 그 효과를 분석하려는 다양한 시도가 학문적으로 꾸준히 시도되었다. 정치·경제적 자원의 불균등 배분이나 사회적 불평등이라는 구조적 요인에서 지역주의의 원인을 진단하기도 하고(김만흠 1997; 최장집 1998), 정치적 효용의 극대화를 추구하는 지역 유권자의 합리적 선택의 결과로 지역주의 투표행태를 간주하기도 한다(조기숙 1996). '3김'으로 대표되는 정치인들의 지지동원 전략이라는 차원에서 지역주의 정치의 부상을 바라보기도 한다(손호철 2003). 또는 지역주의를 사회심리적 정향으로 간주하면서 미움, 경멸, 적대감 등 다양한 감정적 요소들이 포함된 사회적 거리감으로 설명하기도 한다(이남영 1998).

그런데 선거에서 지역주의 영향에 대한 기본적 전제는 거주지역보다 출신지역이 중요하다는 것이다. 호남출신 유권자라면 어디에 거주하든 호남을 대표하는 정당이나 정치인을 선택할 것이며 영남출신 유권자 역시 거주지와 무관하게 영남을 대표하는 정당이나 정치인에게 표를 던지게 된다는 것이다. 즉 현재의 거주지와 무관하게 어느 지방 출신인가에 따라 지지하는 정당이나 지지 후보자가 사실상 결정되었던 것이다. 이러한 특성은 특히 전국이 하나의 지역구가 되어 선거가 실시되는 대통령 선거에서 잘 드러난다. 이갑윤(1997)은 지역주의 투표행태를 두 가지로 구분하여 분석하였는데, 하나는 유권자가 애향심이나 지역적 정체성 때문에 고향을 떠나서도 자신의 출신지역을 대표하는 정당에 투표하는 경우가 있을 수 있으며, 또 다른 경우는 거주지의 발전을 기대하는 합리적 동기에 의해서 자신의 거주지를 대표하는 정당에 투표하는 경우가 있을 수 있다고 가정했다. 이러한 구분 하에 이갑윤은 경험적 자료의 분석을 통해 거주지보다 고향이 더 큰 설명력이 있다고 주장했다. '호남인과 영남인의 정치적 태도의 차이는 다른 이유가 아니라 바로 그들이 호남인과 영남인이기 때문에 발생한다'(이갑윤 1997: 168)는 것이다.

　과거 김대중, 김영삼, 김종필과 같은 '지역주의 정치 지도자들'은 자신이 태어난 고향 지역에 거주하고 있는 유권자들뿐만 아니라, 전국에 흩어져 살고 있는 각 지역 출신 유권자들의 지지를 이끌어냈기 때문에 커다란 정치적 영향력을 발휘할 수 있었다. 예를 들면, 서울이라고 해도 어떤 지역에 호남지역 출신 이주자들이 많이 거주하고 있다면 김대중의 정치적 위력은 호남이 아니라 서울에서도 강력하게 발휘될 수 있었다. 이는 김영삼이나 김종필의 경우에도 마찬가지였다. 특히 서울과 수도권은 산업화와 도시화의 진행과 함께 여러 지방으로부터 많은 이주자들이 몰려들었기 때문에 이러한 '제3의 공간'에서도 각 지방출신 유권자들의 영향력은 매우 강할 수밖에 없었다.

　그런데 만일 유권자의 투표행태가 출신지역의 유대감으로부터 거주지역에 대한 일체감으로 변화했다면, 외면상 유사한 모습을 보인다고 해도 내부적으로는 지역주의 투표 속성에 커다란 변화가 생긴 것으로 봐야 할 것이다. 다시 말해 서울이나 수도권에 거주하는 지방출신 유권자의 정치적 판단기준과 그 지방에 지금도 거주하는 유권자들 간의 정치적 관심사가 서로 달라진다면, 지금껏 우리가 목도했던 지역주의 투표행태와는 그 속성에서 매우 의미심장한 차이가 생겨나게 되었다고 할 수 있다. 예컨대, 대구지역에서 A라는 특정 후보에 대한 지지율이 압도적으로 높게 나온 반면 광주지역에서 그 후보에 대한 지지는 매우 낮으며, 반대로 B 후보는 광주에서 매우 높은 지지를 받았지만 대구에서는 외면당했다고 한다면 지역주의 투표행태는 그대로 온존되어 있는 것으로 보인다. 그러나 만일 서울에 거주하는 대구출신 유권자들은 대구에 거주하는 유권자들과는 달리 A가 아니라 B 혹은 C 후보에게 투표했다면, 전국적으로 출신지역에 따라 정파적 지지가 '동조화'되는 모습을 보였던 이전의 지역주의 투표행태와는 분명히 달라진 것이다.

　지역주의가 과연 약화되었나 혹은 변화되었나 하는 문제는 또 다른 진지한 학문적 논쟁의 대상이 되었다. 예컨대, 최영진(2001)은 16대 국회의원 선거를 분석한 결과 지역주의의 약화가능성을 부정하고 우리나라의 지역주의는 이념적, 정책적 정당화를 통해 더욱 강력한 결집의 동인으로 작용할 것으로 예측했다. 김만흠(2003) 역시 2002년 대통령 선거 연구에서 후보구도가 지역균열 해체에 영향을 미치기는 했지만 지역감정 등 사회적 차원에서 호남·비호남의 균열이 해체되었다고 보기는 어렵다고 주장했다. 이에 비해 최준영·조진만(2005)은 16대, 17대 국회의원 선거의 비교연구를 통해 이념과 세대요인이 지역주의 요인을 약화시키고 있으며 지역주의가 이제 과거와 같은 정도의 강한 영향력을 갖기는 어려울 것으로 보았다. 강원택(2003: 254) 역시 2002년 대통령 선거 이후 정당지지의 재편성이 시작되었다고 평가하고 있다. 이러한 다양한 논의에도 불구하고 지역주의가 어떤 형태로 변화해가는지에 대한 연구는 그동안 거의 제시되지 않았다.

　만일 지역주의적 속성이 출신지 중심에서 거주지 중심으로 변화되어간다면 이는 지역주의 속성의 변형에 대한 매우 중요한 시사점을 줄수 있다. 출신지역을 중심으로 정파적 지지가 갈렸던 것이 출신지역 별 배타성과 지역차별의 결과라고 한다면, 거주지역 중심으로 지역주의 투표행태가 강화되는 현상은 특정 지역의 발전이나 지역 공동체의 문제에 대한 거주민들의 대응이라는 점에서 보다 직접적인 이해관계를 대표하는 것이기 때문이다. 즉 이전의 지역주의가 '손에 잘 잡히지 않는' 추상적이거나 심리적인 이해관계나 정향을 반영하는 것이라면, 새로이 나타나는 거주지 중심의 지역주의는 생활환경, 교육, 부동산, 교통, 지역개발 등 '손에 잡히는' 보다 구체적인 이해관계를 반영하는 것으로 볼 수 있다.

　이러한 변화는 투표행태를 설명하는 사회경제적 요인과도 잘 부합된다. 최근 들어 도시 개발 및 재개발의 결과로 유권자의 사회경제적 지위가 지역 별로 분화되는 경향이 나타나고 있다. 사회경제적으로 비교적 유사한 조건에 놓인 이들이 한데 모이는 경향이 나타나기 때문에 그 지역에 거주하는 유권자의 투표행태 역시 유사한 모습을 보일 것으로 기대할 수 있다. 대표적인 경우로 서울의 강남-서초-송파 지역을 들 수 있다. 서울 강남지역은 비교적 부유한 유권자들이 집단적으로 거주하는 곳으로 보수적 정치성향이 강하게 나타나고 투표행태에서도 한나라당에 대한 지지가 견고하다.

　‘거주지역’에 따라 유사해져가는 투표행태는 2007년 대통령 선거의 집합자료에서도 잘 나타나고 있다. 〈위클리 조선〉(2008. 1. 7)이 중앙선관위의 자료를 토대로 읍·면·동 별 득표율을 분석한 자료에 따르면, 이명박 후보가 서울에서 가장 높은 득표를 기록한 곳은 강남구 압구정 1동이었다. 이명박 후보는 여기서 79.1%의 득표율을 올렸다. 이 수치는 이명박 후보의 전국 평균보다 30% 높은 득표율이다. 반면 정동영 후보는 이곳에서 서울에서 최저 득표율(7.4%)을 기록했다. 이 밖에 이명박 후보가 70% 이상의 높은 득표율을 보인 곳은 강남구의 압구정 2동, 도곡 2동, 대치 1·2동, 청담 1동, 송파구의 잠실 5·7동, 오륜동, 서초구의 서초 4동 등이었다. 반대로 서울에서 이명박 당선자의 득표율이 가장 낮은 동네는 구로구 구로 4동(38.9%)으로 압구정 1동 득표율의 절반에 그쳤다. 이 외에도 관악구 봉천 4·6·7·8·10동과 신림 9동, 구로구의 구로 2·3·6동의 득표율이 전국 평균보다 10%가량 낮은 40% 내외에 머물렀다. 이러한 현상은 거주하는 지역의 동질적인 사회경제적 환경이 지역유권자들로 하여금 유사한 정치적 선택을 하게끔 이끈 것으로 해석할 수 있다.

　또 다른 한편으로는 특정 정책의 추진을 둘러싸고 서울과 지방, 혹은 서울-수도권과 지방 간의 입장차이로 인한 갈등이 거주지역을 중심

으로 불거지기도 한다. 노무현 정부 때 추진된 행정수도 이전을 둘러
싼 정치적 공방이나, 수도권 공장증설 억제정책을 둘러싼 논란, 지역
균형발전 정책 등을 둘러싼 서울(혹은 서울-수도권)과 지방 간의 정치
적 갈등 등이 모두 이런 특성을 보여주는 좋은 사례들이다. 서울과 인
근 수도권 지역 간의 이해관계가 극명하게 갈리는 경우도 있다. 이와
같은 지역 간 갈등은 구체적 정책추진에 따른 이해관계가 현재 거주하
는 지역에 따라 상충될 수 있다는 것이며, 출신지보다 거주지에 따라
정치적 이해관계가 갈리게 하는 조건을 마련해 주고 있다.

　따라서 지역주의가 출신지역이 아니라 거주지역을 중심으로 재편되
는 현상은 비교적 동질적인 사회경제적 환경을 갖는 지역의 정치적 이
익을 극대화하기 위한 일종의 합리적 선택이라 할 수 있다. 그렇게 본
다면 출신지역에 대한 심리적 충성심이나 소속감, 혹은 경쟁지역에 대
한 적대감에 근거한 지역주의보다 거주지역을 중심으로 한 이해관계의
표출은 오히려 긍정적인 변화로 볼 수도 있을 것 같다. 선거득표를 위
해서 지역감정을 자극하거나 지역의 특수성을 강조하기보다 일반적인
사회경제적 요인에 기초한 지역별 맞춤형 정책대안을 제시하고 지지를
이끌어냄으로써 전국적인 대표성을 확보하는 일이 가능해 보이기 때문
이다. 2007년 대통령 선거에서는 과연 출신지역을 중심으로 한 '전통
적인' 지역주의 투표행태로부터 거주지역이 보다 중시되는 새로운 형
태의 변화가 생겨난 것일까?

56

3. 2007년 대통령 선거와 지역주의

1) 출신지역과 투표행태의 분화

선거 집합자료를 통해 각 후보에 대한 지역별 득표율을 살펴보면 이번 선거에서도 지역주의 투표행태는 사라지지 않았다. 〈표 2-1〉에서 보듯이, 각 지역 별로 선호하는 후보자는 매우 분명하게 구분된다. 정동영 후보는 전국적으로 평균 26.1%를 득표했지만 호남 세 지역에서는 80%수준의 압도적인 지지를 받았다. 반대로 대구·경북 지역에서는 6% 정도의 매우 낮은 지지율을 보였다. 이명박 후보는 전국적으로 평균 48.7%를 얻었는데 경북에서는 72.6%, 대구에서는 69.4%, 부산에서는 57.9%를 획득한 반면, 호남에서는 한자리수의 지지율에 머물렀다. 전국적으로 15.1%의 득표를 한 이회창 후보는 충청 세 곳에서는 평균의 거의 두 배에 달하는 지지를 얻었지만, 호남에서는 3% 정도의 매우 저조한 득표를 했다. 이러한 투표패턴을 보면 2007년 대통령 선거에서도 지역주의는 전혀 변화하지 않고 굳건하게 유지되고 있다고 할 수 있을 것 같다.

2007년의 투표패턴이 2002년과 다른 점이라면 김종필의 정치적 은퇴 이후 공석이 된 충청지역에 이회창이 새로운 '정치적 맹주'로 등장할 가능성이 엿보인다는 점일 것이다. 그런 점에서 본다면 선거에서 지역주의는 이회창의 대선출마로 인해 5년 전보다 오히려 강화되고 있다고 볼 수도 있다. 2007년 대선은 영남권의 이명박, 호남권의 정동영, 충청권의 이회창이라고 하는 새로운 지역적 대표주자로 3분된 셈이다. 과연 지역주의 투표행태는 김대중, 김영삼, 김종필의 정치적 퇴장 이후에도 지역을 대표하는 인물을 교체하면서 변화 없이 계속 유지되거나 심지어 강화되어가는 것일까?

그러나 〈표 2-1〉의 결과에도 불구하고, 지역주의 투표행태가 이전

보다 강화되고 있다거나 혹은 지역주의가 2002년 이전 상태로 되돌아
간 것이라는 주장에 대해 선뜻 동의하기는 어렵다. 그 이유는 지역주
의 대립이나 갈등은 이전 선거와 비교할 때 선거과정에서 일반 유권자
들이 잘 느끼지 못할 만큼 피부로 체감하는 정도는 확실히 크게 줄어
들었기 때문이다. 사실 2007년 대통령 선거에서 '지역주의 변수'는 언
론이나 정치권, 일반 유권자들의 큰 관심의 대상이 아니었다. 따라서
〈표 2-1〉에서 본 것과 같이 투표행태가 여전히 지역주의에서 벗어나
지 못하고 있는 모습을 보이는 것은 어떤 면에서 보면 의외의 결과라
고도 할 수 있다.

〈표 2-1〉 주요 세 후보의 지역별 득표율

	이명박	정동영	이회창
서울	48.7	26.1	15.1
인천	49.2	23.8	15.2
경기	51.9	23.6	13.4
강원	52.0	18.9	17.6
대전	36.3	23.6	**28.9**
충북	41.6	23.8	**23.4**
충남	34.3	21.1	**33.2**
광주	8.6	**79.8**	3.4
전북	9.0	**81.6**	3.6
전남	9.2	**78.7**	3.6
대구	**69.4**	6.0	18.1
경북	**72.6**	6.8	13.7
부산	**57.9**	13.5	19.7
울산	54.0	13.6	17.5
경남	55.0	12.4	21.5
제주	38.7	32.7	15.0
평균	48.7	26.1	15.1

자료: 중앙선거관리위원회.

2007년 대통령 선거에서 드러난 지역주의 투표행태의 속성을 보다 자세히 살펴보기 위해서 이번에는 유권자의 거주지가 아니라 유권자의 출신지역을 기준으로 지역별 투표율을 파악하였다. 거주지가 아니라 출신지를 기준으로 한 것은 지역주의 효과를 파악하는 데 출신지가 보다 의미가 클 것으로 판단했기 때문이다. 앞에서 지적한 대로, 과거 지역주의 투표행태는 거주지역보다 출신지역이 중요했다. 따라서 서울과 같은 '타지'(他地)에 거주하더라도 호남출신이면 호남, 영남출신이면 영남, 충청출신이면 충청지역의 '고향 유권자들'과 투표선택에서 동조 (同調) 현상이 나타났다. 예컨대, 김대중에 대한 호남인의 강한 지지는 비단 전남, 광주, 전북지역에 거주하는 이들이 아니더라도 서울, 경기, 부산 등 어느 지역에서도 확인될 수 있었다. 김영삼이나 김종필의 경우에도 이런 경향은 동일했다. 이번 대선에서도 과연 그런 특성이 마찬가지로 확인되는지 살펴보기로 했다.

〈표 2-2〉는 거주지역이 아니라 출신지별로 각 후보자에 대한 투표율을 조사한 것이다. 언뜻 보기에는 〈표 2-1〉에서의 결과와 그리 큰 차이를 찾아보기 어렵다. 이명박 후보에 대한 지지율은 광주/전라를 제외하고 대체로 50%가량 되는 것으로 나타났지만 대구/경북지역 출신들의 경우에는 70.1%로 유독 높은 비율의 지지를 보낸 것으로 나타났다. 한편 정동영 후보에 대한 지지는 영남지역 출신 유권자들에게서는 7.3%, 서울, 수도권, 충청권 출신에게서는 10% 중반 정도의 지지를 받았지만, 광주/전라지역 출신 유권자들에게서는 59.2%라는 높은 지지를 받았다. 이회창 후보는 광주/전라지역을 제외하면 대체로 10% 전후의 지지를 받았지만 대전/충청지역 출신들로부터는 18.7%로 상대적으로 높은 지지를 받았다. 출신지 별로 살펴본 경우에도 지역 별로 선호하는 후보가 매우 뚜렷이 구분되는 지역주의 투표특성이 여전히 확인되고 있다. 대구-경북출신 유권자들의 이명박에 대한 압도적 지지나 광주/전라지역 출신 유권자들이 정동영에 대해 높은 지지를 보내는 것

〈표 2-2〉 유권자의 출신지 별 지지후보 비율

(%)

	이명박	정동영	이회창	문국현	기타	기권/모름	합 계 (N)
서울	52.6	12.8	9.1	12.0	3.3	10.3	100.0 (274)
인천/경기	53.6	16.7	8.6	9.6	2.9	8.6	100.0 (209)
대전/충청	49.8	13.8	**18.7**	9.6	3.7	7.6	100.0 (327)
광주/전라	19.0	**59.2**	3.4	7.5	2.2	8.6	100.0 (441)
대구/경북	**70.1**	7.3	10.5	4.2	2.3	5.6	100.0 (354)
부산/울산/경남	56.1	7.3	14.0	7.0	3.3	12.2	100.0 (328)
제주/강원	42.7	20.7	10.0	9.3	8.0	9.3	100.0 (150)

자료: 패널조사 6차 대선후조사 결과.

은 거주지역뿐만 아니라 출신지역을 중심으로 분석하더라도 마찬가지
인 셈이다.

　그러나 〈표 2-2〉에서는 거주지 중심의 투표비율과 비교할 때 흥미
로운 차이점도 발견할 수 있다. 무엇보다 〈표 2-2〉에서 나타난 각 후
보별 득표율은 〈표 2-1〉과 비교할 때 득표의 지역 별 집중도라는 점
에서 볼 때 상대적으로 낮다. 영남지역에서 이명박 후보에 대한 지지
율은 거주지역이든 출신지역이든 별 차이가 없는 것으로 나타났지만,
정동영 후보와 이회창 후보의 경우에는 거주지역 별 득표율이 출신지
역 별 득표율보다 높았다. 정동영 후보는 〈표 2-1〉에서 본 대로, '호남
지역 유권자들'로부터는 80%가량의 지지를 받았지만 '호남출신 유권
자들'로부터는 59.2%의 지지를 받아 20% 이상의 차이가 나타났다. 이
회창 후보 역시 '충청지역 유권자들'로부터는 30% 전후의 지지를 받았
지만, '충청출신 유권자들'로부터는 18.7%의 지지를 받아 10% 이상 지
지율의 차이가 나타났다. 이처럼 〈표 2-1〉과 〈표 2-2〉의 결과는 특히
정동영 후보와 이회창 후보의 경우에 각각 호남과 충청지역에 거주하
는 유권자들과 그 지역 외부에 거주하는 호남출신, 충청출신 유권자들
의 정치적 선택이 달라졌다는 사실을 보여준다는 점에서 매우 흥미롭

다. 거주지역과 출신지역 별 득표율에 차이가 생겼다는 사실은 정치적
으로 매우 의미심장하다. 이는 이전의 지역주의 투표행태를 규정하던
출신지역 별 유권자의 정치적 선택의 동조화 현상이 약화되거나 사라
져가고 있음을 보여주는 것이기 때문이다. 출신지역으로부터의 '탈동
조화' 현상이 분명한 추세로 확인된다면, 외형적인 유사성에도 불구하
고 지역주의 투표행태는 구조적으로 상당한 변화의 과정을 거치고 있
다고 볼 수 있다.

　이러한 특성을 보다 상세하게 살펴보기 위해서 한 지역 출신 유권자
를 거주지역 별로 고향지역에 거주하는 유권자 집단과 고향 외부에 거
주하는 유권자 집단으로 구분하여 각 집단의 정치적 선택의 차이에 대
해 분석하였다. 호남을 예로 들면, 호남출신 유권자 중 광주, 전남, 전
북지역에 살고 있는 호남사람들과, 서울이나 인천, 혹은 부산이나 대구
와 같은 '외지'에 살고 있는 호남사람들의 정치적 선택이 2007년 대통
령 선거에서 과연 다르게 나타났는지 아니면 동일한 것인지 살펴보았
다. 출신지 별로 '외지' 거주자의 비율은 지역 별로 다소 차이가 나기는
하지만, 고향이 어디든 서울과 수도권에 집중되어 있다는 점은 대체로
유사했다. 특히 충청출신 유권자 중 비충청권 거주자의 86%가 서울/
경기에 거주하고 있는 것으로 나타났고, 호남출신 유권자 중 비호남
지역 거주자의 81%가 서울-경기 지역에 살고 있었다. 부산/울산/경남
출신자 가운데서 이 비율은 69%로 다소 낮아지고 대구/경북지역 출신
유권자 가운데서 서울과 수도권 거주비율은 50.4%로 가장 낮았다. 대
구/경북지역 출신 가운데 '외지' 거주자의 36.5%는 부산/울산/경남에
살고 있는 것으로 나타났다(자세한 사항은 부록의 〈표 2-9〉 참조). 전체
적으로 볼 때, 지방의 고향을 떠난 이들의 대다수는 대체로 서울 및 수
도권에 거주하는 것으로 보아도 큰 무리는 없을 것으로 보인다.

　호남, 대구/경북, 부산/울산/경남, 그리고 충청의 네 지역 출신을
대상으로 각각 '고향'에 거주하는 유권자들과 '외지'에 거주하는 유권자

들의 투표행태를 분석한 것이 〈표 2-3〉이다. 여기서 매우 흥미로운 결과를 찾아볼 수 있다. 대구/경북과 부산/울산/경남 등 영남권 두 지역 출신을 대상으로 한 분석에서는 거주지역 별로 투표선택에 있어 별다른 큰 차이가 확인되지 않았다. 어디에 살고 있든지 영남출신 유권자들의 정치적 선택은 놀랄 만큼 유사한 모습을 보여주고 있다. 통계적으로도 큰 차이가 없음이 교차분석결과 확인되었다.

그런데 호남과 충청출신 유권자들의 경우는 다소 다른 특성이 확인된다. 우선 호남을 살펴보면, 호남지역에 거주하는 호남사람들과 다른 지역에 거주하는 호남사람들 간 투표행태는 매우 상이하게 나타났다. 〈표 2-1〉에서 본 것처럼, 여기서도 정동영 후보는 호남지역에서 거의 80%에 달하는 '몰표'를 받았다는 사실이 다시 확인된다. 그러나 호남 이외 지역에서 거주하는 호남사람들 사이에서 정동영에 대한 지지율은 51%로 크게 낮아졌다. 거의 30% 정도의 차이가 두 집단 간에 확인되었다. 호남출신 유권자 중 호남지역에 거주하는 이들 가운데 이명박 후보를 선택한 비율은 13.8%였지만, 비호남 지역에 거주하는 호남사람들 가운데 그 비율은 두 배인 27.2%에 달했다. 또한 문국현 후보에 대한 지지도 역시 호남지역의 호남 유권자들은 3.6%밖에 되지 않았지만, 비호남 지역에서는 12.6%로 크게 높아졌다. 정동영 후보는 호남지역에 거주하는 호남 유권자들에게서는 압도적 지지를 받았지만 서울이나 수도권 등 비호남 지역에 사는 호남사람들에게는 그만한 지지를 얻어내지 못했던 것이다.

충청출신 유권자들의 선택 역시 흥미롭다. 이명박 후보는 충청지역에 사는 충청사람들에게는 45.9%의 지지를 받았지만 충청 외부에 살고 있는 충청사람들에게는 61.5%의 지지를 받았다. 두 집단 간 지지의 차이는 15.6%나 된다. 반면 이회창 후보에 대한 지지는 이명박의 경우와 역전된 모습을 보인다. 충청권 외부에 거주하는 충청사람들 가운데 이회창을 지지한 이들의 비율은 12.2%에 불과했지만, 충청지역

<표 2-3> 출신지역과 거주지역 별 후보자 지지의 비교

(%)

구 분 투표한 후보	호남출신		대구/경북 출신		부산/울산/경남 출신		충청출신	
	호남 거주자	비호남 거주자	TK 거주자	비TK 지역 거주자	PK 거주자	비PK 지역 거주자	충청 거주자	비충청 거주자
이명박	13.8	**27.2**	77.3	70.6	61.7	69.5	45.9	**61.5**
정동영	**79.6**	51.0	11.0	11.1	8.3	8.5	15.1	14.7
이회창	1.5	5.8	6.6	9.2	17.0	13.4	**28.8**	12.2
문국현	3.6	**12.6**	4.4	4.6	8.3	7.3	8.2	5.8
기타	1.5	3.4	0.6	4.6	4.9	1.2	2.1	5.8
합계 (N)	100.0 (196)	100.0 (206)	100.0 (181)	100.0 (153)	100.0 (206)	100.0 (82)	100.0 (146)	100.0 (156)
chi- square	$x^2 = 38.7$ $p<0.01$		$x^2 = 7.6$ $p>0.1$		$x^2 = 3.2$ $p>0.05$		$x^2 = 17.0$ $p<0.01$	

자료: 패널조사 6차 대선후조사 결과.

에 살고 있는 충청사람들 가운데서는 두 배가 넘는 무려 28.8%가 이회창을 지지했다. 이회창은 충청권 외부의 충청사람들에게는 그다지 큰 지지를 이끌어내지 못했지만, 충청지역 현지에서는 높은 지지를 받았다.

호남출신 유권자들이나 충청출신 유권자들에게서 찾아볼 수 있는 이와 같은 거주지역 별 차이는 과거 지역주의가 출신지역에 따라 정파적 일체감이 분명하게 정의되었던 것과는 달리 이제 출신지역의 현지 민심과 고향을 떠난 이들의 정치적 선택이 달라졌음을 말해주는 것이다.

이러한 특성을 조금 더 분명하게 확인하기 위해서 이번에는 후보 별 호감도를 분석해 보았다. 후보 별 호감도에 주목한 것은 투표결정에는 후보에 대한 호감도 이외의 여러 가지 사항이 고려될 수 있어서 정치적 선호가 솔직하게 다 드러나지 않게 되는 경우도 있기 때문이다. 예컨대, 가장 호감을 갖는 후보가 있지만 당선가능성이 낮기 때문에 다른 후보를 선택하는 전략투표를 행했을 수도 있고, 혹은 가장 당선가능성이 높다고들 말하는 후보에 표를 던지는 승자편승효과(*bandwagon effect*)에 영향받았을 수도 있기 때문이다. 이에 비해 후보 별 선호도는 그와 같은 복잡한 고려를 수반하지 않기 때문에 보다 분명하고 솔직한 정치적 선호를 확인할 수 있을 것으로 보았다.

〈표 2-4〉는 각 후보에 대한 좋고 싫음의 정도를 출신지와 거주지를 구분하여 각 후보 별 평균값을 조사한 것이다. 앞에서 본 결과와 유사하게 호남출신과 충청출신 유권자들 가운데서 후보별 호감도의 평균 차이가 통계적으로 유의미하게 나타났다. 호남출신 유권자들의 경우, 호남 거주자들은 정동영 후보에 대한 호감이 압도적으로 높게 나타났다. 정동영 후보와 이명박 후보 간의 호감도의 차이는 평균 2를 넘었다. 정동영 후보에 대한 선호도는 두 번째로 선호하는 후보인 문국현 후보에 대한 호감도와도 1.44 정도의 큰 차이를 나타냈다. 그런데 흥미롭게도 '비호남 지역에 거주하는 호남출신 유권자'의 호감도는 '호남에 거주하는 호남사람들'과는 뚜렷한 차이를 나타내고 있다. 이명박, 이회창 후보에 대한 호감도에서는 거주지역에 따라 별다른 차이를 보이지 않고 있지만, 정동영과 문국현 후보에 대한 호감도는 같은 호남출신이라고 해도 거주지역에 따라 비교적 큰 차이가 확인된다. 무엇보다 호남지방 외부에 거주하는 호남사람들에게서 정동영 후보에 대한 호감도가 상대적으로 크게 낮아진다는 점이 눈에 띈다. 비호남 지역에 거주하는 호남사람들에게서 가장 호감도가 높게 나타난 인물은 정동영이 아니라 문국현이라는 점에 주목할 필요가 있다.

정동영 후보가 호남출신 정치인이고 호남의 전통적 지지를 받아온 통합민주신당의 후보였지만, 호남 외부에 거주하는 호남사람들에게는 그렇게 열렬한 지지를 받지 못한 것이다. 〈표 2-4〉의 결과는 정동영 후보로서는 지지층의 결속이라는 측면에서 볼 때 단순한 지지율의 차

<표 2-4> 거주지 별 후보자에 대한 호감도

구분	호남출신		대구/경북 출신		부산/울산/경남 출 신		충청출신	
후보 호감도	호남 거주자	비호남 거주자	TK 거주자	비TK 지역 거주자	PK 거주자	비PK 지역 거주자	충청 거주자	비충청 거주자
이명박	4.50	4.73	7.11	6.67	6.09	6.27	5.58	6.31**
정동영	6.56	5.70*	3.64	3.68	4.26	3.82	4.03	3.97
이회창	4.09	4.21	4.85	4.38	4.94	4.35**	5.20	4.38*
문국현	5.12	5.74*	5.26	4.95	4.99	5.28	5.50	5.26

*는 t-test 결과 p<0.01 수준에서 차이가 통계적으로 확인된 것임. **는 p<0.05.
자료: 패널조사 6차 대선후조사 결과.
0 - 매우 싫어한다 … 10 - 매우 좋아한다.

이보다 더욱 근본적인 문제점을 지니고 있었음을 보여주는 것이기도 하다.

충청출신 유권자들의 경우도 흥미롭다. '충청지역에 거주하는 충청 사람들'에게는 이명박, 문국현, 이회창 세 후보에 대한 호감도가 대체로 비슷하게 나타났다. 정동영 후보에 대한 호감도가 크게 떨어지는 것을 제외하면 다른 후보에 대한 호감도의 차이는 그리 크지 않았다. 다른 지역 출신들과 비교하면 이회창에 대한 호감도가 유독 높게 나타난 점도 주목할 부분이다. <표 2-4>에서 보듯이 충청지역에 거주하는 충청 유권자들의 이회창에 대한 호감도의 평균은 5. 20으로 나타났다. 그러나 '충청지역 외부에 거주하는 충청출신 유권자들'의 호감도는 이와는 매우 대조적인 모습을 보이고 있다. 이회창에 대한 호감도는 4. 38로 충청지역 거주자들과 비교하여 낮아진 반면, 이명박에 대한 호감도는 6. 31로 크게 높아졌다. 충청지역에 거주하는 충청사람들에게 이회창이 크게 어필하였더라도 충청지역 외부에 거주하는 충청사람들에게 이회창은 그다지 선호되는 후보가 아니었다. 즉 같은 충청출신이라고 해도 충청지역 외부에 거주하는 유권자들은 충청지역에 거주하는 유권자들과 정치적 정서를 공유하지 못했음을 잘 보여주고 있다.

〈표 2-4〉에서 본 대로 후보 별 호감도가 같은 지역 출신 유권자라고 해도 거주지역에 따라 각기 상이하게 나타남을 알 수 있다. 이전의 지역주의가 출신지역에 따라 선호하는 후보가 거주지역과 무관하게 매우 유사한 특성을 보였다면 2007년의 경험은 이러한 과거 지역주의의 모습으로부터 의미심장한 변화가 생겨났다는 사실을 보여주고 있다. 지역주의의 내재적 속성에 중요한 변화가 일어난 것이다.

2) 지역과 선거이슈

그렇다면 이제 제기해볼 수 있는 궁금증은 왜 이런 차이가 생겨났을까 하는 점이다. 우선 생각해볼 수 있는 점은 관심의 분화이다. 즉 거주지역에 따라 정치적 선택이 달라지고 있는 것은 거주지역 별로 유권자들이 중요하게 생각하는 이슈가 서로 달라졌기 때문일 수 있다. 거주지역에 따른 이해관계의 상이함이나 분화가 이러한 차이를 이끌어냈다는 것이다. 이를 알아보기 위해 거주지역 별로 선거에서 중요하게 관심을 갖는 이슈에 대해서 살펴보았다.

〈표 2-5〉에서는 눈길을 끌 만한 흥미로운 결과가 나타났다. 각 지역별로 중요하게 생각하는 이슈가 다를 뿐만 아니라, 같은 지역 출신 유권자라고 해도 거주지역에 따라 중시하는 이슈가 각각 다르게 나타났다. 특히 부동산 이슈에 주목할 필요가 있다. 호남출신 유권자의 경우에, 호남지역 거주자의 15.3%만이 이번 대통령 선거에서 이 이슈를 중요하게 간주한다고 답했지만, 호남 이외의 지역에서 거주하는 호남사

66

람들 가운데서는 두 배가량인 30.4%가 부동산 이슈가 중요하다고 응답했다. 대구, 경북 지역출신 유권자들도 부동산 이슈에 대해서는 호남출신 유권자들과 유사한 응답의 패턴이 발견되었다. 대구, 경북 지역에 거주하는 이 지역출신 유권자의 13.7%가 부동산 이슈가 중요하다고 응답했지만, 다른 지역에 거주하는 대구, 경북 출신 유권자들 가운데서는 24.3%가 이 이슈가 중요하다고 답했다. 10% 이상의 차이가 나타났다. 충청출신 유권자들의 응답패턴도 마찬가지인데, 충청 거주 충청 유권자의 14.8%만이 부동산 이슈가 중요하다고 응답했다면, 충청지역 외부에 거주하는 충청출신 유권자들 가운데서는 24.5%가 부동산 이슈가 중요하다고 응답했다. 부산/울산/경남 출신 유권자들에게서는 별다

〈표 2-5〉 출신지역과 거주지역을 고려한 중요한 선거이슈의 비교

(%)

구 분	호남출신		대구/경북 출신		부산/울산/경남 출신		충청출신	
중요한 정책	호남 거주자	비호남 거주자	TK 거주자	비TK 지역 거주자	PK 거주자	비PK 지역 거주자	충청 거주자	비충청 거주자
교육	21.8	18.5	23.5	22.0	19.9	17.3	19.6	17.0
부동산	15.3	**30.4**	13.7	**24.3**	21.0	21.4	14.8	**24.5**
대북	**9.8**	4.6	4.9	4.0	3.0	4.1	5.3	6.9
연금개혁	6.2	9.2	5.8	7.3	7.5	9.2	6.9	9.0
대미관계	2.2	0.8	4.9	1.1	1.9	5.1	2.6	2.7
고용	22.5	18.5	26.5	28.2	28.1	24.5	**28.0**	18.6
조세	2.9	3.5	4.9	2.8	4.9	9.2	7.9	6.4
금융	6.9	3.8	7.5	4.5	5.6	5.1	8.5	7.4
보건의료	8.4	6.2	4.4	3.4	6.7	4.1	4.8	5.3
기타	4.0	4.6	4.0	2.3	1.5	0	1.6	2.1
합계 (N)	100.0 (275)	100.0 (260)	100.0 (226)	100.0 (177)	100.0 (267)	100.0 (98)	100.0 (189)	100.0 (188)

자료: 패널조사 4차 조사자료.

른 차이가 확인되지 않았지만, 나머지 세 지역 출신 유권자들 사이에서 나타난 부동산정책에 대한 입장의 확연한 차이는 2007년 대통령 선거를 바라보는 유권자의 지역적 이해관계가 출신지역에서 거주지역으로 변화했다는 사실을 뚜렷하게 보여주고 있다. 부록의 〈표 2-9〉에서 제시한 대로, 출신지역 외부 거주자의 대다수가 서울 및 수도권에 거주하고 있다는 사실을 감안하면, 〈표 2-5〉의 결과는 서울과 수도권에 거주하는 유권자가 부동산정책의 심각성을 인식하는 정도와 지방에 거주하는 유권자가 그 정책을 평가하는 시선에 상당한 차이가 존재한다는 사실을 보여준다. 노무현 정부 하에서 부동산 가격의 앙등과 그 이후 추진된 종합부동산세를 비롯한 각종 규제정책에 대한 반응이 서울 및 수도권 지역에서 보다 민감하게 나타나고 있음을 시사하는 것이기도 하다. 보다 중요한 점은 이러한 반응의 차이가 출신지역보다 거주지역을 중심으로 지역적 이해관계가 재편되는 현상을 이끌고 있다는 것이다.

부동산정책 이외에도 거주지역에 따른 이슈 중요도의 차이가 확인된다. 호남출신 유권자들의 경우에 대북정책은 그동안 정치적으로 중요한 의미를 갖는 정책이었다. 김대중 정부의 대표적 정책이었고 그동안의 경험적인 조사에서도 호남 유권자들이 대북유화정책에 대해 상대적으로 큰 지지를 보내는 것으로 나타났다. 이런 점에서 볼 때 〈표 2-5〉의 결과는 흥미롭다. 호남에 거주하는 호남출신 유권자들 가운데 9.8%는 대북정책이 이번 대통령 선거에서 중요한 이슈라고 응답했지만 호남지역 외부에 거주하는 호남출신 유권자들 중에서는 그 절반도 되지 않는 불과 4.6%만이 그 이슈가 중요하다고 답했다. 선거를 바라보는 두 집단 간의 뚜렷한 인식의 차이가 여기서도 확인된다.

고용의 문제는 어느 지역 출신을 막론하고 가장 높은 응답률을 보였다. 2007년 대통령 선거에서 고용문제가 매우 중요한 이슈였던 것이다. 그러나 충청출신 유권자들의 경우에는 어느 지역에 거주하고 있느냐에 따라 이 이슈에 대해서도 분명한 인식의 차이를 보여준다. 충청지역 외부에 거주하는 충청출신 유권자 가운데 18.6%만이 고용이슈가 중요 하다고 응답한 반면, 충청지역에 거주하는 이들 가운데서는 28.0%가 이 이슈가 중요하다고 답했다. 〈표 2-5〉는 같은 지역 출신 유권자들의 정치적 이해관계는 동일하다는 것을 전제로 한 지역주의가 더 이상 유 효하지 않다는 사실을 보여준다. 이와 함께 거주지역을 중심으로 한 현실생활 속에서 정치적 이해관계를 추구하려는 새로운 속성의 지역주 의가 등장했음을 알게 한다.

3) 지역과 이념

지역주의와 관련해서 살펴볼 수 있는 또 다른 중요한 점은 이념과 관 련된 것이다. 그동안 지역주의 투표행태와 관련하여 제기된 흥미로운 주장은 지역과 이념의 중첩과 관련된 것이다. 즉 이념적으로 호남 유 권자들은 진보적이며 영남 유권자들은 상대적으로 보수적이라서 이념 균열과 지역주의가 상당히 중첩되어 있다는 것이다(예컨대 백준기 외 2003). 그러나 이에 대한 반론도 적지 않았다. 지역 간 이념적 차이가 존재할 수 있다고 해도 호남이 진보를, 영남이 보수를 대표한다고 보 기는 어렵다는 것이다. 지역 내부적으로 다양한 이념적 입장이 공존할 수 있는 만큼 지역을 이념적 구분의 단위로 설정하기는 어렵다는 것이 다(예컨대, 강원택 2003: 62~82). 따라서 지역과 이념이 과연 중첩되었 느냐는 것은 학문적으로 매우 논쟁적인 주제라고 할 수 있다. 만일 지 역과 이념이 중첩되었다면 지역주의 갈등이 이념적 균열과 연계되어 있다는 것을 의미하는 것이므로 지역주의가 갖는 정치적 의미는 더욱 큰 중요성을 갖게 될 것이다. 그러나 앞에서 본 대로 지역주의적 특성 이 거주지역 별로 상이하게 분리되어 나타나는 모습이 드러나고 있다는 점에서 이념과 지역이 과연 중첩된 것인지에 대해 좀 더 상세히 살펴볼 필요가 있다.

〈표 2-6〉은 유권자들이 주관적으로 평가한 자신들의 이념성향을 지역 별로 나눠 그 평균값을 조사한 것이다. 출신지이든 거주지이든 지역 별로 이념적 차이가 확인되었다. 광주/전라 거주자나 출신자들은 상대적으로 진보적 특성이 가장 강하게 나타난 반면, 대구/경북지역 거주자나 출신자의 보수성이 가장 두드러졌다. 호남의 진보성과 영남의 보수성이라고 하는 이념과 지역의 중첩이라는 주장이 〈표 2-6〉의 결과에 의해서 외형상 지지될 수 있을 것 같다.

그러나 앞에서 본 대로, 같은 출신지역 유권자라고 하더라도 거주지역에 따라 관심을 갖는 이슈가 달라지는 현상이 나타났다는 점에서 과연 지역과 이념이 중첩되어 있는지 보다 상세히 살펴볼 필요가 있다. 〈표 2-7〉에서의 분석결과, 출신지역이 같다면 거주지역에 따른 이념성향의 차이는 사실상 거의 존재하지 않는 것으로 나타났다. 통계적으로도 거주지역에 따른 두 집단 간의 평균의 차이가 유의미하지 않음을 확인해 주고 있다. 이처럼 출신지역 별로는 이념성향의 차이가 존재하지만 거주지역에 따른 차이는 존재하지 않는다면, 향후 선거에서 이념적 이슈가 부상하게 된다면 출신지역에 따른 정치적 선호의 차이가 다시 부각될 수 있을 것으로 보인다.

그러나 이런 결과는 앞에서 살펴본 것과는 다소 상이한 결과이다. 〈표 2-5〉에서는 부동산정책 등 거주지역 별로 유권자들이 갖는 관심의 차이가 분명히 존재하는 것으로 나타났기 때문이다. 거주지 별로 정책적 관심사는 다르지만 이념적 차이는 없다는 결과는 사실 예상치 못한 것이다. 이런 점을 고려하여 이번에는 주관적 이념성향이 아니라 이념적 특성을 드러내는 구체적 정책을 중심으로 지역 별 이념적 차이에 대해 살펴보았다. 〈표 2-8〉에서는 모두 7가지의 정책이 제시되어 있다. 여기서는 네 지역을 관통하는 일관성 있는 이념적 패턴은 발견되지 않았다. 그러나 전반적으로 볼 때 대부분의 정책에서 호남출신의 진보성이, 대구/경북 출신의 보수성이 확인되고 있다. 이는 앞의 〈표 2-6〉에서 본 결과와 크게 다르지 않다. 그러나 여기서 주목할 점은 구체적 정책에 대한 평가에서는 같은 지역 출신이라고 해도 거주지역에 따라 시각의 차이가 뚜렷이 구분된다는 것이다. 대미외교 문제에서 충

〈표 2-6〉 지역 별 주관적 이념평균의 비교

		서울	인천/경기	대전/충청	광주/전라	대구/경북	부산/울산/경남	제주/강원
출신지별	이념평균	5.31	5.29	5.79	5.01	5.89	5.81	5.88
	N	274	208	328	440	353	327	149
	ANOVA F=11.6 p<0.01							
거주지별	이념평균	5.41	5.43	5.75	5.02	6.00	5.64	5.93
	N	453	567	212	224	226	341	89
	ANOVA F=6.56 p<0.01							

자료: 패널조사 6차 대선후조사 자료.
0 - 가장 진보적, 5 - 중도, 10 - 가장 보수적.

〈표 2-7〉 출신지역과 거주지역을 고려한 주관적 이념평균의 비교

구 분	호남출신		대구/경북 출신		부산/울산/경남 출신		충청출신	
	호남거주자	비호남거주자	TK거주자	비TK지역거주자	PK거주자	비PK지역거주자	충청거주자	비충청거주자
이념평균	5.00	5.01	5.97	5.80	5.76	5.97	5.74	5.83
표준편차	1.95	2.00	1.96	1.75	1.90	1.85	2.07	1.74
t-test	t=-0.05		t=0.83		t=-0.91		t=-0.45	

자료: 패널조사 6차 대선후조사 자료.
0 - 가장 진보적, 5 - 중도, 10 - 가장 보수적

청출신 유권자들 가운데 비충청지역에 거주하는 이들이 충청지역 거주
자들보다 보수적 입장을 취하는 것으로 나타났고, 국내시장의 해외개
방 문제에 대해서는 대구/경북지역 출신들 가운데 지역 외부에 거주하
는 이들이 보다 개방적이고 전향적인 입장을 취하는 것으로 나타났다.

그러나 여기서 가장 흥미로운 발견은 호남출신 유권자들의 정책적
시각의 분화이다. 〈표 2-8〉에서 제시된 7가지 정책사안 가운데 대북지
원정책을 제외한 무려 6개 항목에서 같은 호남출신이라고 해도 호남에
거주하는 이들과 호남 외부에 거주하는 이들 간의 정책적 입장이 뚜렷
하게 구분되었다. 두 집단 간 이념의 방향성도 매우 일관된 모습을 보
이고 있다. 같은 호남출신이라고 해도 호남에 거주하는 이들이 보다
진보적인 반면, 호남 외부에 거주하는 호남출신 유권자들은 상대적으
로 보수화된 모습을 나타내고 있다. 대미외교나 재벌규제처럼 이념을
구분하는 '전통적 이슈'에서도 호남출신이라고 해도 거주지역에 따라
그 입장의 차이가 분명해졌다. 또한 집회시위와 같은 시민적 자유나
권리의 문제, 소득분배나 복지확대와 같은 경제적 이념의 문제에서도
호남 외부에 거주하는 호남인들이 호남에 거주하는 호남인들보다 보수
적 입장을 취하고 있다는 사실이 확인되었다. 시장개방 문제에서는 호
남 외부에 거주하는 호남사람들이 호남에 거주하는 이들보다 상대적으
로 개방에 소극적인 것으로 나타났다. 〈표 2-8〉은 출신지역이 같더라
도, 특히 호남출신의 경우에는, 호남지역에 거주하느냐 아니면 '외지'에
거주하느냐에 따라 정책을 평가하는 시각의 차이가 매우 뚜렷해졌다는
사실을 알게 한다. 이념적 분화가 출신지역보다 거주지역에 따라 형성
된 것이다.

주관적으로 측정한 이념성향에서는 출신지역에 따른 동질성이 나타
났지만, 구체적 정책항목에서는 출신지역보다 거주지역에 따른 차이가
확인되었다. 막연하게 인식하는 정치적 지향성과 구체적 현실 속에서
의 이해관계가 서로 다르게 전개되고 있음을 보여주는 것이다. 이러한

72

발견은 지역주의가 출신지역에 따라 매우 동질적인 정치성향과 이념적
지향점을 지니고 있다는 기존의 지역주의 정치에 대한 전통적 해석에
대한 커다란 도전이 될 수 있다. 호남이 분화되었다는 점이 특히 의미
심장한 결과이다. 민주화 이후 호남은 지역주의 정치의 중요한 한 축

<표 2-8> 출신지역과 거주지역을 고려한 정책적 입장의 비교

구 분 정책이념	호남출신		대구/경북 출신		부산/울산/경남 출신		충청출신	
	호남 거주자	비호남 거주자	TK 거주자	비TK 지역 거주자	PK 거주자	비PK 지역 거주자	충청 거주자	비충청 거주자
대미외교	2.73	2.61[3]	2.43	2.46	2.61	2.64	2.66	2.37[1]
대북지원	2.70	2.62	2.23	2.23	2.31	2.42	2.36	2.35
재벌규제	2.78	2.60[3]	2.29	2.38	2.46	2.43	2.60	2.51
집회시위	1.29	1.80[1]	1.68	1.68	1.58	1.49	1.46	1.63
소득분배	1.28	1.65[1]	1.76	1.67	1.55	1.43	1.41	1.53
시장개방	1.31	1.56[2]	1.63	1.38[2]	1.35	1.40	1.41	1.47
복지확대	1.33	1.83[1]	1.84	1.70	1.61	1.60	1.56	1.56

t-test: 1 – p<0.01, 2 – p<0.05, 3 – p<0.1.
자료: 패널조사 4차 조사자료.

대미외교: 1 – 미국 주도의 세계질서에 더욱 협력해야 … 4 – 미국 중심 외교정책 전면 재검토해야.
대북지원: 1 – 대북지원 전면 중단해야 … 4 – 대북지원 확대해야.
재벌규제: 1 – 시장에 맡기고 규제 전면적으로 해제해야 … 4 – 재벌규제 지금보다 강화해야.
집회시위: "집회시위는 헌법적 권리이므로 보장해야 한다." 1 – 매우 찬성, 2 – 약간 찬성, 3 – 약간 반대, 4 – 매우 반대.
소득분배: "소득분배가 경제성장보다 중요하다." 1 – 매우 찬성, 2 – 약간 찬성, 3 – 약간 반대, 4 – 매우 반대.
시장개방: "국내시장 보호하기보다 적극적으로 개방해야 한다." 1 – 매우 찬성, 2 – 약간 찬성, 3 – 약간 반대, 4 – 매우 반대.
복지확대: "복지를 확대하기 위해 세금을 인상해야 한다." 1 – 매우 찬성, 2 – 약간 찬성, 3 – 약간 반대, 4 – 매우 반대.
집회시위, 소득분배, 시장개방, 복지확대는 응답의 방향을 반대로 하여 두 집단으로 나눠 질문한 것을 하나로 합쳐 분석하였음.

으로 자리 잡았다. 그러나 여기서의 발견은 호남출신이라고 해도 거주 지역에 따라 구체적 정책을 바라보는 시각이 서로 달라지고 있다는 사 실을 보여주고 있다. 출신지역이 '자동적으로' 정치적 정체성을 부여해 주던 전통적인 지역주의로부터의 근본적인 변화가 일어나기 시작한 것 이다.

4. 결 론

2007년 대통령 선거는 민주화 이후 한국 정치를 '지배한' 지역주의가 외형상의 유사성에도 불구하고 그 내부적 속성은 크게 변화하고 있음 을 보여주었다. 강원택(2003: 225~255)은 2002년 대통령 선거분석을 통해 지역이 아닌 북핵문제나 대미관계 등 새로운 이슈가 중요성을 갖 게 되면서 지역주의 이외의 상이한 요인이 투표결정에 영향을 미쳤다 는 점에서 지역주의의 변화가 발생했다고 주장한 바 있다. 즉 기존 정 당지지의 이탈(dealignment)이 2002년 대선을 통해 시작되었다는 것이 다. 이 장에서 확인된 결과는 2007년 대통령 선거에서도 이러한 지역 주의의 변화 추세가, 외형상으로는 안정적 패턴을 보이고 있지만, 내부 적으로 보다 심화되고 있음을 보여주고 있다.

   2007년 대통령 선거과정에서 지역주의의 영향력을 실감하지 못하게 한 중요한 원인은 이 연구결과가 보여주듯이 지역주의가 존재한다고 해도 전국적 수준에서의 동원력은 크게 약화되었기 때문일 것이다. 같 은 지역 출신이라고 해도 거주지역에 따라 관심사와 선호하는 후보가 달라진 것이다. 2007년 대통령 선거에서 이명박의 압승과 정동영의 참 패 역시 이런 변화 속에서 설명할 수 있다. 호남, 충청 유권자의 지지 가 거주지역에 따라 분리되면서 이명박 후보가 서울과 수도권의 호남, 충청출신 유권자의 지지까지 획득할 수 있게 된 것이 압승의 주요한

74

원인이었다.

　물론 김대중과 같은 지역적 동원력을 갖는 정치인의 부재 때문이기
도 하지만, 이 장에서 강조하고 싶은 보다 중요한 원인은 지역주의 속
성 자체가 변화하고 있다는 사실이다. 과거의 지역주의가 정서적 요인
에 기초해 있었다면 이제는 실질적인 정책적 이해관계에 기반한 갈등
으로 변모하고 있다는 것이다. 특히 거주지역을 중심으로 한 유사한
사회경제적 환경이 그 지역 유권자의 정치적 선택에 커다란 영향을 미
치게 되었다. 외형적 유사함에도 불구하고 지역주의는 이미 의미심장
한 변화의 과정을 겪고 있는 것이다.

부 록

〈표 2-9〉 출신지에 따른 지역 별 거주인구비율

구 분	거주지역	%	구 분	거주지역	%
충청출신 비충청지역 거주비율	서울	33.5	호남출신 비호남지역 거주비율	서울	43.0
	인천, 경기	52.6		인천, 경기	38.0
	광주, 전라	3.4		대전, 충청	5.7
	대구, 경북	2.5		대구, 경북	2.6
	부산, 울산, 경남	6.5		부산, 울산, 경남	8.1
	제주, 강원	1.5		제주, 강원	2.6
	N	325		N	384
대구, 경북 출신 비TK지역 거주비율	서울	27.8	부산, 울산, 경남출신 비PK지역 거주비율	서울	39.3
	인천, 경기	22.6		인천, 경기	29.8
	대전, 충청	10.1		대전, 충청	7.3
	광주, 전라	1.0		광주, 전라	1.1
	부산, 울산, 경남	36.5		대구, 경북	19.1
	제주, 강원	2.1		제주, 강원	3.4
	N	288		N	178

제3장

네거티브 캠페인은 얼마나
효과적이었을까?

1. 서론

이전 선거와 비교할 때 2007년 대통령 선거에서 나타난 흥미로운 특징 가운데 하나는 네거티브 캠페인과 관련된 논란이라고 할 수 있다. 한나라당 후보경선 때부터 이명박 후보는 도곡동 땅 실소유주 여부, BBK 주가조작 여부, 자녀들의 위장전입 및 위장취업 의혹, 탈세여부 등 후보자 개인의 도덕성과 청렴성을 둘러싼 여러 가지 문제점에 대해 집중공격을 받았다. 특히 한나라당 당내경선 이후 이명박 후보가 각종 여론조사에서 압도적인 우위를 유지하면서 대통합민주신당 정동영 후보를 비롯한 경쟁후보들은 지속적이고 노골적인 형태로 이명박 후보에 대한 네거티브 공세에 집중했다.

그러나 사실 이러한 네거티브 캠페인은 2007년 대통령 선거에서만 나타난 것은 아니다. 1997년 대통령 선거에서는 이회창 후보 아들의 병역면제를 둘러싼 의혹이 제기되었고 이는 이 후보의 지지율 급락으로 이어졌다. 2002년 대통령 선거에서도 한나라당은 김대중 정부에서 국가정보원이 여야 의원 및 언론사를 대상으로 전화도청을 했다는 문건을 공개하면서 이를 노무현 후보에 대한 부정적 이미지로 연결시키

76

려는 시도를 하기도 했다(이현우 2006: 59). 이처럼 네거티브 캠페인은 어느 선거에서나 나타나는 특성이기는 하지만 2007년 대통령 선거는 'BBK로 시작해 BBK로 끝났다'(〈부산일보〉 2007. 12. 19)[1]는 선거 이후의 평가가 나올 만큼 그 이전의 어떤 다른 선거 때보다 네거티브 캠페인이 매우 적극적으로 활용되었다.

이와 함께 유권자들이 실제로 느끼는 네거티브 캠페인의 강도도 이전에 비해서 크게 높아졌다. 〈표 3-1〉은 2002년과 2007년 대통령 선거 이후 유권자들이 생각하는 선거운동 과정에서 나타난 가장 심각한 문제점을 정리한 것이다. 2002년에는 지역감정 유발이 38.2%로 가장 높게 나타났으며, 흑색선전/비방은 30.4%로 두 번째를 차지했다. 그러나 2007년 대선 이후 조사된 결과에서는 흑색선전/비방이 54.5%로 가장 높았다. 2002년의 30.4%라는 응답도 결코 낮은 수치라고 볼 수는 없지만, 〈표 3-1〉의 결과는 2007년 대통령 선거에서 네거티브 캠페인이 이전 선거와 비교할 때 보다 적극적인 형태로 활용되었고 이에 대한 일반 유권자들의 우려도 높아졌음을 보여주는 것이다.

네거티브 캠페인과 함께 2007년 대통령 선거에서 나타난 또 다른 주목할 점은 투표율의 하락이다. 대통령 선거의 투표율은 63%로 집계되어 1987년 민주화 이후 역대 대통령 선거 가운데 가장 낮은 투표율을 기록했다. 대통령 선거에서 투표율이 70% 이하로 떨어진 것도 2007년이 처음이다. 투표율 하락에 대한 원인은 여러 가지가 있을 수 있을 것이다(김진하 2008; 서현진 2008 참조). 그러나 이 글에서 주목

[1] BBK는 이명박 후보가 설립했던 LKe뱅크의 자회사였다. 그런데 BBK가 주가를 조작하고 고객의 위탁금을 횡령하는 사건이 생겼는데 이에 대한 이명박 후보의 연루 문제를 두고 선거과정에서 논란이 제기되었다. 경쟁후보들은 이명박 후보가 BBK의 실소유주이며 주가조작에 깊이 개입되었다고 주장했고 이명박 후보는 자신과는 무관한 일이라고 반박했다. 위탁금을 횡령하고 미국으로 도주한 김경준에 대한 검찰의 수사결과는 이명박 후보가 BBK 주가조작에 연루되어 있지 않다고 결론지었다.

〈표 3-1〉 대선과정에서 나타난 가장 큰 문제점

(%)

대선과정의 문제점	2007년 대선	2002년 대선
흑색선전, 비방	54.5	30.4
정책경쟁의 부재	12.1	-
비현실적인 공약	9.4	18.5
지역감정 유발	8.6	38.2
정당 후보 경선의 과열	7.8	-
기타	7.6	12.8
합계	100.0(1187)	100.0(1485)

자료: 한국사회과학데이터센터 2002년, 2007년 대통령선거후조사 자료.
무응답은 제외하였음.

하는 네거티브 캠페인과 관련해서 본다면, 희망적 메시지와 건설적인 정책대안의 제시보다 부정과 비판의 공방이 선거운동을 주도했다는 점에서 이러한 부정적 메시지가 정치에 대한 불신과 냉소를 부추김으로써 투표참여를 억제하는 예기치 않은 결과를 초래한 것은 아닌지에 대해서 살펴볼 필요가 있다. 즉 네거티브 캠페인이 2007년 대통령 선거의 기록적으로 낮은 투표율의 한 원인일 수도 있다는 것이다. 언론의 논조도 투표불참에 대한 네거티브 캠페인의 영향에 대해 주목했다(서현진 2008: 103).

이 글에서의 관심은 크게 두 가지로 요약할 수 있다. 하나는 네거티브 캠페인이 과연 효과적이었느냐(effective) 하는 점이며, 다른 하나는 네거티브 캠페인이 투표율 하락에 실제로 영향을 미쳤느냐 하는 것이다. 보다 구체적으로 말하자면, 첫 번째 관심사는 네거티브 캠페인이 공격대상 후보자에 대한 부정적 평가를 갖도록 함으로써 유권자들이 그 후보로부터 지지를 철회하거나 유보적인 입장을 취하도록 태도를 변화시키는 데 영향을 미쳤느냐 하는 데 대한 것이다. 즉 선거운동 수단으로서 네거티브 캠페인이 의도한 결과를 실제로 이끌었느냐 하는

'효과성'에 대한 것이다. 두 번째 관심사는 앞서 언급한 대로 네거티브 캠페인이 유권자들의 정치에 대한 불신과 냉소주의를 심화시키고 정치적 관심을 저하시킴으로써 궁극적으로 투표율 저하로 이끌었느냐 하는 점이다. 즉 유권자의 투표참여 결정에 네거티브 캠페인이 부정적 영향을 미쳤느냐 하는 점이다. 이 장에서는 이 두 가지 의문점에 대한 해답을 규명하고자 한다. 이 글에서 사용되는 데이터는 한국사회과학데이터센터에서 조사한 "제17대 대통령 선거관련 유권자 의식조사" 자료이다.

2. 이론적 논의

우리나라 선거정치에서 네거티브 캠페인은 대체로 부정적 정치현상으로 비판받았다. 집권을 위한 분명한 공약을 제시하고 이러한 정책대안을 중심으로 정치적 공방과 논의가 이뤄지는 것이 바람직하다는 것이다. 이와 같이 규범적 차원에서 선거운동을 평가하게 된 것은 그동안 우리나라의 선거경쟁이 구체적 정책을 둘러싼 경쟁이기보다는 지역주의와 같은 정서적 호소나 후보자에 대한 (때로는 근거 없는) 비방, 흑색선전에 의해 이루어진 경우가 많았다는 경험적 판단에 근거하는 것으로 보인다. 따라서 '정치발전'을 위해서는 정치적 경쟁이 보다 가치중심적이고 미래지향적인 형태로 이뤄져야 한다는 당위적이고 규범적인 차원에서 네거티브 캠페인에 대한 비판적 평가가 내려진 것이다.

그러나 이와는 달리 현실적으로 네거티브 캠페인은 어느 나라의 어떤 선거에서나 등장했고 선거전략상 매우 중요한 비중을 차지했다. 특히 지지율에서 뒤진 후보들은 선두후보를 따라잡기 위한 수단으로 네거티브 캠페인을 활용하는 경우가 종종 있었다(Skaperdas and Grofman 1995 참조). 네거티브 캠페인은 상대 후보자의 실수나 단점, 문제점을 최대한 부각시킴으로써 경쟁후보의 지지자를 이탈하게 하거나 지지의 강도를 약화시키는 한편, 부동층 유권자를 자신의 지지자로 끌어들이려는 의도를 갖는 것이라고 할 수 있다.

그러나 또 한편으로는 피오리나(Fiorina 1981)가 회고적 투표(*retrospective voting*) 이론에서 주장하듯이 선거에서 투표결정의 판단기준이 이전 정부나 대통령의 업적과 관련되어 있다면, 야당소속 후보는 과거 정부의 부정적 측면을 강조하고 새로운 대안으로서 자신을 부각시키고자 할 것이다. 또한 어떤 후보자가 출마 이전에 대통령이나 주지사와 같은 주요 공직을 맡고 있었다면 그 후보자의 과거 업적에 대한 평가는 언제나 선거운동의 중요한 부분이 될 수밖에 없다. 예컨대, 부시와 듀카키스가 맞붙은 1988년 미국 대통령 선거에서 나타난 대표적인 네거티브 캠페인 사례인 범죄자 윌리 호튼(Wilie Horton)을 활용한 부시 진영의 선거공세는, 매우 예외적인 경우를 과장하여 지적한 것이라고 해도, 기본적으로 매사추세츠 주지사로서 듀카키스의 경력과 관련되었다.[2] 다시 말해 선거에서 네거티브 캠페인은 어떤 상황에서도 좀처럼 사라지기 어렵다는 것이다.

선거에서 나타나는 네거티브 캠페인의 문제점은 우리나라보다 미국에서 먼저 학문적 주목을 받았다. 미국에서 네거티브 캠페인에 일찍부터 관심을 갖게 된 것은 정당중심의 선거운동을 펼치는 유럽과는 달리 후보자를 중심으로 한 선거운동의 특성을 지니고 있으며, TV를 필두로 한 대중매체 중심의 선거운동이 일찍부터 발전했다는 사실과 깊은 관련이 있을 것이다. 또한 선거운동의 방식에 대해 지나칠 정도로 많은 규제가 있는 우리나라와는 달리 미국에서는 선거운동의 형식이나 내용에 대한 제약이 사실상 없다는 점도 네거티브 선거전략을 적극적으로 활용하게 한 원인이 될 것이다.

선거에서 후보자들이 네거티브 캠페인을 활용하고자 하는 까닭은 크게 다음의 두 가지로 정리해볼 수 있다(Kahn and Kenney 1999: 878). 첫째, 긍정적 메시지가 대부분을 차지하는 상황에서 부정적 정보는 보다 독특하고 눈에 띄며 보다 기억하기 쉽다는 것이다. 즉 사람들은 긍정적 정보보다 부정적 정보에 더욱 귀가 솔깃해지고 더욱 잘 기억한다는 것이다.[3] 네거티브 캠페인이 지닌 그러한 독특성 때문에 유권자들은 부정적 비판에 흥미를 느끼고 보다 큰 관심을 갖게 된다는 것이다. 한편, 네거티브 캠페인이 정치적 정보제공의 기능이라는 측면

---

[2] 미국 선거에서 네거티브 캠페인에 대한 구체적 사례에 대해서는 Swint(2007) 참조.
[3] 이에 대한 한국에서의 실험결과에 대해서는 김무곤·조재수(2000) 참조.

에서 보다 뛰어나다는 연구결과도 존재한다(Ansolabehere and Iyengar 1995; Brians and Wattenberg 1996). 유권자들이 마땅히 알아야 하는 경쟁후보의 정보확보라는 측면에서 네거티브 캠페인이 보다 중요한 역할을 한다는 것이다.

두 번째, 비판적 캠페인은 유권자들에게 투표선택으로 초래되는 정치적 결과에 대한 잠재적 부담(potential risks)을 일깨워준다는 것이다. 즉 어떤 후보가 대통령직 등 주요 공직에 당선된 이후에 정책판단의 실수나 도덕적 결함 혹은 경험부족 등으로 인해 생겨날 수 있는 위험성에 주목하게 한다는 것이다. 따라서 네거티브 캠페인은 위험을 회피하려는 유권자(risk-averse voters)에게 보다 효과적일 수 있다는 것이다.

미국에서 네거티브 캠페인에 대한 학문적 접근은 다양한 차원에서 이뤄졌지만 부정적 선거운동이 특히 투표참여에 어떤 영향을 미칠 것인가 하는 문제에 대해서 상이한 시각 간의 논쟁이 활발하게 진행되었다. 우선 네거티브 캠페인이 투표율 저하에 영향을 미칠 것이라는 주장의 논거는 상호비방의 가열과 비판적 메시지의 난무가 유권자들의 정치에 대한 혐오감과 부정적 인식을 증대시킬 뿐만 아니라 선거 관심을 떨어드려 결국 투표장에 나타나지 않도록 한다는 것이다. 즉 네거티브 캠페인은 유권자들의 정치적 효용감을 낮추고 정치에 대해 냉소적 태도를 갖도록 한다는 것이다(Ansolabehere et al. 1999; Houston et al. 1999; Ansolabehere and Iyengar 1995; Ansolabehere et al. 1994).

그러나 이와 반대되는 주장도 적지 않다. 핀켈과 기어(Finkel and Geer 1998)는 부정적 선거운동이 투표율을 오히려 높일 수도 있다고 주장한다. 그들의 주장은 네거티브 캠페인의 메시지가 담고 있는 정치적 정보의 중요성이나 그 영향으로 정치적 지식이 증대되고 또 선거결과에 대한 우려가 높아지게 되면 오히려 투표율이 높아진다는 것이다. 칸과 케니(Kahn and Kenney 1999) 역시 미국 상원의원 선거에서의 네거티브 캠페인을 분석한 결과, 네거티브 캠페인이라고 해도 적절한 소재가 적합한 방식으로 전달되기만 한다면, 이는 전반적으로 투표참가를 높일 수 있다고 주장했다. 프리드만과 골드스타인(Freedman and Goldstein 1999)은 1996년 미국 대통령 선거결과를 대상으로 네거티브 캠페인이 투표율을 낮출 것이라는 가설(the demobilization hypothesis)을 실험한 결과, 이러한 시각과는 달리 오히려 유권자의 투표참여를 자극하는 효과가 나타났다고 주장했다. 와튼버그와 브라이언즈(Wattenberg and Brians 1999)는 앤솔라비히어와 그의 동료들의 주장(Ansolabehere and Iyengar 1995; Ansolabehere et al. 1994)을 비판하며 실제 투표관련 데이터를 분석한 결과 네거티브 캠페인이 투표율을 저하시킨다는 주장은 잘못된 것이라고 반박했다. 이처럼 네거티브 캠페인과 투표참여의 문제는 매우 논쟁적이라고 할 수 있다.

아직까지 한국 선거에서 네거티브 캠페인의 효과와 투표참여에의 영향에 대한 논의는 그다지 활발하게 이뤄지지 않았다. 그 까닭은 아마도 지역주의와 같은 구조적 변인의 영향이 선거과정에서 보다 중요하게 작용한 까닭에 네거티브 선거운동의 활용에도 불구하고 그 효과가 유권자들이 피부로 실감할 만큼 절실하게 강하지 않았다는 것이 한 요인일 것이다. 2002년과 2007년 대통령 선거에서 후보자의 네거티브 캠페인 전략 결정요인에 대한 분석(김현진·박천호 2008)과, 유사한 주제로 2000년 총선에서 시민단체가 주도한 낙천, 낙선운동이 투표율 저하에 영향을 끼쳤다는 주장에 대한 비판적 분석(조기숙 2002; 진영재·엄기홍 2002) 등이 이러한 주제와 관련하여 그동안 제시된 드문 연구결과들이다. 이제 이러한 논의를 토대로 경험적 데이터의 분석을 통해 2007년 대통령 선거에서 네거티브 캠페인이 유권자의 투표결정에 미친 영향에 대해서 살펴보기로 한다.

3. 경험적 분석

이 장에서 주목하는 네거티브 캠페인의 효과는 크게 두 가지이다. 하나는 캠페인을 주도한 측에서 의도한 대로의 '직접적 효과'가 발생하는가 하는 점이다. 즉 경쟁후보의 지지층을 이탈시키거나 지지를 유보한 부동층을 자신의 지지자로 전환시킬 수 있을까 하는 데 관심을 갖는다. 또 다른 하나는 캠페인을 한 후보진영에서는 의도하지 않았지만 결과적으로 유권자의 정치적 관심을 높이거나 낮춤으로써 투표참여에 영향을 미쳤나 하는 것이다. 이는 네거티브 캠페인의 '간접적 효과'라고 부를 수 있을 것이다. 이 두 가지 점에 대해서 하나씩 2007년 대통령 선거를 대상으로 분석해 보기로 한다.

1) 네거티브 캠페인과 후보 지지

과연 2007년 대통령 선거에서 네거티브 캠페인은 유권자들의 후보자 선택에 어떤 영향을 미쳤을까? 이를 알아보기 위해 '이번 대통령 선거에서 지지후보 결정에 가장 큰 영향을 미친 사안이 무엇이었는지'를 물은 질문에 대한 응답이 "BBK 의혹사건"이라고 한 경우(1)와 그 밖의 다른 사안을 선택한 집단(0)을 구분하여 이들 두 집단의 특성을 비교해 보았다. 4) 전자는 네거티브 캠페인에 영향을 받은 집단이며, 후자는 네거티브 캠페인에 영향을 받지 않은 집단으로 각각 간주했다.

---

4) BBK 의혹 이외의 '기타 사안'에 포함된 것은 제2차 남북정상회담, 대통령 후보 당내경선 선출, 이회창 후보의 탈당 무소속 출마, 참여정부 국정 실패 심판, 부패 보수 세력 집권 저지, 정몽준 의원과 김종필 전 총리의 지지선언, 열린우리당 해체, 청와대 측근 비리, 범여권 후보 단일화 실패 등이다.

우선 이들 두 집단의 일반적 특성에 대해서 이항 로지스틱 회귀분석을 통해 살펴보았다. 독립변인으로는 ① 연령, ② 성별, ③ 선거관심도, ④ 교육수준, ⑤ 정당지지 등 5가지 변인을 고려하였다. 〈표 3-2〉에서 보듯이 몇 가지 흥미로운 특성이 확인되었다. 분석결과 네거티브 캠페인의 효과는 나이가 젊을수록, 교육수준이 낮을수록 그리고 한나라당에 대한 호감도가 낮을수록 높아지는 것으로 나타났다. 성별의 차이나 선거관심도는 통계적으로 유의미하지 않은 것으로 나타났다. 〈표 3-2〉에서의 분석결과는 네거티브 캠페인의 효과가 유권자 집단의 특성에 따라서 각기 상이한 형태로 수용되고 있음을 보여준다.

그러나 사실 이러한 결과는 그다지 놀라운 것은 아니다. 연령적으로 젊고, 한나라당에 호감도가 낮다는 것은 일반적으로 한국 정치에서 나타나는 진보성향의 유권자 집단을 지칭하는 것으로 볼 수 있기 때문이다. 학력수준이 낮은 집단에서 네거티브 캠페인의 효과가 더욱 크다는

〈표 3-2〉 이항 로지스틱 회귀분석: 네거티브 캠페인의 효과 (일반)

	B	Exp(B)
상수	1.56^{1}	
나이	-0.03^{1}	0.98
성별(남성)	-0.18	0.84
선거관심	0.13	1.14
교육수준	-0.28^{2}	0.75
한나라당 호오도	-0.09^{1}	0.92

-2 Log likelihood = 1054.2 Cox & Snell R^{2} = 0.04 Percentage correct = 63.8%

1 – $p > 0.01$; 2 – $p < 0.05$.
성별: 기준집단 – 여성.
선거관심: 1 – 매우 높음, 2 – 다소 높은 편, 3 – 별로 높지 않은 편, 4 – 전혀 없음.
교육수준: 1 – 중졸 이하, 2 – 고졸, 3 – 대재 이상.
한나라당 호오도: 0 – 아주 싫다 … 10 – 아주 좋다.

점을 제외하면, 다른 변인들은 이들 집단이 이명박 후보에 대해 그다지 호의적이지 않은 유권자들임을 시사해 주는 것이다. 따라서 〈표 3-2〉의 결과는 BBK 의혹이라는 이명박 후보에 대한 네거티브 캠페인에 대해 이명박을 지지하지 않는 유권자 집단이 보다 큰 영향을 받았다는 것을 보여준다. 그런데 이를 근거로 네거티브 캠페인이 반(反)이명박 유권자 층의 결속을 강화시켰다고 말할 수는 있겠지만, 이 장에서 주목하는 지지층의 이탈과 관련해서 〈표 3-2〉의 결과는 분명한 답을 제시하지는 않는다.

여기서 보다 관심을 가져야 하는 부분은 과연 이명박의 지지층 혹은 잠재적 지지층에게 상대후보의 네거티브 캠페인이 어떤 영향을 미쳤을까 하는 점이다. 이를 알아보기 위해서 "가장 좋아하는 정당"이 한나라당이라고 밝힌 유권자들만을 대상으로 네거티브 캠페인이 그들의 투표결정에 어떤 영향을 미쳤는지에 대해서 살펴보았다. 〈표 3-3〉은 한나라당 지지자들 가운데 투표결정에 영향을 준 사안이 BBK 의혹인 경우와 다른 사안인 경우를 구분하여 실제 선거에서 누구에게 투표했는지 그 비율을 비교하여 정리한 것이다. 한나라당 지지자들만을 대상으로 하였기 때문에 이명박 후보가 아닌 다른 후보에게 투표한 응답자의 빈도가 상대적으로 크지 않아서 이들을 모두 하나로 묶어 두 집단으로 나눠 분석하였다. 〈표 3-3〉은 매우 흥미로운 특성을 보여주고 있다. 모두가 한나라당 지지자라고 해도 지지후보 결정에 영향을 준 사안에 따라서 투표행태가 매우 뚜렷이 구분되고 있다. 지지후보 결정에 영향을 준 사안이 BBK 의혹이라고 답한 이들 가운데 이명박에 대한 지지율은 75.4%였지만, 다른 사안이라고 응답한 이들 가운데 이명박에 대한 투표율은 89.6%였다. 무려 14.2%의 차이가 두 집단 사이에서 나타났다. BBK 의혹사건이 한나라당 지지자 집단에서 이명박에 대한 지지를 감소하도록 영향을 미쳤다는 사실을 확인할 수 있다. 즉 BBK 의혹으로 대표되는 네거티브 캠페인은 실제로 이명박 후보로부터의 지지이탈에 영향을 미친 것이다.

이번에는 한나라당 지지자 중에서 어떤 사람들이 네거티브 캠페인에 보다 수용적인지에 대해서 살펴보았다. 이를 위해 ① 정당지지의 강도, ② 이명박 후보에 대한 호오(好惡)의 정도, ③ 한나라당에 대한 호오의 정도, ④ 주관적으로 평가하는 개인의 이념적 위치 등 4가지 변인에 대해서 투표결정에 영향받은 사안 별로 그 평균값을 비교해 보았다. 분석대상이 한나라당 지지자들인 만큼 어떤 경우이든 모두 이명박이나 한나라당에 대한 호오도가 긍정적 방향이었으며, 주관적 이념의 위치도 보수적 영역에 놓여 있고, 정당지지의 강도도 상당히 강하게 나타났다. 그러나 두 집단 간 평균의 차이는 비교적 크게 나타났다.

〈표 3-4〉에서 볼 수 있듯이 네 변인의 평균값 차이가 95% 유의수준

〈표 3-3〉 한나라당 지지자 가운데 BBK 의혹과 투표결정

(%)

| 투표결정에 영향 준 사안 | 투표 후보 | | n | t-test |
	이명박	기타 후보		
BBK 의혹 (a)	75.4	24.6	142	
기타 사안 (b)	89.6	10.4	328	4.05
a-b	-14.2	+14.2		

〈표 3-4〉 한나라당 지지자 중 투표결정에 영향받은 사안에 따른 각 태도의 차이

	BBK 의혹사건	기타 사안	t-test
정당지지 강도	7.02	7.43	2.28
이명박 호오도	6.98	8.00	5.24
한나라당 호오도	7.02	7.82	4.36
주관적 개인 이념	5.80	6.38	2.75

호오도: 0 – 최저, 5 – 중간, 10 – 최고.
지지의 강도: 0 – 가장 약함, 10 – 가장 강함.
이념: 0 – 가장 진보, 5 – 중도, 10 – 가장 보수.

에서 모두 통계적으로 유의미한 것으로 나타났다. 예상할 수 있는 바대로, 한나라당 지지자라고 하더라도 정당지지의 강도가 상대적으로 약하고, 이명박이나 한나라당에 대한 호감의 정도가 약하며, 이념적으로 보다 중도적 입장에 가까운(혹은 이념적 보수성이 상대적으로 약한) 유권자들에게서 BBK 의혹사건에 대한 영향이 보다 크게 나타났다. 상대적으로 정파적 연계가 약한 집단에서 네거티브 캠페인의 보다 큰 효과가 확인된 셈이다.

이러한 특성은 투표결정 시기와 지지후보 결정에 영향을 미친 사안과의 관계에서도 유사하게 확인할 수 있다. 〈표 3-5〉는 언제 투표할 대상을 결정했느냐 하는 투표결정 시기에 따라 지지후보 결정에 영향을 끼친 사안의 비율을 정리한 것이다. '선거일 당일부터 일주일 이전까지' 투표할 후보를 정하지 못한 유권자들은 부동층 유권자라고 분류할 수 있다. 전체 응답자를 대상으로 볼 때, 이들 부동층 유권자들 가운데 BBK 의혹에 영향을 받은 비율은 모두 48.2%로 나타나, 부동층 유권자의 거의 절반가량이 네거티브 캠페인에 영향을 받은 것으로 나타났다. 이에 비해 기타 사안에 영향을 받은 부동층 유권자의 비율은 33.2%였다. BBK 의혹에 영향을 받은 다른 유권자 집단과 비교하면 15% 정도의 차이를 보인다. 앞에서 본 대로 정파적 연계가 약한 이들처럼, 지지후보를 빨리 정하지 못한 유동적 유권자들에게도 네거티브 캠페인은 어느 정도 영향을 미친 것이다.

이러한 특성은 한나라당 지지자 집단에서도 마찬가지로 나타난다. BBK 의혹에 영향을 받은 한나라당 지지자 집단 가운데 선거일 당일부터 일주일 이전까지 지지후보를 정하지 못한 이들의 비율은 45.1%로 역시 거의 절반에 가까운 반면, 기타 사안에 영향을 받은 집단 가운데 이러한 비율은 28.1%에 그쳤다. 특히 기타 사안에 영향을 받은 한나라당 지지자들 가운데 한 달 이상 전에 이미 투표할 후보를 결정했다는 비율은 무려 49.1%였지만, BBK 의혹에 영향을 받았다고 응답한 집단

〈표 3-5〉 투표결정 시기와 지지후보 결정에 영향을 준 사안

(%)

구분	사안	투표결정 시기						t-test
		투표일 당일	1~3일 전	일주일 전	2주일 전	한 달쯤 전	한 달 이상 전	
한나라 지지자	BBK 사건	5.6	21.5	18.1	12.5	18.8	23.6	-4.85
	기타 사안	5.2	10.1	12.8	4.9	18.0	49.1	
전체 응답자	BBK 사건	10.1	21.6	16.5	12.6	14.8	24.4	-5.55
	기타 사안	8.9	11.8	12.5	7.7	16.3	42.8	

가운데 그 비율은 23.6%에 불과했다. 네거티브 캠페인이 유권자의 투표결정에 상당한 영향을 미쳤다는 사실을 여기서 다시 확인할 수 있다. 특히 네거티브 캠페인은 선거일이 가까워질수록 빈도나 강도에 있어서 이전보다 강해지는 것이 일반적 경향이고 지난 대선에서도 마찬가지의 현상이 나타났다는 점을 감안할 때(Damore 2002; Perterson and Djupe 2005; 김현진·박천호 2008), 부동층 유권자의 투표결정에 네거티브 캠페인이 어느 정도 효과적으로 작용하고 있다는 점을 보여준다.

이상에서 분석한 내용을 정리하면, BBK 의혹과 같은 네거티브 캠페인은 일반적으로 이명박 후보를 지지하지 않은 유권자 층에 보다 큰 영향을 미쳤고 이들을 결속시키는 효과를 낳았다. 그러나 동시에 한나라당을 좋아하는 실질적 혹은 잠재적 이명박 지지자들에게도 적지 않은 영향을 미친 것으로 나타났다. BBK 의혹에 영향을 받은 이들은 상대적으로 이명박 지지의 비율이 낮았으며 이회창 후보가 상대적으로 이에 대한 가장 큰 수혜를 본 것으로 나타났다. 한나라당 지지자 가운데 네거티브 캠페인에 보다 수용적인 이들은 정파적 연계가 상대적으로 약한 이들이거나 선거 막판까지 지지후보를 정하지 못한 유동적 유권자 집단으로 나타났다. 네거티브 캠페인은 어느 정도까지는 공세적 입장을 취한 측에서 의도한 '직접적 효과'가 상대적으로 '약한 고리

의 지지층'에서 일정한 효과를 보았다고 요약할 수 있다.

2) 네거티브 캠페인과 투표참여

이번에는 네거티브 캠페인이 유권자의 투표참여에 영향을 미친다고 하
는 의도하지 않은 '간접적 효과'에 대해서 살펴보기로 한다. 모두(冒
頭)에서 언급한 대로, 2007년 대통령 선거에서의 투표율은 다른 선거
와 비교할 때 매우 낮았다. 투표율에 미친 영향을 보기 위해 크게 두
가지 범주의 변인들을 고려했다. 하나는 네거티브 캠페인과 관련된 변
인들이다. 구체적으로 모두 2가지 변인을 고려했는데, 첫째는 "이번 대
통령 선거에서 네거티브 캠페인이 심각했다고 생각하느냐"의 질문에
대한 응답을 고려했으며, 두 번째로는 앞의 절에서 살펴본 대로 '이번
대통령 선거에서 지지후보 결정에 가장 큰 영향을 준 사안'이 "BBK
의혹"이라고 응답한 집단과 그렇지 않은 집단을 구분했다.[5]

　네거티브 캠페인과 함께 고려한 또 다른 범주는 정당/후보자 요인들
로 3개의 변인을 포함하였다. 첫 번째는 투표 효능감으로 "투표는 아
주 많은 사람들이 하기 때문에 내가 투표하는가 안 하는가는 그리 중
요하지 않다"는 주장에 대한 응답을 고려하였다.

　두 번째는 대통령 선거에 출마한 후보자 간의 정책적 차별성에 대한
인식을 포함하였다. 이 두 가지 변인은 다운즈(Downs 1957)의 고전적
인 합리적 유권자의 투표 이론으로도 그 의미를 설명할 수 있을 것이
다. 후보자 간 정책적 차별성이 크지 않다면, 그리고 내 한 표의 영향
력이 크지 않다면 투표참여의 비용을 고려할 때 기권하는 것이 보다
합리적인 선택이 될 수 있을 것이다. 김재한(1993)은 1992년 대통령 선

---

[5] 이들 두 변수 간의 상관관계는 −0.09(p<0.01)이다.

거에서의 투표참여를 분석하면서 후보자 간 정책적 차별성이 크지 않거나 투표 효능감이 적다고 느끼는 유권자가 기권할 확률이 보다 높다고 분석했다. 또한 이 책 제14장의 분석에 따르면, 2007년 대선과 2008년 총선에서 두 차례 모두 기권한 이들은 선거의 효용성과 대표성에 대한 불만이 큰 집단으로 나타났다.

세 번째는 정당지지 강도로 유권자가 지지하는 정당을 얼마나 좋아하는지를 고려하였다. 와튼버그(Wattenberg 2002)는 정당일체감의 강도에 따라 투표율의 변화를 설명하였다. 그의 분석결과에 따르면 강한 정당일체감을 갖는 유권자들의 투표참여는 높지만 정당일체감이 약하거나 무당파적 속성을 갖는 유권자들의 투표율은 낮아졌다는 것이다. 이 밖에 성별, 나이, 소득, 교육수준과 같은 사회경제적 변인을 함께 포함하였다. 이러한 변인들로 투표참여와 기권을 설명하기 위한 이항 로지스틱 회귀분석을 실시하였다. 그 결과가 〈표 3-6〉에 정리되어 있다.

모델 1은 네거티브 캠페인에 대한 평가 관련 두 변인과 사회경제적 변인이 포함된 것이며, 모델 2는 여기에 정당/후보자 요인과 관련된 세 변인을 추가로 포함하였다. 두 모델의 분석결과 흥미로운 특성이 확인되었다. 모델 1에서 네거티브 캠페인과 관련된 두 변인 가운데 '네거티브 캠페인의 심각성에 대한 인식'만이 통계적으로 유의미한 것으로 나타났는데, 그 관계의 방향은 예상과 다르게 나타났다. 즉 네거티브 캠페인이 심각하다고 생각할수록 투표에 참여한 반면, 네거티브 캠페인이 그리 심각하지 않다고 생각할수록 기권의 확률이 높게 나타났다. 이를 토대로 본다면, 네거티브 캠페인이 직접적으로 투표불참에 강한 영향을 미쳤다는 결론을 내리기는 어려울 것 같다. 모델 1에서는 이와 함께 연령과 소득이 통계적으로 유의미하게 나타났는데, 나이가 젊을수록, 소득이 낮을수록 기권자의 비율이 높아지는 것으로 확인되었다.

모델 2에서는 투표참여 여부에 미친 네거티브 캠페인 효과는 통계적

으로 유의미한 것으로 나타나지 않았다. 반면, 정당/후보자 요인과 관
련된 세 변인은 모두 통계적으로 유의미한 관계가 입증되었다. 자신의
투표 효능감을 낮게 느낄수록, 지지하는 정당에 대한 지지 강도가 약

〈표 3-6〉 이항 로지스틱 회귀분석: 네거티브 캠페인과 투표참여

	모델 1		모델 2	
	B	Exp(B)	B	Exp(B)
상수	−0.21		1.18	
네거티브 심각	0.27[1]	0.97	0.10	1.11
BBK 의혹	0.21	1.23	−0.03	0.97
투표 효능감	−	−	−0.46[1]	0.63
정당지지 강도	−	−	−0.14[1]	0.87
후보 간 정책 차이	−	−	0.48[1]	1.61
성별	0.08	1.08	0.26	1.29
연령	−0.03[1]	0.97	−0.03[1]	0.97
소득	−0.07[2]	0.94	0.07	0.93
교육수준	−0.03	0.97	−0.12	0.89
	−2 Log likelihood = 1131.6 Negelkerke R^2 = 0.07 Percentage correct = 78.6%		−2 Log likelihood = 661.5 Negelkerke R^2 = 0.13 Percentage correct = 82.5%	

1 − p<0.01 ; 2 − p<0.05.

종속변인: 0 − 투표, 1 − 기권.
독립변인:
  네거티브 심각[네거티브 캠페인 심각]: 1 − 매우 공감, 2 − 다소 공감, 3 − 별로 공감 않음, 4 − 전혀
    공감 않음.
  BBK 의혹[투표결정에 가장 큰 영향 미친 사안]: 0 − 기타 사안, 1 − BBK 의혹.
  투표 효능감[내 투표는 중요하지 않다]: 1 − 매우 공감, 2 − 다소 공감, 3 − 별로 공감 않음, 4 − 전혀
    공감 않음.
  정당지지 강도[좋아하는 정당을 얼마나 좋아하십니까]: 0(최저) … 10(최대).
  후보 간 정책 차이: 1 − 매우 차이 크다, 2 − 어느 정도 차이 있다, 3 − 별로 차이 없다, 4 − 전혀 차이 없다.
  소득: 1 − 제일 낮다, 10 − 가장 높다.
  성별: 1 − 남성, 0 − 여성.
  교육수준: 1 − 중졸 이하, 2 − 고졸, 3 − 대재 이상.

할수록, 그리고 후보자 간 정책적 차별성이 크지 않다고 느낄수록 기권할 확률이 보다 높아지는 것으로 나타났다. 사회경제적 변인 중에서는 연령변인만이 통계적으로 유의미한 것으로 나타났는데, 연령이 낮을수록 투표참여가 줄어들었다.

〈표 3-6〉에서 분석한 두 개의 모델은 네거티브 캠페인이 투표참여에 미치는 영향과 관련하여 매우 주목할 만한 결과를 보여주고 있다. 전체적으로 볼 때, 네거티브 캠페인이 투표참여 결정에 미친 영향은 대부분 통계적 유의미성을 지니지 못할 만큼 강하게 나타나지 않았으며, 통계적 의미를 지니더라도 그 관계가 반드시 부정적 형태, 즉 네거티브 캠페인이 반드시 투표불참을 높이는 형태로 나타나지는 않았다. 네거티브 캠페인의 효과보다는 투표 효능감, 정당일체감의 강도, 후보 간 차별성과 같은 정당/후보자 요인이나 사회경제적 변인이 보다 큰 의미를 지니는 것으로 나타났다.

이러한 특성을 다시 확인해 보기 위해서 이번에는 선거관심도와 네거티브 캠페인의 관계에 대해서 살펴보았다. 네거티브 캠페인이 투표율 하락에 영향을 미쳤다면 선거관심도를 떨어뜨리는 데도 영향을 주었을 것으로 가정해볼 수 있기 때문이다. 이러한 특성을 알아보기 위해 네거티브 캠페인과 관련된 세 변인 별 선거관심도의 평균을 각각 비교해 보았다.

〈표 3-7〉에서도 앞에서의 발견과 대체로 일관된 결과가 나타났다. 전반적으로 볼 때, 선거관심도와 네거티브 캠페인에 대한 인식 사이에는 그다지 큰 관계가 없는 것으로 나타났다. 네거티브 캠페인을 평가한 세 변인 가운데 '투표결정에 영향을 준 사안'만이 통계적으로 의미 있는 차이가 있을 뿐, 나머지 두 변인은 그렇지 않은 것으로 확인되었다. 투표결정에 영향을 준 사안에 따른 평균값의 차이는 BBK 의혹이라고 한 경우에 선거관심도가 조금 더 낮은 것으로 나타났다. 〈표 3-7〉의 결과는 전체적으로 볼 때 네거티브 캠페인이 유권자의 선거관심

〈표 3-7〉 네거티브 캠페인 인식에 따른 선거관심도의 차이

변 인	구 분	평 균	t-test
투표결정에 영향을 준 사안	BBK 의혹 사안	2.03	t = -3.30
	기타 사안	1.87	
이번 대선에서 가장 심각한 문제	흑색선전/비방	1.89	t = 1.77
	다른 문제	1.98	
네거티브 캠페인 평가	심각하다	1.92	t = -1.35
	심각하지 않다	2.01	

선거관심도: 1 - 매우 많았다, 2 - 조금 있었다, 3 - 별로 없었다, 4 - 전혀 없었다.

도와 별로 큰 관계가 없다는 점을 시사하고 있다. 서현진(2008: 108)의 분석에서도 네거티브 선거전이 정치불신에 영향을 미친다는 주장은 통계적 유의미성이 확인되지 않았다. 결국 네거티브 캠페인이 유권자의 정치적 관심을 급격하게 낮추거나 정치적 불신을 높인다고 보기는 어렵다고 할 수 있다.

이 절에서의 논의를 종합하면, 2007년 한국 대통령 선거운동 기간 나타난 치열한 네거티브 캠페인이 민주화 이후 가장 낮은 투표율을 이끈 중요한 원인이었다고 볼 수 있는 증거는 나타나지 않았다. 오히려 네거티브 캠페인이 투표참여 여부에 미치는 영향을 부정적으로만 볼 수 없다는 것을 시사하는 결과도 나타났다. 또한 네거티브 캠페인이 정치에 대한 불신이나 냉소를 부추겨 결국 유권자의 정치적 관심을 낮추는 데 기여할 것이라는 주장도 경험적 분석결과 지지되지 않았다. 적어도 2007년 대통령 선거의 경우, 네거티브 캠페인의 가열과 투표참여 혹은 선거에 대한 관심의 하락이라는 정치현상 간에 직접적인 인과관계가 존재한다고 보기는 어려울 것 같다.

4. 결론

이 글은 2007년 대통령 선거에서 유독 가열된 형태로 행해졌던 네거티브 캠페인이 유권자에 미친 정치적 영향에 대해 살펴보고자 한 것이었다. 이 글에서는 네거티브 캠페인이 '직접적으로' 의도한 공격대상 후보 지지층의 이탈이나 지지의 약화를 결과하는 것처럼 지지후보 결정에 미친 영향과, 이와 달리 의도하지 않았지만 '간접적으로' 유권자들이 선거나 정치 전반을 바라보는 인식과 평가에 미친 영향을 구분하여 각각 분석하였다.

분석결과, 2007년 대통령 선거에서 네거티브 캠페인은 이명박 후보의 잠재적 지지층 가운데 정파적 연계감이 약한 유권자들이 부분적으로 이탈하게 했음을 확인할 수 있었다. 즉 네거티브 캠페인이 어느 정도 효과적으로 작동하였다는 것이다. 그러나 네거티브 캠페인이 정치 불신이나 혐오감을 높임으로써 정치적 관심을 낮추고 궁극적으로 투표 불참을 이끌었다는 주장은 경험적으로 입증되지 않았다. 즉 네거티브 캠페인이 투표참여를 낮춘 요인이었다고 보기 어렵다는 것이다.

이 장에서의 이러한 발견은 사실 규범적 측면에서 본다면 당혹스럽기도 한 것이다. 우리 정치에서 네거티브 캠페인은 규범적으로 '바람직하지 않은' 현상으로 간주되었기에, 그런 '옳지 않은 선거운동 방법'이 실제로는 효과적인 수단으로 드러났다고 하거나 혹은 투표율 하락과 같이 우려되는 현상의 '주범이 아니다'는 발견은 규범적 측면에서 논의했던 것과는 분명히 다른 결과이기 때문이다. 그러나 여기서의 발견은 어떤 점에서 본다면 규제 일변도인 우리나라 선거법이 우리 정치나 선거에 대한 지나친 불신 혹은 우려에 기초해 있다는 사실을 확인해 주는 것으로 볼 수도 있을 것 같다. 이 글에서 살펴본 대로, 많은 이들이 우려를 표명할 정도로 가열되었던 네거티브 캠페인에도 불구하고 그것이 유권자의 정치적 관심의 저하나 투표율 하락의 직접적 원인으로 이어지지는 않았기 때문이다. 또한 네거티브 캠페인이 비판과 부정의 형식을 취하고 있지만 또 한편으로는 중요한 정치적 정보를 제공하고 있다는 기존 연구에서 제시된 견해에도 주목할 필요가 있을 것 같다. 이 장에서 논의의 목적이 네거티브 캠페인에 대한 규범적 혹은 정책적 결론을 도출하고자 하는 것은 아니므로 이에 대한 논의를 확대하고 싶은 생각은 없지만, 이 장에서의 발견은 선거경쟁을 바라보는 규범적 시각이 우리나라 선거에서 자유롭고 창의적인 선거운동을 저해할 수 있다는 문제점도 일깨워 주고 있다고 생각된다.

제 2 부

2004년과 2008년의 국회의원 선거

제 4 장　누가 왜 바꿨나 :
2007년 대선과 2008년 총선에서 유권자 지지의 변화

제 5 장　대통령 탄핵과 2004년 국회의원 선거 :
새천년민주당은 왜 몰락했나?

제 6 장　2004년 국회의원 선거에서
민주노동당 지지에 대한 분석

　　국회의원 선거는 국민의 대표자를 선출하는 행사이지만 선거가 치러지는 시점의 정치적 상황에 따라 그 정치적 의미는 크게 달라질 수 있다. 2004년의 17대 국회의원 선거와 2008년의 18대 국회의원 선거를 비교해도 그 차이를 알 수 있다. 2004년 총선은 노무현 대통령에 대한 국회의 탄핵소추가 결정된 직후 치러진 선거였다. 탄핵정국이 사실상 선거판을 지배했다고 할 만큼 큰 영향을 미쳤다. 2004년 총선에서 주목할 만한 또 다른 흥미로운 점은 민주노동당의 원내 진출이다. 드디어 좌파 계급정당이 제도권 정치 속으로 진입한 것이다. 이렇게 된 데에는 민주화의 진전에 다른 이념적 수용성의 확대가 중요한 영향을 미쳤겠지만 또 한편으로는 당시 새로이 도입된 정당투표 방식이 민주노동당의 원내 진입에 결정적 기여를 했다.

　　한편 2008년 국회의원 선거는 전혀 다른 분위기 속에서 치러졌다. 2007년 12월의 대통령 선거 이후 불과 4개월 만에 치러졌기 때문에 신임 대통령에 대한 기대감이 큰 상황이었다고 할 수 있다. 더욱이 이명박 후보는 경쟁후보에 압승을 거두었다. 흥미로운 점은 이런 사실에도 불구하고 4개월 전의 대통령 선거 때와는 다소 다른 선거결과가 나타났다는 사실이다. 즉 이명박 후보 지지표 가운데 적지 않은 수가 국회의원 선거에서는 한나라당이 아닌 다른 곳으로 이탈한 것이다.

　　제2부에서 논의하는 세 편의 글은 2004년과 2008년 두 차례의 국회의원 선거에서 발견할 수 있는 이러한 흥미로운 현상을 분석한 것이다. 제4장에서는 2007년 대통령 선거에서 드러난 표심이 2008년 국회의원 선거에서는 어떤 이유로 그대로 이어지지 않았는지 그 원인을 규명하며, 제5장에서는 2004년 국회의원 선거에서 대통령 탄핵이 미친 영향을 분석한다. 그리고 제6장에서는 '계급정당'인 민주노동당을 과연 누가 지지했는지에 대해 살펴볼 것이다.

제 4 장

누가 왜 바꿨나:
2007년 대선과 2008년 총선에서 유권자 지지의 변화

1. 서론

2008년 4월 9일 실시된 18대 국회의원 선거는 미묘한 타이밍으로 선거 전부터 많은 이들의 관심을 끌었다. 2007년 12월 19일의 대통령 선거로부터 4개월이 채 지나지 않은 상황에서 실시되었고, 2008년 2월 25일 거행된 신임 대통령 취임식으로부터는 불과 한 달 반 남짓한 시간 뒤에 치러졌기 때문이다.

이러한 시차를 고려할 때 2008년 국회의원 선거는 앞서 실시된 대통령 선거결과에 큰 영향을 받을 수밖에 없을 것으로 예상되었다. 즉 4개월도 안 되는 짧은 기간 사이에 유권자의 '표심'에 급격한 변화가 일어날 것으로 보기 어려운 만큼, 대통령 선거 때 나타난 투표행태가 국회의원 선거에서도 비슷한 형태로 재현될 것으로 보았다. 어느 나라를 막론하고 새 정부의 출범은 유권자들에게 커다란 기대감을 갖게 하므로, 2008년 국회의원 선거는 여당인 한나라당에 매우 유리할 것이라는 전망은 수긍할 만한 것이었다. 다른 나라에서도 실제로 이런 현상이 확인된 바 있다. 프랑스에서는 2002년과 2007년 대선 직후 실시된 의회선거에서 당선된 대통령의 정당이 두 차례 모두 압승을 거두었다. [1] 미국에서도 인기 있는 대통령 후보가 소속정당의 의회선거 후보자들의 당선에 도움을 주는 효과(coat-tail effect)가 확인되고 있다(Kaplowitz 1971). 따라서 2007년 대통령 선거에서 큰 차이로 승리를 거둔 이명박 후보의 한나라당은 국회의원 선거에서도 손쉽게 압승할 것으로 전망했다.

그러나 실제 총선결과는 이러한 예상을 벗어나는 것이었다. 한나라당은 비록 153석의 과반의석을 획득하였지만 그 이전의 대통령 선거결과나 선거 이전 예상 의석수와 비교한다면 사실 실망스럽다고 할 만한 것이었다. 적지 않은 수의 유권자들이, 4개월이라는 짧은 시차에도 불구하고, 2007년 대통령 선거와 2008년 총선에서 각기 다른 정치적 선택을 한 것이다. 흥미로운 점은 한나라당이 대승을 거두지 못했지만 그렇다고 해서 주요 경쟁상대였던 통합민주당이 괄목할 만한 성과를 거둔 것은 아니었다는 점이다. 즉 대선 때 이명박 후보를 지지했던 유권자의 표심이 급변하여 경쟁정당으로 몰려간 것은 아니었다. 오히려 한나라당에서 떨어져 나온 친박연대라는 급조된 정치세력이 예상 밖으로 선전했다는 점이 주목할 만한 현상이었다.

이 장에서는 2007년의 대통령 선거와 2008년의 국회의원 선거에서 유권자들의 투표행태가 변화된 원인을 찾아보고자 한다. 누가 어떤 이유로 4개월이라는 짧은 기간 사이에 정치적 지지를 바꿨는지에 대해 살펴보고자 한다. 특히 이 장에서 주목하는 부분은 대통령 선거 때 이명박 후보를 지지했던 후보자들의 표심의 변화여부이다. 이들은 대선 4개월 뒤의 총선에서는 어떤 정당후보에 투표했는지, 왜 그러한 결정을 하게 되었는지를 분석할 것이다. 여기서 사용하는 데이터 역시 동아시아연구원(EAI)이 중앙일보, SBS, 한국리서치와 공동으로 실시한 패널조사 자료이다.

---

1) 이런 정치적 결과를 통해 동거정부의 등장을 어렵게 하기 위해 프랑스는 2002년 개헌을 통해 과거 7년이었던 대통령의 임기를 의회 의원과 동일한 5년으로 단축했다.

2. 분석의 틀

이 장에서의 관심은 단기간에 유권자의 정치적 결정을 변화시킨 요인이 무엇인지 찾고자 하는 것이다. 여러 가지 요인들을 고려해볼 수 있겠지만, 단기간에 이뤄진 지지의 이탈이라는 점에서 지역, 이념, 세대 등과 같은 구조적 균열, 혹은 거시적 요인에 주목하는 것은 적절하지 않을 것 같다. 오히려 예상치 못한 정치적 사건의 발생과 같은 상황적 요인에 주목하거나, 혹은 대선과 총선이라는 두 선거 간의 특성의 차이에 유의하는 것이 보다 중요할 것으로 보인다.

이 장에서는 크게 세 가지 가능성을 상정하고 있다. 첫째, 선거 수준마다 유권자의 판단의 기준이 달라질 것이라는 가설이다. 즉 국회의원선거와 대통령 선거에서 유권자들이 기대하는 바는 서로 다르다는 점이다. 사실 선거수준에 따라 유권자의 평가가 달라지는 경우는 적지 않다. 예컨대, 임기중반에 치러지는 보궐선거나 지방선거에서 나타나는 유권자의 표심은 대체로 집권당에 비판적 특성을 갖는 경우가 많다 (Norris 1990; 조진만 1998; 진영재·조진만 2002; 강원택 2004; 조진만·최준영·가상준 2006). 이런 선거에서는 중앙권력의 향배를 가늠하는 것이 아니라는 점에서 보다 '편안하게' 자신의 불만을 나타낼 수 있다. 마찬가지로, 국회의원 선거가 정치적으로 중요한 선거라고 하더라도 '강력한 대통령제'라는 한국 정치현실을 고려할 때 아무래도 그 정치적 중요성은 대통령 선거에 비해 떨어질 수밖에 없다. 오히려 국회의원 선거의 의미는 통치권력의 향방보다 대통령의 통치를 안정적으로 지원하거나 비판적으로 견제하도록 하기 위한 의미가 더 크다고도 볼 수 있다. 즉 대통령과 대통령이 주도하는 향후 국정운영에 대한 고려가 국회의원 선거에서는 더 중요하게 작용할 수 있다는 것이다. 특히 대통령 선거와 시기적으로 매우 인접해서 치러지는 국회의원 선거라면 대통령을 지원할 것인지 혹은 견제해야 할 것인지와 같은, 대통령에 대한 고려가 국회의원 선거에 임하는 유권자의 태도에 영향을 미칠 수 있다. 국회의원 선거지만 유권자의 판단의 중심에는 대통령이 존재한다는 것이다. 이를 대통령 요인으로 부르기로 한다.

두 번째는, 대통령 선거 이후 짧은 시간이 흘렀지만 그럼에도 불구하고 그 사이에 일어난 정치적 사건이 유권자의 판단에 영향을 미쳤다고 보는 가설이다. 이는 단기적 이슈의 영향에 주목하는 입장이다. 예상치 못한 단기적 사건의 효과(the contingencies of unfolding events)가 투표결정에 영향을 미쳤다는 것이다(Mayhew 2000: 471). 이명박 정부가 출범한 지 불과 한 달 반 만에 치러진 선거이므로 정치적 사건의 효과가 과연 얼마나 큰 영향을 미쳤는지 의구심을 가질 수도 있겠지만, 사실 그 기간 사이에 적지 않은 '사건'이 발생했다. 이명박 정부는 공식 출범 이전인 인수위원회 시절부터 의욕적인 활동을 펼치면서 국민의 기대와 주목을 받았지만 동시에 영어 몰입교육 등 설익은 정책안을 쏟아내면서 적지 않은 비난도 받았다. 또한 이명박 정부의 첫 내각 인선에서는 이른바 '고·소·영(고려대, 소망교회, 영남)', '강부자(강남 땅 부자)' 등으로 상징되는 특정 집단과 상류계층에 집중된 인선으로 비판받았고, 또한 일부 각료 내정자의 도덕성이 문제가 되면서 커다란 논란이 일기도 했다. 국회의원 선거를 앞두고 한나라당 내에서 공천을 둘러싸고 여러 가지 잡음이 생겨난 것도 부정적 평가를 받았다. 이러한 단기적 이슈들이 총선에서 유권자의 정치적 결정에 영향을 미칠 수 있다는 것이다. 여론조사기관인 리얼미터가 조사한 결과에 따르면, 이명박 대통령의 지지율은 취임 첫 주 76%에 달했지만 총선이 실시된 주에는 52.6%로 낮아졌다. 이는 곧 이명박 정부의 평가에 영향을 미친 이슈가 그 사이에 발생했음을 보여주고 있다. 이를 단기적 이슈 요인으로 부르기로 한다.

세 번째 가설은 이명박 대통령이나 한나라당 등 정당과 무관하게 선거운동 과정에서 유권자들의 정치적 지지가 변화한 경우이다. 선거운동을 통한 캠페인 효과, 현역의원의 지역구 관리, 의정활동에 대한 평가 등 후보자 요인, 그리고 개별 후보자의 공약 등이 유권자의 지지에 영향을 미칠 수 있기 때문이다(문용직 1997; 황아란 1999; 윤종빈 2001; 이갑윤·이현우 2002; Norton and Wood 1993; Mayhew 1974; Cain et al. 1987; Fenno, Jr. 1978). 예컨대, 서울의 경우에는 도시 재개발 공약이 해당 지역 유권자들의 커다란 관심의 대상이 되었는데, 공약 등 선거운동 과정상의 요인이 지지의 변화에 영향을 미칠 수 있다. 이를 후보자 요인으로 부르기로 한다.

이 장에서는 이런 3가지 요인을 중심으로 짧은 기간 내에 치러진 두 번의 선거에서 과연 어떤 이유로 어떤 특성을 갖는 유권자들이 이명박 지지로부터 이탈해서 다른 정당지지로 옮아갔는지, 그리고 그로 인한 정치적 의미는 무엇인지에 대해서 논의하기로 한다.

104

3. 분석: 누가 왜 바꿨나

1) 누가 바꿨나

대통령 선거와 불과 4개월 정도의 시차였지만 국회의원 선거에서 드러난 표의 향배는 대통령 선거와는 달랐다. 이명박 후보가 정동영 후보에게 530만 표 이상으로 큰 승리를 거두었던 대선 직후의 분위기는 다음 기사에서 보듯이 한나라당의 압승을 점치는 것이었다.

> 대선결과만 놓고 보면 한나라당은 지역구에서만 243개 의석 중 200 ~210석을 차지할 수 있으며, 비례대표도 전체 56석 중 27석을 획득할 것으로 보인다. 이 같은 계산대로라면 한나라당은 230여 석을 차지하는 '슈퍼 여당'이 될 것으로 보인다. 반면 신당의 경우 호남권 31개 지역과 기타 몇 군데서 이기고 대선득표율로 비례대표(15석)를 할당받으면 총 50석 내외가 된다. 또 자유신당과 창조한국당, 민노당의 의석을 모두 합쳐도 40석을 넘지 않을 것으로 전망된다 (〈뉴스메이커〉 2008. 1. 22).

그러나 실제로 한나라당이 얻은 의석수는 153석(지역구 131석, 비례대표 22석)으로 대선 직후의 예상치 200석 이상에 크게 못 미쳤다. 나머지 의석은 통합민주당이 81석(지역구 66석, 비례대표 15석), 자유선진당이 18석(지역구 14석, 비례대표 4석), 친박연대가 14석(지역구 6석, 비례대표 8석), 민주노동당이 5석(지역구 2석, 비례대표 3석), 창조한국당이 3석(지역구 1석, 비례대표 2석), 무소속이 25석을 차지했다. 한나라당은 기대했던 '슈퍼 여당'은커녕 과반을 간신히 넘긴 의석수에 만족해야 했다. 각 정당이 얻은 의석수를 대통령 선거 때의 각 후보별 득표율과 비교해 보면 대통령 선거 때와 총선에서의 유권자의 선택이 달라졌다는 사실을 알 수 있다. 즉 대선 이후 4개월, 신임 대통령 취임 후 한 달 반이라는 짧은 기간에 치러진 선거임에도 불구하고 총선에서 유권자의 판단의 기준은 대선 때와는 달라진 것이다.

이러한 변화를 보다 구체적으로 살펴보기 위해 실제로 각 정당 별로 대선과 총선에서 득표율의 차이가 얼마나 생겼는지 비교했다. 〈표 4-1〉은 각 지역 별로 대통령 선거 때의 주요 후보의 득표율과 2008년 총선에서 주요 정당의 득표율을 정리한 것이다. 세분화된 지역구의 투표보다 정당투표 결과가 지역을 하나의 단위로 살펴본다는 점에서 대선 표심과 비교가 보다 용이할 것으로 판단되어 총선득표는 정당투표 결과를 활용했다. 비교결과 두 선거 사이에 실제로 상당한 차이가 확인되었다. 전국 평균 득표율을 살펴보면, 이명박 후보는 대선에서 48.7%를 득표했지만 한나라당의 정당투표 득표율은 37.5%에 머물렀다. 11% 이상 득표율이 낮아진 것이다. 가장 큰 격차를 보인 곳은 대구, 경북지역으로 대구에서는 대선에 비해 한나라당은 22.8% 낮은 득표를 했고, 경북에서도 그 격차는 무려 19.1%에 달했다. 부산에서도 차이가 14.4%나 되었다. 그다음으로는 서울지역으로 한나라당은 대선 때 비해 13%나 낮은 득표율을 기록했다. 흥미롭게도 이들 지역은 모두 대선 때 이명박 지지가 상대적으로 강세를 보였던 곳이었다. 그러나 이런 특성은 통합민주당의 경우에는 나타나지 않았다. 즉 대통령 선거에서 정동영 후보와 국회의원 선거에서 통합민주당이 얻은 득표율의 차이는 크지 않았다. 다만 충남, 대전과 호남권에서는 총선 때 통합민주당의 득표율이 낮아진 반면, 서울, 경기 등 수도권에서는 대선 때보다 득표율이 다소 올라갔다. 자유선진당의 득표율은 충남, 대전을 제외하면 전 지역에서 대선 때 이회창 지지율보다 떨어졌다. 〈표 4-1〉의 결과는 대통령 선거와 국회의원 선거에서 적지 않은 수의 유권자들이 서로 상이한 선택을 했음을 보여주고 있다. 이러한 특징은 민주노동당과 거기서 분리되어 나온 진보신당의 득표율을 보아도 잘 알 수 있다. 5

개 지역을 두고 볼 때, 대선 때는 울산의 8.4%, 경남의 5.4%, 그리고 나머지 지역은 2% 수준에 머물렀던 진보정당에 대한 지지율이 총선에서는 대부분 지역에서 10%를 상회했으며 울산은 거의 20%에 육박했다. 물론 총선에서는 비례대표 선정을 위한 정당투표이므로 사표 방지라는 전략적 투표의 영향이 적었기 때문이겠지만, 그런 점을 감안하더라도 두 선거 사이에 상당한 선택의 차이가 나타난다는 사실을 〈표 4-2〉의 결과는 확인해 주고 있다.

〈표 4-1〉 2007년 대선 주요 후보 및 2008년 총선 주요 정당의 지역별 득표율

(%)

	2007년 대통령 선거			2008년 국회의원 선거 (정당투표)			
	이명박	정동영	이회창	한나라당	통합민주당	자유선진당	친박연대
서울	53.2	24.5	11.8	40.2	28.3	4.8	10.4
경기	51.9	23.6	13.4	40.9	26.4	4.7	11.4
인천	49.2	23.8	15.2	39.7	24.6	6.1	10.9
강원	52.0	18.9	17.6	45.5	18.6	6.3	12.3
충북	41.6	23.8	23.4	34.0	23.9	13.7	12.3
충남	34.3	21.1	33.2	27.1	13.5	37.8	7.2
대전	36.3	23.6	28.9	24.8	18.6	34.3	8.7
전북	9.0	81.6	3.6	9.3	64.3	1.6	2.3
전남	9.2	78.7	3.6	6.4	66.9	1.1	1.8
광주	8.6	79.8	3.4	5.9	70.4	0.9	1.3
경북	72.6	6.8	13.7	53.5	5.6	2.9	5.6
대구	69.4	6.0	18.1	46.6	4.9	4.0	32.7
경남	55.0	12.4	21.5	45.0	10.5	4.2	18.0
울산	54.0	13.6	17.5	42.9	9.3	3.4	18.7
부산	57.9	13.5	19.7	43.5	12.7	5.2	22.6
제주	38.7	32.7	15.0	32.4	30.2	4.2	12.3
전국 평균	48.7	26.1	15.1	37.5	25.2	6.9	13.2

자료: 중앙선거관리위원회.

〈표 4-2〉두 선거에서 진보 정당/후보의 득표율 비교

(%)

	권영길 (2007년 대선)	민노당+진보신당 (2008년 정당투표)
전북	1.9	9.8 (7.4+2.4)
전남	2.4	11.7 (10.1+1.6)
광주	2.1	12.0 (9.4+2.6)
경남	5.4	13.6 (10.6+3.0)
울산	8.4	18.7 (14.2+4.5)

그러면 과연 얼마나 많은 수의 유권자들이 대통령 선거와 국회의원 선거 때 서로 상이한 선택을 했을까? 〈표 4-3〉은 패널조사에 따라 두 선거에서 지지한 후보와 정당의 차이를 분석한 것이다. 2007년 대선에서 이명박 후보를 지지했던 유권자들 가운데 지역구 투표에서 71.8%가 계속해서 한나라당을 지지했지만 12.2%는 통합민주당을 지지한 것으로 나타났다. 또한 6.8%는 무소속 후보에게 투표했다. 정당투표에서는 이명박 지지자들 가운데 한나라당 지지의 비율이 더욱 낮게 나타났다. 60.4%만이 한나라당을 지지했으며 17.1%는 친박연대에게 투표한 것으로 나타났다. 정당투표에서 통합민주당을 지지한 유권자도 8.5%나 되었다. 이러한 결과는 한나라당이 총선에서 과거 대선 때 이명박을 지지한 유권자들을 충분히 결집시키지 못했음을 보여준다. 정동영 후보 지지자들 가운데 69.9%(지역구 투표), 66.2%(정당투표)는 통합민주당 지지로 유지되었지만 나머지 지지자들은 다른 정당으로 지지가 변화했다. 정동영 후보 지지자 중 14.4%는 정당투표에서 민주노동당과 진보신당 같은 진보정당으로 지지를 옮겨 갔다. 이회창과 문국현과 같은 군소 후보의 경우에는 대통령 선거 때 받은 지지가 각 정당에 폭넓게 분산되었는데 지역구 투표에서 이회창 지지자의 37.3%는 한나라당으로, 문국현 지지자의 41.3%는 통합민주당으로 지지가 변화했다. 이회창, 문국현 두 후보 모두 정당투표에서 26%를 넘는 정도의 지지

〈표 4-3〉 2007년 대선 지지후보와 2008년 총선 지지정당

(%)

| 2007년 대선에서 투표한 후보 | | 2008년 총선에서 투표한 정당 | | | | | | | | N |
		통합 민주당	한나라당	민노/ 진보 신당	자유 선진당	창조 한국당	친박 연대	무소속/ 기타	모름/ 무응답	
이명박	지역구	**12.2**	71.8	1.2	2.3	0.2	5.4	6.8	0	515
	비례	8.5	60.4	3.9	3.5	3.3	**17.1**	2.7	0.6	
정동영	지역구	69.9	7.4	7.4	1.9	0.9	2.8	8.3	1.4	216
	비례	66.2	6.0	**14.4**	2.3	6.0	2.8	2.3	0	
이회창	지역구	18.2	**37.3**	6.4	18.2	0	11.8	8.2	0	110
	비례	16.4	27.3	5.5	**26.4**	2.7	18.2	3.6	0	
문국현	지역구	**41.3**	16.3	12.5	6.3	6.3	2.5	10.0	5.0	80
	비례	23.8	11.3	27.5	1.3	**26.3**	8.8	1.3	0	

자료: 대선 6차 조사, 총선 2차 조사.

만을 유지할 수 있었다.

이처럼 대통령 선거 때와 국회의원 선거 때 유권자의 표심은 상당히 달랐다. 2007년 대선에서 이명박 후보가 압승을 거두었고 그 결과 한나라당의 압승이 예상되던 상황에서 변화가 생긴 만큼, 왜 이명박 지지자들이 국회의원 선거에서는 한나라당을 지지하지 않았는지 그 원인에 관심을 집중할 필요가 있다.

이를 알아보기 위해 대통령 선거 직후 실시한 조사에서 다가올 총선에서 지지할 정당에 대해 물어본 질문을 분석했다. 〈표 4-4〉에서 보듯이 대선 직후에도 한나라당을 찍겠다는 석극적 응답의 비율은 68.2%에 불과했다. 앞의 〈표 4-3〉에서 본 대로 총선 이후의 응답비율과 비교해 보면, 지역구 투표에서 지지비율은 비슷하고, 정당투표에서는 대선 직후의 응답보다 낮게 나타났다. 그렇다고 해서 대통합민주신당 등 경쟁정당을 지지하겠다는 응답률이 높은 것은 아닌 만큼, 이를 두고

〈표 4-4〉 대선 직후 이명박 지지자의 총선 지지예정 정당의 비율

(%)

한나라당	대통합 민주신당	민노당	민주당	국민 중심당	창조 한국당	기타	그때 가서 결정	지지정당 없다	모름/ 무응답
68.2	3.2	2.2	0.5	0.2	1.1	0.4	22.4	0.9	0.9

자료: 대선 6차 조사 (n=1057).

30%에 가까운 이명박 지지자들이 한나라당이 아닌 다른 정당에 투표할 의사를 갖고 있는 것으로 보기는 어렵다. 사실 이명박 투표자 가운데 대통합민주신당, 민노당, 민주당, 국민중심당, 창조한국당을 다 합쳐도 겨우 7%를 조금 넘는 비율에 불과했다. 다시 말해 이명박 지지자들에게 이들 정당은 의미 있는 대안이 되지 못했다. 한나라당 지지를 밝힌 응답자를 제외하고 가장 높은 응답비율은 '그때 가서 결정하겠다'는 유보적 응답이었다. 결국 이런 응답은 이명박 후보를 지지했다고 해서 꼭 한나라당을 지지한다는 것은 아니지만, 그래도 한나라당이 '제대로 한다면' 총선에서도 한나라당을 지지할 의사가 있음을 시사하는 것으로 볼 수 있다.

이명박 후보에게 투표한 이들의 총선 투표성향을 보다 세밀하게 파악하기 위해서 대통령 선거 직후에 밝힌 정당지지 의사와 실제 투표 결과를 비교해 보았다. 〈표 4-5〉는 매우 흥미로운 결과를 보여주고 있다. 대선 직후 조사에서 '그때 가봐야 안다'는 유보적 응답을 했던 이명박 투표자들 가운데서 한나라당이 아닌 다른 정당에 투표한 이들의 비율이 상대적으로 높았다. 유보적 응답자들 가운데 총선의 지역구 투표에서는 19.2%가 통합민주당을, 정당투표에서는 19.2%가 친박연대를 선택한 것으로 나타났다. 대선 직후 유보적 응답을 했던 이들 가운데 한나라당을 계속적으로 지지한 비율은 지역구 투표 62.5%, 정당투표 46.2%로 나타났다. 대선 직후 유보적 입장을 나타낸 이명박 지지자들 가운데 상당수가 다른 정당 지지로 빠져나간 사실이 확인되었다. 이에 비해 대선

직후 총선에서도 한나라당을 지지하겠다고 밝힌 충성심이 강한 집단에
서는 한나라당 지지가 지역구 투표에서 79.3%, 정당투표 68.8%로 나타
났다. 그러나 이들 집단에서도 정당투표의 18.5%는 친박연대로 간 것
으로 나타났다. 〈표 4-5〉의 결과는 이명박 지지자들 가운데 특히 한나
라당에 대한 충성심이 약하거나 이명박 지지의 강도가 약한 유권자들
은 총선에서 다른 정당에 대한 지지로 옮겨 갔음을 알게 한다.

　그렇다면 이제 제기해볼 수 있는 질문은 왜 불과 4개월 남짓한 짧은
기간 내에 이와 같은 지지의 변동이 생겨났느냐 하는 것이다. 이러한
의문을 풀기 위해 우선 2007년 대선에서 이명박 후보를 지지했던 유권
자만을 대상으로 18대 총선의 의미를 어떻게 생각하고 있는지 총선에
서의 지지정당 별로 나눠 살펴보았다.

〈표 4-5〉 이명박 투표자들이 대선 직후에 밝힌 총선 지지정당과
실제 투표 정당

(%)

대선 직후 밝힌 총선 지지 정당	한나라당		그때 가봐야 안다	
구 분	지역구	정당투표	지역구	정당투표
통합민주당	6.1	3.9	**19.2**	10.6
한나라당	**79.3**	**68.8**	62.5	**46.2**
민주노동당	0.8	0.8	1.0	2.9
자유선진당	1.7	1.9	3.8	7.7
창조한국당	0	1.9	1.0	5.8
진보신당	0.3	1.4	0	1.9
친박연대	6.9	**18.5**	1.9	**19.2**
기타 정당	0	2.2	1.0	4.8
무소속	5.0	–	9.6	–
모름/무응답	0	0.6	0	1.0
N	362		104	

자료: 대선 6차 조사, 총선 2차 조사.

〈표 4-6〉에서는 한나라당 지지자, 범(汎)진보정당군 지지자, 그리고 한나라당 이외의 보수정당군 지지자 등 세 부류로 나눠 살펴보았다. 커다란 패턴의 차이가 있는 것은 아니지만 그래도 몇 가지 흥미로운 점을 찾을 수 있다. 이명박 후보에게 투표한 이들이라고 해도 총선에서 범진보정당군에 투표한 유권자들은 총선의 의미가 노무현 정부에 대한 평가라고 생각한다는 응답의 비율은 극도로 낮았다. 이에 비해 한나라당에 투표한 이들이나 여타 범보수정당군에 투표한 이들 가운데 그에 대한 응답은 8% 안팎으로 적지 않은 차이를 보였다.

그런데 〈표 4-6〉에서 보다 주목할 점은 총선의 의미가 이명박 정부 평가이거나 현 정부의 정치판도를 결정한다고 하는 응답이 전반적으로 높았다는 점이다. 지역일꾼 선출이나 나라일꾼 선출과 같은 응답의 비율도 그리 낮지는 않았지만 이들 응답은 규범적 속성이 반영될 수밖에 없는 것이어서, 전체적으로 본다면 이명박 정부 평가가 총선의 의미라는 응답의 의미가 보다 중요하다고 생각된다. 투표한 정당 별로 보면,

〈표 4-6〉 이명박 투표자의 투표 정당 별 2008년 총선에 대한 의미

(%)

선거 의미	2007년 대선의 이명박 지지자가 18대 총선에서 지지한 정당		
	한나라당	통합민주당+창조한국당+민노당+진보신당	자유선진당+친박연대
노무현 정부 평가	8.4	**2.5**	7.5
이명박 정부 평가	25.4	**28.4**	24.5
지역일꾼 선출	23.8	27.2	26.4
나라일꾼 선출	19.9	19.8	15.1
현 정부 정치판도 결정	22.2	22.2	**26.4**
기타	0.3	0	0
N	311	81	106

* 18대 총선 지지정당은 정당투표에 의한 것임.

범진보정당군에 투표한 이들 가운데 상대적으로 이명박 정부에 대한 평가라는 응답이 높게 나타났다. 현 정부의 정치판도를 결정하는 선거라는 응답은 자유선진당과 친박연대와 같이 한나라당이 아닌 보수정당군에 투표한 이들 가운데서 높게 나타났다. 즉 이명박 정부에 대한 정치적 평가나 상황판단이 이들로 하여금 이명박 지지와는 다른 선택을 하게 만들었다는 추론이 〈표 4-6〉의 결과로부터 가능할 것 같다.

이번에는 2007년 대통령 선거 때 이명박 후보를 지지한 유권자 가운데 누가 다른 정당으로 지지를 이전해 갔는지 살펴보기 위해 이들의 연령, 성별, 학력, 가구소득, 거주지역 별 특성에 대해 살펴보았다. 연령별로 보면 젊은 유권자들인 19~29세 집단과 30대에서 범진보정당에 대한 지지가 상대적으로 높게 나타났다. 19~29세 집단의 20%, 30대의 22.6%가 지역구에서 범진보정당에 투표한 것으로 나타났으며 정당투표에서 이러한 비율은 더욱 높아지고 있다. 19~29세 집단의 무려 36.4%가 범진보정당에 투표했으며 30대는 24.7%가 이들 정당에 투표한 것으로 나타났다. 이에 비해 50대 이상 연령층에서 지역구 투표에서 범진보정당을 찍은 비율은 극히 낮으며, 60대 이상 유권자의 대다수라고 할 수 있는 84.7%는 한나라당을 선택했다. 흥미로운 점은 지역구 투표에서 50대의 경우에는 13.9%가 한나라당이 아닌 다른 보수정당 후보에 투표했다는 점이다. 50대 유권자들은 정당투표에서도 한나라당에 대한 지지도가 상대적으로 낮고 다른 보수정당에 투표한 비율이 가장 높았다. 2007년 대선에서 이명박 후보를 찍었다고 해도 이처럼 세대 별 정치적 시각의 차이가 확인되었으며, 특히 50대 유권자 가운데서 큰 폭으로 한나라당에서 다른 보수정당으로 지지를 옮겨 갔다는 사실이 주목할 만하다. 성별에서는 별다른 차이점이 확인되지 않았다.

〈표 4-7〉 대선 이명박 투표자 중 사회경제적 요인에 의한 총선 지지정당 구분

(%)

투표 구분		지역구 투표				정당투표			
변수 구분		한나라당	범진보 정당군	기타 보수 정당	n	한나라당	범진보 정당군	기타 보수 정당	n
연령	19~29	73.3	**20.0**	6.7	45	52.3	**36.4**	11.4	44
	30대	70.2	**22.6**	7.1	84	57.3	**24.7**	18.0	89
	40대	75.4	18.3	6.3	126	66.4	10.9	**22.6**	137
	50대	77.2	8.9	**13.9**	101	55.7	18.6	**25.8**	97
	60대+	**84.7**	8.1	7.3	124	70.2	7.6	**22.1**	131
		$x^2=18.0$ p<0.05				$x^2=30.5$ p<0.01			
성별	남성	76.3	15.4	8.3	241	61.8	16.5	21.7	254
	여성	77.8	13.8	8.4	239	63.1	16.0	20.9	244
		$x^2=0.23$ p=0.89				$x^2=0.09$ p=0.96			
학력	중졸이하	**87.2**	4.3	8.5	47	62.5	10.4	**27.1**	48
	고졸	77.2	**13.0**	9.8	184	58.4	16.8	**24.7**	190
	대재이상	75.1	**17.7**	7.2	249	65.4	16.9	17.7	260
		$x^2=7.0$ p=0.14				$x^2=5.37$ p=0.25			
가구 소득	-99만 원	**88.1**	4.8	7.1	42	61.0	7.3	**31.7**	41
	100~199	**86.2**	6.9	6.9	58	69.8	6.3	23.8	63
	200~299	75.8	13.3	10.8	120	59.0	18.9	22.1	122
	300~399	81.4	12.7	5.9	102	64.0	15.3	20.7	111
	400~499	72.3	**26.2**	1.5	65	52.9	**29.4**	17.6	68
	500만 원+	64.0	**20.9**	15.1	86	67.4	15.1	17.4	86
		$x^2=27.3$ p<0.01				$x^2=19.2$ p<0.05			
거주 지역	서울	78.7	17.6	3.7	108	61.5	**22.1**	16.3	104
	경기/인천	**82.1**	15.7	2.2	134	66.0	17.0	17.0	141
	충청	63.0	16.7	**20.4**	54	51.0	**23.5**	**25.5**	51
	전라	50.0	50.0	0	12	60.0	33.3	6.7	15
	경북	76.1	2.8	**21.1**	71	59.3	6.2	**34.6**	81
	경남	79.1	14.0	7.0	86	64.4	13.3	22.2	90
	제주/강원	86.7	6.7	6.7	15	81.3	0	18.8	16
		$x^2=55.2$ p<0.01				$x^2=28.3$ p<0.01			

자료: 대선 1차 조사, 총선 2차 조사.

학력 역시 차이를 보였는데 중졸 집단에서 보수정당에 대한 지지가 두드러졌다. 지역구 투표에서는 한나라당에 대한 지지가 87.2%로 매우 높게 나타났으며, 정당투표에서는 다른 보수정당에 대한 투표가 27.1%로 세 집단 중 가장 높았다. 즉 중졸 집단의 경우 지역구에서는 한나라당, 정당투표에서는 여타 보수정당 지지의 패턴이 가장 분명하게 나타났다. 고졸 집단 역시 정당투표에서 여타 보수정당에 대한 지지가 24.7%로 비교적 높게 나타났다. 대학재학 이상 집단에서는 한나라당에 대한 지지가 지역구나 정당투표 모두 상대적으로 가장 낮았다.

가구소득 역시 정당지지 패턴이 흥미로운 차이를 보였다. 소득이 낮은 집단에서는 지역구 투표의 경우 한나라당 지지가 높았다. 가구소득 99만 원 이하 집단에서 88.1%, 100~199만 원 소득 집단에서 86.2%가 지역구에서 한나라당을 지지한 것으로 나타났다. 그러나 정당투표에서는 상이한 결과가 나타났는데, 특히 99만 원 이하 집단의 31.7%는 다른 보수정당을 지지한 것으로 나타났다. 지역구 선거에서 한나라당, 정당투표에서 다른 보수정당을 찍은 패턴이 이들 저소득 집단에서 가장 분명하게 확인되었다. 100~199만 원 집단도 대체로 이러한 패턴을 보이고 있다. 반면 소득이 높은 집단에서는 상대적으로 범진보정당군에 대해 투표한 비율이 높았다. 400~499만 원, 500만 원 이상 집단에서 각각 26.2%, 20.9%로 다른 소득 집단에 비해 범진보정당군에 대한 투표비율이 높았다.

모두가 이명박 후보를 찍은 유권자들을 대상으로 한 분석이라고 해도 지역 별 투표성향의 차이는 존재했다.[2] 〈표 4-1〉의 실제 투표율 분석에서 본 대로, 충청과 경북에서 한나라당이 아닌 보수정당에 대한 높은 지지가 여기서도 확인되었다. 충청에서는 지역구에서 20.4%, 정

---

[2] 〈표 4-7〉에서 전라지역과 제주/강원지역은 표본의 수가 너무 작아서 논의에 포함하지 않았다.

당투표에서는 25.5%가 한나라당이 아닌 다른 보수정당으로 지지가 이
전되었는데 이들은 대부분 자유선진당을 지지했다. 경북지역에서는 지
역구에서 21.1%, 정당투표에서는 무려 34.6%가 친박연대로 대표되는
다른 보수정당에 대한 지지로 옮겨 갔다. 서울에서는 상대적으로 범진
보정당군에 대한 지지가 높았다. 지역구에서는 17.6%, 정당투표에서는
22.1%로 나타났다.

〈표 4-7〉의 논의를 토대로 대선 이명박 지지자 중 총선에서 한나라
당이 아닌 다른 보수정당으로 옮긴 유권자들의 패턴은 다음과 같이 정
리해볼 수 있다. 연령상 50대, 저학력, 저소득 계층, 그리고 지역적으로
는 충청과 경북지역 거주자들에게서 상대적으로 높게 나타났다. 특히
이런 현상은 정당투표에서 보다 높은 비율로 나타났다. 반면 대선 때
이명박을 지지했지만 총선에서는 범진보정당으로 옮겨 간 유권자들은
20~30대의 젊은층, 고학력, 고소득 계층 그리고 지역적으로는 서울
거주자들이 상대적으로 많은 것으로 나타났다.

2) 왜 바꿨나

이번에는 불과 4개월 전 이명박 후보를 지지했던 유권자들이 왜 총선
에서는 한나라당을 지지하지 않고 다른 정당에 투표했는지 그 이유에
대해서 살펴보고자 한다. 이명박 지지로부터의 이탈이 18대 총선에서
의 변화를 가져오게 한 것이므로 여기서도 분석의 대상은 2007년 대통
령 선거 때 이명박 후보를 지지한 이들에 국한하였다.

앞에서 논의한 대로, 대선과 총선에서 지지의 차이가 발생하는 원인
을 다음 3가지로 구분했다. 첫째, 대통령 선거와 국회의원 선거는 그
의미나 중요성이 다르며, 특히 대선 직후에 실시되는 총선은 신임 대
통령에 대한 신뢰와 기대감이 높은 시기에 실시되므로 대통령의 안정

적 국정운영이 보다 중요하게 받아들여질 수 있다. 즉 대통령 요인이다. 둘째는, 단기적 이슈의 영향이다. 비록 4개월이라고 해도 그 사이에 적지 않은 정치적 사건이나 예기치 못한 상황이 생겨날 수 있고 그것이 집권당에 대한 평가에 반영되는 경우이다. 2008년 총선 전에는 인수위원회 시절의 여러 가지 설익은 정책으로 인해 곤욕을 치렀고 초기 내각인선이 특정 계층이나 출신 집단에 집중되어 있다는 이유로 여론의 거센 비판을 받기도 했다. 이런 것들은 모두 단기적 요인, 즉 이슈와 관련되어 있다. 세 번째는 지역구에서 해당 후보자나 현역의원에 대한 평가가 영향을 미치는 경우이다. 여기에는 물론 후보자의 캠페인 효과도 포함된다. 이른바 지역구 관리나 미국 선거에서 말하는 포크배럴 정치(*pork barrel politics*)가 여기에 포함될 수 있다. 이런 3가지 요인을 설명하는 모두 9가지 변수를 분석에 포함시켰다.

대통령 요인으로는 '안정과 견제', '대통령의 직무수행에 대한 평가' 등 2가지를, 단기적 이슈 요인으로는 인수위원회 이후 여론의 관심이 대상이 되었던 대운하 평가, 영어몰입교육 평가, 각료인선 평가와, 논란을 빚었던 한나라당 공천에 대한 평가 등 4가지를 포함시켰다. 후보자 요인으로는 현역의원의 지역구 활동에 대한 평가, 현역의원의 전반적 의정활동에 대한 평가, 그리고 2008년 총선에서 특히 수도권을 중심으로 경쟁적으로 제시되었던 도시 재개발 공약 등 지역개발 공약의 영향 등 3가지를 포함시켰다. 이러한 분석틀을 통해 과연 어떤 이유로 대선에서의 이명박 지지자들이 총선에서는 대선과는 다른 정치적 선택을 하게 되었는지 파악해 보고자 하였다.

〈표 4-8〉은 총선의 지역구 투표에서 이명박 지지자들 가운데 한나라당이 아니라 범진보정당군이나 여타 보수정당군을 선택한 결정에 미친 변인을 분석한 것이다. 분석결과 매우 주목할 만한 몇 가지 특성이 발견되었다. 우선 가장 큰 영향을 미친 변수는 '안정 대 견제'의 이슈였다. 이명박 지지자들 가운데 한나라당을 지지하지 않은 유권자들이 가

장 뚜렷하고 일관된 응답을 보인 것이 이 변수였다. 이명박 대통령과 한나라당에 대한 견제가 필요하다고 생각하는 유권자일수록 한나라당보다 범진보정당군이나 여타 보수정당군에 투표할 확률이 높아졌다. 반대로 대통령이 국정운영을 안정적으로 할 수 있도록 집권당을 지지해야 한다고 생각하는 유권자일수록 한나라당을 선택할 확률이 높아졌

<표 4-8> 다항 로지스틱 모델 Ⅰ:
이명박 투표자 중 범진보정당 및 기타 보수정당 지지요인 (지역구 투표)

요인	독립변수	범진보정당군		여타 보수정당군	
		B	Exp(B)	B	Exp(B)
단기적 이슈	한나라당 공천 평가	0.15	1.02	0.52[2]	1.69
	대운하 평가	0.40[1]	1.50	0.37	1.44
	영어몰입교육 평가	0.22	1.25	−0.29	0.75
	MB 각료인선 평가	0.29	1.34	−0.22	0.80
대통령 요인	MB 국정운영 평가	0.35	1.42	0.13	1.14
	안정 대 견제	−3.22[1]	0.04	−2.19[1]	0.11
후보자 요인	지역구 활동 평가	−0.16	0.85	−0.18	0.83
	의정활동 평가	−0.14	0.87	0.24	1.27
	지역개발 공약 영향	−0.24	0.79	0.12	1.13
상수		−0.64		−1.88	
		−2 Log likelihood = 475.9 Cox & Snell R^2 = 0.48			

종속변수: 한나라당 지지자 1, 범진보정당군 지지자 2, 기타 보수정당지지자 3 [한나라당 지지 기준].
독립변수:
  한나라당 공천 평가, 각료인선 평가: 1 − 매우 만족, 2 − 대체로 만족, 3 − 대체로 불만족, 4 − 매우 불만족.
  대운하 평가, 영어몰입교육 평가: 1 − 매우 찬성, 2 − 대체로 찬성, 3 − 대체로 반대, 4 − 매우 반대.
    MB 국정운영 평가, 지역구 활동 평가, 의정활동 평가: 1 − 매우 잘함, 2 − 대체로 잘함, 3 − 대체로 잘못함, 4 − 매우 잘못함.
  안정 대 견제: 안정 − 1, 견제 − 2 [견제를 기준으로 할 때 안정의 확률].
  지역개발 공약 영향: 1 − 매우 큰 영향 받음, 2 − 대체로 영향 받음, 3 − 그다지 영향 없음, 4 − 전혀 영향 없음
지역개발 공약 영향, 안정 대 견제는 총선 2차 조사, 그 이외의 독립변수는 모두 총선 전에 실시한 1차 조사 자료임
1 − p<0.01, 2 − p<0.05.

다. 여타 보수정당군을 선택한 유권자들보다 범진보정당군을 선택한 유권자들에게서 이러한 경향은 더욱 강하게 나타났다. 〈표 4-9〉에서 보듯이 정당투표에서는 이러한 경향이 조금 더 강하게 나타났다. 총선이 시기적으로 대통령의 임기 초에 실시된 만큼 이러한 '안정 대 견제'의 이슈가 유권자들에게 상당한 영향을 미친 것으로 보인다. 2007년 대통령 선거에서 이명박 후보를 선택했던 유권자들이라고 해도 총선의 의미를 향후 국정운영과 관련하여 어떻게 바라보느냐에 따라 지지정당은 달라졌던 셈이다.

그러나 정치적으로 보다 흥미로운 점은 단기적 이슈의 영향이다. 이 카테고리에서 가장 많은 변인이 통계적으로 유의미한 결과가 나타났다. 지역구 투표에서는 〈표 4-8〉에서 보듯이, 대운하에 대한 부정적인

〈표 4-9〉 다항 로지스틱 모델 II :
이명박 투표자 중 범진보정당 및 기타 보수정당 지지요인 (정당투표)

요 인	독립변수	범진보정당군		여타 보수정당군	
		B	Exp(B)	B	Exp(B)
단기적 이슈	한나라당 공천 평가	−0.43	0.65	0.54^2	1.71
	대운하 평가	0.66^1	1.93	0.53^1	1.70
	영어몰입교육 평가	0.15	1.16	−0.21	0.82
	MB 각료인선 평가	0.86^1	2.36	−0.13	0.88
대통령 요인	MB 국정운영 평가	0.47	1.59	0.14	1.15
	안정 대 견제	-3.58^1	0.03	-2.23^1	0.11
후보자 요인	지역구 활동 평가	−0.06	0.94	−0.57	0.57
	의정활동 평가	0.26	1.30	0.72^2	2.05
	지역개발 공약 영향	0.08	1.08	0.30	1.36
상수		-3.21^1		-2.55^2	
		−2 Log likelihood = 527.1 Cox & Snell R^2 = 0.55			

1 − p<0.01 ; 2 − p<0.05.
종속변수, 독립변수는 〈표 4-8〉과 동일함.

평가가 클수록 범진보정당군에 대한 투표가능성은 커지는 것으로 나타났다. 반면 여타 보수정당 지지자들에게서는 한나라당 공천 파문이 큰 영향을 미친 것으로 확인되었다. 단기적 이슈가 정당지지의 변화를 이끌었다는 점이 비교적 분명하게 나타났다. 〈표 4-9〉에서 보듯이, 정당투표에서는 이러한 단기적 이슈의 효과가 보다 뚜렷하게 확인된다. 대운하 건설에 대해 반대할수록, 이명박 초기 인선에 대한 부정적인 평가가 높을수록 이명박 지지자들 가운데 정당투표에서 범진보정당을 찍을 확률이 높아지는 것으로 나타났다. 한편, 한나라당 공천에 대한 부정적 평가가 높을수록, 또한 대운하 건설에 대한 반대가 클수록 친박연대 등 여타 보수정당에 대한 지지가 높아지는 것으로 나타났다.

후보자 요인에서는 〈표 4-9〉에서 보듯이 여타 보수정당에 대한 정당투표에서만 의정활동에 대한 평가의 영향이 통계적으로 입증되었다. 현역의원의 의정활동에 대한 평가가 부정적일수록 여타 보수정당에 대한 정당투표의 확률이 높아지는 것으로 나타났다. 앞에서 본 이명박 지지자들의 지역적 분포와 친박연대 등 여타 보수정당 지지의 지역적 분포로 볼 때, 여기에 포함된 현역의원의 상당수는 한나라당 의원일 것으로 추정된다. 한나라당 현역의원에 대한 불만도 정당투표에서 이명박 지지자들이 한나라당을 버리고 여타 보수정당군으로 옮겨가게 한 요인이 되었음을 알 수 있다.

지금까지 살펴본 대로, 〈표 4-8〉, 〈표 4-9〉의 분석에서는 지지 이전의 요인으로 설정한 3가지 카테고리가 대체로 모두 유의미한 것으로 나타났다. 가장 강도가 강하고 일관성 있게 나타난 것은 '안정 대 견제' 변수였지만, 단기적 이슈의 영향도 비교적 분명하게 나타났다. 범진보정당군으로 옮겨 간 이명박 지지자들에게는 대운하 건설 논란과 각료 인선이 상당히 부정적인 영향을 미친 것으로 나타난 반면, 여타 보수정당군으로 옮겨 간 이들에게는 한나라당 공천 문제가 가장 큰 영향을 미친 것으로 나타났다. 즉 한나라당 공천 과정에 불만이 큰 유권자일수록 한나라당이 아니라 여타 보수정당을 선택할 확률이 높게 나타났다. 즉 한나라당의 공천 파동은 범진보정당을 지지한 유권자들보다 보수적 정당을 선택한 유권자들에게 보다 큰 영향을 미쳤다. 한나라당의 공천 파동의 여파로 친박연대와 자유선진당이 상대적으로 득을 보았음이 통계적으로 입증된 셈이다. 후보자 변인은 부분적인 영향을 미친 것으로 나타났다.

전체적으로 본다면 대선 때 이명박에게 투표한 유권자가 불과 4개월 뒤 한나라당이 아닌 다른 정당을 지지하게 된 것은 단기적 이슈의 영향이 컸다는 사실을 알 수 있다. 즉 이명박 정부의 출범 전후에 제기된 여러 가지 정치적 논란들이 실제로 표의 이탈로 이어진 것이다. 여기서 생각해볼 수 있는 점은 부정적인 단기 이슈의 영향이 크다면 이명박 지지로부터의 이탈은 다른 정당에 대한 적극적 호감으로 인한 결과는 아닐 수 있다는 점이다. 안정과 견제처럼 향후 정국상황을 판단하는 시각의 차이도 영향을 미쳤지만, 본질적으로는 이명박 정부와 한나라당의 국정운영에 대한 실망이나 우려로 인한 반작용으로 보는 것이 타당해 보이기 때문이다.

이러한 특성을 보다 분명하게 확인하기 위해 이명박 지지자 중 총선 투표에서 한나라당을 지지하지 않은 유권자들은 각 정당에 대해 과연 어느 정도의 호감도를 갖고 있는지 살펴보았다. 〈표 4-10〉은 2007년 대선에서 이명박에게 투표한 이들이 2008년 투표한 정당 별로 각 정당에 대한 선호도의 평균값을 조사한 것이다. 이명박 투표자들이 가장 선호한 정당은 총선에서 어느 후보를 찍었거나 어느 정당에 정당투표를 했느냐 하는 것과 무관하게 여전히 한나라당인 것으로 나타났다. 한나라당에 투표한 이들은 물론 한나라당에 대해 가장 높은 호감도를 나타냈지만, 다른 정당을 선택한 이들도 한나라당에 대한 호감도가 실제 투표한 정당보다도 더 높게 나타났다. 흥미로운 점은 지역구에서 기타 보수정당군에 투표한 유권자들이 한나라당에 느끼는 호감도는,

〈표 4-10〉 이명박 투표자들의 각 정당에 대한 호감도의 평균

호감도	2008년 총선 투표정당 (지역구)				2008년 총선 투표정당 (정당투표)			
	한나라당	진보 정당군	기타 보수정당군	ANOVA	한나라당	진보 정당군	기타 보수정당군	ANOVA
통합민주당	3.60	5.24	3.31	F=21.4 P<0.01	3.56	5.22	3.59	F=23.78 p<0.01
한나라당	**7.36**	**5.66**	**7.43**	F=25.6 p<0.01	**7.47**	**5.62**	**7.01**	F=34.02 p<0.01
민노당	3.15	3.94	3.05	F=3.95 p<0.05	3.16	4.19	2.97	F=8.42 p<0.01
자유선진당	3.67	3.61	4.80	F=5.24 p<0.01	3.54	3.76	4.47	F=7.88 p<0.01

0 - 매우 싫어함, 5 - 중립, 10 - 매우 좋아함.
각 정당의 호감도는 총선 1차 조사 자료, 투표 정당은 2차 총선후조사 자료.

큰 차이는 아니지만, 한나라당 후보를 찍은 유권자들보다 오히려 높게
나타났다는 사실이다.

따라서 대통령 선거 때 이명박 후보에 투표한 유권자들이 한나라당
이 아닌 다른 정당 소속 후보자에게 투표한 것이 전적으로 그 정당에
대한 호감 때문이었다고 보기는 어렵다. 범진보정당군이든 여타 보수
정당들이든 4개월 전 이명박 후보를 지지했던 유권자들이 한나라당을
버리고 다른 정당지지로 옮겨 가게 된 것은 이들 정당에 대한 호감이
나 매력보다는 향후 정국향방에 대한 평가, 그리고 이명박 정부 출범
전후에 터져 나온 여러 가지 논란 등 단기적 이슈 요인에 더욱 큰 영
향을 받았던 것이다.

122

4. 결론

2007년 대통령 선거는 선거일 오래전부터 사실상 승자를 예측할 수 있을 정도로 이명박 후보의 일방적인 우위 속에 진행되었고, 실제 투표 결과 역시 다른 후보들과 큰 격차를 보이며 여유 있게 승리했다. 이와 같은 '손쉬운 승리'는 4개월 뒤로 예정된 총선에서도 한나라당의 또 다른 압승으로 이어질 것이라는 전망을 가능하게 했다. 그러나 실제 선거결과 이러한 예상은 빗나갔고 한나라당은 과반을 겨우 넘는 의석에 만족해야 했다. 대선에서 참패한 통합민주당은 총선에서 최악의 패배는 모면했고 정치적 입지를 회복할 수 있는 수준의 의석을 확보하는데 성공했다.

이 장에서는 이명박의 압승이 왜 한나라당의 총선 대승으로 이어지지 못했는지에 대한 이유를 찾아보고자 했다. 분석결과 대통령 선거 때 이명박 후보를 지지했던 유권자들이 18대 총선에서 한나라당을 지지하지 않고 야당 지지로 돌아선 것은 통합민주당을 포함한 야당에 대한 적극적인 관심이나 호감의 반영이라기보다는 인수위원회 시절과 이명박 정부 첫 각료 임명과정에서 보여준 실망스러운 행태와 한나라당의 공천과정에서 불거진 정치적 논란과 같은 단기적 이슈의 영향을 크게 받은 것으로 나타났다. 또한 총선의 의미가 안정적 통치를 위한 기반 마련이냐 혹은 야당의 견제기반 확보냐 하는 향후 정국상황에 대한 판단도 영향을 미친 것으로 나타났다.

이런 점에서 볼 때 한나라당이 '고전'했고 반대로 통합민주당을 비롯한 야당들이 예상보다는 '선전'했지만 이를 두고 야당이 유권자의 정치적 신뢰를 회복한 때문이라고 보기는 어려울 것 같다. 이명박 지지자들 중 일부가 야당 지지로 이탈한 것은 통합민주당 등 야당에 대한 기대감 때문이기보다는 한나라당과 이명박 정부에 대한 우려와 실망감 때문이었다. 이명박을 지지한 유권자들 가운데 총선에서 통합민주당을 포함하여 야당에 투표한 이들이라고 해도 정당 호감도에서는 자신들이 투표한 정당보다 한나라당에 더 큰 호감을 느낀다는 결과가 이런 점을 잘 보여주고 있다.

여기서 한 가지 덧붙일 점은 2008년 총선에서 나타난 단기적 효과의 영향은 그 이전 선거인 2007년 대통령 선거에서 나타난 또 다른 특이한 현상과 관련되어 있다고도 볼 수 있다는 것이다. 대선운동 기간 동안 한나라당 후보들만이 주목을 받았고 당내경선 이후에는 이명박 후보가 독주하고 다른 후보들은 전혀 힘을 쓰지 못했던 현상은 분명히 그 이전에 보았던 대선경쟁과의 다른 모습이었다. 대선에서 이명박 지지와 정권교체라는 주장에 공감했던 다양한 유권자들의 '연합'이 총선에서는 변화된 정치적 상황을 맞아 이탈하면서 상이한 선택을 한 것으로 볼 수 있다. 그 과정에서 이 장에서 살펴본 대로 단기적 요소가 이명박 지지연합 중 취약층이라고 할 수 있는 유권자들의 선택의 변화에 중요한 영향을 미친 셈이다.

이 장에서의 논의가 시사하는 점은 이명박 정부 출범 전후의 여러 가지 실정과 정치적 논란으로 인해, 대선에서의 손쉬운 압승이 권력의 집중이나 견제받지 않는 국정운영으로까지 이어질 수 있다는 불안감을 유권자들에게 주었다는 것이다. 단기적 이슈의 영향과 '안정 대 견제'의 논리가 과거 이명박 지지자들의 이탈에 영향을 미친 것은 이 때문일 것이다. 정치세계에서 4개월은 결코 짧은 기간이 아니며, 정치적 힘의 불균형을 피하려는 한국 유권자의 판단이 얼마나 위력적인 것인지 2008년 국회의원 선거결과는 잘 보여주고 있다.

제5장

대통령 탄핵과 2004년 국회의원 선거: 새천년민주당은 왜 몰락했나?

1. 서론

2004년의 17대 총선은 민주화 이후 치러졌던 다른 선거와 비교해볼 때 무척 흥미로운 선거였다. 우선 선거결과 정당구도에 큰 변화가 생겨났다. 한나라당의 의석은 크게 줄어들었고 새천년민주당과 자민련은 사실상 와해되었다고 할 만큼 참패했다. 반면 '신생정당' 열린우리당은 단독으로 과반의석을 확보했고, 민주노동당은 제3당으로 사상 처음 의회진출에 성공했다. 또한 젊고 새로운 인물들이 대거 국회진출에 성공했다. 현역의원들 가운데 겨우 1/3 정도만이 재선에 성공하였고 의정경험이 전무한 정치신인이 전체 당선자의 63%를 차지했다. 우리나라 선거에서 현역의원의 교체율은 예전에도 비교적 높은 편이었지만 초선의원 비율 63%는 사실 예외적이라고 할 만큼 높은 것이다. 참고로 살펴보면, 민주화 이후 첫 국회의원 선거였던 1988년 13대 국회 때 초선의원의 비율은 56%였고, 낙천·낙선운동이 펼쳐졌던 2000년의 16대 국회의원 선거 때 초선의원의 비율은 41%였다.

그런데 2004년 국회의원 선거에서 이와 같은 급격한 정치적 변화가 생겨난 것은 2002년 대선 때 표출된 것과 같은 '포스트 3김 시대'의 새로운 정치에 대한 소망 때문이기도 하겠지만, 국회의원 선거 직전 발생한 노무현 대통령에 대한 국회의 탄핵소추안 가결이 가장 결정적인 원인이었다는 사실은 부인할 수 없다.

이 장에서는 야당이 주도한 노무현 대통령에 대한 탄핵안 가결이 2004년 국회의원 선거에 미친 영향을 살펴보고 그러한 결과가 나타나게 된 원인을 분석하고자 한다. 특히 똑같이 탄핵의 주도세력이었지만 한나라당이 비교적 선전한 데 비해 새천년민주당(이하 민주당)은 사실상 몰락하였다는 사실에 주목하면서, 어떤 이유로 인해 탄핵을 주도한 두 정당의 정치적 운명이 서로 달라지게 되었는지 그 원인에 대해 살펴볼 것이다.

2. 탄핵과 2004년 국회의원 선거

어느 선거에서나 이슈는 중요한 영향을 미치게 마련이다. 제 1장에서 살펴본 대로 2007년 대통령 선거에서는 노무현 정부에 대한 회고적 평가와 경제이슈가 유권자의 판단에 상당한 영향을 미쳤다. 또 제 4장에서 본 대로, 2008년 국회의원 선거에서는 단기적 요인이 투표결정에 영향을 미쳤다. 2004년의 국회의원 선거에서는 선거 직전 있었던 노무현 대통령에 대한 탄핵이 선거판을 말 그대로 '압도한' 가장 중요한 이슈였다. 〈표 5-1〉에서 보듯이 조사자의 절반 이상인 50.5%가 탄핵안 통과가 지지후보 결정에 가장 중요한 요인이었다고 응답했다. 전체 응답자 중 무응답이 14.7%라는 점까지 감안하면 탄핵이라는 단일 이슈가 17대 총선을 결정했다고 해도 될 만큼 큰 영향을 미친 것이다.

노 대통령에 대한 탄핵이 유권자의 정치적 평가에 큰 영향을 주었다는 것은 정당지지도의 변화에서도 확인할 수 있다. 〈그림 5-1〉은 2003년 10월부터 2004년 4월 1일까지 각 정당의 지지도 변화를 정리한 것이다. 탄핵 이전에는 열린우리당이 상대적으로 다소 높은 지지율을 보이기는 했지만 전체적으로 볼 때 정치권 전반에 대한 평가는 그리 호의적이지 않았다. 탄핵안 가결 직전인 2004년 3월 6일 조사결과를 보면, 지지정당 없음/무응답층이 절반이 넘는 53.9%에 달했다. 정당 가운데는 열린우리당이 24.3%로 가장 높고 한나라당은 12.4%, 민주당은 6.9%에 머물렀다. 그러나 2004년 3월 12일 탄핵소추안이 가결된 이후 정당지지도는 크게 변화했는데, 무엇보다 지지정당 없음/무응답층이 26.3%로 절반가량 줄어든 반면 열린우리당의 지지도는 50.9%로 급격히 높아졌다. 한나라당은 지지도가 조금 올라 17.6%가 된 반면 민주당은 오히려 3.6%로 지지율이 크게 떨어졌다. 한나라당과 민주당의 공조하에 탄핵안이 가결되었지만 흥미롭게도 한나라당의 지지율은 크게 하락하지 않은 반면 민주당의 지지율은 낮아졌고 이후에도 회복하지 못했다.

그런데 국회에서 탄핵소추안이 통과된 이후 이에 대한 부정적 여론이 매우 높았다. 여론조사에서는 탄핵이 잘못된 일이라는 응답이 75%

〈표 5-1〉 지지후보 결정에 가장 큰 영향을 준 사건

지지에 영향 준 사건	탄핵안 통과	박근혜 대표 선출	한나라당 차떼기	정동영 노인 발언	노무현 대통령 측근 비리	추미애 삼보 일배	정동영 선대위장 사퇴	기타	무응답
%	50.5	10.3	7.0	5.9	3.9	0.9	0.7	6.1	14.7

자료: 한겨레신문 (2004.4.19).

〈그림 5-1〉 2007년 총선 이전 정당 별 지지율의 변화

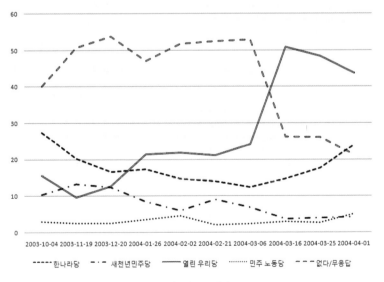

자료: 한겨레신문 (2004.4.15). 한겨레-리서치플러스 조사자료.

에 달하기도 했다(〈동아일보〉 2004. 3. 21). 주목할 점은 이렇게 부정적 평가가 압도적인 상황에서도 〈표 5-2〉에서 보듯이 연령이나 지지하는 정당 별로 탄핵소추에 대한 평가에서 적지 않은 차이가 나타난다는 점이다. 연령별로 보면, 20대와 30대에서는 80% 이상의 응답자가 탄핵소추안 가결이 잘못된 일이라고 응답한 반면, 50대 이상 응답자들 가운데서는 64. 3%만이 탄핵안 가결이 잘못되었다고 응답했다. 이들 집단 사이에 15% 이상의 의견차이가 확인된다.

〈표 5-2〉 탄핵에 대한 연령, 정당투표, 지역 별 평가

(%)

탄핵		매우 찬성	대체로 찬성	대체로 반대	매우 반대	chi-square
연령	20대	3.3	10.9	34.2	51.5	$x^2 = 82.9$ $p<0.01$
	30대	2.0	12.9	37.5	47.6	
	40대	7.8	24.3	34.8	33.0	
	50대 이상	9.2	26.5	31.0	33.3	
정당투표	한나라당	15.4	47.7	28.3	8.6	$x^2 = 374.1$ $p<0.01$
	민주당	5.6	26.8	35.2	32.4	
	열린우리당	1.6	5.2	30.1	63.1	
	민주노동당	2.1	9.3	40.0	48.6	
거주지역	서울/경기/강원	5.2	21.1	33.6	40.2	$x^2 = 98.9$ $p<0.01$
	충청	4.2	19.7	43.0	33.1	
	전라	1.8	3.0	24.2	70.9	
	경북	12.5	25.0	34.7	27.8	
	경남	6.8	19.4	38.0	35.9	
주관적 이념	진보	2.8	9.7	28.9	58.5	$x^2 = 221.7$ $p<0.01$
	중도	4.0	14.3	44.8	36.9	
	보수	13.4	39.4	25.7	21.5	

자료: 한국선거학회 2004년 국회의원 선거후조사.

　한편 지지정당 별로 보면, 한나라당/민주당 지지자들과 열린우리당/ 민주노동당 지지자들 사이에 응답패턴에 뚜렷한 차이가 존재한다. 한 나라당 지지자의 63.1%는 탄핵에 찬성한다고 응답했고 민주당 지지자 의 32.4%도 탄핵을 긍정적으로 평가했다. 그러나 열린우리당에 투표 한 이들의 93.2%, 민주노동당에 투표한 이들의 88.9%는 탄핵에 반대 했으며, 반대의 강도 역시 상대적으로 매우 강했다. 거주지역 별로도 흥미로운 차이가 나타난다. 호남지역에서 탄핵에 반대하는 의견이 95.1%로 가장 높게 나타난 반면, 경북지역은 62.5%로 그 비율이 제일 낮았다. 지역주의의 영향이 노무현 대통령 탄핵을 바라보는 시각에도 반영되고 있음을 알 수 있다. 주관적 이념성향에 따라서도 탄핵에 대 한 평가가 크게 달랐다. 보수층 가운데 47.2%만이 탄핵에 부정적 의사 를 나타낸 데 비해 진보층은 87.4%, 중도층은 81.7%가 탄핵에 반대의 견을 밝혔다. 반대의 강도 역시 높았다.

　전체적으로 보면 대다수가 탄핵에 대해서 부정적 평가를 내린 가운 데, 상대적으로 나이가 많고, 경북지역에 거주하며, 자신을 보수적이 라고 생각하고 한나라당을 지지하는 이들 중에서 탄핵을 지지하는 비 율이 높았다. 보수이념과 경북, 그리고 한나라당으로 이어지는 이러 한 특징은 2002년 대선에서의 반(反)노무현 유권자층의 속성과 거의 일치한다. 즉 우리 정치에 내재된 이념과 지역균열이 노무현 대통령에 대한 탄핵사건을 통해서 다시 표출되었음을 보여주는 것이다.

3. 열린우리당의 창당과 새천년민주당의 정체성 위기

2004년 총선에서 나타난 큰 특징 중 하나는 민주당의 몰락이라고 할 수 있다. 민주당은 김대중 대통령과 노무현 대통령을 연이어 배출한 집권당이었지만 일부 의원들이 열린우리당을 창당하여 분리해 나가면서부터 커다란 변화가 생겨났다. 조순형 대표 체제하에서 노무현 대통령에 대한 탄핵안을 주도했고 이를 가결시키는 데에도 성공했지만 그로 인해 민주당은 엄청난 역풍을 맞게 되었다. 민주당은 2004년 총선 이전에는 61석으로 제2당의 지위를 차지하고 있었지만, 총선결과 지역구에서 5석, 7.1%의 정당투표로 4석을 얻는 데 그쳐 교섭단체 구성은커녕 10석을 얻은 민주노동당에도 뒤진 원내 4당으로 전락하고 말았다.

이러한 민주당의 몰락은 여러 가지로 설명될 수 있겠지만 2002년 대선 이후 계속되었던 우리 사회의 정치적 변화라는 구조적 측면과 탄핵이라는 상황적 요인이 결합된 결과로 설명할 수 있다. 어떤 면에서 본다면 민주당의 몰락은 2002년 이후 한국 사회의 정치적 변화를 상징적으로 보여주는 사건이기도 하다.

민주화 이후 한국 정치는 지역 간 대립과 갈등에 기반한 지역주의에 의해 지배되었다. 지역주의가 선거와 정당정치를 압도하면서 정당 간 이념적, 정책적 차별성은 부각될 수 없었다. 그러나 김대중 정부 출범 이후, 특히 햇볕정책의 추진과 함께, 정당 간 이념적 차이가 조금씩 나타나기 시작했다(강원택 2003: 25~61). 그리고 이러한 이념적 차별성은 2002년 대통령 선거에서 이념적 진보성을 스스로 강조한 노무현 후보의 당선 이후 더욱더 분명해졌다. 한나라당과 자민련이 보수이념을 대표하는 반면, 민주당은 상대적으로 진보적인 입장을 대표했다. 문제는 민주당으로부터 열린우리당이 분당해 나가면서 민주당의 정치적 정체성에 혼란이 생겨나기 시작했다는 점이다. 두 정당의 정책적 입장을 비교하면서 이런 특성에 대해서 보다 구체적으로 살펴보기로 한다.

〈표 5-3〉은 열린우리당, 한나라당, 민주당, 자민련, 민노당 등 다섯 개 정당의 이념적, 정책적 입장을 비교하여 정리한 것이다. 여기에 제시된 결과는 각 정당의 정책 담당자의 응답을 토대로 한 〈경향신문〉 조사이다.

〈표 5-3〉의 4가지 정책 영역을 두고 볼 때, 대체로 일관된 형태로 정당 간 이념차이가 확인된다. 전체적으로 볼 때, 자민련이 강한 보수, 한나라당이 보수, 민주당과 열린우리당은 진보, 그리고 민주노동당이 매우 강한 진보적 입장을 취하고 있다. 정치권의 이념적 차이가 가장 크게 나타난 분야는 역시 외교·안보 영역으로, 민노당을 제외하더라도, 나머지 네 정당 간 입장의 차이가 가장 뚜렷했다. 반면 경제, 사회 분야에서의 차이는, 민노당을 예외로 하면, 상대적으로 크지 않았다. 이러한 사실은 한국 정치에서 이념 간 갈등의 중심축은 반공이데올로기에 대한 상반된 시각이라는 기존의 연구결과(예컨대 강원택 2003: 83 ~107)를 확인시켜 주는 것이다. 또한 이러한 반공이데올로기에 대한 상반된 해석이 2002년과 2004년 총선에서 나타난 세대 간 갈등을 불러일으키는 요인이기도 했다(Kang 2008).

그런데 이념갈등의 핵심이라고 할 수 있는 외교·안보 영역에서 열린우리당과 민주당 간의 입장차이는 크지 않았다. 평균을 비교하면 민주당이 4.14, 열린우리당이 4.00으로 두 정당의 이념적 입장은 매우 유사했다. 외교·안보 영역에서 두 정당은 동일한 입장이며, 정치적 갈등은 '한나라당-자민련 대 열린우리당-민주당(-민노당)'이라는 양극적 형태로 이뤄지고 있음이 분명하게 드러난 것이다. 정지 영역에서도 자민련-한나라-민주-열린우리-민노의 순으로 보수→진보의 입장차이가 비교적 뚜렷하게 나타났다. 사회 분야는 자민련, 민노당을 제외하면 대체로 중도적인 것으로 나타났는데, 민주당이 상대적으로 약간 보수 쪽으로 치우친 반면 한나라당은 오히려 중도적 입장을 취하고 있다.

〈표 5-3〉 각 정당 별 정책공약에 의한 이념성향 비교

분야	항목	한나라	민주	열린우리	자민	민노
정치	선거연령 19세 인하	2	5	5	1	5
	시민단체 당선, 낙선운동 허용	2	4	3	1	5
	국민소환제 도입	2	4	5	5	5
	교사, 공무원노조 정치활동 허용	2	1	3	1	5
	지역구 대 비례대표 1대1	4	3	5	1	5
	선거구획정위에 국회의원 배제	4	5	5	3	5
	평균	2.29	3.67	4.33	2.00	5.00
외교, 국방	햇볕정책 지속	1	5	5	3	5
	대북 주적 개념 유지	2	4	3	1	5
	정부 금강산 관광 지원해야	1	4	5	3	4
	북핵 해결 위한 대북 경제 제재	2	4	5	1	5
	주한미군 철수	1	3	2	1	5
	이라크 파병 찬성	2	5	4	1	5
	국가보안법 폐지	1	4	4	1	5
	평균	1.42	4.14	4.00	1.57	4.88
경제	성장이 분배보다 우선	2	3	3	1	5
	공정위에 계좌추적권 부여	2	5	5	3	5
	대기업 출자 총액 제한 유지	2	5	4	3	5
	법인세 인하	1	2	4	2	5
	FTA 추가 체결	2	2	2	2	5
	부유세 도입	3	3	2	1	5
	노동시장 유연화	2	3	4	2	5
	평균	2.00	3.29	3.43	2.00	5.00
사회	사형제 폐지	4	3	4	2	5
	동성애 인정	3	3	4	2	5
	주민등록 지문날인 폐지	3	2	3	2	5
	호주제 완전 폐지	4	2	5	2	5
	기여입학제 허용	4	4	5	1	5
	새만금 간척 추진	3	2	2	1	5
	평균	3.00	2.67	3.00	1.67	5.00

1 - 보수적, 2 - 약간 보수적, 3 - 중도, 4 - 약간 진보적, 5 - 진보적.
자료: 경향신문 (2004.4.5) 참조.

전체적으로 볼 때 〈표 5-3〉에서는 민주당과 열린우리당 간의 이념적, 정책적 입장이 별로 다르지 않다는 사실을 알 수 있다.

그동안 우리 사회의 이념적 갈등이 지역대립과 결합되어 있다는 주장이 종종 제기되었는데, 이러한 경향이 나타나게 된 까닭이 호남의 유권자들은 원래부터 진보적이고 영남의 유권자들은 태생적으로 보수적이기 때문이라고 볼 수는 없다. 여러 가지 요인이 있겠지만 김대중 정부에 대한 찬반의 태도가 지역과 이념이 결합되게 만든 계기를 마련했다는 점은 분명해 보인다. 즉 이념갈등의 핵심이라고 할 수 있는 대북정책, 반공이데올로기에 대한 극적인 정책적 전환이 김대중 대통령 시절 이뤄지면서 이에 대한 정치적 논란 속에 지역과 이념이 결합하게 된 것이다.

햇볕정책으로 불린 대북유화정책은 김대중 정부의 가장 대표적이고 상징적인 정책이었기 때문에 지지기반이었던 호남에서 긍정적 평가가 강했던 반면 경쟁지역이었던 영남에서는 이에 대한 거부감이 적지 않았다. 말하자면 영남이 보수적이고 호남이 진보적이라기보다 정치인 김대중에 대한 호오(好惡)의 감정이 대북정책에 대한 상반된 태도를 강화하는 데 영향을 미친 것이다. 특히 이러한 상반된 대응은 정치권에 보다 강하게 반영되어 영남에 의존하는 한나라당은 이념적으로 보수색채가 더욱 강화되었고 반면 호남을 기반으로 하는 민주당은 이념적으로 진보, 개혁을 대표하게 되었다. 즉 각 정당의 정치적 정체성은 지역과 이념이라는 두 가지 요소를 동시에 갖추게 된 것이다.

그런데 2003년 11월 민주당에서 일부 의원들이 이탈하여 국민개혁 정당과 한나라당의 몇몇 의원들과 함께 열린우리당을 창당하면서 민주당의 입장이 애매하게 되었다. 개혁을 외쳐온 민주당 내 정동영, 신기남, 천정배 의원과 한나라당의 진보성향 의원 5명,[1] 그리고 김원웅, 유

---

1) 이들은 이부영, 이우재, 안영근, 김영춘, 김부겸 의원이다.

시민 의원 등이 가담함으로써 열린우리당은 민주당에 비해 상대적으로 개혁적이고 진보적인 색채가 강화되었다. 물론 열린우리당이 '진보적'이라고 해서 민주당보다 중요 정책 분야에서 실제로 더 진보적이라는 것을 의미하는 것은 아니다. 앞서 〈표 5-3〉에서 본 대로 두 정당 간 정책적 입장의 차이는 그리 크지 않았다. 그러나 열린우리당이 '진보, 개혁'을 표방하며 창당했고 주요 참여자 역시 개혁 이미지가 강한 정치인들이었기 때문에 이제 '진보'의 브랜드는 민주당이 아니라 열린우리당이 차지하게 되었다.

분당 이전의 민주당은 호남이라는 지역과 진보라는 이념적 특성을 모두 지니고 있었고, 그 반대쪽에 영남이라는 지역과 보수라는 이념을 대표하는 한나라당이 자리 잡고 있었다. 그런데 분당으로 인해 두 가지 정체성 가운데 진보라는 이념적 특성을 열린우리당에 넘겨주게 되면서 결과적으로 민주당은 '호남 지역당'의 이미지만이 남게 된 것이다.[2] 더욱이 열린우리당으로서는 호남출신 '구 주류' 의원의 대다수가 민주당에 잔류함으로써 지역주의로부터 상대적으로 자유로운 입장에 놓이게 되었다.

문제는 한국정당의 두 가지 정체성 가운데 2002년 대통령 선거를 계기로 반공이데올로기를 둘러싼 이념적 갈등은 보다 강하게 부상한 반면, 3김의 정치적 퇴장 이후 지역주의의 결집력은 이전에 비해서 약화되었다는 점이다. 과거 선거에서 지역주의가 사실상 승부를 결정짓는 파괴력을 지녔다면 2002년 대선 이후에는 이념적 대립이 이전에 비해 더 큰 정치적 중요성을 갖게 되었다. 이념적 정체성을 열린우리당에 빼앗기고 지역 정체성만을 갖게 된 민주당은 이런 정치적 상황의

---

2) 민주당이 17대 국회의원 선거유세 중 보여준 모습도 이러한 인상을 더욱 강화시켜 주었다. 예컨대 추미애 선대위원장이 광주를 찾아가 3보1배를 하고, 선거유세에 김홍일 의원을 동행하는 모습은 민주당의 정체성이 이제 호남 지역주의밖에 남지 않았다고 하는 인상을 더욱 강하게 부각시켰다.

변화 속에서 어려움을 겪을 수밖에 없었다. 이념이 '떠오르는 이슈'가 되는 상황임을 고려할 때, 탄핵이슈가 터져 나오지 않았더라도 민주당은 수도권 등 지역주의로부터 비교적 자유로운 선거구에서는 고전했을 것이라는 추정도 가능해 보인다. 이에 비해 한나라당은 영남이라는 지역적 기반뿐만 아니라 보수정당이라는 이념적 정체성도 유지하고 있었다는 점에서 민주당과는 매우 다른 조건에 놓여 있었다.

4. 탄핵이슈와 정당경쟁

2004년 3월 12일 노무현 대통령에 대한 국회에서의 탄핵소추안이 가결되면서 정치상황은 극적인 변화를 겪게 되었다. 탄핵안 가결과 함께 탄핵은 국회의원 선거의 최대 이슈로 부상했고, 〈그림 5-1〉에서 본 것과 같이 정당지지의 패턴도 크게 변화하게 되었다. 탄핵에 대한 부정적 여론이 압도적인 상황에서 탄핵반대 여론은 지역적으로 큰 편차를 보이지 않은 채 전국적으로 확산되었다. 이에 따라 과거와 같은 영남-호남의 대결이라는 지역주의 구도는 그 의미가 더욱 약화되었고 그 대신 탄핵에 대한 찬성과 반대라는 이슈가 이를 대신하게 되었다. 국회의원 선거였지만 사실상 노무현 대통령의 정치적 명운이 걸려 있는 선거가 되었고 그 때문에 '총선이 대선 같다'(〈동아일보〉 2004. 4. 15)는 평가도 나왔다. 즉 탄핵이라는 중앙정치 이슈가 국회의원 선거를 결정짓는 가장 중요한 요인이 되었다.

어떤 면에서 본다면 2004년 국회의원 선거는 2002년 대통령 선거 경쟁의 연속선에서 바라볼 수도 있다. 2002년 대선에서 노무현 대통령이 당선된 이후에도 여소야대의 구조 속에서 의회를 장악한 야당과 대통령 간의 경쟁과 갈등은 계속되었고 야당이 주도한 탄핵은 그러한 갈등이 극한상황에까지 이르렀음을 보여주는 것이었다. 이로 인해 탄핵 정국은 국회의원 선거를 통해 유권자들이 대통령과 의회 가운데 어느 한쪽의 손을 들어주지 않으면 안 되는 상황을 만들었던 셈이다.

그런데 민주화 이후 한국에서의 선거결과는, 소선거구 단순다수제가 양당제로 이끌 것이라고 하는 '뒤베르제(Duverger)의 법칙'과는 달리, 양당구도로 이어지지 않았고 항상 제3~4당이 출현했다. 1988년의 4당 체제는 말할 것도 없고, 1992년에도 정주영이 이끄는 통일국민당, 1996년에는 자민련과 통합민주당, 2000년에는 자민련이 제3당으로 떠올랐다. 대통령 선거에서도 1987년의 1노3김, 1992년의 정주영, 1997년의 이인제, 2002년의 정몽준 등 제3후보가 언제나 존재했다. 그러나 정당이나 후보자의 수와 무관하게 적어도 1990년 3당 합당 이후 한국 정치는 '양당적' 경쟁의 형태로 이뤄졌다. 3당 합당 이후 각종 선거는 영-호남 간의 양극적 지역 간 대결구도를 반영했고 제3후보나 제3당은 지역주의에 식상한 유권자들을 대상으로 하는 '지역주의의 틈새시장'을 노렸다고 할 수 있다(강원택 2003: 141~164, 200~224). 다시 말해 기본적인 경쟁구도는 양극적 지역주의 경쟁이었으며, 제3후보나 제3당도 이러한 지역주의 경쟁과 깊은 관련을 갖고 있었다. 과거 선거에서 지역이 양극적 경쟁을 이끌었다면 2002년 대통령 선거부터는 이념이 부상하면서 보수와 진보라는 새로운 형태의 양극적 경쟁구도로 재편되는 추세를 보였다.

그런데 탄핵을 둘러싼 논란은 찬성과 반대라고 하는 극도로 상반된 입장이 정면으로 맞부딪치는 상황을 만들어내었다. 즉 탄핵정국은 이슈를 둘러싼 정파 간 입장이 보다 분명하게 둘로 갈라지는 계기를 마련했고 정치적 경쟁은 양극적 형태로 나아가게 되었다. 라비노위츠와 맥도날드(Rabinowitz and Macdonald 1989)는 다운즈의 근접이론(proximity model)을 비판하며 그 대안으로 정당경쟁의 방향성 모델(directional model)을 제시했다. 라비노위츠와 맥도날드는 유권자들은 이념 스펙트럼상에서 정당과 자신의 이념적 위치를 정확히 알아내기 어렵고, 특정 정책에 대한 지지의 방향과 그에 대한 선호의 강도만을 갖고 있다고 주장했다. 그리고 그 결과 유권자의 지지를 받는 정당은 이념적으로 가장 가까운 위치에 놓여 있는 정당이 아니라, 그 유권자와 같은 정책적 입장을 갖고(즉 이념적으로 동일한 방향에 위치하고), 보다 강한 정책적 입장을 취하는 정당이라고 주장했다. 따라서 정책의 방향성이 불분명한 중립적 위치나 중간입장은 유권자들에게 아무런 자극과 유인을 제공하지 못한다는 것이다.

이러한 방향성 모델은 양극적 대결의 상황을 설명하는 데 도움을 줄 수 있다. 방향성 모델에 따르면, 탄핵정국처럼 찬성과 반대라는 두 방향으로 입장이 극명하게 갈리는 상황에서는 유권자가 자신의 입장과 동일한 '방향'에 놓여 있고 보다 '선명한' 입장을 취하는 정당을 지지할 가능성이 커지게 되는 것이다. 탄핵정국에서는 민주당-한나라당이 탄핵찬성의 방향에, 열린우리당이 탄핵반대의 방향에 위치해 있었다.

그런데 탄핵에 대한 평가와 이념적 성향은 앞서 〈표 5-2〉를 통해 본 대로 매우 긴밀하게 연관되어 있다. 즉 2004년 총선에서의 정치적 경쟁의 구도는 '보수-탄핵찬성'을 한 축으로, '진보-탄핵반대'를 또 다른 축으로 하는 양극적 경쟁의 형태가 형성되었던 것이다. 그런데 민주당이 한나라당과의 공조를 통해 탄핵을 추진하게 되면서 스스로의 정체성에 혼란이 생기게 되었다. 민주당은 탄핵을 주도하기는 했지만 이념적으로 보수정당으로 규정할 수는 없기 때문에 이와 같은 양극적 경쟁상황에서 자신의 위치를 적절하게 자리매김하기가 매우 어려워졌다. 앞의 〈표 5-3〉에서 본 대로 민주당은 한나라당과는 분명한 이념적 차별성을 지니고 있고, 이념·정책에서는 오히려 열린우리당과 유사한 성향이었다. 결국 민주당은 보수-탄핵찬성, 진보-탄핵반대라고 하는 양극적 경쟁 속에서 마땅한 자리를 찾지 못하게 되었고, 탄핵찬반이라는 양극화된 정당경쟁에서 제3자적 입장에 놓이게 되었다. 방향성 모델로 설명한다면, 탄핵찬성의 방향에서 선명성을 갖는 '대표' 정당은 한나라당이었고, 탄핵반대의 방향에서 '대표' 정당은 열린우리당이었다. 민주당은 탄핵찬성의 방향에 놓여 있기는 했지만 그 입장은 어정쩡한 것이어서 강한 정치적 자극과 유인을 줄 수 없었고 그 결과 유권자의 지지도 얻어내지 못했다.

이런 특성은 탄핵에 대한 태도에 따른 정당별 호감도의 차이를 비교한 〈그림 5-2〉에서 확인해볼 수 있다. 탄핵을 반대하는 유권자들은 열린우리당에 대한 선호가 가장 컸고 한나라당을 제일 싫어했다. 민주

당은 그 중간에 끼어 있지만 한나라당과 비슷한 수준으로 미움을 받았
다. 반면 탄핵에 찬성하는 유권자들은 한나라당을 가장 선호했고 열린
우리당을 가장 싫어했다. 탄핵반대 유권자들과 정반대의 정당 선호도
를 보인 것이다. 그러나 민주당은 여기서도 두 정당 사이에 끼어 있으
며 열린우리당과 비슷한 수준으로 탄핵지지 유권자들의 미움을 받았
다. 결국 민주당은 탄핵에 반대하는 유권자들뿐만 아니라 탄핵에 찬성
하는 유권자들로부터도 긍정적 평가를 받지 못했다. 탄핵반대 유권자
의 지지는 열린우리당이 차지했고, 탄핵찬성 유권자의 지지는 한나라
당이 가져간 것이다.

　이념위치에 대한 평가에서도 민주당의 '애매한' 위치는 다시 확인된다.

〈그림 5-2〉 탄핵에 대한 태도와 정당 호감도

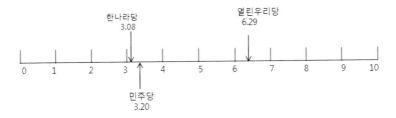

A. 탄핵 반대 유권자

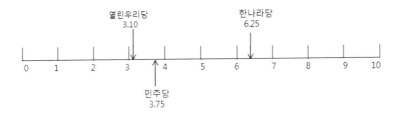

B. 탄핵 찬성 유권자

자료: 한국선거학회 2004년 총선후조사.
0 - 매우 싫다, 5 - 중간, 10 - 매우 좋다.

〈그림 5-3〉에서 보듯이, 탄핵을 반대하는 유권자들은 한나라당을 매우 보수적인 정당으로 간주하고 있으며 열린우리당이 진보적이라고 평가한다. 그러나 민주당은 이념적으로 두 정당의 사이에 끼어 있으며 한나라당에 가까운 위치로 인식하고 있다. 탄핵에 찬성하는 유권자들 역시 다소 수치의 차이는 있지만 동일한 인식의 패턴을 보여준다. 이들에게도 민주당은 보수를 대표하는 한나라당과 진보를 대표하는 열린우리당의 거의 중간지점에 끼어 있는 존재로 간주되고 있다. 앞서 지적한 대로, 선거경쟁이 '진보-탄핵반대'와 '보수-탄핵찬성'의 양극적 대결로 진행되는 상황에서 민주당의 정치적 처지가 매우 애매하게 받아들여지고 있음을 〈그림 5-2〉와 〈그림 5-3〉은 잘 보여준다.

〈그림 5-3〉 탄핵에 대한 태도와 정당이념 평가

A. 탄핵 반대 유권자

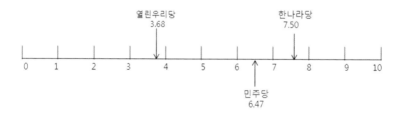

B. 탄핵 찬성 유권자

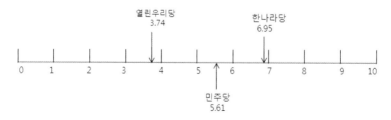

자료: 한국선거학회 2004년 총선후조사.
0 – 매우 진보적, 5 – 중도, 10 – 매우 보수적.

　한나라당은, 탄핵안 가결 직후에는 민주당과 마찬가지로 곤경을 겪었지만, 이러한 양극적 경쟁에서 보수이념을 대표하면서 자신들의 입지를 유지할 수 있었고 탄핵에 찬성하는 유권자들을 결집할 수 있었다. 그로 인해 선거참패의 예상을 뒤엎고 121석 확보라는 선전을 했다. 한나라당이 이렇듯 '버틸 수' 있었던 가장 중요한 요인은, 지역주의에만 의존할 수밖에 없었던 민주당에 비해 이념적 보수와 지역적 영남이라는 두 가지 요인을 모두 지닐 수 있었기 때문이다.

　한편, 박근혜 대표는 취임 이후 과거 최병렬-홍사덕이 이끌었던 한나라당의 강성 이미지를 온건보수적인 것으로 변모시키면서 당이 탄핵과 관련된 비난과 책임으로부터 다소나마 벗어나게 만들었다.[3] 이러한 이미지 개선은 한나라당이 보수적 유권자를 대표하는 정당으로 다시 일어설 수 있게 했다. 이러한 보수적 유권자층의 결집은 정동영 열린우리당 의장의 노인관련 실언으로 더욱 강한 추동력을 갖게 되었다. 정 의장의 실언이 열린우리당에 대한 이미지 훼손과 그로 인한 일부 지지자들의 이탈을 가져왔다는 사실은 부인할 수 없지만, 보다 중요한 점은 이 발언이 한나라당 지지층인 보수적 유권자들에게 재결집의 적절한 명분을 가져다주었다는 점이다. 다시 말해 탄핵안 가결 이후 이에 대한 부정적 여론이 들끓는 상황에서 목소리를 낮추고 있을 수밖에 없었던 보수적 유권자들이 정 의장의 실언에 대한 비판과 함께 제 목소리를 내면서 한나라당을 중심으로 다시 뭉칠 수 있게 만든 것이다.

---

3) 그런 점에서 본다면 민주당의 몰락의 또 다른 원인은 새로운 정치적 리더십을 적시에 창출해내지 못했다는 사실과도 관련이 있어 보인다. 탄핵정국을 주도했던 최병렬 대표가 당의 전면에서 물러나고 박근혜라는 새로운 인물로 지도부가 전면 교체된 한나라당에 비해, 민주당은 탄핵을 주도한 조순형 대표가 대표직에서 물러나지 않은 채 선거를 치름으로써 탄핵과 관련된 이미지에서 벗어나기 어려웠다. 즉 보수-탄핵찬성, 진보-탄핵반대로 굳어진 양극적 경쟁구도에서, '보수는 아니지만 탄핵찬성'이라는 애매한 입장에 민주당은 계속해서 묶여 있었다.

다음의 기사 역시 이러한 상황을 잘 설명해 주고 있다.

> 탄핵안 가결의 주역 최병렬 대표를 대신한 '박근혜 효과'는 그 자
> 체만으론 파괴력이 약했다. 그러나 4월 1일 정동영 의장의 노인
> 폄하발언이 돌출하면서 날개를 달았다. 4월 첫 주말을 지나면서 '45
> 대 140'이란 결과가 도출됐다. 예상 의석비가 24% 대 76%였다. 이
> 때부터 양당의 이슈가 '거여 견제론'과 '거대야당 부활론'으로 바뀌
> 었다. 열린우리당은 내리막길을, 한나라당은 오르막길을 가고 있는
> 것이 분명했다. 다만 그 기울기에 대한 인식차이가 있을 뿐이었다
> (〈중앙일보〉 2004. 4. 16).

노무현 대통령으로 상징되는 진보세력의 부상과 이에 대한 보수세
력의 대항은 탄핵사건을 거치면서 더욱 극적으로 부각되었고 이러한
보수-탄핵찬성 대 진보-탄핵반대로 굳어진 양극적 경쟁구도 속에서
한나라당은 한 극을 대표하면서 보수적 유권자 층을 결집하는 데 성공
했다. 그러나 열린우리당의 창당과 함께 이념적 정체성을 잃으면서 탄
핵정국에서 '애매한' 위치에 놓이게 된 민주당은 탄핵의 역풍 속에서
정치적으로 살아남기 힘들었던 것이다.

5. 결론

모두(冒頭)에서 언급한 대로 2004년 국회의원 선거는 한국 정치에 커
다란 변화를 가져왔다. 민주화 이후 지역주의 분할구도 하에서 한국
정치를 이끌어온 주요 축인 민주당과 자민련이 사실상 몰락했고 한나
라당 역시 그 세가 크게 약화되었다. 이러한 급격한 변화는 무엇보다
노무현 대통령에 대한 탄핵이 선거를 사실상 결정지으면서 발생한 결
과이다. 이 장에서는 탄핵을 주도한 민주당과 한나라당이 어떤 이유로

선거결과 서로 상이한 정치적 운명을 맞이하게 된 것인지 그 원인을 찾아보고자 했다.

2002년 대통령 선거를 거치면서 보수와 진보 간의 이념적 대결은 점차 강화되었으며, 탄핵정국은 그러한 양극적 대립을 극적으로 만들었다. 한나라당은 이러한 양극적 대립 속에서 보수주의 정당으로 자리 매김하면서 갈등의 한 축을 차지할 수 있었지만 민주당은 탄핵 추진이 정치적 정체성을 약화시키는 결과를 낳았고 그로 인해 양극적 대립 속에서 적절한 위치를 차지하는 데 실패하고 말았다. 양극적 경쟁에서 한나라당에 대항하는 축은 열린우리당이 차지했고 민주당은 지역색채만을 갖는 보조적 존재가 되고 말았다.

2004년 국회의원 선거를 지배한 탄핵정국은 사실 매우 예외적인 경우라고 할 수 있다. 대통령 탄핵과 같은 '엄청난 사건'이 자주 발생할 수는 없는 일이기 때문이다. 그렇다고 해도 2004년 국회의원 선거는 정당이 자기변혁을 통해 변화하는 정치적 환경에 제대로 적응하지 못한다면 언제라도 유권자의 지지를 잃고 사라져갈 수 있다는 자명한 진리를 확인해 주었다. 또 한 가지 중요한 사실은 이전까지 지역주의가 한국 선거의 '법칙'이었다면 (2002년과) 2004년의 선거는 이제 이념이 한국의 선거정치를 결정짓는 또 다른 중요한 요인이 되고 있음을 보여주었다. '이념'을 열린우리당에 빼앗긴 채 '지역'만이 남은 민주당의 몰락이 이런 변화를 상징적으로 잘 보여주고 있다.

제6장

2004년 국회의원 선거에서
민주노동당 지지에 대한 분석

1. 서론

2004년의 17대 국회의원 선거는 여러 가지 면에서 흥미를 끌 만한 선거였다. 앞의 제5장에서 살펴본 대로, 상황적으로는 노무현 대통령에 대한 탄핵정국 하에 치러진 선거였다. 제도적으로도 적지 않은 변화가 있었는데, 정당투표 도입으로 1인2표제 선거제도가 처음으로 실시되었고, 정치관계법 개정으로 정치자금과 선거운동 방식에서도 커다란 변화가 생겨났다.

 그런데 2004년 국회의원 선거에서 주목할 만한 또 다른 현상은 바로 민주노동당의 원내진입이다. 17대 총선을 계기로 계급정당, 이념정당, 사회주의 정당이 드디어 한국의 중앙제도권 정치에 최초로 진입했기 때문이다. 과거 반공이데올로기가 극성을 부리던 권위주의 시절에 계급정당의 활동은 커다란 억압을 받았고 제도권으로의 진입은 상상도 할 수 없는 일이었다. 민주화 이후에도 각종 선거에서 계급정당은 지역주의의 높은 벽을 뚫지 못하고 원내진입에 실패를 거듭했다. 그러나 2004년 17대 총선에서 민주노동당은 지역구에서 2석, 비례대표에서 8석을 차지하여 총 10석으로 국회 내 제3당의 지위를 차지했다. 민주노동당의 원내진출은 그만큼 우리 사회의 이념적 수용 폭이 넓어졌다는 사실을 상징한다. 그러나 동시에 이러한 변화는 새로운 제도 도입으로부터 적잖은 도움을 받았다. 민주노동당 의석의 대다수가 정당투표에 의한 비례대표 의석이라는 점에서 정당투표제의 도입이라는 제도적 변화가 민주노동당의 등장에 큰 기여를 한 것이다.

　이러한 설명에도 불구하고 17대 총선에서 민주노동당의 정치적 약진에 대한 궁금증은 여전히 남는다. 과거 선거에서는 고전을 면치 못했던 민주노동당이 어떤 이유로 또 누구로부터 갑작스럽게 적지 않은 비율의 지지를 얻을 수 있었을까? 이 장에서의 관심은 바로 이런 의문점에 대한 답을 구하려는 것이다. 이 장에서는 2004년 국회의원 선거에서 민주노동당의 약진을 가능하게 한 지지자의 패턴과 지지원인을 분석하고자 한다. 특히 여기서 주목하는 점은 과연 지지자들이 계급정당이라는 정치적 노선이 분명한 민주노동당의 이념적 특성에 공감한 이들일까 하는 점이다. 즉 계급투표가 민주노동당의 약진의 기반이었는지에 대해 살펴볼 것이다. 여기서 사용되는 데이터는 2004년 17대 총선 이후 실시된 한국선거학회와 한국사회과학데이터센터의 조사결과 자료이다.

2. 민주노동당 지지의 분석: 집합자료 분석

민주노동당에 대한 지지자들의 특성을 본격적으로 분석하기 전에 유권자 투표의 집합자료를 토대로 그 지지의 패턴을 먼저 파악해 보기로 한다. 지역구 투표는 민주노동당의 경우 243개 지역구 가운데 단지 123개 지역구에만 후보를 낸 탓에 전체적인 지지의 특성을 파악하는 데에는 어려움이 있다.[1] 이처럼 제한된 수의 지역구에만 공천자를 냈다는 것은 단순다수제 선거제도 하에서 신생정당인 민주노동당 득표력의 한계를 보여주는 것으로 볼 수 있다. 다른 곳에서도 당선가능성이 컸다면 당연히 그만큼 많은 수의 후보를 공천했을 것이기 때문이다.

〈표 6-1〉은 민주노동당의 지역구 출마 지역을 그 지역 내 경쟁의석의 총수와 비교한 것이다. 243개 지역구 가운데 123개 지역구에 공천하여 민주노동당의 공천비율은 50%가 조금 넘는 수준이다. 〈표 6-1〉에서 보면 서울, 인천, 광주, 울산에서는 공천자의 비율이 전체 지역구 의석의 50%를 넘으며, 대구에서도 그 비율이 절반에 근접해 있다. 이런 점에서 볼 때 민주노동당은 일단 대도시에 상대적으로 많은 후보를 내세웠다는 사실을 알 수 있다. 서구에서도 사회주의 정당의 지지가 노동자들이 많이 거주하는 도시지역에서 보다 강한 경향이 있다는 점을 고려할 때 이는 그리 놀라운 일은 아니다.

이 가운데서 울산, 인천 등은 공장이 집결한 지역이어서 노동계급 유권자들이 상대적으로 많다고 볼 수 있지만, 광주, 서울, 대구 등과 같이 노동자 밀집지역이라는 특성이 비교적 강하지 않은 곳에서도 민주노동당 후보자의 비율은 상대적으로 높았다. 특히 서울에서 전체 지역

---

[1] 다른 정당들의 경우, 열린우리당이 243개 지역구에 모두 후보자를 낸 반면 한나라당은 218개 지역구에, 그리고 민주당은 181개, 자민련은 123개 지역구에 공천하였다.

148

<표 6-1> 민주노동당의 지역구 출마지역

	서울	경기	인천	강원	충북	충남
출마 지역구	30/48 (0.63)	23/49 (0.47)	9/12 (0.75)	4/8 (0.5)	3/8 (0.38)	4/10 (0.4)
	대전	전북	전남	광주	경북	대구
출마 지역구	2/6 (0.33)	5/11 (0.45)	4/13 (0.31)	6/7 (0.86)	6/15 (0.4)	6/12 (0.5)
	경남	부산	울산	제주		
출마 지역구	7/17 (0.41)	8/18 (0.44)	5/6 (0.83)	1/3 (0.33)		

분모는 지역구 의석 총수. ( ) 안의 수는 의석 총수 대 공천 수 비율.

구의 2/3에 해당하는 30곳에 후보자를 냈다는 점을 고려할 때, 대도시에 집중된 후보공천이 반드시 공업 노동자의 표만을 겨냥한 것으로 볼 수는 없을 것 같다. 대도시 가운데는 대전과 부산지역만 민주노동당 출마자의 비율이 절반에도 미치지 못하는데 특히 대전지역이 상대적으로 그 비율이 낮았다는 점이 흥미롭다. 그러나 일부 지역에 후보자를 아예 내지 못한 한나라당이나 민주당과는 달리 민주노동당의 지역적 편중현상은 두드러지지 않았다. 다른 지역에 비해서 충청권에서 출마자의 비율이 상대적으로 낮았는데, 이는 다른 지역에 비해 중공업이나 대규모 제조업이 입지한 공업도시가 적다는 사실과 관련이 있을 것으로 짐작된다.

이번에는 지역 별로 민주노동당이 얻은 득표율의 특성에 대해 살펴보고자 한다. 앞서 언급한 대로 민주노동당은 지역구에서는 울산과 창원에서 각각 1석씩 모두 2석을 얻었고, 나머지 8석은 정당투표에 의한 비례대표 의석으로 확보하였다. <표 6-2>에서 볼 수 있는 대로, 민주노동당이 지역구에서 얻은 의석은 평균 4.3%인 반면 정당투표를 통해 얻은 지지율은 13%였다. 정당투표에서 8.7% 정도 더 높은 지지를 받은 것이다. 이와 같은 지역구 투표와 정당투표 간의 큰 격차는 물론 민주노동당이 지역구마다 모두 후보자를 내지 못한 탓이기도 하지만, 비교적 후보자를 많이 공천한 광주, 인천, 서울에서도 민주노동당의 지역구 득표율은 높지 않았다. 즉 지역구에서 민주노동당 후보자들은 울산을 제외하면 전반적으로 그리 높은 지지를 얻었다고 볼 수 없다. 반면 민주노동당은 정당투표에서는 지역구 투표와 비교할 때 상당한 득표를 했다. 이는 17대 총선에서 처음으로 도입된 1인2표제에 의한 정당명부식 비례대표제 방식으로, 적지 않은 수의 유권자들이 지역구와 비례대

〈표 6-2〉 주요 3당의 비례대표 득표율과 지역구 득표율의 차이

(%)

	열린우리당			한나라당			민주노동당		
	비례	지역구	차이	비례	지역구	차이	비례	지역구	차이
서울	37.7	42.8	−5.1	36.7	41.3	−3.6	12.6	3.4	9.2
경기	40.2	45.7	−5.5	35.4	40.7	−5.3	13.5	4.1	9.4
인천	39.5	44.7	−5.2	34.6	38.9	−4.3	15.3	7.4	7.9
강원	38.1	38.8	−0.7	40.6	43.3	−2.7	12.8	4.2	8.6
충북	44.7	50.5	−5.8	30.3	32.6	−2.3	13.1	3.3	9.8
충남	38	38.9	−0.9	21.1	15.8	5.3	10.5	2.2	8.3
대전	43.8	45.8	−0.2	24.3	22.4	1.9	11.8	1.5	10.3
전북	67.3	64.6	2.7	3.4	0.1	3.3	11.1	4.6	6.5
전남	46.7	46.9	−0.2	2.9	0.8	2.1	11.2	2.6	8.6
광주	51.6	54	−2.4	1.8	0.1	1.7	13.1	5.6	7.5
경북	23	25.8	−2.8	58.3	54.6	3.7	12	3.4	8.6
대구	22.3	26.7	−4.4	62.1	62.4	−0.3	11.6	2.5	9.1
경남	31.7	34.4	−2.7	47.3	47.7	−0.4	15.8	8.4	7.4
부산	33.7	38.9	−5.2	49.4	52.5	−3.1	12	2.9	9.1
울산	31.2	28.1	3.1	36.4	36.3	0.1	**21.9**	**18**	3.9
제주	46	49.4	−3.4	30.8	40.2	−9.4	14.1	3.4	10.7
전국	38.3	41.9	−3.6	35.8	37.9	−2.1	13	4.3	8.7

자료: 이현우(2004: 103)에서 일부 인용.

표의 선택을 각기 다르게 하는 분할투표(split-ticket voting)를 행했으며 민주노동당이 이 제도로 수혜를 입었다는 사실을 시사해준다. 이현우 (2004)는 집합자료 분석을 통해 20% 후반 정도의 유권자들이 분할투표를 한 것으로 평가하였고, 김왕식(2004)은 그 비율이 20.8% 정도라고 주장하였다.

　민주노동당의 정당득표율을 지역별로 본다면 울산에서 21.9%로 가장 높은 정당득표율을 보였는데, 지역구 투표에서도 울산은 18%로 가장 높은 득표율을 나타냈다. 민주노동당은 울산에서 지역구 당선자도 배출했다. 대규모 사업장이 밀집한 중공업 중심의 산업구조이며 조직화된 공업노동자가 많은 울산지역에서 민주노동당에 대한 지지가 높다는 사실은 이해할 만하다. 오히려 흥미로운 사실은 지역구 투표에서 1.5%로 가장 낮은 지지율을 보인 대전에서도 정당투표율은 11.8%로 나타나 그 차이가 무려 10%를 넘었다는 점이다. 제주에서도 지역구 득표와 정당득표 간의 차이가 10.7%에 달했다. 정도의 차이는 다소 있지만 이런 패턴은 전국 어느 지역에서나 비교적 고르게 나타났다. 즉, 지역구 투표에서의 득표율과 무관하게 민주노동당은 정당투표에서 지역별로 고른 지지를 받아 지역주의 투표성향에 따른 지지의 편차가 다른 정당과 비교할 때 가장 적게 나타났다.

　이현우(2004: 99)는 "소선거구제 하에서는 이처럼 전국적으로 편차 없는 지지를 받는다는 것이 의석전환에는 효율적이지 못하다. 특정 지역에서 집중적인 지지를 받을 때 표의 효율성이 높아지게 된다. 따라서 … 전국적으로 자민련보다 더 높은 지지를 받았지만 지역구 선거에서는 의석수가 뒤지게 된 것이다"라고 지적하였다. 영국의 자유민주당의 경우도 전국적으로 고른 지지를 받는 편이지만 지역적으로 밀집된 지지의 기반이 없는 탓에 단순다수제 선거제도 하에서는 투표율에 비해 상당히 적은 수의 의석만을 얻고 있다(강원택 1998a). 민주노동당이 지역구에서 상대적으로 큰 성과를 거두지 못한 까닭은 지역적으로 집중된 지지기반을 갖고 있지 못하다는 사실과 관련이 있다. 그러나 또 한편으로는 당선가능성이 낮은 소정당이나 신생정당의 후보자에게 표를 던져 사표(死票)가 되는 것을 피하기 위한 유권자들의 전략적 선택의 결과 때문이기도 하다.

　이에 비해 정당명부 비례대표 선거방식은, 3%의 진입장벽이라는 단서조항이 존재하기는 하지만, 이를 넘을 수만 있다면 어느 정당이든 득표율에 비례하여 의석배분을 행할 수 있고 그만큼 사표의 우려가 크지 않기 때문에 유권자들이 선호에 따라 솔직한 투표를 행할 수 있게 된다. 민주노동당이 정당투표에서 평균 13%라는 비교적 높은 득표를 얻을 수 있었던 것은 바로 이 때문이다. 여기에 지역주의 균열에서 벗어나 있는 민주노동당의 탈지역적 특성이 〈표 6-2〉에서 보듯이 정당투표에서 전국적으로 비교적 편차 없는 고른 지지를 가능하게 한 것이다.

　그러나 이러한 분석결과는 집합자료에 의존한 것으로 변인들 간의 관계설정에 대한 생태적 오류(ecological fallacy)를 범할 가능성은 언제나 존재할 수밖에 없다. 이 절에서의 분석을 토대로 이번에는 서베이 자료의 분석을 통해 민주노동당 지지의 특성을 보다 세밀하게 살펴보기로 한다.

3. 누가 왜 민주노동당을 지지했나?: 정당투표를 중심으로

1) 민주노동당 지지의 인구사회학적 특성

민주노동당이 지역구에서 2개의 의석을 획득한 것은 단순다수제라는 선거제도의 높은 진입장벽을 고려할 때 그 자체로도 매우 의미 있는 일이다. 그러나 이는 울산과 창원이라고 하는 지역의 특수성, 즉 노동자들이 밀집된 대표적 공업도시라는 점과 노동운동이 활성화된 곳이라는 예외적 조건과 관련을 갖는다. 노동계급의 투표성향이나 노동운동의 정치세력화라는 관점에서 본다면 이들 두 지역구에서의 성공에 주목해야 할 필요가 있겠지만, 이 장에서의 관심은 이보다는 지역과 무관하게 적지 않은 수의 유권자들이 왜 민주노동당이라는 계급정당에 투표하였을까 하는 점이다. 따라서 전국수준에서 민주노동당의 지지를 이해하기 위해서는 정당투표를 분석하는 것이 보다 적절할 것으로 보인다. 앞서 지적한 대로 민주노동당은 전체 선거구 가운데 절반 정도의 지역구에만 후보자를 공천하였기 때문에 지역구에 주목해서는 전체적 특성을 파악하는 데 어려움이 있을 수밖에 없다. 더욱이 민주노동당 의석 10개 가운데 8석이 정당명부 비례대표로 확보한 것이라는 점에서 정당투표자들에 대한 분석이 민주노동당의 약진을 설명하는 데 더 큰 도움을 줄 수 있다.

민주노동당 지지자들의 특성을 파악하기 위해 우선 그들의 인구사회학적 특성을 개략적으로 살펴보았다. 〈표 6-3〉에서 볼 수 있듯이, 연령, 성별, 학력, 거주지역, 소득, 직업, 노조 가입 등 사회경제적 변인과 탄핵지지 여부라는 정치적 변인을 포함한 9개의 변인에 따라 그 특성을 살펴보았다. 지지자 집단의 보다 분명한 특성의 파악을 위해 각 변인 별로 전체 표본의 구성비율과 민주노동당에 정당투표를 행한 집

〈표 6-3〉 인구사회학적 특성으로 본 민주노동당 지지자들의 특성

(%)

대구분	소구분	민노당 지지자의 비율	전체 구성비율
연령별	20대	25.7	22.9
	30대	29.2	24.6
	40대	**30.6**	23.3
	50대 이상	14.6	**29.2**
N		144	1500
성별	남성	60.4	49.0
	여성	39.6	51.0
N		144	1500
학력	무학/초등 중퇴	–	2.2
	초등 졸업	3.6	4.7
	중등 중퇴·졸업, 고등 중퇴	6.5	10.6
	고등 졸업	51.1	47.9
	대학 중퇴	5.0	2.6
	대학 졸업 이상	33.8	32.1
N		139	1435
거주지역	농촌	9.2	10.2
	중소도시	45.4	47.2
	대도시의 교외	4.3	5.5
	대도시	41.1	37.1
N		141	1465
탄핵찬반 여부	매우 찬성	2.1	5.7
	대체로 찬성	9.3	18.9
	대체로 반대	40.0	34.3
	매우 반대	48.6	41.1
N		140	1405
직업군	화이트칼라	20.8	16.9
	블루칼라	12.5	9.5
	농업	2.8	2.0
	자영업	20.1	23.1
	기타/무응답/모름	43.7	48.5
N		144	1500

<표 6-3> 계속

(%)

대구분	소구분	민노당 지지자의 비율	전체 구성비율
소득	하위 20% 미만	9.2	12.5
	20~40% 미만	26.9	27.6
	40~60% 미만	37.0	41.4
	60~80% 미만	**26.9**	18.4
N		119	1187
노조원 여부	노조원	9.0	4.3
	노조원 아님	91.0	95.7
N		133	1384
노조 가족 유무	노조원 가족 있음	8.7	6.6
	노조원 가족 없음	91.3	93.4
N		127	1350

단의 비율을 서로 비교할 수 있도록 하였다. <표 6-3>으로부터 민주노동당 지지자들의 몇 가지 흥미로운 특성이 확인된다.

첫째, 연령 별로는 전체 유권자 구성비와 비교할 때 40대층에서의 지지비율이 높았고 뒤를 이어 30대층에서의 지지가 높았다. 반면 50대 이상 유권자 층에서의 지지비율은 가장 낮았다. 강원택(2003: 289~300)은 2002년 대통령 선거분석에서 20대, 30대층에서 이념적 진보성과 노무현 지지가 높았던 반면, 50대 이상 층에서는 이념적 보수성과 이회창 지지가 압도적이었다는 점을 지적하였다. 그러한 세대 간 상이한 지지의 패턴은 2004년 국회의원 선거에서도 대체로 유사한 형태로 다시 확인되고 있다. 그런데 40대의 경우는 두 차례 선거에서 모두 두 세대 간 대립의 중간에 '끼어 있는' 형태로 나타났다(Kang 2008).

그러나 민주노동당에 대한 정당투표에서는 흥미롭게도 40대층에서 지지비율이 가장 높았고 그다음으로 30대였으며, 20대에서는 오히려 높지 않았다. <표 6-3>의 결과는 민주노동당에 대한 지지가 2002년 대선 이후 세대 간 차별화된 정치적 지지의 패턴에서 완전히 벗어나 있는 것은 아니지만, 일반적으로 이해되는 세대 간 대립의 특성을 반영하는 것은 아니라는 점을 보여준다. 특히 이념성향이 세대 별로 차이를 보인다는 점을 고려할 때, 2) 이와 같은 연령 별 지지의 패턴은 민주노동당 지지가 반드시 이념적 동조에서 비롯된 것이라고 보기 어렵다는 사실을 강하게 시사해 준다.

둘째, 성별에 따라 분석한 결과 민주노동당의 지지자는 남성들이 압도적인 것으로 나타났다. 이에 비해 여성 유권자들에게는 상대적으로 많은 표를 얻지 못했다. 전체 표본의 비율은 남녀가 거의 절반씩이지만 민주노동당 정당투표자는 6:4의 비율로 남성 유권자들이 많았다. 열린우리당이나 한나라당의 경우 성별에 따른 지지도의 차이가 그리 크지 않았다는 사실과 비교하면3) 민주노동당의 지지가 남성 유권자에 편중되어 있다는 사실은 보다 분명해진다.

셋째, 학력 별로 본다면 고학력 유권자층, 특히 고졸 집단에서 전체 표본집단과 비교할 때 높은 지지의 비율이 확인된 반면, 그 이하의 저학력층에서의 지지율은 상대적으로 낮았다.

넷째, 소득 별로 본 지지의 패턴 역시 흥미롭다. 평등과 분배를 중시하는 계급정당인 민주노동당에 대한 지지자들 가운데 소득 최상위층, 즉 '60~80% 미만 집단'에서 지지율이, 전체 응답자 구성비율과 비교해볼 때 상대적으로 높은 것으로 확인된 반면, 그 이하 소득층에서의 지지율은 전체 표본의 구성비율보다 오히려 낮았다. 계급정당임을 자칭하는 민

---

2) 세대 별 자기평가 이념의 평균의 아래 표와 같다.

연령 별	20대	30대	40대	50대 이상
이념평균	3.82	4.02	4.91	5.50

(0 – 가장 진보, 5 – 중도, 10 – 가장 보수)

3) 한나라당의 정당투표자들은 남성 48.1%, 여성 51.9%로 나타났으며, 열린우리당은 남성 48.7%, 여성 51.3%로 나타났다.

주노동당에 대한 정당지지가 소득 상위계층에서 오히려 높게 나타났다.

소득뿐만 아니라 직업군에서도 흥미로운 특성이 확인되는데 민주노동당에 대한 '충성스러운 지지자 집단'이 되어야 할 블루칼라 직업군뿐만 아니라 일반적으로 중산층으로 분류되는 화이트칼라 직업군에서도 민주노동당에 대한 지지가 높게 나타났다. 이처럼 소득과 직업군에서 비롯되는 특성을 감안할 때 민주노동당 정당투표자들이 유럽의 사회주의 정당의 지지자들과는 분명히 다른 특성을 갖고 있음을 알 수 있다.

다섯째, 거주지역 별로 본다면 대도시 지역에서의 지지가 높게 나타난 반면 다른 지역에서의 민주노동당 정당투표율은 상대적으로 낮았다. 전체 구성의 비율을 고려할 때 민주노동당에 대한 지지가 중소도시에서 그다지 높게 나타나지 않았다는 사실이 흥미롭다.

여섯째, 노조원 여부는 민주노동당 지지에 영향을 미친 것으로 나타났다. 자신이 노조원이거나 가족 중에 노조원이 있는 경우에는 전체 표본에서의 구성비율보다 높은 비율로 민주노동당에 대한 정당지지가 확인되었다. 그러나 전체 표본 가운데 노조원 혹은 노조가족이 차지하는 비율이 매우 낮은 탓에 이 변인이 전체적으로 민주노동당 지지상승에 큰 영향력을 미친 것으로 보기는 어려울 것 같다.

마지막으로 탄핵에 대한 찬반여부 역시 분명한 효과를 나타내고 있다. 탄핵에 대해서 반대하는 태도를 갖는 유권자들일수록 민주노동당에 대한 지지가 상대적으로 높게 나타나고 있다.

〈표 6-3〉로부터 확인되는 민주노동당 정당투표의 이러한 특성을 대체적으로 요약한다면, 도시(특히 대도시)에 거주하는 30~40대 남성 유권자, 그리고 고졸 이상의 학력을 가진 소득 상위권 유권자들, 그리고 탄핵에 부정적인 태도를 갖는 이들이 민주노동당을 지지하였다고 볼 수 있다. 따라서 사회경제적 구성에 대한 민주노동당 정당투표자들의 특성을 고려할 때 이들이 민주노동당의 계급정당적 특성에 매료되어 투표한 것이라고 보기는 어렵다. 오히려 이들은 계급적으로 본다면

대도시에 거주하는 중산층이다. 이런 점에서 볼 때 민주노동당에 대한 이들의 투표가 '부자에겐 세금을, 서민에겐 복지를'이라는 선거구호나 '부유세 신설'과 같은 공약에 이끌린 까닭이라고 볼 수는 없다. 그렇다면 이들은 왜 계급정당인 민주노동당에 정당투표를 했을까?

2) 민주노동당 지지의 원인분석

앞 절에서 살펴본 대로 민주노동당에 대한 정당투표자들의 특성은 매우 흥미롭다. 민주노동당이 내건 정치적 공약이나 명분과 별다른 관련이 없어 보이는 이들이 지지자로 나타났기 때문이다. 이들은 어떤 이유로 민주노동당에 표를 던졌을까?

　일단 생각해볼 수 있는 것이 이념적 요인이다. 민주노동당이 사회주의 강령에 기초한 계급정당이라는 점에서 민주노동당에 대한 이념적 친화가 민주노동당에 대한 지지로 이어졌을 것이라고 생각해볼 수 있다. 우리나라 정치에서 이념은 그동안 서구와는 달리 사회적 신분이나 계급과 무관한 형태로 형성되어왔다. 진보적 성향을 보이는 이들의 사회경제적 특성은 상대적으로 젊고 중산층 이상이며 학력수준이 높고 전문직이거나 대학생이었다(강원택 2003: 33~42). 따라서 이념적으로 민주노동당에 가까움을 느낀다면, 다운즈(Downs 1957)의 모델이 설명하듯이, 민주노동당에 표를 던질 수 있을 것이다.

　이를 확인하기 위해 각 유권자들의 이념성향을 지지정당별로 나눠 그 평균을 조사하였다. 〈표 6-4〉는 정당투표에서 지지한 정당별로 유권자들이 스스로 생각하는 이념적 입장(self-placement)의 평균값을 조사한 것이다. 〈표 6-4〉에서 보듯이 지지한 정당 별로 유권자들의 이념적 입장의 차이가 분명하게 구분된다. 한나라당에 투표한 유권자들은 역시 가장 보수적인 것으로 나타났다. 민주노동당이 가장 진보적이었

158

<표 6-4> 지지정당 별 유권자의 이념평균

정당투표	이념평균	표준편차	N	ANOVA
한나라당	6.29	2.08	297	
민주당	4.61	1.75	61	F = 89.9
열린우리당	3.82	2.28	430	p<0.01
민주노동당	3.40	2.34	135	

0 – 가장 진보, 5 – 중도, 10 – 가장 보수.

으며 그다음이 열린우리당, 민주당의 순서였다. 그런데 여기서 흥미로운 점은 열린우리당과 민주노동당 지지자들 간의 이념평균의 차이가 그리 크지 않다는 것이다. 그런 만큼 민주노동당 지지자들은 '예상만큼' 진보적이지 않았다. 또한 민주노동당과 열린우리당의 경우에는 표준편차도 다른 정당들에 비해 상대적으로 가장 컸다.

 〈표 6-4〉의 결과는 민주노동당 지지자들이 이념적으로 진보적 성향을 갖는 이들이 다수를 차지하지만 그렇다고 해도 이들이 이념적으로 '매우 동질적인' 집단이라고 볼 수는 없음을 보여준다. 특히 이념적으로 열린우리당과 매우 비슷한 특성을 보인다는 점에서 민주노동당의 지지가 열린우리당 지지자들과 중첩되어 있을 가능성도 시사하고 있다. 이러한 특성을 보다 분명하게 살펴보기 위해서 이번에는 한나라당, 열린우리당, 민주노동당에 정당투표한 유권자들이 스스로 생각하는 이념적 분포에 대해 살펴보았다. 〈그림 6-1〉은 각 정당에 대한 정당투표자의 이념분포에 대한 매우 흥미로운 결과를 보여주고 있다. 중도적이라고 규정한 유권자의 비율이 어느 정당을 막론하고 가상 크시만 정당별로 분명한 차별성이 나타난다. 한나라당 정당투표자의 대다수는 수평축의 오른쪽 편, 다시 말해 보수적 속성으로 기울어 있음이 확인된다. 보수성향의 유권자들이 열린우리당이나 민주노동당에 정당투표한 경우는 많지 않았다. 이에 비해 열린우리당과 민주노동당 지지자의 대

다수는 수평축의 왼쪽, 곧 진보진영으로 기울어 있었다. 흥미로운 점은 두 정당지지자들의 이념적 분포가 대단히 유사하다는 점이다. 이념 축에 따른 지지자들의 분포는 열린우리당과 민주노동당이 사실상 동일하다고 할 만큼 커다란 차이를 보이지 않고 있다. 이는 결국 민주노동당이 진보적 성향의 유권자의 지지를 독점하지 못했으며, 열린우리당과 지지층을 공유하였다는 것이다.

　이러한 사실은 〈표 6-5〉에서도 확인할 수 있다. 〈표 6-5〉는 정당 별 선호도를 분석한 것이다. 가장 호감가는 정당이 열린우리당이라고 대답한 응답자의 39.8%는 민주노동당이 두 번째로 선호하는 정당이라고 밝혔고, 민주노동당이 가장 선호하는 정당이라고 응답한 사람들의 절반 정도는 열린우리당을 두 번째 선호정당으로 선택했다. 반면 한나라

〈그림 6-1〉 정당투표자의 이념적 분포

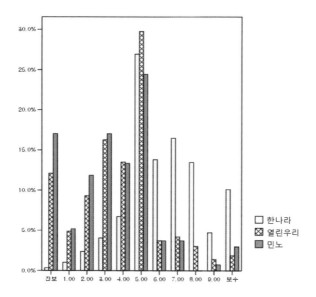

160

<표 6-5> 호감 가는 정당 (제 1선호와 제 2선호의 비교)

(%)

제1선호	제2선호							
	한나라	열린우리	민주노동	민주당	자민련	기타	무응답	계
한나라당	–	11.5	12.1	9.9	8.8	2.2	55.5	100 (182)
열린우리당	8.1	–	39.8	13.1	2.3	0.5	36.2	100 (221)
민주노동당	6.7	50.0	–	–	–	3.3	40.0	100 (60)

당 지지자들은 제 2선호정당의 선택비율이 낮은 한편, '대안이 없다/모르겠다'는 무응답이 비율이 가장 높게 나타났다. 즉 열린우리당과 한나라당 지지자들만을 놓고 보았을 때 한나라당 지지자들은 마땅한 대안이 없는 셈이며, 열린우리당 지지자들 가운데 다수는 민주노동당을 대안으로 간주하고 있다는 것이다. 이런 점에서 볼 때 민주노동당에 대한 지지는 열린우리당에 대한 대안으로 선택되었을 가능성이 큰 것으로 보인다.

민주노동당과 열린우리당의 지지가 중첩되었다는 사실은 정당 간 표의 전이패턴에서도 확인이 된다. <표 6-6>은 민주노동당에 정당투표를 한 유권자들이 2002년 대통령 선거와 17대 총선의 지역구 투표에서 어느 정당 후보를 선택했는지를 분석한 것이다.

두 차례 선거에서의 투표패턴이 매우 유사하게 나타났다. 2002년 대선과 2004년 지역구 투표에서 한나라딩 후보를 선택한 이들은 민주노동당 정당투표의 20% 정도를 차지하고 있다. 앞서 <표 6-4>나 <그림 6-1>에서 본 이념적 차별성을 고려할 때, 20%라는 비율은 결코 낮은 비율이라고 볼 수는 없을 듯하다. 그러나 민주노동당에 정당투표한 유권자들의 절반 정도는 열린우리당/새천년민주당 지지자로 나타났다.

〈표 6-6〉 민주노동당으로의 표의 이전 (정당투표)

(%)

	한나라	민주	열린우리	민노	자민련	기타	무응답/모름	합계
지역구 투표	20.1	3.5	43.1	29.2	0.7	3.5	.	100.0
2002년 대선 투표	20.8	50.7	–	14.6	–	2.1	11.8	100.0

즉 민주노동당 지지자 가운데 절반 정도는 2002년 대선에서 새천년민주당 후보인 노무현을 선택한 유권자라는 것이다. 또한 17대 총선에서도 지역구 투표에서 열린우리당과 새천년민주당 후보를 지지한 이들을 합치면 민주노동당 지지의 거의 50%에 육박한다. 다시 말해 민주노동당 정당투표자의 상당 부분은 이념적으로나 정당지지 패턴으로 볼 때 열린우리당의 잠재적 지지층이라는 사실을 다시 확인할 수 있다.

그렇다면 이제 제기해볼 수 있는 질문은 이들이 왜 열린우리당이 아니라 민주노동당을 지지했을까 하는 것이다. 열린우리당은 새천년민주당으로부터 분리될 당시에는 40여 석의 소수당이었지만 2004년 3월 12일 노무현 대통령 탄핵소추안 가결에 따른 여론의 역풍 속에서 열린우리당에 대한 지지율이 급상승하였다. 앞의 제5장의 〈그림 5-1〉에서 살펴본 대로, 탄핵가결 이전인 3월 6일 24.3%이던 열린우리당의 지지율은 탄핵 직후 50.9%까지 치솟았다. 그러나 이후 시간이 흐르면서 열린우리당의 지지율이 낮아지는 대신, 한나라당과 민주노동당의 지지는 조금씩 늘어났다. 특히 4월 1일 조사자료와 비교할 때 민주노동당은 선거 전 여론조사 지지도와 비교할 때 거의 세 배에 가까운 지지의 증가가 정당투표를 통해 나타났다.

앞에서 살펴본 대로 민주노동당 지지자들의 속성이 열린우리당 지지자들과 매우 유사하다는 점을 고려하면 이러한 표의 증가는 열린우리당에서 이탈한 표 가운데 상당한 수가 민주노동당으로 유입된 결과라고 추론할 수 있다. 특히 〈표 6-1〉에서 본 대로 민주노동당 지지자들의 다수는 진보적 이념성향을 보일 뿐만 아니라 노무현 대통령 탄핵에 대해서도 반대하는 이들이었기 때문에 한나라당에 대해서는 일정한 거리감을 갖고 있다고 할 수 있다. 즉 원래부터 한나라당에 대해서 거부감이 있는 이들 가운데 열린우리당으로부터 이탈했거나 무응답층으로 남았던 이들이 민주노동당 지지로 옮겨 간 것이라고 볼 수 있다.

누가 왜 열린우리당으로부터 민주노동당 지지로 옮겨 갔을까? 민주노동당과 열린우리당에 정당투표를 행한 이들만을 대상으로 하여 두 정당지지자들의 정치적 태도와 이념적 차이를 살펴보기 위해 이항 로지스틱 모델을 설정했다. 이항 로지스틱 모델에는 크게 4가지 종류의 변인이 포함되었는데, 그 변인들은 ① 정당 호감도, ② 당 대표 호감도, ③ 정치적 만족감, ④ 이념을 대표하는 것이다. 정당 호감도는 민주노동당 지지자들이 각 정당에 대한 친근감-거리감을 평가하기 위한 것이고, 당 대표 호감도는 정당 호감도를 측정하기 위한 보조적 변인으로 사용하였다. 그리고 현 정부나 대통령, 혹은 정치권 전반에 대한 평가가 정당지지의 차이로 나타났는지 살펴보기 위해 정치적 만족감을 측정하였다. 그리고 마지막으로는 이념 변인이 정당지지에 미친 영향을 살펴보았다.

〈표 6-7〉에서는 매우 흥미로운 결과가 확인된다. 전체적으로 보면, 민주노동당에 대한 지지는 적극적 선호의 표현이라기보다 반사적 속성을 갖는다고 요약할 수 있다. 각 특성에 대해 구체적으로 살펴보면, 우선 정당 호감도가 미친 효과가 가장 분명하고 또 가장 큰 것으로 나타났다. 민주노동당에 대한 호감노는 역시 열린우리당 지지자들에 비해 민주노동당 지지자들이 민주노동당을 선택하는 데 가장 큰 영향을 미친 것으로 나타났다. 그러나 동시에 주목할 점은 열린우리당에 대한 거부감도 민주노동당 지지자들 가운데는 만만치 않게 높았다는 것이다. 열린우리당에 대한 호감도가 낮을수록 민주노동당 지지가 2배 정

도 높게 나타났다. 한편 민주노동당을 지지한 이들이 열린우리당 투표
자들에 비해서 한나라당에 대한 거부감이 적다는 점도 흥미롭다. 탄핵
이후 선거경쟁이 열린우리당과 한나라당의 양당적 형태로 진행되었다
는 사실을 고려할 때, 앞의 〈그림 6-1〉에서 본 대로 이념적으로 열린
우리당 지지자들과 유사한 특성이 확인되었던 민주노동당 지지자들이
상대적으로 한나라당에 대한 거부감이 적은 반면 열린우리당에 대한
거부감은 대단히 크다는 사실은 의미심장하다. 즉 민주노동당에 정당

〈표 6-7〉 열린우리당과 민주노동당 지지에 대한 이항 로지스틱 모델

주 제	독립변인	B	Wald	Exp(B)
	상수	-1.83^3	3.77	
정당 호감도	한나라당 호감도	0.22^2	4.45	1.25
	열린우리당 호감도	-0.53^1	21.25	0.59
	민주노동당 호감도	0.86^1	43.36	2.36
당 대표 호감도	박근혜 호감도	0.12	1.79	1.13
	정동영 호감도	-0.23^2	5.95	0.80
	권영길 호감도	-0.04	0.17	0.96
정치적 만족감*	지난 1년 정부 업무 평가	-0.36	0.85	0.70
	대통령/행정부 평가	-0.14	0.12	0.87
	의원활동 평가	0.29	0.10	1.34
	정당 평가	0.47	0.49	1.59
이념	열린우리당 이념평가	-0.08	0.72	0.92
	민주노동당 이념평가	-0.16^3	3.01	0.85
	자신의 이념평가	-0.05	0.21	0.96
	자신-민주노동당 이념거리**	-0.11	1.14	0.90

−2 Log likelihood = 244.4   Cox & Snell R^2 = 0.39   Percentage correct = 86%

열린우리당 − 0 ; 민주노동당 − 1.
* 정치적 만족감/효능감에 포함된 네 개의 독립변인들은 '잘못한다'는 부정적 평가를 기준으로 한 '잘
    한다'고 평가한 집단의 비율임.
** '자신-민주노동당의 이념거리'는 응답자 자신의 이념위치 평가(self-placement)로부터 민주노동당
    에 대한 이념위치 평가를 뺀 차이의 절대값을 구한 것임.

투표한 이들은 민주노동당에 대해 호감을 갖는 이들이지만 이에 못지 않게 열린우리당에 대한 거부감이 크다는 것이다.

이번에는 당 대표에 대한 호감도에 대해 살펴보았다. 열린우리당 정동영 대표에 대한 거부감이 높을수록 민주노동당에 대한 지지가 높게 나타났다. 그러나 권영길 대표에 대한 호감도는 수치의 크기도 작지만 통계적으로도 유의미한 결과가 나타나지 않았다. 정동영 대표에 대한 반감이 크다는 사실은 앞서 확인한 대로 민주노동당 지지자들이 열린우리당에 대해 상당한 거부감을 갖는 이들이라는 사실을 재확인시킨다.

한편 정치적 만족감을 측정한 변인들은 모두 통계적으로 유의미한 결과가 나타나지 않았다. 대통령에 대한 평가나 지난 1년간 정부의 업무성과에 대한 평가, 의원이나 정당에 대한 평가 역시 두 정당의 지지자 간에 별다른 차별성을 보이지 못했다. 앞의 〈표 6-1〉에서 본 대로 민주노동당 지지자들이 탄핵에 반대하는 입장이라는 점을 고려할 때, 민주노동당 지지자들과 열린우리당 지지자들이 대통령이나 정부의 업무수행에 대한 평가에서 차이가 크지 않다는 사실은 이해할 만한 것이다. 기존 정치권에 대한 불만의 정도에 있어서도 두 정당 지지자들 사이에 별다른 차이가 확인되지 않았다. 즉 노무현 대통령에 대한 불만이 열린우리당이 아닌 민주노동당의 선택으로 이끌었다고 할 수는 없을 것 같다.

한편, 앞서 본 〈표 6-4〉에서는 민주노동당 지지자들의 이념성향이 상대적으로 진보적이었지만 열린우리당 지지자들과 그다지 큰 차이를 나타내지 않았다. 이념적 입장은 두 정당 지지에 어떤 차이를 가져다 주었을까. 〈표 6-7〉의 결과는 유권사 개인의 이념적 입장이 두 정당 지지에 별다른 차이를 주지 않았음을 보여준다. 유권자 개인의 이념은 통계적으로 유의미한 것으로 나타나지 않았다. 즉 열린우리당 지지자들과 민주노동당 지지자들이 이념적으로 커다란 차이를 보인다고 할 수 없다. 또한 유권자 개인과 민주노동당과의 이념적 거리 역시 두 정당 지지자 간에 통계적으로 유의미한 차이가 확인되지 않았다. 이런 점에서 볼 때 두 정당 지지자들을 구분하는 것이 유권자의 이념성향의 차이라고 할 수는 없다. 다만 민주노동당이 진보적이라고 평가할수록 열린우리당보다 민주노동당에 대한 지지가 상대적으로 높았다. 이러한 특성은 어떻게 이해할 수 있을까. 유권자 자신의 이념성향은 민주노동당 지지자들이나 열린우리당 지지자 간에 별다른 차이가 없으면서도 민주노동당이 진보적이라고 평가할수록 민주노동당을 지지한 것이기 때문이다. 이러한 결과는 민주노동당의 이념적 진보성이 상징하는 '선명성'이나 기존 정치권에서 벗어나 있었다는 '정치적 순수성'을 유권자들이 선택의 기준으로 삼았음을 의미하는 것으로 보는 것이 보다 적절한 것 같다. [4)]

따라서 〈표 6-7〉의 결과를 전체적으로 정리하면 민주노동당을 지지한 유권자들 가운데 민주노동당의 흡인요인(*pull factor*), 예컨대 민주노동당과 유권자 개인의 이념적 근접성이나 권영길 대표에 대한 호감 때문에 표를 던진 이들이 많았다고 보기는 어렵다. 물론 민주노동당에 대한 호감도가 높게 나타나기는 했지만 그것이 무엇을 의미하는 것인지 쉽게 파악하기는 어렵다. 다만 민주노동당의 이념적 입장이 선명성이 강하다고 평가할수록 열린우리당보다는 민주노동당을 지지한 것으로 나타난 것은 '신생정당'으로서의 참신성과 '때 묻지 않음', '원칙성'에 대한 기대감의 표출일 것으로 보인다.

그러나 민주노동당에 대한 지지가 '기존 정치권 전반'에 대한 불신과 회의감의 표출이라고 보기는 어렵다. 대통령이나 행정부 혹은 정당이나 의원들에 대한 평가가 열린우리당과 민주노동당의 지지를 가르는 기준으로 작동한 것으로 나타나지는 않았기 때문이다. 오히려 민주노

---

4) 과거 1992년 총선에서 새로이 등장한 통일국민당에 대해서도 유권자들은 신선함과 깨끗한 정치에 대한 기대감을 표현한 바 있다. 강원택(2003: 146~162) 참조.

동당 지지는 열린우리당에 대한 거부감과 깊은 관련이 있어 보인다. 앞서 본 대로 민주노동당 정당투표자의 다수는 '잠재적인' 열린우리당 지지자들이었다. 이념적 성향으로 볼 때도 진보적 성향을 갖는 이들이 었다. 이들 가운데 어떤 이유로든 열린우리당에 실망한 유권자들이 민주노동당에 정당투표를 한 것으로 보인다. 즉 열린우리당으로부터의 배출요인(push factor)의 영향이 컸던 것이다. 전 지역구에 후보자를 모두 공천한 것도 아니고 더욱이 당선가능성도 낮아 지역구 투표에서는 전략적 선택으로 열린우리당을 지지할 수밖에 없었던 적지 않은 수의 유권자들이 정당투표에서 민주노동당을 선택한 것이다. 즉 원천적으로 한나라당에 대한 거부감은 존재하지만 열린우리당도 그다지 만족스럽지 못한 이들이 민주노동당을 선택한 것이다. 이런 점에서 볼 때 민주노동당에 대한 정당투표는 일종의 저항투표(protest voting)적 특성을 갖고 있다고 할 수 있다.

영국에서 제3당인 자유민주당에 대한 지지는 종종 저항투표의 특성을 갖는 것으로 평가되었다(Kang 2004; 강원택 1998 a). 저항투표는 주요 라이벌 정당 간 정당지지가 자유롭게 이전되지 못하는 상황에서 기존에 지지하던(혹은 지지할 것으로 보이던) 정당에 대한 불만의 표시로 제3당을 일시적으로 선택하는 경우를 말한다. 따라서 저항투표에서 제3당에 대한 지지는 그 정당 정책에 대한 승인이기보다는 기존 지지 정당에 대한 경고의 의미를 담고 있다. 영국에서 제3당인 자유민주당의 지지는 그 정당의 정치적 주장에 대한 승인 혹은 이념적 동조를 의미하지 않는 경우가 많으며 지지의 강도도 약한 편이다. 따라서 선거 때마다 지지자들이 자주 바뀐다. 이 정당의 지지자들은 기존의 보수당, 노동당 양당 가운데 어느 한 당을 지지하던 이들이었으나 그 정당에 불만을 느끼고 '일시적인 피난처'로 자유민주당을 지지한다는 것이다(Curtice 1983: 104). 그러므로 저항투표는 '쉽게 왔다가 쉽게 가버리는' 속성을 지니고 있다.

2004년 총선에서 민주노동당이 얻은 13%의 정당투표 가운데 얼마나 많은 표가 저항투표의 속성을 갖는 것인지 쉽게 단정할 수는 없다. 그러나 기본적으로 민주노동당 지지자들은 이념성향으로는 열린우리당 지지자들과 대단히 유사한 특성이 있으면서도 열린우리당에 대한 거부감 역시 만만치 않게 큰 것으로 나타났다. 이런 점에서 볼 때 민주노동당 지지는 열린우리당-한나라당 간의 양당적 경쟁의 틀 속에서 함께 이해하지 않으면 안 된다는 것을 알 수 있다. 즉 정치성향은 열린우리당 쪽에 가깝지만 당 리더십이든 정책이든 혹은 거대 여당의 출현가능성이든 여러 가지 이유로 인해 열린우리당에 거부감을 갖게 된 이들이 차선책으로 민주노동당을 지지한 것으로 볼 수 있다. 즉 지역구 투표를 훨씬 상회하는 민주노동당에 대한 정당투표자의 대다수가 민주노동당에 대한 적극적 지지와 승인을 표한 것이라고 보기는 어렵다는 것이다. 그것보다는 기존의 정당정치에 대한 반발이 민주노동당에 대한 일시적 지지로 이어진 것으로 보는 것이 적절하다. 〈표 6-1〉에서 본대로, 세대 요인이 민주노동당 지지에 분명한 영향을 미치고 있지만 20대보다 30~40대층, 특히 40대층에서 민주노동당에 대한 지지율이 가장 높았다는 점 역시 이러한 설명과 관련하여 상당한 시사점을 주고 있다.

4. 결 론

2004년 17대 총선의 가장 주목할 만한 결과 가운데 하나는 계급정당인 민주노동당의 의회진입이라고 할 수 있다. 그만큼 계급정당의 제도권 진입은 그동안 외부적 강제력에 의해 위축된 한국 정치의 이념적 지평을 넓히고 정당 간 정책적 차별성을 확대하는 결과를 가져올 것으로 기대되기 때문이다.

그러나 이 장에서 살펴본 대로 민주노동당에 대한 유권자들의 지지는 이중적 성격을 갖고 있다. 2004년 총선에서 민주노동당이 얻은 득표는 이념적으로 동질적이고 열성적인 당원과 적극 지지자들의 표에만 의존한 것이라고 보기는 어렵다. 오히려 민주노동당에 투표한 대다수의 유권자들은 계급정치적 측면에서 본다면 중산층에 가까운 이들이었다. 정치적 경쟁의 틀 속에서 기존 정당에 대한 호오의 평가가 이들을 민주노동당에 대한 지지로 돌아서게 했다는 점에서 민주노동당 지지의 특성은 적극적이기보다는 소극적이고 반사적인 특성을 갖고 있다. 일종의 저항투표적 특성을 민주노동당 지지에서 찾을 수 있다.

이와 같은 민주노동당 지지의 이중적 특성은 향후 민주노동당의 당 진로를 두고 적지 않은 당내 갈등을 야기할 수도 있을 것이다. 즉 당 조직에 참여하고 기여하는 이념적 동질성이 강한 당원/적극 지지자들의 입장과 국회의원 선거에서 민주노동당을 선택한 비계급적 속성의 다수 유권자들의 시각은 반드시 일치하지 않을 것이기 때문이다. 전자가 이념적 순수성을 강조한다면 후자의 경우는 보다 실용적이고 현실적인 입장을 취할 가능성이 크다. 이러한 이원적 지지의 구조를 어떻게 해결해야 할 것인가 하는 점이 제도권으로 뛰어든 민주노동당이 앞으로 반드시 풀어야만 할 과제가 될 것으로 보인다.

제 3 부

이념갈등과 한국 사회

제 7 장 국회와 이념갈등 :
16대, 17대, 18대 국회의원 이념성향의 비교

제 8 장 386세대는 어디로 갔나? :
2007년 대선과 2008년 총선에서의 이념과 세대

제 9 장 중도이념 유권자의 정치적 특성과 의미 :
2004년 국회의원 선거를 중심으로

　과거 한국 정치에 대한 비판 가운데 하나는 정당 간 이념적 차별성이 없어서 정책대결이 제대로 이뤄지지 않고 지역주의와 같은 봉건적이고 소모적인 갈등에 의존한다는 것이었다. 그러나 1990년대 후반부터 한국 정치에서도 정당 간 이념적 차이가 드러나기 시작했고 2002년 대통령 선거를 통해 극적으로 부각되기 시작했다. 그 이후로는 오히려 이념적 차이에서 비롯되는 정치적, 사회적 갈등이 우려를 낳기도 했지만, 이러한 정치이념은 대북정책이나 경제정책 등 주요 국가 정책에서 정당 간에 뚜렷한 차별성을 갖게 만들었다. 또한 이념은 이제 선거정치에서 정당이나 후보자를 선택하는 데 매우 중요한 요인이 되었다. 그동안 이념에 대한 학문적 연구는 우리 정치에서 나타나는 이념의 특성을 비교정치적 시각에서 파악하고자 하는 것들이 많았다. 계급정치적 속성이 나타나는 서구 정치에서의 이념갈등과 비교할 때 한국의 이념대립은 세대 간 갈등이라든지 반공이데올로기를 둘러싼 대립 등 상이한 특성이 발견되기 때문이다.

　제3부에 실린 세 편의 글 역시 이런 연구경향의 연속선상에서 이념과 관련된 보다 구체적인 주제들을 다루고 있다. 그동안의 이념갈등 연구가 주로 선거에서의 유권자나 혹은 일반국민의 정치성향에 대한 분석에 집중했다면 정치적 엘리트라고 할 수 있는 국회의원의 이념성향에 대한 연구는 그다지 많지 않았다. 제7장에서는 16대, 17대, 18대 국회의원의 이념성향 특성의 비교를 통해 정치권의 이념성향 변화추이에 대해 살펴볼 것이다. 한편 2002년 대통령 선거에서 폭발한 이념적 갈등의 주체는 이른바 '386세대'였다. 동일한 세대적 경험을 토대로 이들은 진보적 이념을 추구했고 노무현 정부의 출범을 도왔다. 그러나 흥미롭게도 5년 뒤인 2007년 대통령 선거에서는 386세대의 모습을 찾아보기 어려웠다. 어떤 이유로 이들은 불과 5년 만에 정치적으로 존재감을 잃게 되었을까? 제8장에서는 이러한 질문에 대한 답을 구할 것이다. 또한 이념성향 조사 때마다 나타나는 특성 중 하나는 자신을 중도로 규정하는 이들이 적지 않다는 점이다. 그런데 흥미롭게도 이러한 중도성향 유권자의 비율은 자주 변한다. 도대체 자신을 중도성향이라고 규정하는 유권자들은 어떤 사람들일까? 제9장에서 이 질문에 대한 답을 찾아볼 것이다.

제7장

국회와 이념갈등:
16대, 17대, 18대 국회의원 이념성향의 비교

1. 서론

민주화 이후 한국 정치를 지배한 균열이 지역주의에 의한 것이었다면 2002년 대통령 선거를 계기로 이념이 정치적으로 중요한 갈등의 요인으로 떠올랐다. 특히 노무현 정부를 거치면서 이념갈등은 크게 증폭되었고 이제 정당 간 이념의 차이는 지극히 당연한 것으로 받아들여지게 되었다. 과거 우리 정당정치가 '이념적, 정책적 차별성이 거의 없는 보수 일색의 정치집단'(김수진 2008: 247)이라는 평가를 받았던 것과는 분명히 다른 상황을 맞이하고 있다.

어느 나라를 막론하고 정치적, 사회적 갈등이 존재하지 않았던 때는 없었을 것이다. 그러나 한 사회가 겪는 갈등의 형태는 나라마다, 시기마다 각기 다를 것이다. 정치적 갈등의 패턴은 각 사회가 겪는 역사적 경험과 불가분의 관계를 가질 수밖에 없기 때문이다. 이처럼 정치적 갈등은 역사적 경험에 의해 생성된 사회적 균열(cleavage)을 반영하는 것이며, 그러한 균열은 다시 그 국가의 정당체계에 영향을 미치고 있다. 이념갈등 역시 외형상으로는 많은 국가에서 공통적으로 나타나는 몇 개의 축으로 정리해볼 수 있겠지만 그 속에 담긴 내용이나 각 구성

요소의 상대적 중요성은 나라마다 다를 것이다. 우리나라에서 나타나
는 이념갈등 역시 서구 민주주의에서 나타나는 형태와는 다소 다른 특
성을 지니고 있다. 예컨대, 2002년 대선과 2004년 총선에서 부각된 이
념적 시각의 차이가 서구에서처럼 계급이 아니라 세대 간의 갈등으로
표출된 것도 우리만의 독특한 특성이었다.

　이 장에서는 이처럼 한국 정치의 이념갈등을 이해하기 위해서는 우
리 사회가 겪은 역사적 경험과 그 과정에 주목해야 한다는 관점을 취
한다. 이 장에서 분석의 대상은 정치엘리트인 국회의원들이다. 이들에
게 주목하는 것은 우리 사회의 이념적 갈등이 정당정치를 통해서 어떻
게 대표되고 있는지 살펴보기 위해서이다. 여기서 사용하는 자료는
2002년 1월과 2004년 6월, 2008년 4월 각각 16대, 17대, 18대 국회의
원들을 대상으로 실시한 이념성향 조사결과이다.[1] 각 조사마다 일부
질문항목의 변화가 있기는 했지만 기본적으로 이들 설문은 동일한 질
문의 틀 속에서 만들어진 것이기 때문에, 시간의 경과에 따른 우리 국
회의 이념적 특성의 변화를 추적하는 데 좋은 분석자료가 될 수 있을
것이다.

---

[1] 2002년은 한국정당학회-중앙일보, 2004년과 2008년은 한국정치학회-중앙일
보가 이 조사를 주관했다.

2. 분석의 틀: 이념갈등을 바라보는 상이한 시각[2]

1) 이념의 네 가지 차원

일반적으로 이념은 종종 보수-진보라는 이분법적 형태로 설명되지만 보수와 진보가 고유한 단 하나의 속성만을 담고 있는 것이라고 볼 수는 없다. '보수 혹은 진보'라는 용어의 추상성이 높고 그 의미 또한 포괄적이기 때문에 그에 대한 해석은 사람마다 매우 다르게 내릴 수 있기 때문이다. 보수-진보를 설명하는 다양한 접근법이 있겠지만 이 장에서는 크게 네 가지로 그 특성을 구분해 보고자 한다.

이념갈등을 설명할 때 가장 많이 언급되는 것은 역시 좌우(left-right) 개념이다. 좌우의 개념은 폭넓게 사용되지만 이 개념은 보다 엄밀한 정의를 내린다면 경제적/물질적 가치의 배분과 관련된 것이다. 흔히 평등과 효율, 국가와 시장, 분배와 성장, 노동과 자본 등으로 양분하여 설명할 수 있는 개념이다. 요약하자면 자본주의와 사회주의적 가치의 대립이며 근대 산업사회의 산물로 계급정치적 속성을 지닌다. 이념의 좌우 차원은 유럽 민주주의 국가의 정당체계의 기본토대가 되는데, 영국의 보수당과 노동당, 독일의 기민/기사 연립과 사민당, 프랑스의 드골주의 정당과 사회당 등이 이러한 좌우대립의 좋은 예가 된다. 그런데 립셋과 록칸(Lipset and Rokkan 1967)이 말하듯이 이 균열은 산업사회의 도래와 함께 생성된 것으로, 이후 여러 가지 사회경제적 변화에도 불구하고 근본적으로 변화되지 않고 동결된 채 큰 영향을 미치고 있다.[3] 즉 이념의 좌우 차원은 여전히 가장 보편적인 정치적 대결

---

2) 여기서 논의되는 이념갈등의 네 가지 차원에 의한 분석은 '일반국민'을 대상으로 이미 시도된 바 있다(강원택 2004 a). 정치엘리트와 일반국민의 이념성향의 특성을 비교할 수 있도록 하기 위해 동일한 분석의 틀을 적용했다.

구조로 남아 있다.

두 번째로 들 수 있는 이념의 차원은 권위주의와 자유지상주의로 나눠지는 특성이다(Kitschelt 1994). 4) 여기서 보수는 권위주의를 강조하고 진보는 자유지상주의를 옹호한다. 이 차원에서 보수는 법과 질서를 강조하고 전통을 옹호한다. 또한 종교적 가치를 강조하고 위계를 강조하며 범죄예방을 위한 엄벌을 선호한다. 이에 비해 자유지상주의로 불리는 진보는 법과 질서보다 개인의 자유와 인권을 강조한다. 또한 사회적 약자에 대한 정치적, 사회적 평등을 강조하며 정치참여를 중시하는 입장이다. 또한 표현의 자유를 중시하여 영화나 창작물에 대한 검열이나 규제에 반대하며 동성애 등에 대해서도 관대한 입장을 취하며, 정치적 의사를 표현하고 정부에 압력을 행사하기 위한 집회 등 정치참여에도 적극적이다.

이념을 설명하는 세 번째 차원은 근대적 가치와 탈근대적(post-modern) 가치 간의 갈등이다. 여기서 보수는 근대적 가치를 대표하며 진보는 탈근대적 가치를 옹호한다. 이념의 이러한 차원의 중요성을 강조하는 대표적 학자가 잉글하트(Inglehart 1977)이다. 그는 제2차 세계대전 이후 서구에서 경제적 풍요와 평화의 시기에 성장한 새로운 세대의 출현으로 과거와 같은 물질적 가치의 배분을 둘러싼 갈등, 계급균열로 설명할 수 없는 새로운 가치를 추구하는 집단이 생겨나게 되었고 이러한 변화가 녹색당과 같은 새로운 정당의 출현배경이 되었다고 주장했다. 이러한 탈물질적, 탈근대적 가치는 환경, 인종, 동물보호, 반핵

---

3) 이전에 비해 서구에서 계급정치가 갖는 의미와 중요성은 다소 약화되었다. 그러나 그것이 계급정치에 기반한 좌우파 간의 정당 경쟁 체제를 근본적으로 약화시켰다고 하기는 어렵다. Mair (1997) 참조. 프랑스의 사례에 대해서는 김민정 (2004) 참조.

4) 여기서 권위주의는 독재자가 지배하는 것과 같은 비민주적 체제를 의미하는 것이 아니라 권위주의와 질서 등을 강조하는 경향을 의미하는 것이다.

등 여러 가지 새로운 정치적 쟁점을 둘러싸고 새로운 균열 축을 형성하게 되었다. 우리나라에서도 과거 동강 댐 건설을 둘러싸고 나타났던 사회적 논란은 바로 이와 같은 물질적 가치와 탈물질적 가치 간의 갈등을 잘 보여주는 것이라고 할 수 있다.

네 번째로 들 수 있는 갈등은 국제정치 혹은 안보에 대한 관점의 차이이다. 예컨대, 진보진영이 상대적으로 국제주의, 평화, 국제공조의 중요성을 강조하는 입장인 반면, 보수는 군사력, 국가이익, 일방주의 등을 보다 중시하는 경향이 나타난다(Budge et al. 2001: 21~24). 우리나라에서 이는 북한에 대한 태도, 미국과의 동맹에 대한 태도, 국가보안법 등 반공이데올로기를 둘러싼 갈등으로 나타나고 있다. 김대중 정부 시절 추진된 햇볕정책을 둘러싼 정치적 입장의 차이는 격렬한 이념적 갈등으로 비화되었는데, 이는 대북정책으로 대표되는 안보이슈가 단순히 정책적 대안 간의 선호의 차이를 넘어 근본적 가치관의 차이를 반영하기 때문이다. 한국 사회에서 보수적 입장은 대북강경책, 대미동맹 강화, 국가보안법 유지 등 전체적으로 반공이데올로기의 유지와 존속이 필요하다는 입장인 반면 진보는 그것이 폐기되거나 근본적으로 바뀌어야 한다는 입장이라고 요약해볼 수 있다.

지금까지의 논의를 살펴볼 때, 우리가 일반적으로 사용하는 보수-진보라는 용어는 모두 4가지 차원으로 나누어 설명해볼 수 있다. 이러한 이념의 네 차원을 진보를 앞에, 보수를 뒤에 놓아 이분법적으로 표현하면, ① 경제적 차원: 좌 / 우(left-right), ② 사회적 차원: 자유지상주의 / 권위주의, ③ 탈물질 차원: 탈물질 / 물질적 가치, ④ 안보, 대외정책 차원: 반공이데올로기의 거부·폐기 / 유지·존속 등으로 요약할 수 있다.

2) 조작적 정의

이들 이념의 4가지 차원 가운데 우리 사회에서는 어떠한 이념적 특성
이 나타나는지 파악하기 위해 앞에서 언급한 16대, 17대, 18대 국회
의원들을 대상으로 실시한 조사자료를 분석하기로 한다.

〈표 7-1〉 네 가지 이념차원에 대한 조작적 정의

이념차원	질문항목	태도 [보수 ⟷ 진보]	질문 해당 국회
안보, 대외 정책 차원	대북지원	중단 ⟷ 확대	16, 17, 18대
	대미관계	우호 강화 ⟷ 관계 전면 재검토	16, 17, 18대
	국가보안법	현행대로 유지 ⟷ 전면 폐지	16, 17, 18대
	개성공단	축소 ⟷ 확대	18대
	북한인권	적극 개입 ⟷ 불개입	18대
	한미 FTA	찬성 ⟷ 반대	18대
좌우 차원 (경제 차원)	재벌개혁	규제 전면 해제 ⟷ 규제 강화	16, 17, 18대5)
	집단소송제	도입 반대 ⟷ 도입 찬성	16, 17대
	복지정책	축소 ⟷ 대폭 확대	16, 17, 18대
	고교 평준화	전면 폐지 ⟷ 현행 유지	16, 17, 18대
	종합부동산세	완화 ⟷ 강화	18대
	생필품 가격	정부 개입 반대 ⟷ 찬성	18대
자유지상주의 대 권위주의 차원	호주제도	현행대로 유지 ⟷ 완전히 폐지	17, 18대
	사형제	현행대로 유지 ⟷ 전면 폐지	16, 17, 18대
	집회 및 시위	엄격 대응 ⟷ 최대 허용	18대
	양심적 병역 거부	엄벌 ⟷ 허용	18대
	성범죄자 처벌	강력 처벌 ⟷ 인권 고려	18대
	폐쇄회로 TV 설치	대폭 확대 ⟷ 제한적 사용	18대
탈물질주의 대 물질주의 차원	환경정책	기업 규제 최소화 ⟷ 규제 강화	17, 18대
	유전자조작농산물	수입 허용 ⟷ 반대	18대
	원전 건설	찬성 ⟷ 반대	18대
	환경개선부담금	폐지 ⟷ 증액	18대
	한반도 대운하	건설 추진 ⟷ 반대	18대

　조사 때마다 질문이 조금씩 달라진 것도 있지만 이들 조사는 대체로 이 4가지 이념차원의 틀 속에서 이뤄져 왔다.6) 각 질문항목을 4가지 이념차원에 따라 나누어 보면 〈표 7-1〉같이 정리할 수 있다. 이러한 질문항목을 중심으로 세 번의 국회에서 나타난 이념갈등의 특성과 변화에 대해 살펴보기로 한다.

---

5) 2002년과 2004년 조사에서는 재벌개혁에 대해 질문했고, 2008년에는 대기업 출자총액 제한여부에 대해서 물었다.

6) 2004년 조사에서는 대외 개방을 둘러싼 질문도 네 가지 포함되어 있었지만 여기서는 분석의 대상에서 제외했다.

3. 국회의원 이념성향 분석과 정당정치의 특성

1) 주관적 이념평가의 비교

2002년, 2004년, 2008년 실시한 16대, 17대, 18대 국회의원들에 대한 조사는 시간적으로는 불과 6년이라는 짧은 기간에 불과하지만, 그 사이 한국 정치는 상당히 큰 변화를 겪었다. 16대 국회의원을 대상으로 한 2002년 1월 조사는 시기적으로 우리 사회에서 이념갈등이 본격화되기 이전이다. 그때는 김대중 정부 시기였으므로 햇볕정책을 둘러싼 정치적 갈등이 격화되기는 했지만 피부에 와 닿을 만큼 이념갈등이 사회적으로 확산되지는 않았다. 이에 비해 2004년 구성된 17대 국회는 몇 가지 점에서 16대 국회와 구분된다. 우선 2002년 대통령 선거를 거치면서 사회적으로 이념갈등이 격화되었고 또 스스로 '진보적'이라고 규정한 노무현 후보가 대통령으로 당선되었다. 17대 국회는 또한 그 구성에 있어서도 커다란 변화가 생겨났다. 제5장에서 본 것처럼, 노무현 대통령에 대한 탄핵이 몰고 온 후폭풍 속에 국회의원 선거가 치러졌고 그 결과 국회의석의 67%가 초선의원으로 채워졌다. 또한 강한 진보성향을 갖는 이른바 '386세대' 정치인들이 다수 국회에 진출했다. 한편, 2008년 4월에 구성된 18대 국회는 또 다른 정치적 상황을 반영하고 있다. 지난 10년 동안의 진보 정부의 시기를 마감하고 '보수적인' 이명박 후보가 승리를 거둔 직후 실시된 국회의원 선거에서 한나라당이 153석, 친박연대가 14석을 차지하는 등 '보수정파'의 부상이 두드러진 반면 정동영 후보나 통합민주당은 대선과 총선에서 제대로 힘을 써보지 못하고 패했다. 이처럼 16대, 17대, 18대 국회가 구성되었던 선거 당시의 정치적 환경은 서로 매우 달랐다. 따라서 이들 세 국회에서 나타나는 이념성향의 차이를 비교하는 일은 우리 정치의 변화를 살펴보는 데 매우 유용한 자료가 될 수 있을 것이다.

　우선 각 정당 소속 의원들이 주관적으로 평가하는 자신의 이념적 위치의 평균을 비교했다. 〈표 7-2〉에서 볼 수 있는 바처럼, 정당 별로 뚜렷한 이념적 입장의 차이가 확인되었다. 특히 보수를 대표하는 한나라당과 진보를 대표하는 민주당7) 등 주요 두 정당의 이념적 차이가 분명하게 확인된다. 두 정당의 이념평균은 대체로 큰 차이는 없었지만 18대 국회에서 양당 모두 다소 '보수' 방향으로 이동되었다. 한나라당은 16대, 17대 모두 5.4였고 18대에서는 6으로 보수성이 강화되었다. 새천년민주당과 열린우리당 시절의 주관적 이념평균은 4.03, 4.01로 큰 차이가 없었지만, 18대 국회에서는 4.39로 다소나마 진보성향이 약화되었다.

　그렇다면 과연 세 국회에서 구체적인 정책에 대한 정당별 이념의 차이는 어떤 특성을 보일까? 이를 알아보기 위해 앞에서 논의한 이념의

〈표 7-2〉 16대, 17대, 18대 의원의 정당 별 주관적 이념의 평균

16대 국회			17대 국회			18대 국회		
	평균	n		평균	n		평균	n
한나라	5.40	126	한나라	5.40	101	한나라	6.00	139
새천년민주	4.03	97	열린우리	4.01	108	통합민주	4.39	68
자민련	6.36	14	민노당	2.00	9	친박연대	5.92	12
민국당	7.00	1	민주당	4.00	7	자유선진	6.21	14
			자민련	5.75	4	민노당	1.40	5
						창조한국	5.50	2
ANOVA	F = 24.76 p<0.01		ANOVA	F = 31.36 p<0.01		ANOVA	F = 31.32 p<0.01	

0 – 가장 진보, 5 – 중도, 10 – 진보.

7) 16대 국회에서는 새천년민주당, 17대 국회에서는 열린우리당, 그리고 18대 국회에서는 통합민주당이다. 여기서는 민주당으로 통일해서 부르기로 한다.

네 차원을 두고 한나라당과 통합민주당(열린우리당, 새천년민주당 포함)의 두 정당을 대상으로 이념적 차이에 대해서 살펴보기로 한다.

2) 안보, 대외정책 차원: 반공이데올로기의 거부 대 수용

앞서 제시한 이념의 네 차원 가운데 '반공이데올로기의 수용 대 거부'를 둘러싼 이념적 갈등은 2002년 대선과정을 통해 본격적으로 비화되기 이전부터 정치권에서는 이미 매우 격렬한 정치적 갈등의 대상이 되어 있었다. 이 사안이 정치적 갈등의 중심에 놓이게 된 것은 김대중 정부의 햇볕정책 추진 때문이었다. 당시 야당이었던 한나라당은 김대중 정부의 대북유화정책을 강력하게 반대하면서 이를 정치적 비판의 대상으로 삼았다. 그런데 이 이슈가 대북정책을 넘어 전반적인 안보, 대외정책을 포함하는 이념적 갈등의 요소로 부상하게 된 것은 2002년 미군 장갑차에 의한 여중생 사망사건이었다. 이 사건으로 인해 촛불집회가 열리고 주둔군협정(SOFA) 등 미국과의 불평등관계의 개선이 정치적 쟁점으로 비화되었다. 이후 '반공이데올로기의 수용 대 거부'는 이후 우리 사회의 가장 뜨거운 논쟁의 대상이 되었다. 과연 이 이슈에 대한 주요 정당 의원들의 태도에는 어떤 변화가 있었을까? 〈표 7-3〉은 반공이데올로기의 거부 대 수용이라는 이념적 차원에 대한 주요 두 정당 소속 의원들의 시각에 대한 평균값의 변화를 보여준다.

우선 대미관계에 대한 태도는 시간이 흐를수록 두 정당 소속 의원들 간의 시각차이가 더욱 확대되어가고 있다는 사실을 알 수 있다. 민주당의 진보성이 계속 강화된 반면 한나라당은 보수성이 짙어졌다. 그로 인해 사안에 대한 두 정당 간 이념적 거리는 계속해서 확대되고 있다. 국가보안법의 경우에는 일관된 변화의 패턴은 아니지만 민주당의 경우 대체로 진보성이 강화된 반면 한나라당은 보수적 입장을 견지하고 있다.

여기서 주목할 점은 대미관계와 마찬가지로 두 정당 소속의원들의 이념적 거리가 계속해서 늘어나고 있다는 점이다. 이 두 가지 사안이 안보, 대외정책에 대한 핵심정책들이라는 점을 고려하면 정치권에서 반공이데올로기를 둘러싼 갈등은 시간이 흐르면서 더욱 고조되고 있다고 할 수 있다.

한편, 대북지원에 대해서는 흥미롭게도 16대 이후 계속해서 민주당의 중도적 성향이 짙어지고 있다. 김대중 정부의 대표적 정책이었던 햇볕정책에 대해서 16대 국회에서는 민주당 의원들이 '절대적' 지지를 보내야 했지만, 김대중의 정치적 은퇴 이후에는 비교적 자유롭게 응답할 수 있는 상황이 되었다는 것이 이렇게 중도적 성향이 강화된 한 원인일 것으로 보인다. 한나라당은 17대 국회에서는 다소 진보적 성향이 강해졌다가 18대 국회에서는 다시 보수성이 강화되었다. 이 때문에 17

〈표 7-3〉 반공이데올로기의 거부 대 수용

		통합민주당 (열린우리당, 새천년민주당)	한나라당	차이 (절대값)
대미관계	16대	4.70	5.81	1.11
	17대	4.19	6.15	1.96
	18대	4.09	6.14	2.05
국가보안법	16대	3.28	5.45	2.17
	17대	1.99	4.28	2.29
	18대	2.51	5.12	2.61
대북지원	16대	1.86	6.20	4.34
	17대	2.97	4.70	1.73
	18대	3.05	6.15	3.10
개성공단	18대	1.36	3.81	2.45
북한인권	18대	5.56	7.23	1.67
한미 FTA	18대	3.96	7.85	3.89

모든 표에서 0 – 가장 진보적, 5 – 중도적, 10 – 가장 보수적.

대 국회에서는 두 정당 간 이념적 차이가 크게 줄어들었지만 18대 국회에 와서 그 거리는 다시 확대되었다.

반공이데올로기와 관련된 이 세 가지 사안을 두고 볼 때 민주당과 한나라당 소속 의원들은 계속해서 커다란 시각의 차이를 보이고 있으며 그러한 입장의 차이가 더욱 커지는 경향도 나타나고 있다. 두 정당 간 이념평균의 차이가 2~3 정도로 상당히 큰 입장의 차이가 확인되었다. 즉 반공이데올로기 문제는 여전히 이념적 갈등의 핵심적 요인으로 작용하고 있다는 것을 알 수 있다.

이러한 특성은 18대 국회의원들만을 대상으로 한 조사에서도 확인된다. 개성공단, 북한인권, 한미 FTA 세 가지 사안 가운데 한미 FTA에 대한 두 정당 소속 의원들의 입장이 가장 다른 것으로 나타났는데 그 차이는 무려 3.89나 되었다. 16대 국회에서 대북지원 문제를 둘러싼 입장차이를 제외하면 가장 큰 시각의 차이를 보인다. 한미 FTA 인준이 국회에서 본격적으로 논의될 경우 상당한 진통이 있을 것임을 시사해준다. 개성공단 확대-축소 역시 적지 않은 입장 차이를 보이고 있지만, 두 정당 모두 5 이하의 값, 즉 일정한 정도 개성공단의 필요성이나 확대의 가능성을 열어두고 있다는 점에서 다른 이슈와는 다른 특성을 보이고 있다. 북한인권 문제는 18대 국회만을 놓고 봤을 때 두 정당 간 시각의 차이가 가장 적었다. 전체적으로 볼 때, 대외관계, 안보문제를 둘러싼 이념갈등은 시간이 흐를수록 오히려 보다 확대되는 경향을 보인다고 요약할 수 있다.

3) 경제적 차원: 좌-우 이념

앞서 언급한 대로 이념의 좌-우 차원은 경제정책을 둘러싼 시각의 차이를 반영한다. 국가개입, 형평성을 강조하는 좌파적 시각과 시장 중심, 효율성을 강조하는 우파적 시각 간의 차이가 좌-우 이념을 특징짓는 것이다. 과거 한국 정치에서 이념의 경제적 차원은 큰 갈등의 원천이 되지 않았다. 정권의 이념적 속성과 경제정책의 방향이 서로 일치하지 않은 경우도 많았다. 예컨대, 박정희, 전두환 정권은 보수적이지만 경제정책에 대해서는 시장보다는 국가 주도와 개입을 중시했다. 김대중 정부는 진보적이라고 평가하지만 경제정책에 대해서는 우파적인 신자유주의적 입장을 취했다. 그런 점에서 경제정책을 둘러싼 좌-우 이념의 입장차이가 본격적으로 부상하게 된 것은 노무현 정부 출범 이후의 일로 보인다. 노무현 정부를 '좌파정부'로 규정하고 비판하는 보수진영의 공세와 함께 경제영역에서 이념적 갈등도 가열되었다. 다음의 기사는 보수진영에서 바라본 노무현 정부의 경제정책에 대한 비판이다.

> 노무현 정부의 정책을 분석한 결과 노무현 정부는 큰 정부와 재분배를 강조하는 전형적인 좌파정부라는 분석이 나왔다. …세금을 걷어 분배를 확대함으로써 국민복지를 증진시킬 수 있다는 잘못된 경제복지관은 공무원 수의 증가, 국가채무의 폭등, 경제성장의 침체라는 결과를 가져왔다. 그리고 가진 자와 못 가진 자의 이분법적 논리를 동원함으로써 계급의식을 고양시키고, 사회적으로는 반시장과 반기업적 정서를 확대시켰다. …노무현 정부의 세 번째 특징은 균형이라는 논리를 내세운 기계적 평등주의다. 서울과 지방을 나누어 균형개발이라는 명목으로 행정수도를 기계적으로 재배치하는 일, 자본과 노동을 나누고 노동자는 약자라는 인식에 따라 불법노동운동을 방치한 일, 평준화 교육 등이 대표적인 예이다.[8]

---

8) http://www.cfe.org/mboard(자유기업원, 검색일 2009.7.16). 이 보고서의 노

그렇다면 이러한 특성이 의원들의 이념성향 조사에서도 확인될까?
〈표 7-4〉는 흥미로운 결과를 보여주고 있다. 가장 주목할 만한 특징
은 경제적 차원의 이념갈등, 즉 좌-우 이념과 관련된 모든 항목에서
두 정당 소속의원들의 이념적 입장의 차이가 예외 없이 시간이 갈수록
모두 커지고 있다는 사실이다. 재벌개혁 문제에 대해서 한나라당의 보
수적 입장에는 커다란 변화가 없었지만 민주당은 시간이 흐를수록 진
보성향이 더욱 강화되었다. 그로 인해 두 정당 간의 재벌개혁을 둘러
싼 시각차이는 확대되었다. 가장 극적인 시각차이의 확대를 보여주는
것이 복지정책 강화여부에 대한 입장이다. 16대 국회에서 이 사안에
대한 두 정당의 입장차이는 불과 0.76이었지만 18대 국회에서 그 차이

〈표 7-4〉 경제영역의 이념갈등: 좌-우 차원

		통합민주당 (열린우리당, 새천년민주당)	한나라당	차이 (절대값)
재벌개혁	16대	5.05	6.42	1.37
	17대	4.67	6.93	2.26
	18대	3.85	6.62	2.77
집단소송제	16대	3.31	3.34	0.03
	17대	4.55	4.90	0.35
복지정책	16대	4.26	5.02	0.76
	17대	3.47	4.75	1.28
	18대	4.44	8.52	4.08
교육 평준화 정책	16대	4.29	5.71	1.42
	17대	4.00	6.05	2.05
	18대	3.67	6.00	2.33
종합부동산세	18대	5.80	8.17	2.37
생필품 가격 정부 개입	18대	4.95	5.75	0.80

정부에 대한 첫 번째 비판은 대북정책 등 반공이데올로기와 관련된 것이다.

는 4.08로 늘어났다. 18대 국회에서 한나라당 의원들의 보수성향이 대단히 강화되었다. 복지정책 강화는 곧 증세(增稅)를 의미하는 것이기도 한데 노무현 정부 시절 '세금폭탄' 등을 둘러싼 정치적 논란을 경험하고 난 이후 한나라당 소속 의원들이 이 사안에 대한 보수적 입장을 분명히 하게 된 것으로 보인다. 18대 국회의원들만을 대상으로 한 종합부동산세와 관련된 설문조사에서 한나라당 의원들이 보여준 이념적 입장이 복지정책에 대한 시각과 크게 다르지 않다는 점도 이런 설명을 뒷받침해 준다.

교육 평준화 정책에 대한 시각차이도 점차 커졌는데, 특히 이 사안에 대한 민주당 의원들의 진보성향이 강화되는 추세를 보이고 있다. 집단소송제는 다른 사안에 비해서는 두 정당 간 입장차이가 크지 않았지만 이 역시 16대 국회에 비해서 17대 국회에서 그 차이가 더욱 커졌다. 생필품 가격관리를 위한 정부개입 여부에 대해서는 두 정당 소속 의원들의 이념적 입장의 차이가 크지는 않았지만 한나라당의 보수성, 민주당의 진보적 성향은 대체로 확인되었다.

전체적으로 볼 때 경제영역에서의 이념 간 갈등 역시 시간이 흐를수록 강화되고 있음을 알 수 있다. 특히 노무현 정부를 거치면서 경제영역에서의 시각차이가 뚜렷해졌다. 김대중 정부 시절 햇볕정책 추진으로 안보이슈를 둘러싼 이념갈등이 본격화되었다면 노무현 정부를 거치면서 이러한 갈등이 경제영역으로까지 확대되었다는 점을 확인할 수 있다.

4) 사회적 차원의 이념갈등: 권위주의 대 자유지상주의

이념의 권위주의-자유지상주의 차원은 사형제를 제외하면 세 차례 모두 조사한 사안이 없어 앞에서 논의한 두 차원의 경우와 직접 비교하기는 어렵지만 〈표 7-5〉에서 보듯이 두 정당 간에 일관되고 뚜렷한 차이를 보인다.

사형제에 대한 입장차이는 시간이 갈수록 확대되는데 특히 18대 국회에서 한나라당의 보수성이 크게 강화되었다. 집회 및 시위에 대한 입장차이는 이념의 사회적 차원 가운데 가장 큰 값을 나타내고 있다. 양심적 병역거부를 둘러싼 두 정당 소속의원들의 시각차이 역시 컸다. 여성계를 중심으로 정치적 논쟁이 활발하게 이뤄졌던 호주제 폐지 문제에 대해서는 입장차이가 적지 않았지만 이 사안에 대한 열린우리당 의원들의 태도가 워낙 진보적인 까닭에 두 정당 간 입장차이가 확대되었다. 그러나 이전에 비해 한나라당의 입장이 상당히 전향적으로 변화하면서 이 사안은 17대 국회에서 입법화될 수 있었다.

〈표 7-5〉 이념의 사회적 차원: 자유지상주의-권위주의

		통합민주당 (열린우리당, 새천년민주당)	한나라당	차이 (절대값)
호주제 폐지	16대	4.14	5.69	1.55
	17대	2.30	4.39	2.09
사형제 폐지	16대	2.73	4.20	1.77
	17대	2.21	4.41	2.20
	18대	2.30	5.18	2.88
집회 및 시위	18대	3.62	6.65	3.03
양심적 병역거부	18대	2.75	5.09	2.34
성범죄자 처벌	18대	3.43	4.23	0.80
폐쇄회로 TV 설치	18대	5.07	5.73	0.66

한편, 성범죄자 처벌강도 문제나 폐쇄회로 TV 설치 문제에 대해서는 두 정당 간 이념적 입장의 차이가 상대적으로 크지는 않았고 응답의 방향 역시 동일하다는 점에서 조사 당시 이 이슈를 둘러싼 사회적 분위기가 많이 반영된 것으로 보인다. 그럼에도 불구하고 양당 간 시각은 분명한 차이를 보였다.

전체적으로 볼 때 이념의 사회적 차원 역시 정당 간에 일관되고 분명한 차이를 보이고 있다. 치안, 질서의 중요성을 강조하는 한나라당과 인권, 자유를 강조하는 민주당의 뚜렷한 시각차이가 확인된다. 여기서 한 가지 지적할 점은 〈표 7-3〉에서 살펴본 국가보안법 폐지를 둘러싼 갈등은 외교, 안보이슈에 포함되지만, 그 내용과 의미를 두고 본다면 '권위주의-자유지상주의'의 차원에서 해석될 수 있다는 점이다(강원택 2004a). 국가보안법의 폐지를 주장하는 사람들은 이것이 인권을 침해하고 개인의 자유를 훼손할 수 있다는 점을 가장 강조하는 반면, 국가보안법의 존치를 주장하는 사람들은 국가안보와 사회질서의 유지를 위해 반드시 필요하다는 시각을 갖기 때문이다. 따라서 국가보안법 폐지를 둘러싼 이슈까지 포함하면, 우리 사회에서 이념의 '권위주의-자유지상주의' 차원 역시 정치권에서 이념적 갈등의 매우 중요한 원인이 되고 있음을 알 수 있다.

5) 탈물질주의 대 물질주의 차원

〈표 7-6〉에서 보듯이 탈물질주의 대 물질주의 차원에서도 한나라당의 보수성과 민주당의 진보성이라는 시각의 차이는 예외 없이 일관된 형태로 나타났다. 그러나 다른 이념차원과 비교한다면 탈물질주의 가치를 둘러싼 양당 간의 시각차이는 그리 크지 않은 것으로 보인다. 한반도 대운하 문제에 대해서는 양당 간의 시각차이가 유독 크게 나타났는데, 이 사안이 환경보호 논란과 관련 있는 것이기는 하지만 2007년 대선과정에서 이명박 대통령의 핵심공약 중 하나였다는 점에서 탈물질주의적 관점에서의 논의보다 정파적 시각의 차이가 크게 반영되었을 것으로 추정된다. 한반도 대운하 문제를 제외하면 앞에서 본 다른 이념수준에서 나타난 두 정당 간 시각의 차이보다는 대체로 작았다.

전체적으로 본다면, 탈물질주의 대 물질주의 이념에 대한 정당 간 시각의 차이는 아직 다른 이념차원을 압도할 정도의 커다란 차이를 보이지는 않는다. 그러나 이 이념차원 역시 정당 간에 뚜렷하고 일관된 차이의 패턴을 보인다는 점에서 향후 상황에 따라서는 중요한 갈등의 축으로 부상할 가능성도 배제할 수는 없을 것 같다.

〈표 7-6〉 탈권위주의 대 권위주의 차원

		통합민주당 (열린우리당, 새천년민주당)	한나라당	차이 (절대값)
환경규제 강화	16대	3.74	3.92	0.18
	17대	4.08	4.52	0.44
유전자조작농산물 수입	18대	2.93	4.40	1.47
원전 건설	18대	5.25	6.88	1.63
환경개선부담금	18대	2.52	3.42	0.90
한반도 대운하	18대	0.62	4.39	3.77

4. 결론

지금까지 안보, 대외정책 차원(반공이데올로기), 경제적 차원(시장 대 국가), 자유지상주의 대 권위주의, 그리고 탈물질주의 대 물질주의라는 4가지 차원에서 16대, 17대, 18대 국회에서 민주당과 한나라당 의원들의 이념성향의 변화추이를 비교해 보았다. 앞에서의 논의를 토대로 정치엘리트층에서 나타나는 진보-보수의 이념적 특성은 다음과 같이 정리해볼 수 있다.

첫째, 반공이데올로기의 거부-수용은 일찍부터 정치적으로 부상했던 정치적 갈등의 요인이었지만 여전히 가장 중요한 영향을 미치고 있다. 심각한 점은 시간이 갈수록 이 이념차원에서 보수-진보 양당 간 시각차이가 더욱 증대되는 경향이 나타나고 있다는 점이다. 대미관계, 국가보안법 등 주요 사안에 대한 양당 간 시각차이는 18대 국회에서 더욱 확대되었다. 둘째, 경제운용을 둘러싼 두 정당의 이념적 차이는 이전에 비해서 점차 그 중요성이 더해가고 있다. 과거 이념갈등이 반공이데올로기 중심이었다면 이제는 경제영역까지 포함하는 것으로 확대되고 있다. 과거 연구에서는 재벌문제가 경제영역에서 이념적 차이를 보이는 대표적 사안인 것으로 나타났지만(예컨대 Kang 2008), 이제는 폭넓은 경제정책의 운용에 대한 뚜렷하고 일관된 시각차이가 확인된다. 특히 18대 국회에 들어 세금이슈를 둘러싼 두 정당 간 시각차이가 크게 증대되었다는 점이 주목할 만한 변화이다. 셋째, 자유지상주의 대 권위주의의 차원에서도 두 정당 간 시각차이가 확인된다. 강력범죄에 대한 대응이나 여성권리와 같은 이슈에 대한 양당 간의 시각차이는 상대적으로 크지 않았지만, 법과 질서의 중요성을 강조하는 한나라당과 인권, 자유를 강조하는 민주당의 뚜렷한 시각차이가 확인된다. 경찰, 검찰, 국정원 등 국가공권력의 행사와 관련한 양당의 노선의 차별성도 분명하게 구분된다. 네 번째로 탈물질주의 대 물질주의 차원은 다른 이념차원에 비해서 그 차이는 그다지 크지 않았지만 일관된 형태의 차별성을 보였다는 점은 주목할 만하다.

전체적으로 본다면, 이제 한국 정치에서 이념의 4가지 차원 모두에서 보수와 진보의 이념적 차별성이 확인되고 있다고 결론지을 수 있다. 불과 얼마 전까지만 해도 한국 정치에서 나타나는 이념적 갈등의 특성은 반공이데올로기의 거부-수용이 가장 중요하고 여기에 권위주의-자유지상주의의 갈등이 보조적으로 영향을 미치는 것으로 간주해왔다(강원택 2005 b). 그러나 18대 국회까지 포함한 이념갈등의 변화추이를 보면 경제영역에서의 이념적 차별성이 매우 뚜렷해졌고 또 탈물질주의 대 물질주의 갈등도 조금씩 그 의미를 더해가고 있다. 이러한 변화는 현실 정치적 경험을 반영하고 있다고 볼 수 있다. 김대중 정부 때 추진된 햇볕정책과 함께 반공이데올로기의 거부-수용에 따른 이념갈등이 불거지기 시작했고, 노무현 정부 때 추진된 탈권위주의 작업과 함께 권위주의-자유지상주의의 갈등이 본격화되기 시작했다. 그리고 노 대통령 임기 막판의 부동산정책과 관련된 '세금폭탄' 논란을 거치면서 국가개입과 시장자율이라는 갈등이 고조되기 시작했다. 이명박 정부 출범 전후로는 대운하 건설 논란, 미국산 쇠고기 수입 문제 등과 함께 탈물질주의 관련 논의도 주목받기 시작했다. 이런 설명은 물론 지나친 단순화라는 비판도 가능하겠지만 우리 사회가 겪은 정치적, 사회적 갈등의 경험이 제도권 정치로 수용되고 있다는 것을 보여주는 것이라 할 수 있다.

어떤 면에서 본다면 우리 정치에서 이념적 갈등의 이런 '진화', '분화'는 다른 민주주의 국가에서 나타나는 이념갈등의 형태와 유사한 보편적 속성을 취하게 되었다는 것을 보여주는 것이기도 하다. 반공이데올로기라는 안보, 대외관계적 속성에 치중되었던 이념적 갈등이 보다 '보편적인 세계관의 차이'로 변화하고 있다는 점에서 이것은 자연스러운 현상으로 볼 수 있다. 그러나 이러한 이념적 갈등의 심화는 그만큼 두 정파 간 시각의 차이를 해결하는 일이 경우에 따라서는 더욱 어려워졌음을 시사하는 것이기도 하다. 지금까지 이 장에서의 논의는 한나라당과 민주당 등 주요 양당에 대한 분석에 치중하였다. 그러나 여기에 보다 좌파적인 민주노동당과 진보신당, 그리고 보다 우파적인 자유선진당까지 포함했다면 이념적 간극은 더욱 넓게 나타났을 것이다. 이념갈등이 복합화된 만큼 정책사안마다 정치적으로 충돌할 개연성은 그만큼 더 커졌기 때문이다. 복합화된 이러한 정치적 시각의 차이를 줄이고 정치적 합의의 도출로까지 이어질 수 있도록 하기 위한 제도적 장치에 대한 고려가 더욱 절실한 상황이 되었다. 정치적 갈등이 정국의 파행이나 물리적 다툼으로까지 이어졌던 우리 의정사를 되돌아볼 때 이념적 갈등의 복합화는 갈등해소의 제도화의 문제를 더욱 시급한 일로 만들고 있다.

386세대는 어디로 갔나? : 2007년 대선과 2008년 총선에서의 이념과 세대

1. 서론

2002년 대선, 2004년의 총선과 비교하여 2007년 대통령 선거와 2008년 국회의원 선거에서 나타난 흥미로운 특성 중 하나는 이른바 '386세대'의 실종이다. 386세대는 노무현 돌풍의 주역이었고 세대 간 이념갈등의 진원지이기도 했다. 2002년 386세대가 정치적으로 부상했을 때 그들을 상징했던 것은 이념적으로 강한 진보성이었다. 1980년대 권위주의 정권에 맞서 싸우면서 형성된 진보이념에 대한 세대적 공감대가 386세대의 정치적 특성을 규정하는 것이었다. 그러나 불과 4~5년 뒤에 실시된 두 차례 선거에서 386세대는 정치적으로 큰 주목의 대상이 되지 못했다. 2007년과 2008년 선거에서는 386세대의 정치적 실종과 함께 2002년만큼 강한 이념적 균열의 영향을 느끼기 어려웠다.

이 장에서는 이러한 문제의식에서 출발하여 다음과 같은 두 가지 의문점에 대한 해답을 찾아보고자 한다. 첫째는 2007년, 2008년 선거에서 이념의 영향이다. 2007년의 대통령 선거와 2008년의 국회의원 선거에서 유권자의 정치이념은 후보자와 정당의 선택에 어떠한 영향을 미쳤으며, 얼마나 강한 효과를 가졌을까 하는 의문에 대한 답을 구하고자 한다. 이와 함께 이념이 담고 있는 속성이 어떤 것인지, 일관성 있는 가치체계를 반영하는지에 대해서도 살펴볼 것이다. 두 번째는 386세대의 '정치적 실종'에 대한 것이다. 불과 4~5년 전인 2002년과 2004년 선거에서 커다란 주목을 받았던 이들 세대가 2007년, 2008년 선거에서는 왜 '사라져버린' 것인지 그 원인을 찾고자 한다. 2002년의 386세대는 그저 연령효과(age effect)에 불과한 것이었고 이들이 세월의 흐름에 따라 자연스럽게 보수화되어간 결과라고 보기에는 4~5년의 기간은 너무 짧게 느껴진다. 과연 386대 세대는 사라진 것인지, 아니라면 여전히 '세대효과'를 보여줄 만한 어떤 특성이 2007년, 2008년 선거에서도 존재했었는지에 대해 살펴볼 것이다. 이념과 세대에 대한 이 두 가지 의문점은 서로 연계되어 있는 것이기도 하다. 이 두 가지 의문점을 풀기 위해서 2007년, 2008년의 두 차례 선거의 특성을 2002년과 2004년의 두 선거와 비교하면서 분석할 것이다.

이 장에서는 이러한 의문을 풀기 위해 논의의 폭을 이념과 관련된 요인에 국한하고자 한다. 즉 2007, 2008년 선거에서 개별 유권자의 투표행태에 영향을 미칠 수 있는 다른 변인들, 예컨대, 지역주의나 노무현 정부에 대한 평가 등은 고려하지 않을 것이라는 점을 밝힌다. 여기서 사용하는 자료는 동아시아연구원(EAI)과 중앙일보, SBS, 한국리서치가 공동으로 실시한 2007년 대통령 선거에서의 여섯 차례 조사와 2008년 국회의원 선거에서의 두 차례 조사 등 모두 여덟 차례의 패널 조사 데이터이다.

2. 2007년 대선과 2008년 총선에서 이념의 영향

한국 선거에서 이념의 영향에 대한 학문적 논의가 시작된 것은 1997년 대통령 선거 이후라고 할 수 있다. 지역주의가 유권자의 선거행태를 지배했다고 할 수 있지만, 1997년 대통령 선거에서도 후보지지에 대한 이념변인의 영향이 확인되었다(강원택 2003: 25~61). 특히 이회창, 김대중 두 후보에 대한 지지층의 이념적 성향은 서로 뚜렷이 대조되는 특징을 보였는데 이회창의 경우 보수, 안정희구의 계층이, 김대중의 경우 변화, 진보지향의 유권자의 지지가 보다 두드러지게 나타났다. 그리고 지지자들은 두 후보의 이념적 위치가 자신들과 각각 인접해 있는 것으로 인식했다. 그러나 한국 선거에서 이념의 영향이 피부로 느껴질 만큼 본격적으로 드러나기 시작한 것은 역시 2002년 대통령 선거 때부터일 것이다. 한국 대통령 선거에서 주요 정당 후보 중 처음으로 스스로의 입장을 '진보적'이라고 규정했던 노무현 후보의 등장과 386세대로 대표되는 진보적 유권자층의 부상, 여중생 사망사건 등으로 인한 대미관계 변화를 둘러싼 사회적 논쟁, 전임 김대중 정부 하에서 추진된 햇볕정책을 둘러싼 정치적 갈등 등 여러 가지 요인이 결합하여 이전에 경험하지 못한 격렬한 이념적 갈등이 생겨났다. 한나라당 이회창 후보의 매우 강한 보수적 태도 역시 후보자 간 이념적 차별성이 부각되는 데 큰 영향을 끼쳤다. 이러한 이념의 영향은 그 뒤 2004년 국회의원 선거에서도 유사한 형태로 확인되었다. 많은 기존 연구가 2002년, 2004년 선거에서 이념적 요인이 유권자에 미친 영향을 실증적으로 확인하고 있다(Kang 2008; Jhee 2006; Lee 2007; 김욱 2006; 조성대 2004; 강원택 2003). 이러한 연구들은 이념적 요인이 선거에 미친 구체적 효과나 방식에 대해서는 각기 상이한 해석을 내리고 있지만, 이념이 우리나라 선거에서 중요한 요인으로 부각되었다는 점에 대해서는 대체로 공감을 나타내고 있다.

그렇다면 과연 2007년 대통령 선거와 뒤이은 2008년 총선에서 이념의 영향은 어떠했을까? 과연 이 두 선거에서도 유권자의 이념적 위치나 후보자 혹은 정당과의 이념적 거리의 근접성(*proximity of ideological distance*)이 후보자나 정당의 선택에 영향을 미쳤을까? 이러한 질문이 새삼스럽게 제기되는 것은 2002년, 2004년과는 달리 2007년, 2008년 선거 때는 선거운동 기간 중 이념의 영향이 피부로 느낄 만큼 그다지 강하게 제기되지는 않았기 때문이다. 즉 2002년에 보았던 것과 같은 격렬한 이념적 대립이나 세대 간 갈등을 초래한 쟁점은 2007년과 2008년의 선거에서는 사실 크게 부각되지 않았다. 제1장에서 논의한 대로, 2007년 대통령 선거에서는 회고적 투표(*retrospective voting*)의 경향이 강했고, 경제이슈가 가장 중요했다. 민주화 이후 네 차례 대통령 선거에서 권위주의 청산, 정치개혁, 지역주의 타파, 정경유착 해소, 행정개혁, 재벌개혁 등 '정치이슈'가 선거과정을 주도했던 것과 비교할 때 경제이슈의 부상은 매우 새로운 현상이었다. 또한 제4장에서 살펴본 대로, 2008년 국회의원 선거에서는 대통령 선거 이후의 정치적 상황의 전개나 이명박 정부의 초기 실책이 일부 유권자의 지지의 변화를 가져오는 데 커다란 영향을 미쳤다. 이런 점을 고려할 때 과연 2007년, 2008년 선거에서도 이념이 중요한 투표결정의 요인으로 작용했을까 하는 궁금증이 드는 것은 자연스러운 일이다.

2007년 대통령 선거와 2008년 국회의원 선거에서 이념이 후보와 정당선택에 미친 영향을 분석하기 위해서 유권자들이 주관적으로 평가하는 이념적 입장과, 특정 쟁점정책을 중심으로 한 태도 등 두 가지 차원을 모두 고려하여 이항 로지스틱 분석을 실시하였다. 유권자들의 주관적 이념평가는 자기 자신의 이념적 위치에 대한 인식, 그리고 2007년 대통령 선거 때 주요 두 후보였던 이명박, 정동영 두 후보와의 이념적 거리 등 세 가지 변인을 포함했다. 후보자와의 이념거리에서 설정

〈표 8-1〉 이항 로지스틱 모델: 이명박-정동영 지지에 대한 이념적 요인

범 주	정 책	B	Wald	Exp(B)
국가 대 시장	성장보다 분배 중요	0.47[1]	20.01	1.60
	대기업 규제 완화	−0.35[1]	11.89	0.70
	대학 본고사 실시	0.42[2]	5.66	1.52
자유, 권리 대 권위, 질서	집회 및 시위 보장	−0.13	1.56	0.88
	여성의무고용제	0.03	0.07	1.03
반공이데올로기	국가보안법 개정/폐지	0.29[1]	7.82	1.33
	남북정상회담 평가	1.09[1]	49.81	2.97
	한미동맹 강화	−0.23[2]	4.45	0.79
	대북지원	−0.48[1]	15.21	0.62
대외개방	한미 FTA 비준	0.28	3.40	1.32
	대외개방	−0.22	3.38	0.80
주관적 이념	개인 주관적 이념위치	0.19[1]	13.30	1.21
	이명박과 이념거리	−0.15[1]	10.28	0.86
	정동영과 이념거리	0.15[1]	9.10	1.17
상수		−1.65[2]	4.66	

−2 Log likelihood = 876.7   Cox & Snell R^2 = 0.29
Percentage correct = 80.4%

종속변인: 정동영 − 0, 이명박 − 1.
1 − $p<0.01$, 2 − $p<0.05$.

여성의무고용제, 집회/시위 보장, 분배가 성장보다 중요, 대기업 규제 완화, 한미동맹 강화, 국가보안법 개정/폐지 (1차 조사): 1 − 매우 찬성, 2 − 대체로 찬성, 3 − 대체로 반대, 4 − 매우 반대.
대북지원 (4차 조사): 1 − 대북지원 전면 중단, 2 − 인도적 지원에 한정, 3 − 현재 수준 유지, 4 − 대북지원 확대.
대외개방정책 (2차 조사): 1 − 지금보다 더 적극적으로 개방 확대해야 한다, 2 − 현재 속도로 개방 유지해야 한다, 3 − 현재보다 개방속도 늦춰야 한다, 4 − 개방정책 축소/폐지해야 한다.
남북정상회담 (2차 조사. 정상회담 이전): 1 − 매우 긍정적, 2 − 어느 정도 긍정적, 3 − 다소 부정적, 4 − 매우 부정적.
한미 FTA 비준 (1차 조사): 1 − 비준해야 한다, 2 − 체결내용 검토 후 비준여부 결정해야, 3 − 비준하지 말아야 한다.
대학 본고사 실시: 0 − 실시해야 한다, 1 − 실시해서는 안 된다 [참조범주].
개인 주관적 이념 (6차 조사): 0 − 가장 진보, 5 − 중도, 10 − 가장 보수.
이명박, 정동영 이념거리 (6차 조사): (Σ | 개인 주관적 이념위치 − 각 후보 주관적 이념위치 |)/n.

하고 있는 이념적 태도에 대한 가정은 다운즈(Downs 1957)에 따른 이 념적 근접성 모델이다. 즉 이념적 거리가 가까울수록 그 후보에 대한 지지의 확률이 커질 것이라는 가정이다.

한편 이념적 갈등을 측정할 구체적인 정책사안에 대해서는 앞의 제 7장에서 논의한 범주 가운데 탈물질주의-물질주의 범주를 제외한 세 가지 차원과 대외개방 여부 등 4가지 범주를 고려했다. 첫째는 '국가 대 시장'의 차원이다. 이는 매우 전통적인 좌-우 구분의 기준으로 '국 가'를 강조하는 쪽이 진보적 입장으로 국가의 개입을 통한 형평성, 균 등을 추구하는 입장이며, 반대로 '시장'을 강조하는 쪽이 보수적 입장 으로 효율과 경쟁을 추구하는 입장이다. 이 모델에서는 성장 대 분배, 대기업 규제 완화, 대학 규제와 자율 등 세 가지 변인이 포함되었다.

두 번째 차원은 '자유, 인권 대 권위, 질서'에 대한 것이다. 자유지상 주의와 권위주의 간의 차이를 의미하는 것으로, 개인의 자유와 인권, 소수자 보호를 강조하는 쪽이 진보적 입장이며 전통, 질서, 권위 등을 주장하는 쪽이 보수적 입장이다. 여기서는 여성 우대정책과 집회 및 시위에 대한 관용적 태도 등 두 가지 변인을 포함했다.

세 번째는 외교, 안보의 차원이다. 특히 우리나라에서는 반공이데올 로기를 둘러싼 시각의 차이로 현실정치적으로는 매우 중요한 영향을 미치는 요인이다. 한국 정치에서 이념적 갈등의 역사적 요인 혹은 정 치상황적 요인이라고 정의할 수도 있다. 여기에서는 국가보안법 개정/ 폐지, 남북정상회담에 대한 평가, 대북지원, 미국과의 안보동맹 강화 등 네 가지 변인이 포함되어 있다.

네 번째 차원은 대외개방과 관련된 시각의 차이이다. 그동안 대외개 방 문제는 한국 정치에서 그다지 심각한 쟁점으로 부상하지 않았으며, 보수-진보라는 이념적 틀로써 구분하기 어려운 점이 있었다. 그러나 한-칠레 FTA, 한미 FTA 등을 둘러싼 사회적 논란을 경험하면서 정치 적으로 중요한 의제로 등장하기 시작했고 유권자들의 입장도 비교적 이전에 비해 보다 명료화되는 것으로 보인다. 실제로 이 조사자료에서는 이념적 입장에 따라 대외개방 문제에 대해 비교적 분명한 이념적 차이가 확인된다.[1] 대외개방을 주장하는 입장이 보다 보수적이며, 대외개방에 소극적인 입장이 진보적인 것으로 나타났다. 이러한 이념적 태도는 신자유주의나 세계화를 바라보는 시각과는 관련이 있는 것으로 보인다. 로지스틱 모델 속에서는 한미 FTA의 국회인준에 대한 태도와 전반적인 대외개방에 대한 입장 등 두 가지 변인이 포함되었다.

이러한 이념적 변인에 따른 정치적 선택의 효과가 〈표 8-1〉과 〈표 8-2〉에 정리되어 있다. 이들 표는 각각 대통령 선거에서 이명박과 정동영 후보의 선택에 대한 이항 로지스틱 모델, 그리고 국회의원 선거에서 한나라당, 통합민주당, 자유선진당/친박연대의 지지에 대한 다항 로지스틱 모델의 결과를 정리한 것이다. 두 표에서 모두 비교적 매우 일관되고 분명한 이념의 영향이 확인되고 있다. 2007년 대통령 선거에서 이념을 가르는 4가지 차원 가운데 '국가 대 시장'과 '반공이데올로기' 두 차원에 속한 모든 변인에서 투표결정에 뚜렷한 효과가 나타났다. 이 두 차원에 대해서는 포함된 모든 변인들이 통계적으로 유의미하게 나타났으며, 반면 '자유, 인권 대 권위, 질서'와 같은 사회적 이념의 문제나 '대외개방'의 범주는 통계적 유의미성이 확인되지 않았다.

'국가 대 시장'의 범주를 보면 분배보다 성장을 강조할수록, 대기업 규제완화를 찬성할수록, 대학 본고사 부활을 찬성할수록 정동영 후보보다 이명박 후보에 대한 지지가 높아지는 것으로 나타났다. '반공이데

---

1) 이번 조사에서 대외개방에 대한 태도와 자기 주관 이념의 관계는 다음과 같이 t-test 결과 비교적 분명하게 구분되어 나타났다. 보수적 입장이 개방에 호의적이며, 진보적 입장에 개방에 소극적이거나 부정적인 것으로 나타났다.

구 분	개방 확대해야	개방 축소/조정해야	t-test
평 균	5.60	5.23	4.09

0 – 아주 진보, 5 – 중도, 10 – 아주 보수.

올로기' 범주에서는 국가보안법의 개정이나 폐지에 반대할수록, 남북 정상회담을 부정적으로 평가할수록, 한미동맹 강화를 지지할수록 그리고 대북지원에 반대할수록 이명박 후보에 대한 지지가 상대적으로 높아지는 것으로 나타났다. 즉 어느 항목을 막론하고 보수적인 응답을 한 유권자는 이명박 후보에게, 진보적인 응답을 한 유권자는 정동영 후보에게 투표할 확률이 높게 나타났다. 이 두 차원의 응답패턴은 매우 분명하고 일관된 특성을 보이고 있다. 이런 이념적 패턴은 스스로 자신의 이념적 위치를 평가한 주관적 이념위치에 대한 인식과 두 후보에 대한 이념거리에 대한 인식에서도 마찬가지로 확인된다. 개인의 주관적 이념위치가 보수적이라고 생각할수록, 자신과 이명박 후보와의 이념거리가 가깝다고 생각할수록, 정동영 후보와의 이념거리가 멀어질수록 이명박 후보에 대한 지지가 높아지는 것으로 나타났다.

　〈표 8-1〉의 결과는 2007년 대통령 선거에서 이념적 요인이 후보자 선택에 있어서 매우 뚜렷하고 분명한 영향을 미쳤다는 사실을 잘 보여준다. 그리고 특히 '국가 대 시장'나 '반공이데올로기'와 관련된 쟁점정책 분야에 대한 이념적 태도는 매우 일관된 특성을 보여주고 있다. 여기서 한 가지 주목할 점은 전통적으로 좌와 우를 가르는 '국가와 시장'에 대한 이념적 차원은 2002년 대선에서는 유권자의 정치적 선택을 결정하는 요인으로 그다지 강하게 부각되지 않았다는 사실이다(Kang 2008: 471~2). 그러나 2007년에서는 반공이데올로기와 함께 매우 뚜렷한 이념적 균열의 요소로 작용하였음을 〈표 8-1〉의 결과는 보여주고 있다.

　〈표 8-1〉에서 발견한 이념적 일관성은 국회의원 선거결과에서도 마찬가지로 확인할 수 있다. 2008년 총선에서도 2007년 대선 때와 매우 유사한 형태로 각 변인의 영향이 확인된다. 〈표 8-2〉는 지역구 투표에서 각 정당을 선택하는 데 영향을 끼친 요인을 보여주고 있다. 대통령 선거에서와 마찬가지로 통합민주당과 한나라당에 대한 지지자의 속

〈표 8-2〉 다항 로지스틱 모델:
총선에서 주요 3당 지지에 대한 이념의 영향 (지역구)

정당	구분	변인	B	Wald	Exp(B)
한나라당	국가 대 시장	성장보다 분배 중요	0.29^2	5.40	1.34
		대기업 규제 완화	-0.25^2	4.23	0.78
		대학 본고사 실시	0.23	1.17	1.26
	자유, 권리 대 권위, 질서	집회 및 시위 보장	−0.06	0.24	0.94
		여성의무고용제	−0.15	1.16	0.86
	반공이데올로기	국가보안법 개정/폐지	0.30^2	6.13	1.35
		남북정상회담 평가	0.61^1	12.72	1.83
		한미동맹 강화	−0.23	3.06	0.79
		대북지원	-0.33^2	4.01	0.72
	주관적 이념	개인 주관적 이념	0.21^1	11.83	1.23
		이명박 이념거리	−0.10	3.14	0.90
		정동영 이념거리	0.04	0.57	1.04
		상수	−1.19	1.70	
자유선진/ 친박연대	국가 대 시장	성장보다 분배 중요	0.20	1.28	1.23
		대기업 규제 완화	−0.24	1.73	0.79
		대학 본고사 실시	0.43	1.92	1.54
	자유, 권리 대 권위, 질서	집회 및 시위 보장	0.05	0.63	1.05
		여성의무고용제	−0.21	1.03	0.81
	반공이데올로기	국가보안법 개정/폐지	0.20	1.43	1.23
		남북정상회담 평가	−0.13	0.28	0.60
		한미동맹 강화	−0.04	0.03	0.86
		대북지원	−0.37	2.09	0.69
	주관적 이념	개인 주관적 이념위치	0.23^2	6.48	1.26
		이명박과 이념거리	−0.13	2.13	0.88
		정동영과 이념거리	0.11	1.75	1.11
		상수	−0.98	0.54	

−2 Log likelihood = 997.3 x^2 = 161.8 (p<0.01) Cox & Snell R^2 = 0.23

기준범주: 통합민주당.
각 변인의 설명은 〈표 8-1〉과 동일.

성은 네 항목에 걸쳐 매우 분명한 차이가 확인되었다. 대통령 후보에 대한 선택의 경우만큼 이념의 영향이 강하게 나타나지는 않았지만, 이 념차원 4가지 가운데 〈표 8-1〉에서와 마찬가지로 '국가 대 시장', '반 공이데올로기' 두 차원에 대해서 통계적으로 유의미한 결과가 나타났 다. 2008년 국회의원 선거에서 유권자들은 성장이 중요하다고 생각할 수록, 대기업 규제완화가 필요하다고 생각할수록, 한미동맹 강화가 중 요하다고 생각할수록, 국가보안법 개정/폐지에 반대할수록, 남북정상 회담에 대해 부정적으로 평가할수록 그리고 대북지원에 반대할수록 통 합민주당보다 한나라당을 지지할 확률이 높아지는 것으로 나타났다. 이러한 특성은 주관적으로 평가한 이념적 입장의 차이에서도 다시 확 인되는데, 자신이 보수적이라고 느낄수록 한나라당에 대한 지지가 높 아졌다. 두 후보와의 이념거리 변인은 통계적으로 유의미하게 나타나 지 않았다. 한편, 통합민주당과 또 다른 보수정당들인 자유선진당/친박 연대 사이에서의 정당선택에 대해서는 대다수 변인이 통계적으로 유의 미하게 나타나지는 않았으며, 개인의 주관적 이념위치의 효과만이 입 증되었다. 개인의 주관적 이념이 보수적일수록 통합민주당보다 자유선 진당이나 친박연대 등에 투표할 확률이 높아지는 것으로 나타났다.

　전체적으로 볼 때 〈표 8-1〉, 〈표 8-2〉에서는 2007년 대통령 선거와 2008년 국회의원 선거에서 유권자들이 각 후보나 정당을 선택하는 데 있어서 이념적 태도가 매우 중요한 영향을 미쳤다는 사실을 알게 한 다. 이념을 구분하는 여러 가지 쟁점정책에서 매우 일관되고 분명한 차이가 나타났으며 주관적으로 평가한 이념척도에서도 유사한 차이가 확인되었다. 1997년 대통령 선거 이후 '반공이데올로기'에 대한 태도를 중심으로 정치적 전면에 서서히 부각되기 시작한 이념적 균열이 '국가 와 시장'과 같은 전통적이며 실용적인 문제에까지 확대되면서 한국 선 거정치에 이념적 균열이 '내재화'되어 가고 있음을 보여주는 것이라고 할 수 있다. 이념변인의 내재화의 경향을 감안할 때, 향후에 치러질 선거에서도 이념은 중요한 요인으로 계속해서 영향을 미칠 것으로 보인다(이갑윤·이현우 2008 참조).

그러나 이러한 이념적 균열의 내재화가 '국가와 시장'과 같은 경제정책에 대한 가치를 반영하게 되었지만 서구에서와 같은 계급적 특성을 지니는 것으로 변모하고 있다고 보기는 아직은 어렵다. 〈표 8-3〉에서 보는 것처럼 가구소득이 높아질수록 보다 진보적 성향이 강해지는 경향은 2007~08년 선거에서도 이전과 유사하게 나타나기 때문이다. 즉 가구소득 별 이념의 차이가 확인되기는 하지만 서구에서 나타나는 패턴과는 오히려 반대되는 모습을 보인다. 오히려 이념적 입장에 대한 차이는 교육수준에 따라 보다 뚜렷하게 나타난다. 교육수준이 높아질수록, 특히 대재 이상 학력집단의 경우에 상대적 진보성이 다른 학력집단에 비해 보다 강하게 나타나고 있다.

〈표 8-4〉는 구체적인 쟁점정책 별 태도 및 자기이념평가와 가구소득과 교육 간의 상관관계(correlation)를 정리한 것이다. 여기에서도 교육변인의 상관계수가 보다 강하게 나타나고 있다. 즉 전반적으로 우리나라 정치에서 이념에 영향을 미치는 요인은 가구소득과 같은 경제적 변인보다는 교육변인이 보다 중요하다는 것이다. 그러나 〈표 8-4〉에서는 가구소득의 차이 역시 쟁점정책의 성격에 따라서는 매우 분명한 이념적 차이를 만들어낸다는 것을 보여주고 있다. 예컨대, 분배와 성장의 항목에서는 교육변인보다 강한 상관관계가 확인되었고, 대외개방 문제에 대해서도 통계적 유의미성을 얻지 못한 교육변인과는 달리 저소득층일수록 거부감이 커지는 뚜렷한 경향성이 확인되었다. 이 두 가지 정책 모두 실생활과 관련된 경제이슈라는 점에서, 정책의 속성에 따라서는 가구소득과 같은 '계급적' 요인이 이념적 차별성을 보다 뚜렷하게 만들어낼 가능성을 시사해 준다.

이념의 효과와 관련하여 이번에는 각 후보 별 지지자의 이념적 분포에 대해서 살펴보고자 한다. 〈표 8-5〉는 2007년 대통령 선거와 2008

년 국회의원 선거에서 각 후보와 정당을 선택한 유권자의 이념평균을
그 이전의 대선과 총선에서의 각 정당/후보자의 지지자의 평균과 비교
한 것이다. 지지자들의 이념평균을 보면 이전 선거와 2007년, 2008년
선거 간에 분명한 차이를 느낄 수 있다. 2002년 대선과 비교해 보면,

〈표 8-3〉 가구소득과 교육 별 주관적 이념평균

변인	구분	평균	n	ANOVA
가구소득	하	6.21	141	F = 6.68 p<0.01
	중하	5.62	254	
	중	5.52	481	
	중상	5.38	495	
	상	5.33	711	
교육수준	중졸 이하	5.96	179	F = 23.95 p<0.01
	고졸	5.80	661	
	대재 이상	5.24	1271	

이념: 0 – 가장 진보적, 5 – 중도, 10 – 가장 보수적.
가구소득: 하(~99만 원), 중하(100~199만 원), 중(200~299만 원), 중상(300~399만 원),
상(400만 원+).

〈표 8-4〉 각 쟁점정책과 가구소득, 교육 간의 상관관계

정책	여성의무고용	집회 및 시위 자유	분배 중시	대기업 규제완화	한미동맹 강화	국가보안법 개폐
가구소득	0.09[1]	0.01	0.13[1]	0.04[2]	0.08[1]	-0.03
교육	0.10[1]	-0.03	0.10[1]	0.12[1]	0.16[1]	-0.08[1]
정책	대북지원 축소/조정	본고사 실시	대외개방 확대	남북정상 회담 평가	한미 FTA 인준	주관적 이념평가
가구소득	0.00	0.06[1]	-0.05[1]	-0.03	-0.03	-0.10[1]
교육	0.04	0.14[1]	0.00	-0.07[1]	0.01	-0.13[1]

1 – p<0.01 ; 2 – p<0.05.

이회창 지지자들에 비해 이명박 지지자들의 이념평균이 중도 쪽으로
가까워진 반면, 정동영 지지자들의 이념평균은 노무현 지지자들에 비
해 오히려 진보 쪽으로 더욱 강화되었다. 총선에서도 2004년 총선에
비해 한나라당 지지자들의 이념평균은 중도 쪽으로 이동한 반면, 통합
민주당 지지자들은 열린우리당(그리고 민주당) 지지자들에 비해 보다
진보적 성향이 강해졌다. 즉 2007년 대선, 그리고 2008년 총선에서 이
명박 후보와 한나라당 지지층의 이념적 범위는 상대적으로 이전에 비
해 넓어진 반면, 정동영 후보와 통합민주당에 대한 이념적 지지기반은
진보적 이념성향이 강한 유권자층으로 제한되어 오히려 협소해졌다.
2007년, 2008년 선거에서 이명박 후보와 한나라당 승리의 중요한 한
가지 이유를 짐작하게 해주는 결과라고 할 수 있다.

〈표 8-5〉 투표한 후보와 정당 별 유권자의 이념성향

선 거	후보자/정당 지지자의 이념평균				ANOVA
2002년 대통령 선거	이회창	노무현			F = 5.27 p<0.01
	6.23	4.84			
2007년 대통령 선거	이명박	정동영	이회창	문국현	F = 85.87 p<0.01
	5.97	4.61	6.22	4.36	
2004년 국회의원 선거	한나라당	열린우리당	민주당	민주노동당	F = 82.28 p<0.01
	6.23	4.84	4.99	4.66	
2008년 총선 (지역구)	한나라당	통합민주당	자유선진/친박	진보신당/민노	F = 32.04 p<0.01
	6.02	4.65	5.97	4.95	
2008년 총선 (정당투표)	한나라당	통합민주당	자유선진/친박	진보신당/민노	F = 40.56 p<0.01
	5.91	4.74	5.97	4.95	

0 – 가장 진보, 5 – 중도, 10 – 가장 보수.
개인이념 – 6차 조사자료 ; 2002년 대선, 2004년 총선자료 – 1차 조사자료 ; 2007년 대선 – 6차 조사
자료 ; 2008년 총선 – 8차 (총선 2차) 조사자료.

3. 세대와 이념: 386세대는 어디로 갔나?

앞 절에서 본 대로 2007년, 2008년 선거에서도 이념은 유권자의 투표 결정에 매우 중요한 영향을 미쳤다. 그런데 그 이전에 실시된 2002년, 2004년 선거에서 나타난 특이한 점은 이념과 세대가 결합된 특성을 보였다는 것이다. 특히 2002년 대통령 선거에서 '386세대'는 노무현 후보를 당선시키는 데 큰 기여를 했다. 진보적 이념과 386이라는 세대집단이 상호결합하였고 이는 다시 20대 유권자들에게까지 확산되었다. 이러한 젊은 세대의 이념적 진보성은 그들보다 연장자 세대와 정치적 지지에서 뚜렷한 차이를 보였으며 세대 간의 이념적 갈등을 빚었다. 2002년의 이러한 특성은 〈표 8-6〉에서도 다시 확인할 수 있다.[2]

〈표 8-6〉을 보면, 1970년 이후 출생자 집단에서 노무현에 대한 지지가 61.2%로 가장 높았고, 386세대의 노무현 지지가 58.8%로 큰 차이 없이 그 뒤를 이었다. 이 두 집단의 노무현 지지의 비율은 386 이전 출생세대와 비교할 때 상당히 커다란 차이를 보인다. 여기에 민주노동당 권영길 후보에 대한 투표를 합쳐 진보후보에 대한 지지율은 386 이후 출생세대의 경우 64.3%, 386세대는 61.2%에 달한다. 즉 이들 세대집단에서는 진보후보에 대한 지지가 압도적인 비율을 차지하고 있음을 알 수 있다. 이러한 비율은 노무현 지지율 42.1%, 권영길 지지율은 1.1%인 386 이전 출생세대와 비교할 때 거의 20%에 가까운 큰 차이를 보인다. 386세대만을 두고 볼 때 2002년 대선에서 이들이 노무현 후보에게 압도적 지지를 보냈다는 사실을 여기서도 확인할 수 있다.

---

2) 386세대는 2007/08년 선거 당시에는 대다수가 40대로 접어들었지만, 386세대가 기본적으로 60년대 출생자 집단을 지칭하는 것이므로 여기서는 출생연대를 기초로 세대를 분류하였다.

〈표 8-6〉 2002년 대통령 선거에서의 세대 별 투표행태

(%)

	386 이후 출생세대 (1970년 이후 출생세대)*	386세대 (60년대 생)	386 이전 출생세대 (59년 이전 출생세대)
이회창	25.5	32.9	52.9
노무현	61.2	58.8	42.1
권영길	3.1	3.3	1.1
기타	0.9	1.1	1.7
기권	9.3	3.9	2.2
합 계 (n)	100.0 (11230)	100.0 (794)	100.0 (1271)

* 1980년대 출생자 가운데 2002년 투표권이 없는 응답자는 제외하였음.
– 1차 조사자료.

앞에서 본 대로 2007년, 2008년 선거에서도 이념적 태도는 정치적 지지의 패턴에 중요한 영향을 미친 것으로 나타났지만, 2002년이나 2004년과는 달리 386세대는 정치적으로 '실종'되었다. 불과 4~5년 전에 정치적 진보를 상징하던 집단인 386세대는 2007년, 2008년 선거에서는 거의 주목의 대상이 되지 못할 만큼 정치세대로서의 집단적인 정치적 정향을 드러내지 않았다. 386세대는 과연 어디로 간 것이며 왜 그러한 변화가 생겨났을까?

〈표 8-7〉은 2007년, 2008년 선거에서 386세대를 기준으로 각 세대 집단의 투표성향을 정리한 것이다. 이 표의 분석을 보면 세대 별로도 상당한 차이가 확인되지만, 동시에 앞의 〈표 8-6〉과 비교할 때 2002년과도 적지 않은 변화가 감지된다. 2007년 대선에서 386세대의 57.2%는 보수후보인 이명박 후보를 지지했으며, 그 절반도 안 되는 24.5%만이 진보적이라 할 수 있는 정동영 후보에게 표를 던졌다. 이명박 후보보다 보수적으로 평가받았던 이회창 후보를 지지한 386세대의 비율도 11.6%에 달했다. 이명박-이회창 두 후보에 대한 386세대의 지지의 비율을 합하면 모두 68.8%에 달한다. 5년 전 대통령 선거에서 386세대의 61.2%가 노무현/권영길 등 진보적 후보를 지지했던 것과 비교하면

큰 폭의 지지이전이 발생했음을 알 수 있다. 한편, 386 이후 출생세대
의 58.7%, 386 이전 출생세대의 77%가 보수성향의 두 후보를 지지한
것으로 나타났는데, 2002년과 비교하면 전반적으로 보수후보들에 대한
선호가 매우 높아졌다. 2002년에는 386세대가 20대 유권자들과 유사한
투표행태를 보였던 것과는 달리, 2007년 대통령 선거에서 386세대는
그들보다 젊은 세대의 정치적 선택과 상당한 차이를 보였다. 386 이후
출생세대와 386세대가 정동영 후보에 대한 지지에서는 대체로 비슷한
(낮은) 지지율을 보였지만, 386 이후 출생세대에서 문국현에 대한 지지
가 상대적으로 높게 나타났다는 점을 고려할 때 386세대와 386 이후
출생세대 간의 정치적 선택은 2007년 선거에서는 달라졌다고 봐야 할
것이다.

〈표 8-7〉 2007년 대선과 2008년 총선에서의 세대 별 투표행태

(%)

		386 이후 출생세대	386세대	386 이전 출생세대	chi-square
2007년 대선	이명박	46.0	57.2	66.8	$x^2 = 102.0$ $p < 0.01$
	정동영	25.3	24.5	19.9	
	이회창	12.7	11.6	10.2	
	문국현	16.0	6.8	3.2	
	합계(n)	100.0 (676)	100.0 (458)	100.0 (725)	
2008년 총선 (지역구)	한나라당	39.3	51.1	59.8	$x^2 = 39.9$ $p < 0.01$
	진보정당군*	51.2	40.6	27.9	
	선진/친박	9.5	8.2	12.3	
	합계(n)	100.0 (285)	100.0 (219)	100.0 (391)	
2008년 총선 (정당투표)	한나라당	29.1	39.9	45.7	$x^2 = 58.4$ $p < 0.01$
	진보정당군*	59.2	37.8	31.4	
	선진/친박	11.7	22.3	22.9	
	합계(n)	100.0 (299)	100.0 (238)	100.0 (411)	

*진보정당군: 민주당, 창조한국당, 민주노동당, 진보신당.

대선과 비교할 때 국회의원 선거에서 진보정당군에 대한 386세대의 지지율은 상대적으로 높게 나타났지만, 지역구 투표에서 386세대의 다수는 한나라당을 선택했다. 더욱이 정당투표에서는 보수적인 자유선진당과 친박연대에 대한 386세대의 투표비율이 매우 높았다는 사실도 주목할 만하다. 이러한 결과는 지역구 투표에 비해 정당투표에서 진보정당군에 대한 투표비율이 상대적으로 높아진 386 이후 출생세대의 투표행태와 비교할 때, 386세대의 투표행태가 전반적으로 '보수적으로' 변화되었음을 보여주고 있다.

〈표 8-7〉의 결과는 2002~2004년과 2007~2008년에 386세대의 정치적 선택이 크게 달라졌음을 실증적으로 확인해준다. 여기서 궁금한 점은 386세대 가운데서도 특히 2002년 대통령 선거에서 노무현을 지지했던 유권자들이 2007년에는 과연 어떠한 정치적 선택을 했을까 하는 점이다. 아마도 이들에 대한 지지이전의 분석이 386세대의 정치적 선택이 변화되었음을 보다 분명하게 입증해줄 수 있을 것으로 생각된다. 이를 위해 386세대만을 대상으로 2002년 노무현과 이회창 후보에게 투표한 이들이 2007년 대선과 2008년 총선에서는 누구를 선택했는지에 대해 살펴보았다.

〈표 8-8〉에서는 흥미로운 결과가 나타났다. 2002년 대선에서 노무현 돌풍의 주역이 386세대였지만, 2007년 대선에서는 노무현을 지지했던 386세대 가운데 다수가 정동영 후보가 아니라 이명박 후보에게 투표한 것으로 나타났기 때문이다. 386 노무현 투표자 가운데 정동영 후보에 대한 지지의 비율은 39.2%에 불과한 반면, 이명박 후보에 대한 지지는 이보다 높은 43.4%로 나타났다. 여기에 이회창을 지지한 8.4%를 합치면 2002년 대통령 선거에서 노무현을 지지한 386세대 유권자 가운데 50% 이상이 '보수정당의 후보'를 선택했다. 이에 비해서 2002년 대선에서 이회창을 선택한 '보수적인' 386세대 유권자의 압도적 다수인 82.2%는 이명박을, 그리고 15% 정도는 이회창을 선택함으로써,

210

결국 2002년 이회창 지지 386의 경우 정치적으로 이탈한 유권자는 거의 없는 것으로 나타났다.

2008년 국회의원 선거에서 노무현 지지 386 가운데 이탈의 비율은 다소 줄어들지만 그 패턴은 2007년 대통령 선거와 대체로 유사하다. 2002년 노무현을 지지한 386 유권자의 60%는 진보정당군을 지역구에서나 정당투표에서 선택한 반면, 약 40%가량은 한나라당이나 자유선진/친박연대와 같은 보수정당으로 이탈한 것으로 나타났다. 그러나 386세대 중 2002년 이회창 지지자는 거의 전부가 한나라당 혹은 기타 보수정당의 지지로 이어졌다. 〈표 8-8〉의 결과는 노무현 돌풍을 지원한 386 유권자의 다수가 그 지지로부터 이탈하였다는 사실을 잘 보여준다.

이러한 결과는 매우 흥미롭다. 왜냐하면 2002년 대통령 선거에서 386세대를 규정지었던 것은 이들 세대의 강한 진보적 이념성이었기 때

〈표 8-8〉 386세대의 투표선택의 변화

(%)

2002년 투표 후보		노무현	이회창
2007년 대통령 선거	이명박	43.4	82.2
	정동영	39.2	0
	이회창	8.4	14.9
	문국현	9.0	3.0
	합계 (n)	100.0 (166)	100.0 (101)
2008년 총선 (지역구)	한나라당	38.4	75.6
	진보정당군	60.3	13.3
	자유선진당/진박연대	1.4	11.1
	합계 (n)	100.0 (73)	100.0 (45)
2008년 총선 (정당투표)	한나라당	29.5	64.0
	진보정당군	59.0	2.0
	자유선진당/친박연대	11.5	34.0
	합계 (n)	100.0 (78)	100.0 (50)

문이다. 이들은 노무현 후보가 '반미가 뭐가 나쁘냐'고 말했을 때 열광했고, 국가보안법이나 대북관계 등 정치적으로 민감한 이슈에 대해서 매우 개혁적이고 진보적인 성향을 보였다. '노사모'라는 선례 없는 인터넷을 통한 자발적인 정치인의 팬클럽을 만들어 선거운동을 지원했던 이들의 다수도 386세대였다(강원택 2003: 259~286). 그러나 불과 4~5년 사이에 386세대 가운데 다수는 〈표 8-7〉, 〈표 8-8〉에서 본 대로 '보수정당' 후보인 이명박을 선택했다. 이런 변화를 어떻게 이해해야 할까?

386세대를 규정하는 속성이 이념적 진보성에 있다면 386세대의 정치적 변화를 이해하기 위해서는 우선 이들의 이념적 태도의 변화에 대해서 먼저 살펴보아야 할 것 같다. 〈표 8-9〉는 출생연대 별로 구분한 각 연령집단의 자기이념평균과, 각 유권자가 느끼는 이명박-정동영 두 후보와의 이념적 거리의 평균을 분석한 것이다. 몇 가지 주목할 만한 특성을 찾아볼 수 있다. 첫째, 2002년과 같은 386세대의 이념적 특이성을 발견하기 어려워졌다. 386세대는 그들보다 젊은 1970~80년대 출생집단과 비교할 때 '상당히 보수적으로' 나타났다. 386세대보다 이전에 출생한 집단과 비교할 때는 상대적으로 진보적인 입장이 확인되지만 과거 보았던 것과 같은 386의 특출한 이념적 진보성은 확인되지 않는다. 386세대의 이념적 위치는 그들보다 젊은 세대와 연로한 세대 사이의 중간에 자리 잡고 있다. 두 번째, 이념적으로 가장 진보적인 집단은 1970년대 출생자들이었으며 이들은 그들보다 젊은 세대인 1980년대 출생자보다 오히려 진보적인 것으로 나타났다. 즉 20대 유권자들이 30대 유권자들보다 대체로 더 보수적이라는 것이다. 세 번째는 이명박, 정동영 두 후보와의 주관적 이념거리(ideological distance)를 볼 때, 386세대는 이념적으로 정동영 후보보다 이명박 후보에 더 가깝게 느끼고 있는 것으로 나타났다. 이에 비해 386세대보다 젊은 1970~80년대에 출생한 유권자 집단에서는 이명박 후보보다 정동영 후보에 이념적으로

212

〈표 8-9〉 출생연대 별 이념평균과 주요 후보와의 이념거리

	자기이념평균	이명박과의 이념거리 평균	부등호	정동영과의 이념거리 평균
1980년대 출생	5.07	1.93	>	1.68
1970년대 출생	4.95	1.97	>	1.73
1960년대 출생	5.45	1.81	<	1.90
1950년대 출생	5.79	1.69	<	2.27
1940년대+이전 출생	6.26	1.82	<	3.12

이념: 0 – 가장 진보, 5 – 중도, 10 – 가장 보수.
자료: 6차 조사.

보다 가깝다고 인식하는 것으로 나타났다. 2002년과는 달리 386세대는 그들보다 젊은 세대가 아니라 그들의 연장자 세대들과 함께 '보수적인' 이명박 후보에게 보다 큰 이념적 유사성을 발견한 것이다. 이러한 결과는 앞에서 살펴본 대로 2007년 대선에서 노무현 지지자의 이탈의 원인을 이해할 수 있게 한다.

〈표 8-9〉에서의 결과는 주관적 이념평가에 기초한 것이다. 이번에는 앞의 〈표 8-1〉, 〈표 8-2〉에서 본 것과 같이 '국가 대 시장', '자유, 인권 대 질서, 권위', '반공이데올로기', '대외개방' 등 이념의 4가지 차원에 포함된 구체적인 쟁점이슈를 토대로 이념과 세대의 관계에 대해서 살펴보기로 한다.

〈표 8-10〉은 386세대의 이념적 입장과 관련하여 눈길을 끄는 특성을 보여준다. 전반적으로 볼 때 386세대의 쟁점정책에 대한 입장은 386 이전 출생세대와 이후 출생세대의 중간적 위치에 놓여 있다고 할 수 있다. 〈표 8-9〉의 주관적 이념평가에서 나타난 것과 비슷한 특성을 보여주는 것이다. 이런 모습은 특히 '국가 대 시장'과 '대외개방' 범주에서 상대적으로 뚜렷하게 확인된다. 이는 386세대가 보수화되었지만 386 이전 세대와 유사한 정도의 강한 보수성을 갖고 있는 것은 아니라

는 해석도 가능할 것이다.

　그러나 〈표 8-10〉에서는 386세대의 이념적 태도와 관련하여 또 다른 주목할 만한 특성을 발견할 수 있다. 386세대는 11가지 쟁섬사안 가운데 '집회 및 시위에 대한 보장', '국가보안법 폐지/개정', '남북정상회담의 성과에 대한 평가' 등에 대해서는 386 이후에 출생한 젊은 세대와 대체로 유사한 비율의 진보적 성향을 보인다. 이런 항목에 대해서는 386 이전에 출생한 연장층과는 12~17% 정도의 큰 응답비율의 차이를 보이고 있다. 그런데 이런 이슈들은 2002년 대통령 선거 때 커다란 정치적 쟁점이 되었던 것이며 세대 간 갈등을 불렀던 주요 정책들이기도 했다. 더욱이 이들 이슈는 1980년대 대학가 학생운동의 주장과도 맥을 같이하는 것이며 386세대를 정치적으로 상징하는 정책이기도 하다. 즉 386세대가 이와 같은 이념적 쟁점사안에 대해서는 상대적 진보성을 여전히 유지하고 있음을 보여주는 것이다.

　그러나 〈표 8-10〉에서는 동시에 '실질적' 사안에서 386세대가 보수화되는 특성도 발견할 수 있다. 예컨대, 대북지원에 대한 386세대의 응답패턴은 보다 젊은 집단과 연장자 집단의 중간 정도에 놓이기는 하지만, 그 비율에서는 70~80년대 출생자 집단과는 약 10% 정도의 차이를 보이고 있다. 반면 386 이전 세대와의 차이는 3.7%로 오히려 그 격차가 작았다. 앞서 지적한 대로, 386세대는 반공이데올로기와 관련된 쟁점, 즉 국가보안법이나 남북정상회담 등에 대해서는 진보적인 응답이 높게 나타났다. 그러나 대북지원에 대해서는 보수적 응답의 비율이 높게 나타났다. 이념적 차원에서의 진보성에도 불구하고, 북한에 대한 경제적 지원이라고 하는 현실적 문제에 대한 소극적 태도가 386세대에서 나타나고 있는 것이다. 〈표 8-10〉의 결과를 종합적으로 볼 때, 386세대의 이념적 진보성, 특히 반공이데올로기나 집회 및 시위 등에 대한 진보적 입장은 여전히 유지되고 있다고 할 수 있다. 그러나 실질적으로 경제적 비용을 부담해야 하는 '대북지원'과 같은 사안에 대

〈표 8-10〉 구체적 쟁점정책에 대한 세대별 태도

(%)

범주	정책	태도	386 이후 출생 세대	386세대	386 이전 출생 세대	chi-square
국가 대 시장	성장보다 분배 중요	찬성	60.6	59.1	62.1	$x^2 = 1.9$ p = 0.38
		반대	39.4	40.9	37.9	
		n	1402	789	1233	
	대기업 규제 완화	찬성	65.5	71.9	81.4	$x^2 = 84.6$ p < 0.01
		반대	34.5	28.1	18.6	
		n	1402	782	1234	
	대학 본고사 자율 실시	찬성	47.8	55.9	78.9	$x^2 = 203.0$ p < 0.01
		반대	52.2	44.1	21.1	
		n	984	642	912	
자유, 권리 대 권위, 질서	집회 및 시위 보장	찬성	**66.1**	**64.3**	51.7	$x^2 = 63.4$ p < 0.01
		반대	33.9	35.7	48.2	
		n	1407	795	1247	
	여성 의무고용제	찬성	75.0	76.2	82.2	$x^2 = 21.8$ p < 0.01
		반대	25.0	23.8	17.8	
		n	1411	797	1273	
반공 이데올로기	국가보안법 개정/폐지	찬성	**69.4**	**67.5**	54.1	$x^2 = 72.5$ p < 0.01
		반대	30.6	32.5	45.9	
		n	1388	785	1218	
	남북정상 회담 평가	긍정	**75.1**	**73.4**	60.6	$x^2 = 59.9$ p < 0.01
		부정	24.9	26.6	39.4	
		n	1149	674	1021	
	한미동맹 강화	찬성	51.4	64.1	82.4	$x^2 = 279.4$ p < 0.01
		반대	48.6	35.9	17.6	
		n	1408	790	1228	
	대북지원	찬성	40.1	30.8	27.1	$x^2 = 36.1$ p < 0.01
		반대	59.9	69.2	72.9	
		n	944	578	851	
대외개방	한미 FTA 비준	비준	25.9	41.1	52.4	$x^2 = 183.6$ p < 0.01
		비준 반대*	74.1	58.9	47.6	
		n	1332	773	1144	
	대외개방	개방	60.1	64.1	70.9	$x^2 = 27.8$ p < 0.01
		축소/조정	39.9	35.9	29.1	
		n	1159	676	1011	

* 비준 반대는 '검토 후 결정해야'와 '비준 반대'를 모두 포함한 값임.

해서는 다소 소극적인 모습을 보이는, 두 입장 간의 괴리 혹은 이중적 태도가 공존하고 있음을 알 수 있다.

그렇다면 이번에는 '실질적 문제'에 대한 386세대의 관심을 알아보기 위해서 2007년 대선에서 세대 별로 가장 큰 관심을 가진 정책분야가 어떤 것인지에 대해 살펴보았다. 〈표 8-11〉에서 보듯이, 세대와 무관하게 전체적으로 가장 큰 관심의 대상이었던 것은 고용문제였으며, 그다음으로 부동산과 교육문제가 뒤를 이었다. 이들 세 이슈가 전체 응답의 63.5%를 차지했으며, 대북관련, 대미관계와 같은 '정치이슈'는 유권자의 관심을 거의 끌지 못했다. 세대 별로 관심사를 보면, 20대 유권자들인 1980년대 출생자 집단의 가장 큰 관심사는 고용문제로 나타났다. 그 응답비율이 33.4%로 그 세대 내의 응답 중에서도 압도적으로 높았으며 다른 세대의 응답에 비해서도 거의 10% 이상 높았다. 고용문제의 가장 직접적 이해당사자라는 점에서 수긍할 수 있는 응답이다. 20대 자녀가 많은 1950년대 출생자 집단에서도 고용문제가 비교적 높은 응답률을 나타냈다.

한편, 386세대의 가장 중요한 관심사는 교육정책으로 27.1%에 달했는데, 이는 다른 연령집단에 비해서 특히 높은 응답률이었다. 이는 이들이 중고등학교에 다니는 자녀를 많이 둔 연령층인 탓으로 보인다. 그다음으로 고용정책, 부동산정책의 순이었으며, 2002년 대통령 선거 때 크게 부각되었던 대미관계나 대북정책에 대한 386세대의 관심은 각각 3.8%, 1.6%로 전체 평균에도 미치지 못했다. 즉 386세대가 2007년 대통령 선거에서 가장 크게 관심을 보인 정책분야는 실질적인 생활의 문제였으며, 2002년처럼 세대 간 이념적 갈등을 불렀던 사안에 대해서는 거의 주목하지 않았다. 다시 말해 2007년 대통령 선거에서는 이념적 요인이 별다른 중요성을 갖지 못했으며, 고용, 교육, 부동산과 같은 실질적인 생활의 문제가 유권자들의 관심을 끌었다고 할 수 있다.

216

〈표 8-11〉 대통령 선거에서 유권자가 스스로 가장 중요하게 생각하는
정책과제

(%)

중요 정책	출생연대 별 세대구분					평 균
	1980년대	70년대	60년대	50년대	40년대 –	
교육	13.0	20.5	**27.1**	12.9	15.2	18.7
부동산	19.8	20.6	21.2	22.8	19.9	20.9
대북관련	4.0	2.4	3.8	5.8	**8.4**	4.7
연금개혁	9.1	6.1	7.3	9.1	7.0	7.5
대미관계	2.0	1.2	1.6	2.9	**4.8**	2.4
고용	**33.4**	23.9	22.3	25.2	21.9	24.8
조세	6.8	7.6	6.7	7.7	5.2	6.8
금융	6.2	**9.3**	4.7	6.7	7.5	6.9
보건의료	5.4	5.9	3.6	4.1	6.1	5.0
기타/모름	0.3	2.6	1.7	2.8	4.0	2.3
합계 (n)	100.0 (353)	100.0 (591)	100.0 (579)	100.0 (417)	100.0 (442)	100.0 (2382)

2002년 대통령 선거와 2004년 국회의원 선거에서 386세대를 규정한
것은 정치적, 이념적 요인이었다. 여중생 사망사건으로 인한 대미관계의
변화, 대북관계, 국가보안법 등 첨예한 이념적 갈등을 불러온 이슈가 부
각되는 상황에서 386세대의 진보성 역시 두드러졌다. 그러나 2007년,
2008년 선거에서는 남북관계, 대미관계 등의 이슈가 별다른 관심의 대상
이 되지 못했다. 정치개혁이나 국민통합과 같은 이슈 역시 주목받지 못했
다. 부동산, 교육, 지역개발, 고용 등 실질적인 경제관련 생활이슈가 2007
년, 2008년의 선거를 지배했던 사안들이었다. 그런 점에서 볼 때 386세대
의 진보성이 부각되지 않았던 중요한 이유는 이들의 진보성이 드러날 만
한 쟁점사안이 선거운동 기간 내내 존재하지 않았기 때문이었다. 즉 이들
을 정치적으로 동원할 만한 이념적 쟁점이 부각되지 않았다는 것이 2007
년, 2008년 선거에서 386세대가 사라져 버린 중요한 원인이었다.

4. 결론

2007년, 2008년 선거는 2002년, 2004년의 선거와 비교할 때 이념적 갈등이 그다지 강하게 표출되지 않았다. 그러나 이 장에서 살펴본 대로 이념은 2007년, 2008년 선거에서도 후보자와 정당의 선택에 매우 중요한 영향을 미쳤다. 보수와 진보 중 유권자의 이념적 입장에 따라 매우 뚜렷하면서도 일관된 투표선택의 영향이 확인되었다. 특히 이전 선거와 비교할 때 '국가 대 시장'과 같이 전통적으로 좌-우를 가르는 정책이슈에 대한 시각의 차이가 유권자의 정치적 선택에 미치는 영향이 뚜렷하게 나타났다는 점은 매우 흥미롭다. 이제 한국 정치에서 이념적 균열은 단지 국가보안법이나 대미관계, 대북관계 등 반공이데올로기를 둘러싼 갈등을 넘어서 보다 보편적인 형태로 우리 사회에 '내재화'되어 가고 있다고 말할 수 있다. 이러한 경제적 가치를 둘러싼 이념적 차별성이 유럽 정치에서 보는 것처럼 계급정치적 속성으로까지 진전된 것은 아니지만, 앞에서 본 대로 사안에 따라서는 계층 별로 뚜렷한 시각의 차이가 나타나고 있다. 반공이데올로기를 둘러싼 이념갈등이 추상적 가치, 세계관을 둘러싼 갈등이라면, 국가 대 시장의 이념갈등은 생활문제에 깊이 연루될 수밖에 없는 것이라는 점에서 보다 실질적이고 구체적인 이해관계를 반영하는 것이라 하겠다. 그런 만큼 이념적 갈등은 이제 지역주의의 여전한 영향력에도 불구하고 새로운 정치적 균열구조로 우리 사회에 뿌리내리고 있다고 할 수 있다.

한편, 2002년 노무현 돌풍의 진원지였던 386세대가 2007년, 2008년 선거에서 정치적으로 실종된 것은 어느 정도까지는 이들 세대가 나이를 먹으면서 보수화된 탓으로 생각된다. 그럼에도 불구하고 2002년의 '386세대'의 이념적 진보성이 당시 30대가 대다수였던 이들의 '상대적으로 젊은 연령'에서 비롯된 연령효과에 불과하다고 보기는 어려울 것 같다. 앞에서 살펴본 대로 국가보안법 개정/폐지나 남북정상회담 개최, 집회 및 시위 등 정치적으로 매우 예민한 특정 쟁점정책에 대해서는 여전히 이들의 진보적 성향이 확인되고 있다. 또한 386세대가 '보수화'되었다고 하더라도 386 이전 출생세대의 시각에 비해서는 여전히 상대적으로 진보적 입장을 유지하고 있다. 2007년과 2008년 선거에서 이들 세대의 진보성이 부각되지 않았던 것은 대통령 선거와 국회의원 선거에서의 쟁점이 이들을 정치적으로 동원할 수 있을 만한 속성을 지니고 있지 못했기 때문이었다. 정치적 이슈보다 부동산, 교육, 고용 등 실생활과 관련된 경제적 이슈가 선거운동을 지배하는 상황에서 386세대가 중시하는 진보적 가치는 커다란 관심의 대상이 되지 못했다. 그런 점에서 본다면 향후 대통령 선거나 국회의원 선거에서 또다시 첨예한 '정치적' 이슈가 부상하게 된다면 386세대의 상당수는 다시 그들의 이념적 진보성으로 회귀할 수도 있을 것으로 보인다.

중도이념 유권자의 정치적 특성과 의미: 2004년 국회의원 선거를 중심으로

1. 서론

2002년 대통령 선거 이후 한국 정치에서 이념요인은 정치적 갈등의 주된 축으로 등장하였다. 이와 함께 자연스럽게 한국 정치에서 나타나는 이념의 특성을 학문적으로 규명하기 위한 적지 않은 연구들이 이뤄졌다. 그런데 이념을 다룬 대부분의 연구는 보수와 진보라는 두 대립되는 이념적 입장이 표방하는 한국 정치적 속성을 파악하는 데 주안점이 놓여 있었다. 예컨대, 우리나라의 이념대립이 서구와는 달리 계급갈등이 아니라 세대갈등으로 전개되는 원인을 찾으려고 하거나, 혹은 이전까지 지배적 갈등구조였던 지역주의와 이념 간의 연계나 단절의 가능성을 찾고자 한 연구들이 모두 이런 경향을 보여주는 좋은 예가 될 수 있다(예컨대 강원택 2003; 장훈 2004; 이현출 2005; 최준영·조진만 2005; 최형익 2003; 정병기 2003; 김주찬·윤성이 2003; 백준기 외 2003 등).

그런데 이념대립의 양극단에 대한 관심에 비해 그 중간에 놓이는 중도이념은 그다지 큰 주목을 받지 못한 채 이런 연구성과의 잔여물처럼 간주되는 경향이 있었다. 따라서 이념과 관련된 비교적 활발한 연구성과에도 불구하고 중도적 입장을 표하는 유권자의 특성에 대한 분석은

220

거의 이뤄지지 않았다. 아마도 그 원인은 상호갈등을 유발하는 이념적 긴장과 대립구조 속에 중도는 독자적으로 구분되는 별개의 축을 형성하는 것은 아니라고 많은 연구자들이 의식적이든 무의식적이든 가정하고 있기 때문일 것이다. 또한 연구방법과 관련해서 볼 때 보수와 진보가 상호대비를 통해 각각의 특성을 파악하는 일이 비교적 용이함에 비해, 중도의 개념은 그러한 상대적 관계 속에서 이해하기 어려운 면이 있는 것이 사실이다. 따라서 중도는 이념 스펙트럼상의 중간위치를 차지하면서 보수, 진보라는 두 가지 대립적 특성이 혼재되어 있거나 혹은 이념적으로 불분명하고 애매한 태도 정도로 해석되는 경향이 있었다. 이 장에서는 한국 정치에서 나타나는 이념의 특성을 보다 포괄적으로 이해하기 위해서 그동안의 연구에서 큰 주목을 받지 못했던 중도 이념성향의 특성을 파악하고자 한다.

이 장에서의 논의는 또 한편으로는 오늘날 한국 정치가 지나치게 극화되어(polarized) 있다는 현실적 진단과도 관련되어 있다. 다이온(Dionne, Jr. 1991)은 《왜 미국인은 정치를 혐오하는가》(Why Americans hate Politics)라는 책에서 1960년대의 미국 진보세력과 1980년대의 보수세력의 분석을 통해 미국 정치권의 이념적 극화가 일반 유권자들의 정치적 혐오감을 불러왔다고 지적한 바 있다. 최근 우리나라에서 나타나고 있는 갈등의 격화나 정치적 혐오감의 증대도 이와 유사한 원인을 갖고 있다고 생각된다. 따라서 이 장에서의 논의는 지나친 이념적 편향성을 극복하고 합의에 기초한 정치(consensual politics)와 구심적(centripetal) 경쟁을 위한 정치적 조건을 찾는 방편으로 우리 사회의 이념적 중도의 특성을 파악하고자 하는 의미도 지닌다.

이 장에서의 분석단위는 자기 스스로를 중도적 입장에 놓여 있다고 '주관적으로' 인식하는 유권자들이다. 사실 이념적 태도를 측정하는 방식은 여러 가지가 있을 수 있다. 다양한 차원의 구체적 정책에 대한 태도로부터 이념적 정향을 파악하는 것도 한 방법이 될 수 있다. 그러나 이 장에서 주목하는 것은 유권자 개인의 주관적 이념평가(*self-placement*)이다. 이 장에서 '주관적 중도' 성향의 유권자를 대상으로 하는 것은 중도이념성향의 특성을 이해하기 위해서는 누가 어떤 이유로 (혹은 어떤 경우에) 자신을 중도라고 인식하는지를 파악하는 것이 중요하다고 보았기 때문이다. 또 다른 이유는 흥미롭게도 주관적으로 자신을 중도라고 생각하는 사람의 비율이 여론조사마다 적잖게 바뀌고 있기 때문이다. 예컨대, 주관적 중도층의 비율은 1997년 대통령 선거 때는 22.3%, 2002년 대통령 선거 직후에는 32.3%, 2004년 총선 이후에는 33.0%, 그리고 2006년 12월에는 36.9%로 변화했다(김형준 2007: 71). 이처럼 주관적으로 생각하는 이념성향이 변화한다는 것은 한국사회의 이념적 변화의 반영일 수도 있지만, 여기서의 논의에서는 그와 다른 정치적 속성을 담고 있을 수도 있다는 점에 주목한다.

이 장에서 사용되는 자료는 한국선거학회에서 조사한 2004년 국회의원 선거후조사 자료이다. 이 조사에서는 0(진보)부터 10(보수)까지 11개의 척도로 유권자가 생각하는 주관적 이념위치를 설정하도록 하는 문항을 포함하고 있는데, 그 중간지점인 5를 자신의 이념적 위치로 응답한 유권자만을 중도이념의 유권자로 간주하여 그 특성을 분석할 것이다.

2. 이론적 검토

이념적 중도성향에 대한 해석은 어떤 시각에서 바라보느냐에 따라 각기 달라질 수 있다. 여기서는 크게 두 가지 관점으로 나눠 살펴보기로 한다. 첫 번째 시각은 이념적 위치로서의 중도에 주목하는 것이다. 즉 보수, 진보와 구분되는 또 다른 이념적 입장으로서의 중도를 설정하는 시각이다. 그런데 이러한 시각은 보수, 진보가 각각 그 내용상의 독특한 특성과 이념적으로 추구하는 목표가 있는 것처럼, 중도 역시 실제적이고 고유한 특성을 갖는 별개의 이념적 위치인가 하는 데 대한 입장에 따라 차이를 보인다. 이런 시각의 차이는 선거경쟁을 공간이론으로 설명한 두 가지 상이한 모델의 비교를 통해 매우 분명하게 찾아볼 수 있다. 다운즈(Downs 1957)로 대표되는 근접이론(*proximity model*)과 라비노위츠와 맥도날드(Rabinowitz and Macdonald 1989)가 주장하는 방향모델(*directional model*) 간에 가장 뚜렷한 시각의 차이를 보이는 것 가운데 하나가 바로 이념 스펙트럼상의 중간지점에 대한 해석이다.

　다운즈는 각 유권자는 자신의 정치적 입장에 따라 이념 스펙트럼상에 위치한다고 가정했다. 좌편향 유권자가 이념 스펙트럼의 왼쪽 편에 위치하고 우편향 유권자가 오른쪽 편에 위치하는 것처럼, 다운즈에게 중간은 좌와 우처럼 또 다른 이념성향의 표현이다. 다운즈는 유권자는 자신의 이념적 입장에서 가장 가까운 위치에 놓여 있는 정당이나 후보자에 대한 효용이 가장 크며 그 지점에서 좌로든 우로든 멀어질수록 그만큼 효용은 떨어진다고 가정했다. 즉 다운즈 모델에서는 이념적 위치보다 이념적 거리가 정치적 효용감과 관련하여 보다 중요한 것이다. 일차원 스펙트럼을 가정할 때 투표자들의 선호의 분포가 단봉형(*uni-modal*)이고 좌우대칭인 상황에서 경쟁하는 두 정당(후보자)이 승리하기 위해서는 두 정당 모두 이념 스펙트럼의 중앙으로 수렴해야 하며 궁극적으로는 중위수 유권자(median voter)의 지지를 차지해야 하는 것이다. 이처럼 다운즈 모델에서 중도이념이라고 할 수 있는 이념적 중간점은 경쟁하는 두 정당이 수렴하게 되는 정치적으로 대단히 중요한 지점이다.

한편, 라비노위츠와 맥도날드는 다운즈와는 전혀 다른 시각에서 이념적 중간점을 바라보았다. 이들은 이념 스펙트럼상의 위치나 거리보다 이념의 방향(direction)과 강도(intensity)를 강조하였다. 이들은 정당의 이념적 성향이 뚜렷할수록 이념 스펙트럼에서 동일한 '방향'에 위치하는 유권자들로부터 보다 강한 지지를 받게 될 것이라고 주장했다. 즉 이념적으로 중앙지점에서 멀리 벗어나면 벗어날수록 이념적 선호의 '강도'는 커지게 되는 것이다. 즉 정당이 추구하는 노선이 선명할수록 지지의 강도가 커지게 된다는 것이다. 따라서 정당 간 경쟁의 방향은 다운즈가 말한 대로 중앙으로 수렴하는 것이 아니라 원심적으로 진행될 것으로 이들은 보았다. 이러한 관점에서 볼 때, 이념 스펙트럼의 중앙지점은 지지를 이끌어낼 수 없는 중립적 지역이거나 혹은 경쟁적 두 이슈에 대한 무차별을 의미하는 점에 불과하게 된다(Macdonald et al. 1991: 1123). 라비노위츠와 맥도날드의 시각에서 볼 때 이념적 중도는 좌와 우, 혹은 진보와 보수와 구분되는 별개의 이념적 위치가 아니라 정치적 선호의 결여, 부재를 의미하는 것이다.

이처럼 정당경쟁에 대한 두 경쟁모델은 이념적 중도에 대해서도 각기 다른 시각을 보여준다. 다운즈 모델에서 중위수 유권자의 위치와 같은 중도지점은 분명한 정치적 입장을 갖는 지점이다. 즉 다운즈 모델에서 중도는 '연속적으로' 정의되는 이념적 분포의 한 위치를 차지하고 있는 지점이다. 이에 비해 방향모델에서 중도 유권자는 방향성도 없을 뿐만 아니라 이슈에 대한 강도도 존재하지 않는 지점으로 정의되고 있다. 즉 방향모델에서 중간은 이념적으로 '단절'의 지점이다. 이처럼 중도이념의 위치가 근접이론에서는 두 정당 간 경쟁의 궁극적인 도달점이라면 방향이론에서는 '경쟁 이전의 단계'와 같은 것이다.

　이념적 중도에 대한 두 번째 해석은 이를 이념적 태도가 아니라 정치적 효능감이나 정치적 불만과 관련하여 설명하는 것이다. 중도를, 앞서 논의한 것처럼 보수, 진보와 구분되는 별개의 이념적 입장이 아니라, 정파적 편향의 거부, 즉 어느 쪽에도 관여하고 싶지 않다는 태도로 보는 경우이다. 예컨대 미국선거조사(National Election Survey)에서는 강한 민주당, 약한 민주당, 중립적 민주당, 순수 중립, 중립적 공화당, 약한 공화당, 강한 공화당 성향 등 7가지 카테고리로 정치성향을 구분해서 묻는데(Keith et al. 1992: 11), 여기서 '순수 중립'이라고 밝힌 유권자가 중도적이라고 보는 경우이다. 이러한 구분은 사실 정당일체감과 관련된 것이므로 중도적이라는 것은 이념적 속성이기보다는 오히려 정파적으로 '중립적'(independent)이라는 특성을 대표한다는 것이다. 그런데 현실정치적으로 볼 때, 중립적이라는 것은 기존 제도권 정당과의 연계의 약화나 정치적 불만감의 증대로 인한 정치적 무관심 혹은 정치적 혐오감을 반영하는 것일 수 있다. 그런 경우 중도성향은 '마음에 드는 정치집단이 없다', 혹은 '어느 쪽에도 편들고 싶지 않다'는 부정적 정서의 표현으로 이해해볼 수 있다.

　이러한 논의를 토대로 다음과 같은 질문을 던져볼 수 있다. 과연 우리나라에서 나타나는 중도이념은 보수, 진보와 구분되는 별개의 속성을 갖는 이념으로 볼 수 있을 것인가? 아니면 그 스스로 구체적인 정책적 내용을 담고 있는 이념이라기 보다는 현실정치에 대한 불만감의 표현으로 보아야 할 것인가?

3. 주관적 중도 유권자에 대한 분석

1) 정파적 중립?

중도이념을 이야기할 때 우선 궁금증이 드는 것은 중도이념과 정파성에 대한 것이다. 즉 중도이념은 보수나 진보 어디에도 속하지 않는 정파적 중립을 의미하는 것인가 하는 점이다. 중도이념이 만약 보수나 진보와 다른 별개의 이념적 특질을 갖고 있다면 이들과는 상이한 정파적 지지의 특성이 나타날 것으로 기대할 수 있다. 이런 특성을 확인하기 위해서 이념 별 정당 선호도에 대해 살펴보았다. 〈표 9-1〉은 주요 3당에 대한 이념집단 별 투표패턴을 정리한 것이다. 보수와 진보이념집단은 각각 매우 분명한 정당 선호도를 보여주고 있다. 진보의 60% 이상이 열린우리당을 선택했고 정당투표의 경우 민노당에 대한 지지역시 22%에 달했다. 반면 보수 유권자의 60% 이상은 한나라당을 지지했다. 진보이념집단의 대다수가 열린우리당이나 민노당을 지지한 반면, 보수이념 유권자의 다수는 한나라당을 지지했다. 이념과 정파적 지지 간의 강한 연계가 확인된다.

그런데 중도 유권자의 경우에는 30% 이상이 한나라당을 지지했지만 전체적으로는 열린우리당 지지자들이 보다 많은 것으로 나타났다. 정당투표에서 민노당을 선택한 이들까지 합치면 중도이념 유권자의 다수가 진보성향을 나타내는 정당 가운데 하나를 선택한 것으로 나타났다. 적어도 2004년 국회의원 선거를 두고 볼 때 중도이념 유권자들은 2 대 1 정도로 진보성향의 정파에 대한 지지가 높았던 셈이다.

그러나 2004년 국회의원 선거는 시기적으로 노무현 대통령에 대한 탄핵 직후 치러진 선거였기 때문에 상황적 요인으로 인해 열린우리당에 대한 중도이념 유권자 층의 지지가 상대적으로 높을 수 있다는 추

〈표 9-1〉 이념집단 별 정당지지 (2004년 국회의원 선거)

(%)

이념	구분	한나라당	민주당	열린우리당	민노당	N
진보	지역구	15.2	6.6	69.3	8.9	394
	정당투표	10.9	6.1	61.0	22.0	395
중도	지역구	36.9	8.5	50.6	4.1	271
	정당투표	30.3	8.7	48.5	12.5	264
보수	지역구	66.4	6.1	26.3	1.1	262
	정당투표	65.9	5.3	23.1	5.7	264

정도 가능하다. 과연 〈표 9-1〉의 결과가 중도이념집단이 정파적으로 중립적이기보다는 특정 이념성향에 가까움 혹은 친밀함을 느끼고 있음을 보여주는 것일까?

이념성향과 정당지지의 관계를 보다 분명하게 살펴보기 위해 이번에는 이념과 여야성향에 대해서 알아보았다. 여야성향은 과거 정권교체를 경험해 보지 못했을 때에는 정당의 잦은 이합집산에도 불구하고 여당 혹은 야당에 대한 지속적인 지지를 확인하게 해준다는 점에서 정파적 지지성향을 측정하는 지표로 사용된다(예컨대 조중빈 1993; 박찬욱 1993). 정권교체가 이뤄지고 난 이후 그 효용성은 이전에 비해 줄었지만, 여야 가운데 어느 쪽에 좀 더 가까움을 느끼느냐 하는 것은 정파적 일체감을 확인하는 데 도움을 줄 수 있을 것이다.

〈표 9-2〉는 이념집단 별 여야성향을 분류한 것이다. 각 이념과 정당지지에 대한 관계가 다시 확인되었다. 진보이념을 가진 응답자 중 여당에 더 가깝다고 응답한 비율은 47.3%로 가장 높았다. 이와 유사하게 보수이념 유권자 중 야당에 가깝다고 응답한 비율 역시 48.2%로 가장 높았다. 한편 중도는 50.9%가 정파적 선호도에 대해 중립적이라고 응답하였다. 세 집단 모두 이념적 입장과 정파적 지지 사이의 깊은 연관이 있음을 보여주고 있다. 그런데 여기서 주목할 점은 이념적으로 중도

〈표 9-2〉 이념과 여야성향

(%)

	여당에 가까움	중립	야당에 가까움	N	chi-square
진보	47.3	34.7	18.0	455	$x^2 = 128.3$
중도	28.6	50.9	20.6	350	
보수	27.1	24.8	48.2	303	$p < 0.01$

라고 한 이들 가운데 28.6%는 여당에, 20.6%는 야당에 가깝다고 밝힌 점이다. 즉 중도이념 가운데 절반 정도는 정파적 속성을 갖고 있다고 응답한 것이다. 이를 어떻게 보아야 할까?

이념적 중도이면서 정파적으로 여당이나 야당에 가깝게 느끼는 이들은 '중도'가 곧 정파적 편향의 부재라는 개념과는 다소 거리가 있어 보인다. 어쩌면 이들은 중도로 자신의 입장을 '위장한' 응답자일 수도 있다. 이를 자세히 알아보기 위해 이들 집단을 세분하여 분석해 보았다. 즉 중도이념의 유권자 집단을 다시 중도이념-여당성향, 중도이념-야당성향, 중도이념-정파적 중립의 세 집단으로 세분하여 다른 이념집단과 함께 특성을 살펴보았다. 이러한 세분된 분류기준에 의해 각 집단의 정파성을 조사하였다. 〈표 9-3〉은 이념 별로 정당 별 호감도의 순위를 조사한 것이고 〈표 9-4〉는 정동영, 박근혜, 권영길 세 정당 지도자에 대한 호감도의 순위를 살펴본 것이다.

〈표 9-3〉, 〈표 9-4〉에서 발견할 수 있는 흥미로운 점은 중도이념을 갖는 이들 가운데 여야성향을 갖는 이들은 각각 진보, 보수 집단과 정당, 정치인의 호감도가 매우 비슷하다는 점이다. 구체적으로 '이념중도-여당성향'과 진보이념 유권자를 비교해 보면, 정당과 정치 지도자 선호의 순위가 모두 동일할 뿐만 아니라 선호의 '강도' 역시 매우 유사하게 나타났다. 즉 이념적 중도라고 해도 여당성향을 갖는 이들은 진보이념집단과 마찬가지로 열린우리당이나 정동영에 대한 선호의 강도

가 매우 강하게 나타났으며, 반대로 한나라당이나 박근혜에 대한 선호
는 매우 낮았다.

　이러한 패턴은 '이념중도-야당성향'의 유권자들에게서도 마찬가지로
확인된다.　이념중도-야당성향 집단은 이념보수 집단과 매우 유사한
호감도를 보였다.　특히 정당 지도자에 대해서는 선호의 순위뿐만 아니

〈표 9-3〉 이념 별 정당 호감도

선호순위	1	2	3	4	5
이념진보	열린우리당 (6.33)	민노당 (5.73)	민주당 (2.98)	한나라당 (2.49)	자민련 (2.09)
이념중도+ 여당성향	열린우리당 (6.62)	민노당 (5.32)	민주당 (3.50)	한나라당 (3.14)	자민련 (2.70)
이념중도+ 정파중립	열린우리당 (5.07)	민노당 (4.92)	한나라당 (4.05)	민주당 (3.74)	자민련 (3.11)
이념중도+ 야당성향	한나라당 (5.33)	민노당 (4.61)	열린우리당 (4.07)	민주당 (3.71)	자민련 (2.72)
이념보수	한나라당 (5.84)	열린우리당 (4.20)	민노당 (4.11)	민주당 (3.61)	자민련 (2.92)

0 - 매우 싫어한다 … 10 - 매우 좋아한다.

〈표 9-4〉 이념 별 정당 지도자 호감도

선호순위	1	2	3
이념진보	정동영 (5.44)	권영길 (5.38)	박근혜 (3.51)
이념중도+여당성향	정동영 (5.79)	권영길 (5.08)	박근혜 (3.84)
이념중도+정파중립	권영길 (4.44)	박근혜 (4.35)	정동영 (4.16)
이념중도+야당성향	박근혜 (6.10)	권영길 (4.57)	정동영 (3.49)
이념보수	박근혜 (6.36)	권영길 (4.12)	정동영 (3.84)

0 - 매우 싫어한다 … 10 - 매우 좋아한다.

라 선호의 강도도 매우 비슷하게 나타났다. 박근혜가 다른 정당 지도자에 비해 큰 차이로 가장 선호되는 인물이었고, 반면 정동영에 대한 선호도는 매우 낮았다. 또한 이 두 집단에서 모두 정당 별 선호순위는 단연 한나라당이 제일 높았다. 그다음 순위에 대해서는 이념보수 집단에서는 열린우리당, 민노당의 순이었고 이념중도-야당성향 집단에서는 민노당, 열린우리당의 순으로 다소 차이가 있지만 이들 간 선호의 강도에서는 큰 차이가 없었다.

〈표 9-3〉과 〈표 9-4〉에서 나타난 특성을 고려할 때, 스스로 이념적 중도라고 밝힌 이들 가운데 적어도 일부는 정파적 속성을 갖고 있는 이들이라고 결론 내릴 수 있다. 이들이 자신의 이념적 속성을 인지하면서도 중도로 '위장'한 것인지 아니면 중도이념 자체가 이런 정파적 속성을 원래부터 담지하고 있는 것인지를 여기서의 분석으로는 구분해 내기 어렵다. 다만 〈표 9-3〉과 〈표 9-4〉에서 본 대로 이념중도-여당성향과 진보이념, 이념중도-야당성향과 보수이념 간의 정치적 선호가 매우 유사하다는 점에서 이들을 중도로 함께 포함해서 논의하는 것은 중도이념의 특성을 파악하는 데 혼란을 줄 수 있을 것 같다.

실제로 정파적 속성을 가진 중도이념집단과 '중도-중립' 집단 간의 정당, 정치인에 대한 선호도를 비교한 결과 서로 다른 특성이 확인되었다. 중도-중립 집단의 정당 별 선호의 순위는 열린우리당, 민노당, 한나라당, 민주당, 자민련의 순으로 나타났다. 그러나 선호의 강도는 다른 집단들과 비교할 때 그리 강하게 나타나지 않았다. 더욱이 정당 지도자에 대한 선호는 다른 이념집단과는 달리 권영길, 박근혜, 정동영 순이었다. 다른 집단과는 달리 선호의 강도가 낮았고 정치인들 간의 선호의 편차도 약했다. 즉 중도-중립 집단에서 정파적 선호도는 그리 강하지 않은 것으로 나타났다. 이런 특성을 고려할 때 이념적 중도라고 하더라도 정파적 속성을 갖고 있는 이들과 그렇지 않은 이들을 구분하여 파악하는 것이 보다 적절할 것으로 판단하여 이제부터는 '중도

-중립' 집단을 중심으로 논의를 전개할 것이다.

여기서 제기해볼 수 있는 질문은 중도-중립은 과연 정파적으로 완전히 중립적인가 하는 점이다. 적어도 〈표 9-3〉, 〈표 9-4〉의 결과에 의하면 이 이념집단이 기존 정당들에 대해 강한 선호도를 갖고 있지 않는 이들이라는 점만큼은 분명하다. 그렇다고 해도 라비노위츠와 맥도날드가 말하듯이 이들의 입장을 '선호부재'로 볼 수 있을까 하는 점은 여전히 의문으로 남는다. 중도-중립의 정파성을 확인하기 위해 이들만을 대상으로 2002년 대선에서의 지지가 2004년에는 어떻게 전이되었는지 그 패턴을 살펴보았다.

〈표 9-5〉에서 보듯이 '중도-중립' 유권자만을 대상으로 살펴본 결과, 2002년 대통령 선거에서 한나라당 이회창 후보를 지지한 응답자 가운데 2004년 총선에서 지역구 투표에서 56%가, 정당투표에서 42%가 다시 한나라당 후보를 지지했다. 이와 유사하게, 2002년 대선에서 민주당 후보였던 노무현 후보를 지지한 이들 가운데 2004년 총선에서 지역구 투표에서 44.3%가, 정당투표에서 40%가 다시 열린우리당을 지지했다. 이들 가운데 민주당을 지지한 이들까지 합하면 지역구 투표 가운데 54.3%, 정당투표 가운데 50%가 다시 동일한 정파를 선택한 셈이다. 이러한 사실은 이념적으로 중도적이고, 정파적으로도 중립적이라고 하더라도 그것이 정파적 선호의 부재를 의미하는 것은 아니라는 사실을 강하게 시사해 준다. 2002년과 2004년의 시간적 차이와 대통령 선거와 국회의원 선거라는 선거수준의 차이에도 불구하고 정파적 지지의 지속성과 일관성이 확인되고 있기 때문이다.

〈표 9-5〉의 결과는 라비노위츠와 맥도날드의 방향모델이 주장하는 것처럼 이념 스펙트럼상의 중도점이 반드시 '중립적이거나' '무차별적인' 지점이라고 보기 어렵다는 사실을 보여준다. 매우 강렬하고 확신에 찬 것이 아니더라도 중도 유권자 역시 일정한 정파적 선호의 방향성은 갖고 있는 것이다.

〈표 9-5〉 2002년 대선과 2004년 총선에서
지지정당의 전이 (중도-중립 유권자)

(%)

2004년 총선 투표방식	2002년 대선지지	2004년 총선에서 지지한 정당							
		한나라	민주	열린 우리	민노	자민련	기타	무응답 /모름	N
지역구	한나라	56.0	–	14.0	6.0	–	–	24.0	50
	민주	8.6	10.0	44.3	5.7	5.7	–	25.8	70
정당투표	한나라	42.0	–	16.0	16.0	–	–	26.0	50
	민주	4.3	10.0	40.0	14.3	2.9	1.4	27.2	70

2) 이념적 거리감과 정파성

중도-중립 유권자의 정파적 특성을 좀 더 분명하게 확인하기 위해 이
번에는 이념적 거리에 따른 입장을 분석하였다. 앞에서 나타난 정당지
지의 패턴이 이념이 아니라 지역주의 영향 탓이라는 주장도 가능하기
때문에 중도이념의 속성을 다운즈(Downs 1957)의 이론에 따라 이념적
근접성과 관련하여 살펴보았다.

　〈표 9-6〉에서 나타난 각 정당 별 이념거리는 개별 응답자가 밝힌 자
신의 이념적 위치와 각 정당에 대해 인식하는 이념적 위치 간의 거리
를 종합하여 평균한 값이다. 실제 분석결과에서는 정당투표와 지역구
투표가 모두 큰 차이 없이 유사한 패턴을 보였지만, 중복을 피하기 위
해 〈표 9-6〉에서는 정당투표 결과를 중심으로 논의하였다. 이념적 거
리의 영향은 각 이념집단 별로 비교적 명확하게 나타났다. 진보이념집
단의 대다수가 열린우리당과 민주노동당을 지지했는데 이들이 각각 정
당투표에서 선택한 정당과 이념적 거리가 가장 가까웠다. 즉 진보이념
집단 가운데 열린우리당을 지지한 이들은 3개 정당 가운데 열린우리당

〈표 9-6〉 진보와 보수 이념집단의 정당투표 별 이념거리

이념집단	정당투표	한나라당과의 이념거리	열린우리당과의 이념거리	민노당과의 이념거리
진보	한나라당	3.19	1.72	1.76
	열린우리당	5.85	**1.28**	2.00
	민노당	6.39	2.10	**1.66**
보수	한나라당	**0.99**	4.42	4.41
	열린우리당	2.40	2.96	3.05
	민노당	2.47	3.07	2.67

과의 이념거리가 1.28로 제일 가까웠고, 진보집단 중 민주노동당을 지지한 이들은 민주노동당과의 이념거리가 1.66으로 제일 가까웠다. 그러나 진보이념이지만 한나라당을 선택한 경우처럼 이념성향과 정파적 지지 간의 일관성이 떨어지는 경우는, 일단 그 사례의 수가 많지 않았고, 이념적 거리의 근접성도 나타나지 않았다.

보수이념집단의 경우에도 이와 유사한 패턴이 나타났는데, 보수이념집단 가운데서는 한나라당을 선택한 이들이 대다수였으며 이들과 한나라당과의 이념적 평균거리가 0.99로 무척 가깝게 나타났다. 보수집단 가운데 열린우리당이나 민주노동당을 선택한 경우는 앞서 진보이념집단에서 한나라당을 선택한 경우처럼 그 수가 많지도 않았고 이념적 거리도 가깝게 나타나지 않았다. 따라서 진보와 보수 두 이념집단을 두고 볼 때, 정당과 개인의 이념적 정합성이 존재하는 경우에 이념거리는 정당선택에 매우 중요한 영향을 미쳤다고 할 수 있다.

그렇다면 진보, 보수 이념집단과는 달리 중도이념을 갖는 이들의 경우는 어떤 패턴이 나타날까? 이번에는 중도이념집단을 여야성향에 따라 3집단으로 구분하여 이념적 거리와 정파적 지지의 관계에 대해 살펴보았다. 전체적으로 볼 때 여기서 나타나는 특성은 앞의 〈표 9-6〉에

서의 진보, 보수 이념집단 유권자의 응답패턴과 매우 유사하다. 〈표
9-7〉에서 보듯이, 중도이념 유권자 중에서 중도이념-여당성향 유권자
들은 열린우리당에 가장 많은 지지를 보냈을 뿐만 아니라 이념적 거리
로 볼 때도 가장 가깝게 느끼고 있다. 이와 반대로 중도이념-야당성향
집단에서는 한나라당에 가장 많은 이들이 표를 던졌고 이념적 거리도
가장 가까웠다.

흥미로운 점은 중도이념 유권자 가운데 정파적 중립을 밝힌 유권자
들의 경우에도 한나라당을 선택한 이들은 한나라당에 대한 이념적 거
리감을 가장 가깝게 느꼈고, 열린우리당을 지지한 유권자들은 열린우
리당에 이념적 거리감을 가장 가깝게 느끼고 있다는 점이다. 즉 열린
우리당과 한나라당이라는 두 거대정당을 두고 볼 때 유권자의 이념적
거리감은 보수, 진보 이념집단뿐만 아니라 중도이념을 포함한 다수 유
권자에게 상당히 중요한 의미를 지닌다는 것을 알 수 있다. 이는 또한

〈표 9-7〉 중도이념집단의 정당투표 별 이념거리

중도이념 집단 중	정당투표	한나라당과의 이념거리	열린우리당과의 이념거리	민노당과의 이념거리
여당성향	한나라당	2.11	2.33	1.25
	열린우리당	2.72	**1.43**	2.45
	민노당	3.00	1.00	3.00
중립	한나라당	**1.45**	1.56	1.86
	열린우리당	2.30	**1.58**	2.02
	민노당	1.67	1.48	2.33
야당성향	한나라당	**1.14**	1.48	1.58
	열린우리당	2.00	2.00	2.17
	민노당	3.13	1.25	2.25

'중도-중립'적인 유권자들도 자신의 이념적 위치에서 가장 가깝게 존재한다고 인식하는 정당을 선택하고 있다는 사실을 말해주는 것이다. 이러한 점은 앞에서도 지적한 대로, 이념적 중도가 라비노위츠와 맥도날드가 말하는 것처럼 이념적 선호나 선호강도가 부재한 상황이라고 볼 수 없다는 사실을 다시 확인시켜 준다. 즉 중도이념은 방향모델에서 말하는 것처럼 상반되는 두 개의 대안 가운데 어떤 선호도 존재하지 않는 상황이 아니라 일정한 선호를 갖고 있으며, 자신이 위치한 이념적 위치에서 가장 근접해 있는 대안을 선택하고 있는 것이다. 이러한 분석결과로 미뤄볼 때 중도이념 유권자라고 해도 정파적 선호가 결핍된 상황이라고 단정하기는 어려워 보인다. 선거마다 지속적인 선호정당이 존재하며 자기가 지지한 정당과 이념적 거리감이 가깝다는 사실을 고려할 때 이념적 중도 유권자들 역시 정파적 선호를 지니고 있다고 할 수 있다.

3) 정치적 효능감 혹은 정치적 불만감?

이념적 중도가 정파적 선호의 부재를 의미하는 것은 아니라면, 이제 제기할 수 있는 질문은 그렇다면 중도라는 입장표시는 정치적 불만족이나 혹은 정치적 효능감의 제약을 의미하는 것인가 하는 점이다. 즉 중도적 입장을 취한 것은 정치현실에 대한 불만감으로 인한 결과일 수 있다는 것이다.

이러한 특성을 확인하기 위해 성당정치와 국정운영 전반에 대한 만족도에 대해 살펴보았는데, 분석결과 중도이념을 갖는 이들이라고 해서 정당정치 전반이나 국회, 대통령/행정부에 대한 만족도, 혹은 현정부 1년 평가, 우리나라 민주정치에 대한 만족도 등의 항목에서 진보나 보수 이념집단에 비해서 유독 높은 수준의 불만이 나타나지는 않았다. 통계적으로도 진보나 보수 집단과 별다른 차이가 없음이 확인되었다. 따라서 이념적 중도가 정치체계 전반에 대한 정치적 불만족을 나타내는 것이라고 말하기는 어렵다.

　그러나 중도-중립 유권자들은 투표를 통한 정치적 의사의 반영이라는 정치적 효능감과 관련해서는 다른 이념집단과 비교할 때 보다 부정적인 태도가 확인되었다. 〈표 9-8〉에서는 앞에서의 논의결과를 참조하여 유사한 정파적 성향이 확인된 이념중도-여당성향은 진보에, 이념중도-야당성향은 보수에 각각 포함시키고 이들과 중도-중립 집단과 정치적 효능감에 대해 비교해 보았다. 4가지 질문항목 가운데 '내 투표는 그리 중요하지 않다'는 질문에 대해 중도-중립 집단에서 가장 부정

〈표 9-8〉　이념집단과 정치적 효능감

구 분	이념집단	평 균	N	ANOVA
내 투표는 그리 중요하지 않다.	진보	3.22	600	F = 4.81 p<0.01
	중도-중립	**3.01**	174	
	보수	3.15	388	
투표한 후보자에 만족?	진보	2.10	474	F= 3.58 p<0.05
	중도-중립	**2.19**	108	
	보수	2.03	317	
누가 권력을 잡느냐에 따라 차이?	진보	2.33	594	F = 3.46 p<0.05
	중도-중립	**2.63**	171	
	보수	2.39	389	
누구에게 투표하느냐에 따라 차이?	진보	3.76	596	F = 2.04 p = 0.13
	중도-중립	**3.71**	171	
	보수	3.90	387	

내 투표는 그리 중요하지 않다: 1 - 정말 그렇다, 2 - 그런 편이다, 3 - 그렇지 않은 편이다,
　4 - 절대 그렇지 않은 편이다
투표 만족: 1 - 매우 만족, 2 - 대체로 만족, 3 - 다소 불만족, 4 - 매우 불만족
권력 차이: 1 - 차이가 많다 … 5 - 차이가 없다.
투표 차이: 1 - 차이가 없다 … 5 - 차이가 많다.
(모름, 무응답 제외)

적인 응답이 나타났으며, '투표한 후보자에 대한 만족감'도 세 집단 가운데 중도-중립 집단에서 가장 낮게 나타났다. '누가 권력을 잡느냐에 따라 차이가 있느냐'는 질문에 대해서도 가장 부정적인 응답이 중도-중립 집단에서 나타났다. 이들 질문들은 모두 정치적 효용성을 측정하기 위한 것이다. 〈표 9-8〉의 결과는 중도-중립 집단은 다른 이념집단에 비해 투표행위나 선거의 정치적 효능감을 상당히 낮게 느끼고 있는 집단이라는 것을 알 수 있다. 다시 말해 중도-중립 이념집단은, 정치체계 전반에 대해 정치적 불만족을 가진 이들은 아니라고 해도, 기존 정치권이나 정치현실에 대해 매우 냉소적이고 커다란 불신을 갖는 이들이라는 사실을 잘 보여주고 있다.

이번에는 이들이 느끼는 기존 정당체계와 정치 지도자와의 연계감의 정도, 즉 정치적 귀속감, 소속감의 정도를 비교해 보았다. 〈표 9-9〉의 결과 역시 흥미롭다. 중도-중립 집단은 예외 없이 다른 이념집단에 비해서 정당이나 정치 지도자에 대한 귀속감이나 친근감이 상당히 낮게 나타났다. 중도-중립 집단 가운데 '가깝게 느끼는 정당이 없다'는 응답비율은 전체 응답의 2/3에 달하고 있으며 '가깝게 느끼는 정당이 있다'는 긍정적인 대답은 20%에 미치지 못했다. 대체로 40% 정도의 긍정적 응답이 나온 진보나 보수 이념을 가진 응답자들과 비교할 때 중도이념집단의 정치적 귀속감이 매우 약하다는 것을 알 수 있다. '자신을 잘 대변해 주는 지도자가 있느냐'는 질문에 대해서는 중도이념집단의 무려 83.6%가 없다고 대답했다. '자신을 잘 대변해 주는 정당이 있느냐'는 질문에 대해서도 중도이념집단 가운데 80%가량이 부정적인 응답을 했다. 〈표 9-9〉에 포함된 세 질문에 대해 모두 중도이념집단과 보수/진보 두 집단 간의 분명한 입장 차이가 확인되었다.

〈표 9-9〉의 결과로 미뤄볼 때 중도이념집단은 기존 정치체계와의 연계가 약한 집단이라는 사실을 알 수 있다. 기존 정당정치로부터의 소외감으로 볼 수도 있다. 즉 중도-중립 집단은 기존 정당이나 정치

〈표 9-9〉 이념집단과 정치적 귀속감

(%)

항목	이념	그렇다	아니다	모름/무응답	N
특정 정당에 가깝게 느끼고 있나?	진보	41.2	47.1	11.8	605
	중도(중립)	19.2	**66.1**	14.6	177
	보수	37.9	51.3	10.9	396
자신을 잘 대변해 주는 지도자가 있나?	진보	27.9	64.8	7.3	605
	중도(중립)	9.6	**83.6**	6.8	177
	보수	21.7	72.2	6.1	396
자신을 잘 대변해 주는 정당이 있나?	진보	28.8	64.3	6.9	605
	중도(중립)	14.1	**79.1**	6.8	177
	보수	24.7	67.2	8.1	396

지도자에 대한 믿음이나 귀속감이 약하고 정치적 불신이나 냉소가 큰 집단인 것이다. 이런 특성은 앞에서 분석한 대로 중도이념집단이 다른 이념집단에 비해 주요 정당으로부터의 이념적 거리감을 크게 느끼고 있다는 발견과도 맥을 같이하는 것이다.

이처럼 정치적 효용감이 낮고 정당이나 정치 지도자와의 연계감도 약하다면 자연히 투표율도 상대적으로 낮을 수밖에 없을 것이다. 〈표 9-10〉은 2004년 국회의원 선거에서 투표여부를 이념집단 별로 분석한 것이다. 실제로 분석결과 중도-중립 집단은 다른 이념집단에 비해 투표율이 크게 낮았다. 진보나 중도-여당성향, 보수나 중도-야당성향 집단 가운데 투표했다는 응답은 80%를 넘고 있지만 중도-중립 집단 가운데 투표했다는 응답은 67.8%에 불과했다. 이와 같은 중도-중립 집단의 낮은 투표참여율은 앞서 살펴본 것과 같은 낮은 정치적 효용감, 기존 정당과의 약한 연계 및 친밀감을 고려할 때 이해할 수 있는 결과이다.

〈표 9-10〉이념성향 별 2004년 국회의원 선거 투표여부

(%)

		투표했다	투표 안 했다
진보		82.4	17.6
중도	여당성향	85.0	15.0
	중립	**67.8**	**32.2**
	야당성향	87.3	12.7
보수		85.3	14.7

　　이제까지의 논의를 요약하면, 중도성향의 유권자들은 보수나 진보와 같은 다른 이념집단에 비해 정치체계 전반에 대한 만족감이 낮거나 국정운영에 대한 불만이 높은 이들은 아니었다. 그러나 이들은 정치적 효능감이 낮고 정당정치에 대한 귀속감도 매우 낮은 집단이라는 점은 분명해 보인다. 이는 또한 기존 정치권과의 연계가 약하고 실망감이 큰 경우 적지 않은 유권자들이 중도이념 속에 '숨어버릴 수' 있음을 시사해 주는 것이다.

　　모두(冒頭)에서 인용한 대로, 한국 정치에서 주관적으로 중도라고 생각하는 유권자의 비율은 증가하는 추세를 보였다. 이 장에서의 발견을 토대로 본다면 중도 유권자의 증가 추세가 양극적 이념분포로부터 중앙으로 수렴하는 경향을 의미하는 것이라고 볼 수는 없다. 오히려 정당정치가 유권자들을 충분히 만족시키지 못하고 있음을 보여주는 것이다.

4. 결론

지금까지 그동안 정치이념 연구에서 자주 다뤄지지 않았던 중도이념의 정치적 특성을 파악하고자 했다. 분석결과 몇 가지 흥미로운 특성이 확인되었다. 우선 지적할 점은 중도이념집단을 보수나 진보와 전혀 다른 별개의 속성을 가진 단일한 이념적 집단으로 보기는 어렵다는 것이다. 상대적으로 선호의 강도가 강하지 않을 수는 있지만 분명하고 일관된 정파적 선호도를 갖고 있음이 확인되었다.

그러나 보다 분명한 '중도' 이념집단의 특성은 어느 한 정파나 혹은 기존 정치권에 대한 정치적 불만족이나 약한 유대감, 그리고 낮은 정치적 효용성과 신뢰감과 관련되어 있다. 어떤 면에서 본다면 중도이념 집단은 이념적으로 양극화되어 있는 상황에서 기존 정당정치로부터 정치적 소외를 느끼고 있는 이들이라고도 할 수 있다. 투표불참이 중도이념집단에서 상대적으로 높게 나타나고 있는 것도 이러한 속성을 잘 보여준다. 따라서 중도이념 유권자층의 확대가 반드시 구심적 경쟁의 강화라는 긍정적 변화를 반영하는 것이라고 보기는 어렵다.

한 가지 덧붙이고 싶은 점은 주관적 이념과 실제정책에 대한 태도와의 관련성을 분석한다면 주관적 중도집단의 이념적 속성을 이해하는 데 보다 좋은 정보를 제공할 수 있을 것으로 생각되었지만 자료상의 한계로 인해 이 장에서는 그러한 분석을 실시할 수 없었다는 것이다. 이는 이 연구의 한계이면서 동시에 후속연구를 위한 중요한 과제가 될 것으로 보인다.

제 4 부

지방선거

제 10 장 지방선거는 중앙정치의 대리전? :
1998년 지방선거

제 11 장 2002년 지방선거의 정치적 의미 :
중간평가 혹은 대선 전초전?

제 12 장 2006년 서울시장 선거분석 :
이미지 선거?

　비교적 순조로운 민주화의 진전에도 불구하고 우리나라 정치는 여전히 중앙 집권적 속성에서 크게 벗어나지 못하고 있는 듯이 보인다. '제왕적 대통령제'라는 지적이 나올 만큼 대통령은 강력한 권한을 지니고 있고 권위주의 체제 하의 개발국가 시대에 팽창한 중앙관료조직의 영향력 역시 막강하다. 따라서 지방자치제의 도입에도 불구하고 분권적인 거버넌스를 기대하기는 아직은 어려워 보인다. 거버넌스의 측면뿐만 아니라 정당정치에서도 지방은 자율적 구조를 갖고 있지 못하다. 중앙당과 당 지도부는 위계적 조직의 형태로 지방조직을 압도하고, 중앙 의회의 정치엘리트가 지역 당 조직을 이끌고 있다. 지방정치의 활성화를 기대하기는 아직은 어려운 실정이다. 이런 특징은 지방선거에도 그대로 반영되고 있다. 지방정부의 권한이 미약하고 지방 정당 조직의 자율성이 취약한 만큼 지방선거라 해도 중앙정치적 요인이 선거과정에 큰 영향을 미치고 있다.

　이런 점에 주목하여 제10장과 11장에서는 1998년과 2002년 지방선거에서 중앙정치적 요인이 미친 효과에 대해 분석한다. 한편, 2006년 서울시장 선거 때는 오세훈, 강금실 두 후보의 선거운동을 두고 '이미지 선거' 논란이 일었다. 제12장에서는 '이미지 선거'라는 비판의 타당성에 대해 살펴볼 것이다.

제10장

지방선거는 중앙정치의 대리전? : 1998년 지방선거

1. 서론

지방선거는 지방정부의 수장과 지방의회 의원을 선출하는 정치행사이다. 따라서 기능적으로 본다면, 지방선거는 지방정부의 업적과 활동에 대한 지역주민의 정치적 평가이며 본질적으로 그 정치적 평가는 지방 수준에 국한된다. 그러나 흔히 볼 수 있는 대로 한국의 지방선거는 중앙정치의 큰 관심과 주목의 대상이 된다. 언론에서도 지방선거의 의미를 지방 수준이 아니라 중앙정치와의 연관 하에서 해석하며, 실제로 선거에서 각 정당은 중앙당 수준의 대책반을 구성하며 지방선거 승리를 위해 총력을 다한다.

이렇듯 지방선거가 중앙정치의 중요행사가 되어버린 데에는 여러 가지 원인이 있겠지만, 지방자치의 부활에도 불구하고 주요한 행정적 권한이 여전히 중앙정부에 집중된 사실과 관련이 있을 것이다. 특히 예산과 관련해서 지방자치단체는 중앙정부에 크게 의존하기 때문에 지방선거라고 하더라도 그 평가의 대상이 실질적 정책결정의 권한을 갖는 중앙정부까지 확대될 개연성은 높다. 더욱이 정당의 지방조직이 자율성을 갖고 있지 않으며 후보선정 등 중요한 결정이 중앙당의 직접 혹은 간접적 개입에 의해서 이뤄진다는 점을 감안한다면, 지방선거가 중앙정치의 '대리전' 양상을 보이는 것은 결국 지방정치가 중앙에 예속화된 결과로 보아야 할 것이다.

그러나 지방정치가 많은 부분에서 중앙정치의 큰 영향 하에 놓여 있다고 하더라도, 지방선거에 참여한 유권자의 선택이 반드시 중앙정치에 대한 평가를 반영한다고 단정지어 말하기는 어렵다. 앞서 전제한 대로 지방선거의 1차적 의미는 지방정부 활동에 대한 평가를 반영한다는 데 있기 때문이다. 특히 지방선거에 참여한 유권자는 지방행정 서비스의 직접적 소비자이므로 이에 대한 평가가 유권자의 선택에 어떤 형태로든 반영될 수밖에 없을 것이다.

이 장의 목적은 지방선거에 참여한 유권자의 선택에 중앙정치에 대한 평가가 얼마나 큰 영향을 미쳤는지를 경험적으로 분석하려는 것이다. 지방선거를 중앙정치의 '대리전'으로 보는 시각의 사실여부를 평가의 주체인 유권자의 투표형태를 통해 살펴보고자 한다. 그리고 이를 통해 한국 정치에서 지방선거가 갖는 정치적 함의를 파악하고자 한다. 이 장에서의 논의는 1998년 6월 4일 실시된 지방선거를 중심으로 이뤄질 것이지만 그 특징을 보다 명확히 파악하기 위해, 필요한 경우 1995년 실시된 지방선거의 결과를 비교차원에서 함께 살펴볼 것이다. 이 장에서 사용된 데이터는 한국선거연구회에서 1995년과 1998년 지방선거후조사(*post-election survey*)를 통해 수집한 자료이다. [1]

---

1) 1995년 지방선거후조사는 1995년 6월 28일부터 7월 6일 사이에 실시되었으며, 표본의 크기는 1,200개이다. 또한 1998년 지방선거후조사는 1998년 6월 5일부터 8일 사이에 실시되었으며, 표본의 크기는 1,501개이다. 각 조사에서 표본추출은 제주도를 제외한 전 지역을 대상으로 지역 별, 성별, 연령 별 분포를 고려한 다단계 집락층화 표본추출 방식을 사용하였다.

2. 지방선거와 중앙정치: 이론적 논의

선거는 유권자가 개인의 개별적 선호표출을 통해 집합적으로 결정을
내리게 하는 결정방식이다. 국민의 직접적 정치참여를 통한 의사결정
이라는 점에서 민주주의 원칙을 실현하는 중요한 제도적 장치이다. 특
히 지방자치제의 부활 이후 기존의 대통령 선거, 국회의원 선거와 함
께 지방자치 선거까지 치르게 되어 전체적으로 선거의 종류와 수가 늘
어나면서 선거는 이제 보다 일상에 가까운 정치행사가 되었다. 이렇듯
선거가 과거에 비해 빈번하게 실시되지만, 유권자들이 느끼는 선거 중
요도는 각 선거의 수준에 따라 차이를 보이는 것이 사실이다. 이러한
특징을 뷰캐넌과 털럭의 결정비용 모델로 설명한다면(Buchanan and
Tullock 1962; 강원택 1997: 94~95), 이는 외부비용(*external cost*)의 차
이에서 기인하는 것으로 볼 수 있다. 외부비용은 자신의 뜻과 상이한
결정이 내려지는 경우, 그 결정에 불만을 갖는 사람들이 갖게 되는 사
회적 비용을 의미한다. 이러한 외부비용은 결정에 수반되는 비용의 차
이, 즉 각 선거의 수준마다 차이를 보이게 될 것인데, 한국처럼 대통령
의 영향력이 큰 나라에서라면 대통령 선거의 외부비용은 매우 클 것이
며, 반면 구청장 선거에서의 외부비용은 상대적으로 그다지 크지 않을
것이다.

만약 유권자의 한 표가 대통령을 선출하거나 혹은 국정운영에 영향
을 미치는 정당 간 국회의석을 결정하는 정도의 중요성을 갖고 있지
않다면, 선거에서 유권자들이 느끼는 결정의 부담감은 다소 적어질 수
밖에 없다. 뷰캐넌과 털럭이 말하는 외부비용, 곧 선거의 결과가 나의
뜻과 상반된 형태로 나타났더라도 내가 겪어야 할 상실감 혹은 직접적
부담이 그리 크지 않다면 유권자는 선거의 결과(즉 당선자가 누구냐)에
크게 얽매이지 않게 되어, 기권하거나 오히려 이러한 기회를 이용하여

현재의 중앙정치적 상황 혹은 중앙정부의 정책에 대한 불만을 표출하고자 할 수 있을 것이다. 이러한 특징은 대부분의 국가에서 총선거 혹은 대통령 선거에 비해 지방선거, 보궐선거의 투표율이 낮다는 사실에서 확인할 수 있다.

또한 이러한 선거를 유권자들은 대체로 집권당에 대한 정치적 불만을 표현하는 기회로 삼기도 하는데, 따라서 그 결과는 아무래도 방어적 입장에 있는 집권당에 불리한 형태로 종종 나타나곤 한다. 예컨대, 미국의 경우 대통령 임기중반에 실시되는 중간선거(mid-term elections)는 대통령을 뽑는 해에 실시되는 선거에 비해 아무래도 유권자의 관심과 정치적 무게감이 떨어질 수밖에 없다. 대체로 이전 선거에서 대통령을 배출한 정당의 지지율이 중간선거에서는 떨어지곤 하는데, 캠벨(Campbell 1993)은 대통령 선거에서 당선된 대통령이 얻은 득표율이 높으면 높을수록 그만큼 중간선거에서는 그 정당지지율의 하락폭이 커진다는 사실을 발견했다. 캠벨에 의하면, 이러한 지지율의 하락은 대통령의 인기가 아무리 높아도 하락폭을 줄일 뿐이지 하락 자체를 반전시킬 수는 없다는 것이다. 더욱이 중간선거는 당시의 경제상황이나 대통령의 인기와 같은 단기적 요인에 의해 쉽게 영향을 받는데,[2] 캠벨은 중간선거가 부분적으로 대통령의 업무수행에 대한 중간평가의 의미도 갖는 것으로 보았다. 그러나 열기나 관심이 대통령 선거 때보다 저조한 점을 들어 이를 '조용한 중간평가'(a muted referendum)라고 불렀다(Campbell 1993: 224~225).

정치체제가 미국과 다른 유럽의 민주주의 국가에서도 상황은 크게 다르지 않다. 예컨대 영국의 경우 차기정부를 결정하는 총선에 비해 보궐선거나 지방선거에서는 정당지지의 패턴이 상이하게 나타난다. 대처 총리가 1979년 집권에 성공한 이래 보수당은 1997년 5월 선거 이전

---

2) Kramer(1971), Campbell(1985), Tufte(1975) 등을 참조할 것.

까지 무려 4번 총선에서 승리하여 모두 19년을 집권하였지만, 이 기간 동안 실시된 보궐선거에서는 끊임없이 야당, 특히 제3당인 자유민주당에 거의 대부분의 의석을 상실하였으며, 1998년 지방선거에서는 노동당, 자유민주당에 이어 제3정당의 위치로까지 떨어졌다. 다시 말해, 권력의 향배를 결정하는 총선과는 달리 보궐선거나 지방선거를 유권자들은 집권당에 대한 불만을 표현하는 기회로 삼았다는 사실을 알 수 있다. 노리스(Norris 1990)는 이를 두고 '임기중반의 우울함'(mid-term blues)이라고 불렀는데, 그녀가 책의 부제로 붙인 것처럼 보궐선거에서 유권자들은 총선에서와는 달리 정당지지에 있어 매우 '변덕스러운'(volatile) 모습을 보여준다. 또한 독일의 녹색당은 연방선거보다 주 수준에서 혹은 유럽의회 선거에서 훨씬 나은 득표율을 기록하곤 했는데 이 역시 상이한 선거수준에 대해 유권자들의 투표선택의 기준이 조금씩 달라진다는 점을 보여주는 또 다른 예가 될 수 있다.

피오리나(Fiorina 1981)는 미국 선거에 대한 연구에서 '회고적 투표'(retrospective voting) 이론을 주장하였다. 회고적 투표란 유권자들이 투표선택 기준을 집권 이후 실시할 정책대안에 대한 평가에 의해서가 아니라, 이전 정부의 업적에 대한 평가를 통해 내리게 된다는 것이다. 즉, 과거업적에 대한 평가가 긍정적이라면 상으로 집권당을 지지하고, 그에 대한 평가를 부정적이라고 생각하는 유권자들은 벌로 반대당을 지지하게 된다는 것이다. 이 이론에 따르면 투표선택의 기준은 정부업적에 대한 평가에 놓이게 되는 것으로, 앞서 본 대로 단기적이고 상황적인 요인이 적지 않게 작용하는 지방선거나 보궐선거에서라면 집권당, 혹은 현 정부의 업무나 경제상태의 평가에 보다 민감하게 반응할 수밖에 없다.

한국의 지방선거는 그 역사가 길지 않아 폭넓은 자료에 기초한 긴 흐름을 살펴보기에는 아직 이르지만, 1995년에 실시된 6·27 지방선거에 대해서 박경산은 이를 중앙정부, 즉 김영삼 정부에 대한 회고적 투표행위로 설명하였다(박경산 1995). 박경산은 지역성과 함께 여당에 대한 평가가 기본적인 정당선호를 결정하며, 가시성이 높은 선거의 경우 인물평가가 또 다른 결정요인이 됨을 주장하였다. 특히 1995년 지방선거에서는 자치단체장을 주민들이 처음으로 직선으로 선출했기 때문에 지역 수준의 회고적 평가는 가능한 일이 아니었으며, 따라서 지방선거는 김영삼 정부의 국정수행에 대한 평가의 의미를 지녔다는 것이다. 지방선거가 현 정부에 대한 회고적 평가의 의미를 지나고 있다면 지방선거는 그 평가의 대상이 지방정부가 아니라 중앙정부가 되는 것이므로 중앙정치적 수준에서 선거의 의미를 찾게 될 것이다.

이렇듯 지방선거는 지방정부와 지방의회의 구성원을 선출한다는 원래의 기능 이외에도 종종 중앙정치의 평가라는 또 다른 의미가 포함된다는 사실을 알 수 있다. 이 장에서 주목하는 점은 이에 대한 유권자의 인식이다. 즉 지방선거라고 하는 지방정치적 행사에 중앙정치적 요소가 얼마나 유권자의 선택에 영향을 미쳤느냐 하는 점이다.

3. 1998년 지방선거에서 중앙정치의 영향

1) 중간평가와 지방선거

앞서 언급한 대로 중앙정부의 국정운영과 그다지 큰 관계가 없는 지방
선거 등 하위수준의 선거에서 유권자들이 이를 집권당의 정책수행에
대한 평가의 기회로 삼는 것은 사실 많은 나라에서 찾아볼 수 있는 일
이다. 야당은 이 기회를 이용하여 집권당의 실정을 부각시키고 자신들
에 대한 지지를 확대하려고 노력하기 마련이다. 한국에서도 대통령 재
임중반에 실시되는 선거를 중간평가로 규정한 것은 당연히 야당이었
다. 예를 들면, 1995년 6·27 지방선거는 물론, 1996년 국회의원 선거
에서도 야당은 각각의 선거를 모두 김영삼 정부에 대한 중간평가로 규
정하였다.[3] 이는 집권중반, 집권당 혹은 대통령의 인기하락을 이용하
여 지방선거를 중앙정치에 대한 평가로 연결시키고 유권자의 불만을
부추김으로써 유권자들에게 '회고적 평가'를 강요하여 야당에 대한 지
지를 극대화하려는 선거전략의 일환으로 이해할 수 있다. 특히 지난
1995년 지방선거에서는 당시 민자당에서 탈당한 김종필이 자민련을
창당하고 김영삼 정부에 대한 부정적 평가를 지역적 불만과 연계시킴
으로써 정치적 재기에 성공한 바 있다.

그러나 1998년 6·4 지방선거는 김대중 대통령의 집권초기로 새 정
부 출범에 대한 기대감이 여전히 높은 이른바 밀월기(honeymoon period)
에 실시되었다는 점에서 사실 중간평가로 보기에는 평가의 기간이 너

---

[3] 야당이 1995년 6·27 지방선거를 중간평가로 규정한 데 대해서는 〈중앙일
보〉 1995년 6월 17일자와 1995년 6월 18일자 기사를 참조할 것. 1996년의 총
선과 관련해서는 〈조선일보〉 1996년 1월 23일자와 〈동아일보〉 1996년 3월 6
일자 기사를 참조할 것.

무 짧았다.[4] 특히 경제난국으로 인한 위기의식이 폭넓게 형성되어 있었던 상황적 요인과 이를 극복하기 위한 김대중 정부의 활동에 거는 국민적 기대감이 있었음을 감안하면 1998년 지방선거를 김대중 정부의 정책수행에 대한 중간평가로 보기는 어려운 실정이었다. 그런데 흥미롭게도 1998년 지방선거를 중간평가로 규정한 것은 야당이 아닌 집권당인 새정치국민회의였다.

> 국민회의 조세형 총재권한대행은 이번 선거는 중간평가라고 미리 못박았고 청와대 관계자들도 같은 톤으로 말한다. …과거, 선거 때마다 야당은 정치적 색칠을 하고 여당은 탈정치를 말하는 것과 비교해 보면 거꾸로 된 느낌이다. 수도권 압승을 노리는 여당이 인물대결보다는 김 대통령에게 힘을 줘야 난국을 풀 수 있다는 정치적 접근을 하고 있는 탓이다(〈조선일보〉 1998. 5. 3.).

1998년 지방선거를 김대중 대통령에 대한 중간평가로 보는 여당의 시각에 대해 실제 유권자는 어떤 평가를 내리고 있었을까? 〈표 10-1〉은 1995년 지방선거와 1998년 지방선거에서 유권자들이 지방선거를 대통령과 집권당에 대한 중간평가로 간주하는지에 대한 각각의 응답을 정리한 것이다. 1998년 지방선거가 현 정부에 대한 중간평가의 의미가 있는지에 대한 질문에 대해서는 응답자의 절반에 가까운 47.1%가 중간평가의 의미가 포함되어 있다고 응답하였는데, 1995년 실시된 지방선거에서 그 응답은 65.2%로 더욱 높았다. 이러한 응답률의 차이는 김영삼 정부의 출범이 1993년 초였고 지방선거는 1995년에 실시되었기 때문에 시기적으로 이를 중간평가로 볼 수 있는 충분한 근거가 있었기 때문일 것이다. 이에 비해 1998년 지방선거의 경우에는 대통령선거가 불과 6개월 전에 실시되었고, 새 정부 출범이 겨우 4개월도 채

---

[4] 김대중 대통령의 취임은 1998년 2월 25일이었고, 지방선거는 1998년 6월 4일에 실시되었으므로 그 시차는 채 4개월도 되지 않는다.

⟨표 10-1⟩ 지방선거를 중간평가로 간주하나?5)

(%)

지방선거	그렇다 (동감한다)	그렇지 않다 (동감하지 않는다)	모르겠다 (그저 그렇다)	n
1998	47.1	30.1	22.9	1500
1995	65.2	13.0	22.8	1200

되지 않았다는 점을 고려하면 47.1%의 응답자가 중간평가의 의미를 부여한 것은 상당히 높은 비율의 응답으로 보아야 할 것이다. ⟨표 10-1⟩에서 볼 수 있듯이 두 번의 지방선거에서 많은 수의 유권자가 지방선거에 중간평가의 의미를 부여하는 것은 지방선거가 '원칙적으로' 지방 수준의 정치행사임에도 불구하고, 중앙정치에 대한 평가가 상당히 중요하게 고려되는 것으로 볼 수 있다. 야당이 정략적 관점에서 지방선거를 중간평가로 규정한다는 것은 이해할 수 있는 것이지만, 유권자들 역시 지방선거를 중간평가로 바라본다면 우리나라의 지방선거는 언제나 중앙정치의 영향에서 자유로울 수 없을 것이다.

새 정부 출범 후 얼마 지나지 않았음에도 불구하고 중간평가의 의미가 부여된 원인을 살펴보기 위해 정당지지 별로 중간평가에 대한 입장을 알아보았다. ⟨표 10-2⟩에서 볼 수 있듯이, 지지하는 정당에 따라 지방선거에 중간평가의 의미를 부여하는 데 있어 커다란 차이가 확인되었다. 정당공천이 허용된 광역단체장 선거와 기초단체장 선거, 그리고 광역의회의원 선거에서 모두 지지정당과 이에 대한 중간평가 의미 부여의 비율은 놀랄 만큼 매우 유사했다. 국민회의를 지지한 유권자의 약 4명 중 3명은 1998년 지방선거가 김대중 정부에 대한 중간평가라는 의미를 부여했으며, 반면 한나라당을 지지한 유권자는 국민회의를 지

---

5) ( ) 안은 1995년의 질문항목. 1995년의 설문은 '전적으로 공감한다, 공감한다, 그저 그렇다, 동감하지 않는다, 전혀 동감 않는다' 등 5개의 서수적 범주로 질문되었지만 여기서는 3개의 범주로 재구성하였다.

지한 유권자에 비해 20% 이상 낮은 응답비율을 나타냈다. 자민련 지지자의 반응은 두 정당 지지자의 중간 정도에 머물렀다. 이러한 결과는 지방선거를 중간평가로 간주하느냐의 여부가 정당지지와 긴밀한 관련을 갖고 있음을 알려준다. 즉 앞서 인용하였듯이 국민회의의 지도부는 1998년의 지방선거의 결과를 김대중 정부에 대한 신임여부와 연계시켰는데 실제로 국민회의를 지지한 유권자들은 이러한 주장에 화답하여 김대중 정부에 대한 중간평가의 의미를 부여한 것이다.

사실 이러한 반응은 매우 흥미롭다. 중간평가란 피오리나가 말하는 회고적 투표의 성격을 갖는 것이기 때문이다. 대통령의 임기중간에 실시되는 선거에 중간평가의 의미를 부여하는 것은 대부분 야당이었고, 따라서 중간평가라는 의미는 집권당과 대통령에 대한 부정적 평가를 수반하는 것이었다. 그러나 1998년 지방선거에서는 이와는 매우 대조적으로 현 정부에 긍정적 평가를 내리는 유권자일수록 중간평가의 의미를 부여하였다. 여당의 지지자, 특히 국민회의를 지지한 유권자들이 중간평가의 의미를 부여하고, 야당을 지지한 유권자는 그런 의미를 부인하는 패턴은 지역별 구분에서도 거듭 확인되고 있는데 광주·전라 지역에서 높은 비율로 지방선거를 중간평가로 간주하고 있고, 그다음으로 높은 곳이 서울, 경기·인천 지역이었다. 그 이외의 지역에서는 상대적으로 그 비율이 낮게 나타났다.

이러한 점은 김대중 대통령과 정부에 대한 평가에서도 분명하게 확인된다. 〈표 10-3〉은 "김대중 대통령이 일을 얼마나 잘한다고 생각하시는지 점수를 매긴다면 몇 점입니까?"라는 질문과 "김대중 정부의 IMF 경제위기 극복을 위한 정책에 대하여 어떻게 생각하시는지 점수를 매긴다면 몇 점입니까?"라는 질문에 대한 응답의 평균값을 중간평가에 대한 입장에 따라 분류한 것이다. 분석결과, 김대중 대통령 개인의 업무수행에 대한 평가와 김대중 정부의 경제정책에 대한 평가는 지방선거를 중간평가라고 간주한 응답자들에게서 높게 나타났다. 이러한 집단 간 평균의 차이는 통계적으로도 유의미한 차이가 있는 것으로 확인되었다. 즉, 현 정부에 만족해하는 유권자일수록 지방선거를 중간평가로 간주했던 셈이다.

이는 곧 1998년 지방선거를 중간평가로 간주한 유권자들이 김대중의 지지자들임을 강하게 시사한다. 이러한 점은 〈표 10-4〉에서도 확인되는데, 1997년 대통령 선거 당시 지지후보에 따라 중간평가에 대한 태도가 크게 다르게 나타나고 있다. 대통령 선거에서 김대중을 지지한 유권자의 71.5%가 지방선거를 중간평가로 간주하였으나, 이회창 지지자의 경우에는 48.1%만이 중간평가로 간주한다고 응답하였다. 이인제 지지자의 집단에서도 53.1%로 상대적으로 낮은 수치를 보였다. 결국 1998년 지방선거를 중간평가로 간주하느냐 하는 것은 유권자의 정당

〈표 10-2〉 정당지지에 따른 중간평가의 의미

(%)

중간평가		한나라당 지지자	국민회의 지지자	자민련 지지자
그렇다	광역단체장	48.7	73.2	56.3
	기초단체장	48.5	71.8	65.6
	광역의회	49.7	71.1	60.5
그렇지 않다	광역단체장	51.3	26.8	43.7
	기초단체장	51.5	28.2	34.4
	광역의회	50.3	28.9	39.5

1998년 지방선거 조사자료.

〈표 10-3〉 중간평가 여부와 김대중 정부에 대한 평가

(불만족) 0 ↔ 100 (만족)

중간평가 여부	김대중 대통령의 업무수행 평가	김대중 정부의 경제정책 평가
중간평가이다	71.1	69.5
중간평가가 아니다	65.9	63.7
	N = 1094 t = 4.61 (p<0.01)	N = 1081 t = 4.93 (p<0.01)

〈표 10-4〉 1997년 대통령 선거 지지후보와 중간평가 여부

(%)

97년 대선 지지후보	중간평가이다	중간평가가 아니다	합 계
이회창	48.1	51.9	100.0 (N = 285)
김대중	71.5	28.5	100.0 (N = 561)
이인제	53.1	46.9	100.0 (N = 143)

$x^2 = 49.7 (p < 0.01)$ Cramer's V = 0.22

지지와 긴밀한 관계가 있으며, 이런 점에서 중간평가의 의미가 과거와는 다소 다른 의미로 받아들여졌음을 알 수 있다.

지난 1995년 실시된 지방선거는 바로 김영삼 정부의 국정운영에 대한 회고적 투표로서 중간평가의 의미가 있었으나, 이번 지방선거에서 유권자들이 이해한 중간평가는 김대중 정부에 힘을 실어주어야 한다는 의미로 받아들여졌던 것 같다. 이는 어쩌면 사상 첫 여야 간 정권교체에도 불구하고 승자와 패자의 차이가 크지 않은 박빙의 승부였다는 점에서 불안감을 갖고 있는 김대중 지지자들이 곧이은 지방선거를 정권교체와 김대중 정부에 대한 변함없는 지지를 확인하는 기회로 받아들였던 것으로 보인다. 이에 더해 외환위기로 인한 경제적 어려움과 국가적 위기감이 지방선거를 통해 현 정부에 대한 신임을 재확인하고 강력한 지도력을 부여함으로써 경제난국을 극복하기를 바라는 유권자들을 이에 가세하도록 만들었다고 할 수 있다.

중간평가에 대한 태도가 정당지지 성향에 따라 큰 차이를 나타낸 것은 지방선거에 중앙정치의 영향이 매우 강하게 작용하고 있음을 보여주는 좋은 예가 될 것이다. 그런 점에서 1998년 지방선거는 여당이 이를 중앙정치의 무대로 끌어올려 중간평가의 의미를 부여하고, 여당 지지자들이 이에 화답한 형태로 볼 수 있다. 어떤 경우든 지방선거가 본래의 목적을 넘어서 중앙정치의 큰 영향을 받고 있음을 보여준다.

2) 지방선거의 이슈와 정당지지

투표결정에 있어 선거이슈의 영향에 대해서는 학자들 간에 많은 논란
이 있지만 그 중요성이 완전히 부인될 수는 없다. 이미 제1장과 제4
장에서 논의한 대로, 2007년 대통령 선거와 2008년 국회의원 선거에서
도 선거이슈는 투표결정에 중요한 영향을 미쳤다. 그런데 지방선거에
서 중요하게 다뤄지는 이슈는 아무래도 지역현안일 가능성이 크다. 선
출될 공직의 권한범위가 특정 지역에 국한되어 있기 때문이다. 실제로
지방선거의 중요한 이슈를 묻는 질문에 대해서 1995년의 설문에서는
'지역경제 발전'이라는 응답이 37.5%(광역단체장), 51.0%(기초단체장),
45.9%(광역의원), 46.6%(기초의원)으로 단일항목으로 가장 높은 응답
비율을 보였다.

그러나 1998년 조사에서는 지방선거임에도 불구하고 적지 않은 유
권자들이 중앙정부의 관할분야를 선거에서 자신이 중요하게 생각하는
이슈로 지적하였다. 1998년 지방선거후조사에서 '지역경제, 지역발전'
의 응답은 1995년의 조사에서와는 달리 28.7%에 머문 반면, 오히려
중앙정부가 처리해야 할 정책분야인 '물가, 실업'의 응답은 31.0%로 크
게 높아졌다.[6] 아마도 외환위기로 인한 경제적 불안감이 지방선거임에
도 불구하고 이슈에 있어서도 그 의미를 중앙정치의 차원까지 확대시
켰다고 보아야 할 것이다.

이러한 지방선거의 이슈의 중앙정치화는 자연히 중앙권력을 장악하

[6] 1995년과 19998년의 선거후조사에서 제시된 질문의 내용은 다소 달랐다.
1995년 조사에서는 "투표를 결정하실 때 가장 중요하게 고려하신 문제는 무엇
입니까?"가 질문되었는데 이 질문은 광역단체장, 기초단체장, 광역의원, 기초
의원에 대해 각각 질문되었다. 반면, 1998년 설문에서는 "살고 계신 지역의
중요한 문제가 무엇입니까?"로 단일 항목으로 질문되었다. 질문의 내용이 다
르지만 질문의 맥락은 사실상 동일한 것이어서 비교에 큰 문제는 없을 것으로
보인다.

고 있는 여당, 특히 국민회의에 어느 정도 유리하게 작용한 것으로 보인다. 〈표 10-5〉는 유권자가 실제로 광역단체장 선거에서 지지한 정당과 유권자가 제기한 문제를 가장 잘 해결할 수 있을 것으로 생각되는 시·도지사 후보의 정당에 대한 교차분석표이다. 유권자가 중요하게 생각하는 이슈를 해결해줄 수 있는 정당을 묻는 질문에 대한 응답에서 여당의 '힘'이 입증되고 있다.

〈표 10-5〉에서도 보듯이, 유권자들은 자신이 지지한 후보가 속한 정당이 자신이 중요하게 생각하는 거주지역의 문제를 가장 잘 해결할 수 있을 것이라고 응답했다. 국민회의 소속의 광역단체장 후보에게 투표한 유권자 중 무려 97.6%는 국민회의가 자신의 거주지역의 중요한 문제를 해결할 수 있을 것으로 보았다. 그러나 자민련이나 한나라당을 지지한 유권자 가운데는 40% 정도만이 국민회의 소속 광역단체장 후보가 자신이 중요하게 생각하는 문제를 가장 잘 해결할 수 있을 것이라고 보았다. 흥미로운 것은 공동여당인 자민련을 지지한 유권자들로, 55.2%가 자민련의 문제해결 능력을 믿고 있다고 응답했지만, 그 비율은 야당인 한나라당을 지지한 유권자들이 한나라당에 거는 기대감의 비율보다 오히려 낮았다.

앞서 지적한 대로, 이러한 반응의 한 원인은 경제위기로 인해 지방선거에서 지방적인 것보다 '실업, 물가'와 같은 전국적 이슈가 주요 이슈로 부각된 탓에 자연히 이러한 문제를 해결할 1차적 책임을 갖는 여당에 보다 큰 기대와 비중을 두었기 때문이다. 한나라당이나 자민련을 지지한 유권자 중에서도 무려 40%가 국민회의를 '문제해결사'로 지목한 것에 주목한다면, 유권자들은 자신들이 깆는 주요 이슈를 해결할 수 있는 대상이 권력의 핵심, 곧 대통령이라는 점을 인식하고 있음을 강하게 시사하고 있다. 즉 지방선거임에도 불구하고 유권자들이 중앙정치적 의미를 크게 부여하고 있었던 것이다.

〈표 10-5〉지지한 정당과 문제해결 정당에 대한 유권자의 인식 (광역단체장)

(%)

문제해결 정당	투표한 정당		
	한나라당	국민회의	자민련
한나라당	**60.5**	1.0	4.5
국민회의	38.9	**97.6**	40.3
자민련	0.5	1.4	**55.2**
N	190	289	67
$x^2 = 491.0$ (p<0.01) Cramer's V = 0.65			

이 점을 보다 분명히 확인하기 위해 지역문제 해결과 여당지지에 대한 유권자의 인식을 살펴보았다. 〈표 10-6〉에서 보듯이 자신이 거주하고 있는 지방의 문제임에도 불구하고 유권자들은 중앙정부의 지원, 혹은 집권당의 의지가 지역문제 해결에 매우 중요하다고 인식하고 있는데, 이는 한국 지방자치단체의 권한과 역량의 한계에 대한 주민들의 평가와도 관계가 있는 것으로 보인다. '지역발전을 위해서는 중앙정부의 지원이 필요하므로 여당후보가 되어야 한다'는 전통적인 여당후보 측의 주장에 대해서 대부분의 국민회의와 자민련 지지자들은 긍정적으로 응답했으나, 한나라당이나 기타(무소속, 국민신당 등)를 지지한 유권자의 경우에는 그 주장에 대한 동의가 상대적으로 낮았다. 이러한 여야지지 성향에 따라 구분되는 응답의 패턴은 쉽게 예상할 수도 있는 것이지만, 주목할 점은 한나라당 후보에 투표한 유권자의 40% 이상도 이 주장에 동조하고 있다는 점이다. 여기에는 여러 가지 요인이 고려될 수 있으나, 1991년 지방자치 부활 이후에도 여전히 지방의 문제가 중앙의 도움 없이 해결되기 어렵다는 지방정부 권한의 명백한 한계에 대한 인식을 반영하고 있는 것으로 보인다. 또한 외환위기로 인한 어려움 때문에 이번 지방선거에서 전국적 이슈가 부각되었다는 점도 〈표 10-6〉에서 확인할 수 있다. '위기상황이므로 여당에 힘을 실어 주어야

〈표 10-6〉 정당지지와 정치적 견해

(%)

투표한 정당 (광역단체장)	지역발전을 위해서는 중앙정부의 지원이 필요하므로 여당후보가 당선되어야 한다.		현재와 같은 IMF 위기 상황에 대처하기 위해서는 여당에 힘을 실어 주어야 한다.		정부 여당을 견제하기 위해 이번 선거에서 야당후보를 찍어야 한다.	
	동의함	동의 않음	동의함	동의 않음	동의함	동의 않음
한나라당	40.4	**59.6**	**50.6**	49.4	**53.7**	46.3
국민회의	**73.8**	26.2	**87.8**	12.2	20.1	**79.9**
자민련	**64.8**	35.2	**83.7**	16.3	33.3	**66.7**
기타	47.4	**52.6**	**61.0**	39.0	32.9	**67.1**

한다'는 주장에 동조하는 유권자가 정당지지와 무관하게 높은 비율을 보이고 있다. 공동여당인 국민회의와 자민련의 지지자들의 경우 80%가 넘게 이 주장에 동조하고, 무소속이나 국민신당을 선택한 유권자들도 61%가 이 주장에 동의하였다. 또한 한나라당 후보에 투표한 유권자의 약 절반이 이 주장에 동조하였다. 이러한 응답의 패턴은 앞서 살펴본 전국적 이슈의 제기나 집권당인 국민회의의 문제해결 능력에 대한 높은 기대감과 동일한 차원에서 이해할 수 있으며, 결국 1998년 지방선거가 지방적 수준의 정치행사를 넘어서 국가적 문제를 논의하는 정치적 장이 되었음을 시사하는 것이다. 이와 같은 질문에 대한 응답비율은 정당공천이 허용된 다른 선거, 즉 기초단체장이나 광역의회 의원 선거에서의 정당선택과 관련해서도 매우 유사한 패턴을 보이고 있다.

　지방선거가 경제적 위기상황으로 인해 중앙정치와 관련된 중요성을 갖게 되었다는 점을 다시 확인하기 위하여 응답자의 출신지역 별로 경제적 위기상황과 여당지지에 대한 주장의 동의여부를 알아보았다. 〈표 10-7〉에서 볼 수 있듯이 우선 평균에 있어 지역 별로 적지 않은 차이를 보인다. 국민회의 지지기반인 광주·전라지역 출신이 단연 높은 동

〈표 10-7〉 경제위기상황과 여당지지 (출신지 별)

(%)

위기상황 대처 위해 여당에 힘을 실어야 한다	서울	경기	강원	대전· 충청	광주· 전라	대구· 경북	부산· 울산· 경남	제주· 이북· 기타
동의함	65.4	68.4	70.5	69.2	85.5	57.7	51.3	70.4
동의 않음	34.6	31.6	29.5	30.8	14.5	42.3	48.7	29.6
N	179	158	78	182	297	196	187	27

조의 비율을 보이고 있으며, 강원, 충청, 기타지역 출신 응답자들의 70% 정도가 이 주장에 동조하고 있다. 서울, 경기지역 출신의 동의비율이 그 뒤를 잇고 있다. 역시 경상권 출신이 위기상황과 여당지지라는 등식에 가장 낮은 동의의 비율을 보이고 있으나, 그 비율은 절반을 넘고 있으며 특히 경북권 출신의 경우에는 60%에 가까운 동의의 비율을 나타냈다는 점에서 경제적 위기로 인해 여당의 안정적 집권을 도와야 한다는 공감대가 비교적 넓게 퍼졌음을 확인시켜 준다.

전체적 논의를 종합할 때, 1998년 지방선거에서 가장 주목을 끈 중요한 이슈는 지방적인 것보다 경제위기 극복이라고 하는 전국적 수준의 것이었다고 결론지을 수 있다. 지방선거에서 이슈가 지방적인 것보다 전국적인 수준의 것일 때 경쟁은 자연히 중앙당을 중심으로 한 중앙정치의 '대리전'적 성격을 보일 수밖에 없을 것이다. 그리고 위의 〈표 10-6〉, 〈표 10-7〉의 분석결과가 보여주는 대로, 경제위기상황이라는 요인이 집권여당에 보다 유리하게 작용한 것으로 보인다.

260

3) 정당일체감 및 정당지지의 고정성

1987년 대통령 선거 이후 한국의 선거는 '지역성'에 의해 크게 영향을 받았다. 특히 정치적으로 중요성을 갖는 대통령 선거나 국회의원 선거에서 특정 정당, 혹은 후보에 대한 지역적으로 응집된 지지의 패턴은 매우 분명하게 나타나곤 하였다. 최한수(1995)는 1995년 지방선거 분석을 통해 지역주의가 대선과 총선 및 지방선거의 차이에도 불구하고 본질적으로 변화되지 않은 채 지속되고 있다고 주장하였다. 지방선거에서도 지지후보 선택이 지역에 기초한 정당지지 패턴에 의해 반복된다면, 지방선거 역시 중앙당에 의한 선거운동에 크게 영향을 받을 수밖에 없을 것이다. 즉, 정당지지의 고정성이 다른 선거와 마찬가지로 작용한다면 지방선거에서 선택은 굳이 다른 수준의 선거(대통령 선거나 국회의원 선거)와 별반 큰 차이를 나타내지 않을 것이다.

〈표 10-8〉에서 보듯이, 1998년 지방선거의 경우, 대체로 절반 이상의 유권자가 지난 1995년의 지방선거에서 선택한 정당과 동일한 정당을 선택한 것으로 나타났다. 특히, 지난 1995년 선거에서 민주당을 지지한 유권자의 75%가 다시 국민회의를 지지한 것으로 나타나 가장 강한 응집력을 보여주었다. 그러나 1995년 선거에서 민자당을 지지한 유권자 중에서는 62.3%가 다시 한나라당을 지지하였고, 자민련은 약 절반 정도의 유권자만이 두 번의 선거에서 변함없이 자민련의 후보를 지지한 것으로 나타났다. 〈표 10-8〉에서 흥미로운 점은 1995년 지방선거에서 무소속을 지지한 지지자들의 투표패턴으로, 당시 민자당을 지지한 유권자들의 지지패턴과 매우 유사한 모습을 보이고 있는데, 당시 3당 합당으로 정치 지망생이 많았던 민자당에서 흡수하지 못한 인사들이 무소속으로 출마한 탓에 지지층이 상당히 겹쳤기 때문으로 보인다.

그러나 〈표 10-9〉에서 보듯이, 1998년 지방선거에서 정당지지는

1997년 대통령 선거에서의 선택과는 다소 차이를 보인다. 이인제 후보를 지지한 유권자는 절반 이상이 한나라당 소속 후보를 지지한 것으로 나타났는데, 이는 이회창과 함께 비호남 유권자를 양분하였던 이인제 지지의 특징을 다시 확인시켜 주는 것으로 이해할 수 있다. 그러나 다른 후보에 대한 지지의 연속성에 비해 그 강도는 떨어지는 것으로 나타났다. 흥미로운 점은 1997년 대통령 선거에서 이회창을 지지한 유권자의 77.1%가 다시 한나라당의 후보를 지지한 반면, 김대중 후보를 지지한 유권자가 국민회의 후보에게 후보를 투표한 비율은 66.6%에 불과했다는 사실이다. 이것을 김대중 지지의 결속력 약화로 보아야 할 것인가, 아니면 1997년 대통령 선거에서 이른바 DJP연합이라는 김대

〈표 10-8〉 1995~1998년 지방선거 간 정당지지 변화

(%)

98년 광역단체장 선거에서의 선택	95년 광역단체장선거에서 투표한 정당			
	민자당	민주당	자민련	무소속
한나라당	**62.3**	15.3	11.5	**62.5**
국민회의	22.9	**75.0**	23.1	25.0
자민련	5.5	4.2	**51.3**	4.2
기타	9.3	5.5	14.1	8.3
N	100.0 (236)	100.0 (236)	100.0 (78)	100.0 (48)

〈표 10-9〉 1997년 대통령 선거와 1998년 지방선거 간 정당지지의 변화

(%)

98년 광역단체장 선거에서의 선택	97년 대통령 선거에서 투표한 후보		
	이회창	김대중	이인제
한나라당	**77.1**	14.3	**55.5**
국민회의	7.1	**66.6**	17.5
자민련	21.9	12.5	9.1
기타	7.9	6.7	18.2
N	266	449	110

〈표 10-10〉 1997년 대선에서 김대중 지지자의
1998년 광역단체장 선거에서의 지지분포

(%)

구분		서울	경기	강원	대전·충청	광주·전라	대구·경북	부산·울산·경남
지지 광역단체 장의 정당	한나라당	10.6	11.7	42.9	2.3	1.0	85.7	50.0
	국민회의	88.6	75.7	–	–	92.4	–	11.5
	자민련	–	7.8	28.6	88.6	–	14.3	3.8
	기타	0.8	4.9	28.6	9.0	6.7	–	34.6
N		123	103	14	44	105	21	26

중 지지의 지역연합적 성격의 영향이나 혹은 소득, 이념 등의 비지역
적 요인의 영향을 반영하는 것인가?

이러한 특징을 실제로 확인해 보기 위해, 1997년 대통령 선거에서
김대중을 지지한 유권자만을 대상으로, 1998년 광역단체장 선거에서
지지한 후보의 정당을 살펴보았는데 정당의 지역 별 편차가 매우 뚜렷
하게 나타났다. 〈표 10-10〉의 결과가 보여주듯이, 서울, 경기, 인천과
광주·전라지역 등 국민회의가 후보(연합공천)를 낸 지역에서는 과거
김대중 후보자들의 대다수가 다시 국민회의를 선택했지만, 이 지역을
제외한 다른 지역의 유권자들은 연합공천 여부와 무관하게 모두 그 지
역을 기반으로 하는 정당을 선택한 것으로 나타났다. 대전·충청권의
김대중 투표자들은 대부분 국민회의와 연합공천한 자민련 후보를 선택
하였지만, 대구·경북권의 김대중 투표자들은 오히려 한나라당 후보를
선택하였다. 또한 부산·울산·경남권과 강원지역의 김대중 지지자들
도 대체로 한나라당 후보 혹은 기타의 후보를 선택한 것으로 나타났
다.[7] 즉, 대통령 선거에서 김대중을 지지하였더라도 지방선거에서는
지방에서 선호하는 정당으로 그 지지가 옮겨 간 것을 확인할 수 있다.

---

7) 이러한 패턴은 출신지역 별로 분류하였을 경우에도 대체로 일치된 형태로 나타
났다.

〈표 10-8〉과 〈표 10-9〉에서 살펴본 지방선거에서의 김대중 투표자들의 '상대적으로 약한' 결집은 물론 국민회의 지지의 지역적 편중으로 인해 여러 지역에서 광역단체장 후보를 제대로 공천할 수 없었던 탓에 국민회의 후보에게 투표할 수 없었던 사정과도 관련되어 있을 것이다. 그러나 이와 동시에 〈표 10-10〉에서 알 수 있듯이, 어떤 면에서는 1998년 지방선거에서는 정당지지의 '지역성'이라고 하는 요인이 대통령 선거에서보다 강한 영향을 미쳤음을 보여주는 것일 수도 있다.

지방선거에서 지역성과 지역기반의 정당지지의 고정성을 보기 위해 이번에는 유권자의 일관투표(straight-ticket voting) 여부에 대해 살펴보았다. 일관투표는 상이한 여러 차원의 선거에서 유권자들이 동일한 정당을 지지하는 경우를 일컫는다. 예컨대, 미국 대통령 선거에서 민주당 후보를 지지하고 이와 동시에 치러진 하원의원 선거와 주지사 선거에서도 민주당 후보를 지지하였다면 이를 일관투표라고 할 수 있다. 이와는 반대로 대통령 선거에서 민주당 후보를 선택하고 하원위원 선거에서는 공화당 후보를 선택하였다면 이를 분할투표(split-ticket voting) 라고 부른다. 정당 선호가 분명하고 정치적 입장도 분명한 유권자일수록 일관투표의 확률이 높을 것이다(김욱 1998. 9).

1998년 지방선거에서 정당공천이 허용된 광역단체장, 광역의회의원, 기초단체장 등 상이한 세 수준에서 동일한 정당 후보를 지지하였다면 이는 일관투표를 행한 것이다. 연구결과에 따르면, 1998년 지방선거에서는 전체 투표자의 43%가 일관투표를 행한 것으로 나타났다. 한나라당 지지자 중 41%, 국민회의 지지자의 47.8%, 그리고 자민련 지지자의 11%가 일관된 형태로 특정 정당 후보들을 지지했다(김욱 1998: 9). 이러한 수치는 앞에서 살펴본 결과와 대체로 유사한 패턴을 보이는 것이다. 국민회의 지지의 일관성이 상대적으로 가장 높게 나타났고 자민련이 가장 낮았다.

이번에는 투표한 광역단체장 후보의 정당을 기준으로 기초단체장과

<표 10-11> 정당 별 일관투표 여부

(%)

광역단체장 선택		광역의회 선택	기초단체장 선택
한나라당 후보 (N = 302)	한나라당	69.9	75.5
	국민회의	10.6	15.2
	자민련	6.0	3.0
	기타	13.6	6.3
국민회의 후보 (N = 311)	한나라당	6.8	7.4
	국민회의	77.2	80.7
	자민련	4.8	2.3
	기타	11.3	9.6
자민련 후보 (N = 85)	한나라당	7.1	11.8
	국민회의	16.5	20.0
	자민련	71.8	61.2
	기타	4.7	7.1

광역의회 선거에서는 어느 정당에 투표했는지에 대해 살펴보았다. <표 10-11>에서 볼 수 있듯이 대다수 유권자의 정당지지는 상당히 고정적임을 알 수 있다. 광역단체장 선거에서 국민회의를 지지한 유권자의 77.2%는 광역의회 선거에서도 국민회의를 지지한 것으로 나타났고, 80.7%는 기초자치단체장 선거에서도 국민회의 후보를 지지한 것으로 나타났다. 광역단체장 선거에서 한나라당 후보를 지지한 유권자의 69.9%는 광역의회 선거에서, 75.5%는 기초단체장 선거에서 각각 한나라당 후보를 지지하였다. 이에 비해, 광역단체장 선거에서 자민련 후보를 지지한 유권자의 71.8%는 광역의회 선거에서는 자민련 후보를 지지하였으나 기초단체장 선거에서 그 비율은 61.2%로 상대적으로 낮은 지지율을 보였다.

전체적으로 볼 때, 1998년 지방선거에서는 대체적으로 고정된 정당지지의 패턴이 확인되고 있다. 즉, 지방선거가 중앙정치의 영향권에 놓이게 하는 또 다른 요인은 지역 별 정당지지의 고정성인데, 이로 인해 지방적 행사로 볼 수 있는 지방선거에서마저 정당별 지지의 패턴은 대통령 선거나 국회의원 선거와 같은 전국단위 선거와 유사한 형태로 나타나는 것이다.

4) 지방자치단체의 효능감

이번에는 지방선거가 중앙정치의 영향 하에 놓이게 된 것이 지방자치 단체의 효능감(*efficacy*)의 부족으로 인한 것인지에 대해 살펴보려고 한다. 현대 한국의 지방자치는 자치입법권, 자치조직권, 자치행정권 등의 범위가 매우 협소하여 이름만 자치일 뿐 자치정부로서의 실질적 권한을 충분히 행사하지 못하고 있다(김장권 1998: 68). 이런 이유로 인해 지방자치단체는 지방정부라고 하기보다는 여전히 하위 행정집행기관의 성격이 강한 것처럼 보인다. 그런데 이와 같은 지방자치단체의 효능감 부족은 시민의 참여의욕을 저하(김장권 1998: 68)시킬 수 있으며 궁극적으로 지방의 문제라고 해도 중앙정치에 대한 유권자들의 심리적 의존도를 높이게 된다.

유권자들이 지방지치단체의 정치적 효능감을 어떻게 인식하고 있는 지를 살펴보기 위해 우선 현재 주어진 지방자치단체의 권한이 적당한지를 물었다. 〈표 10-12〉에서 알 수 있듯이 대다수의 응답자들이 현재 지방자치단체에 주어진 권한이 충분하지 않다고 응답하였다. 응답자의 절반이 넘는 55.3%가 "지금보다 권한이 커져야 한다"고 응답하였고, "지금이 적당하다"고 생각하는 응답자는 15.7%, "지금보다 작아져야 한다"고 생각하는 응답자는 13.1%에 불과하였다.

지방자치단체에 대한 효능감을 낮게 느낀다는 것은, 앞서 언급한 대로, 선거의 외부비용이 낮다는 것인데 그런 만큼 자연히 선거에 대한 관심 역시 낮아질 것이다.[8] 〈표 10-13〉은 각 선거에 대한 유권자의

〈표 10-12〉 지방자치단체의 권한에 대한 인식

지방자치단체의 권한이	비율 (%)
지금보다 커져야 한다	55.3
지금이 적당하다	15.7
지금보다 작아져야 한다	13.1
모르겠다	15.8
N	1499

관심도를 비교한 것이다. 지방자치 선거 중 광역단체장 선거는 지방선거 중 언론 및 일반의 가장 큰 관심을 불러일으키는 선거로 볼 수 있는데, 〈표 10-13〉에서 보듯이 1998년 지방선거에서 유권자의 관심도는 54.3%였다. 이에 비해 기초단체장의 경우에는 47.4%로 낮아지고, 광역의회 선거에 대해서는 40.5%로 크게 떨어졌다.

1998년 광역선거에서의 선거관심도는 54.3%로, 1995년 지방선거와 비교하면 크게 낮아졌다는 사실을 알 수 있다. 응답자의 89.8%가 관심 있다고 응답한 대통령 선거와는 비교하기 어렵지만, 1998년 지방선거에 대한 관심도는 1995년의 71.5%에 비해서도 크게 낮아진 것이다. 광역단체장 선거구는 국회의원 선거구보다 공간적으로 더 확대된 규모이고, 그 정치적 중요성이나 언론의 관심 역시 낮지 않음에도 불구하고 지방선거에 대한 관심도는 1996년 국회의원 선거의 64.8%에 비해서도 10% 이상이나 낮은 수치를 보이고 있다.

---

8) 지방자치 부활 이후 첫 선거였던 1991년 3 · 26 기초의원선거에서의 투표율은 55%로 매우 저조하게 나타났는데, 지방자치 부활 이후 첫 선거임에도 낮은 투표율을 나타낸 것은 상황적인 요인도 부분적으로 작용하였지만 기본적으로 낮은 정치적 효능감의 탓으로 보아야 할 것이다. 3 · 26 선거에 대해서는 안청시 (1991) 참조.

〈표 10-13〉 각 선거에서 유권자의 선거관심도

(%)

	98년 지방선거*	95년 지방선거*	97년 대통령 선거	96년 총선
매우 많았다	19.2	26.0	61.9	17.1
조금 있었다¹	35.1	45.5	27.9	47.7
그저 그랬다²		28.5		
별로 없었다³	31.7	10.8	8.6	26.4
전혀 없었다	14.0	1.3	1.6	8.8
N	1500	1200	1206	1200

* 지방선거는 광역단체장 선거임.
1. 1995년 지방선거후조사에서는 '관심이 있는 편이었다'로 분류되었음.
2. 1995년 지방선거후조사에서만 포함된 항목임.
3. 1995년 지방선거후조사에서는 '관심이 없는 편이었다'로 분류되었음.

첫 단체장 선거였던 1995년과는 달리 1998년 지방선거 때 유권자의 무관심이 높아진 주요한 이유는 결국 지방자치단체의 효능감이 출범 당시의 기대와는 달리 그리 크지 않다는 대중들의 인식과 긴밀한 관계를 갖고 있다.[9] 높은 기대 속에 출범하였지만 지방자치단체의 자율권한이 생각했던 것보다 크지 않다는 사실을 깨닫게 되면서 그 기대감이 허물어졌고 그에 따라 지방선거에 대한 관심과 기대도 낮아진 것이다.

〈표 10-14〉에서 볼 수 있듯이 지방선거에 관심이 없었던 이유 중 다수의 응답은 '누가 되어도 마찬가지이므로'로 나타났다. 이것이 전체의 약 5분의 2를 차지하고 있는데 누가 되어도 마찬가지라는 응답은 정당 간 정책의 차별성이 없다는 의미로 해석될 수도 있겠지만, 누가 되어도 할 수 있는 일은 제한적이라는 지방자치단체의 효용감 부족을 지적한 것으로도 볼 수 있을 것이다.

결국 지방선거에서 중앙정치에 대한 고려가 적지 않게 작용하고 있는 것은 제도적으로 볼 때 지방자치단체의 취약한 자율권한과도 관계

---

9) 1995년 지방선거에서 유권자들이 느끼는 지방자치의 효능감과 신뢰감에 대해서는 안병만·김인철·서진완(1995) 참조.

268

<표 10-14> 지방선거에 무관심한 이유

무관심한 이유	비율(%)
투표하든 안 하든 선거결과에 영향이 없으므로	7.1
누가 당선되어도 마찬가지이므로	39.8
선택할 만한 후보자가 없기 때문에	15.9
정치나 선거에 관심이 없어서	16.8
경제상황에 더 관심이 있어서	12.3
기타	8.1
N	935

※ 한 선거에서라도 관심이 없다고 응답한 응답자를 대상으로 한 질문임

되어 있다. 지방선거라는 정치적 장은 열렸지만 그 대상이 되는 지방 정부의 권한이 미약한 것이라면, 유권자의 보다 중요한 고려사항은 실 질적 권력을 쥐고 있는 중앙정치가 되고 그런 관점에서 투표결정을 내 리게 될 것이기 때문이다.

4. 결론

지방선거는 지방자치단체의 업무수행에 대한 정치적 평가의 기회이므로 원칙적으로 지방 수준의 행사일 것이라는 가정으로부터 이 장에서의 논의를 시작했다. 그러나 지금까지 살펴본 대로 1998년의 지방선거에서 유권자의 선택에 대한 중앙정치의 영향이 매우 크다는 사실이 확인되었다. 유권자들은 지방선거를 '지방적인 것'만으로 간주하지 않았으며, '중앙정치와의 깊은 연계 속에서' 투표결정을 내렸다. 이로 인해 지방선거가 갖는 본래의 의미는 이러한 중앙정치적 요인에 의해 탈색된 것으로 보이기도 한다. 이러한 모습은 다른 국가에서도 발견되는 것처럼 지방선거의 상대적으로 낮은 정치적 중요성 때문이기도 하지만, 상황적이고 구조적인 한국 정치의 특성과도 관련되어 있다.

1998년의 지방선거에서 중앙정치적 고려가 크게 작용한 것은 무엇보다 상황적 요인의 탓이 크다. 지방선거가 김대중 대통령이 취임한 후 얼마 되지 않아 실시되었기 때문에 회고적 평가가 이뤄지기에는 그 기간이 너무 짧았고, 오히려 새로이 출범한 정부에 대한 기대감이 높았던 때였다. 특히 외환위기로 인한 경제적 위기감 때문에 선거에서의 주요 이슈는 지방적인 것이기보다는 중앙정부와 관련된 전국적 이슈였고, 따라서 중앙정치와 관련된 고려가 유권자의 선택에 적지 않은 영향을 미쳤던 것이다.

그러나 중앙정치가 지방선거에서의 유권자의 선택에 영향을 미친 것은 이러한 상황적 요인 때문만은 아니다. 지방선거에서 중앙정치의 영향력은 무엇보다 한국 유권자의 정당지지의 고정성과 깊은 관계가 있다. 1998년 지방선거에서도 지역주의에 따른 투표행태는 여전히 강한 것으로 확인되었다. 중앙의 정치 지도자를 중심으로 한 유권자의 정당지지 패턴으로 인해 지방선거 역시 선거전략, 선거운동, 그리고 후보자의 선정에 이르기까지 중앙당의 간섭과 영향 하에 놓일 수밖에 없었다. 더욱이 지방정치의 낮은 효능감은 중앙정치에 대한 의존도를 더욱 강화시켰다. 대다수 유권자는 현재 지방자치단체의 권한이 충분히 강하지 않다고 보고 있으며, 이러한 낮은 효능감이 결국 지방선거에서도 중앙정치적 요소에 대한 고려를 중시하게 만들었다.

마지막으로 지적할 점은 지방정치가 중앙에 예속화된 것은 정당정치의 제도화 수준이 낮다는 사실과도 긴밀히 관련되어 있다는 것이다. 우리나라의 정당은 매우 중앙집중적인 결정구조로 되어서, 지방당이 자율성을 갖고 중앙-지방을 연결하는 효율적 네트워크로 기능하기를 기대하기 어려운 실정이다. 정당의 지방조직이 자율성을 갖지 못하고 중앙정치의 지시와 통제에 의해 움직인다면 지방선거는 결국 중앙당의 '대리전'의 성격에서 벗어나기 어렵다. 지방선거가 지방자치단체장과 자치의회에 대한 지역주민들의 정치적 평가라는 원래의 의미를 되찾기 위해서는 지방자치단체에 실질적 권한이 이양되어야 하며, 지방당의 자율성 확대나 자발적 정치참여의 증대를 통한 지방정치의 투입구조가 활성화되는 일이 무엇보다 중요할 것으로 보인다.

제11장

2002년 지방선거의 정치적 의미: 중간평가 혹은 대선 전초전?

1. 서론

지방선거는 기본적으로 지방자치단체의 단체장과 지방의회 의원을 선출하는 지방적 행사지만 실제 선거과정에 부여되는 정치적 의미는 반드시 지방적인 것이 아닐 수도 있다. 앞 장에서 살펴본 대로, 지방선거에서 유권자의 정치적 선택은 지방적인 것이 아니라 중앙정치적 요인에 의해 보다 큰 영향을 받을 수 있다. 그런데 대통령 선거와 같이 '정치적으로 더욱 중요하고 큰 선거'가 지방선거 이후 얼마 지나지 않은 시기에 실시되도록 예정되어 있다면, 그 지방선거의 중앙정치적 속성은 더욱 크고 분명하게 나타날 것으로 예상해볼 수 있을 것이다. 이런 경우 특히 언론이나 정치권에서는 지방선거를 다가올 대통령 선거의 민심 흐름을 짐작하게 해주는 '전초전'으로 바라보는 경향이 있다.

그러나 언론이나 정치권에서의 해석과는 달리 정작 정치적 선택을 행한 유권자들이 지방선거의 의미를 어떻게 인식하고 있는지는 사실 분명하지 않다. 또한 유권자들이 지방선거를 과연 '대선의 전초전'으로 간주하는지 여부를 규명한 경험적 연구도 거의 찾아보기 어렵다.

이 장에서는 대통령 선거와 같이 정치적으로 보다 중요한 의미를 갖는 선거에 임박해서 행해지는 지방선거의 의미를 유권자들이 어떻게 인식하는지에 대해 살펴보고자 한다. 과연 유권자들도 지방선거를 대선의 '전초전'으로 바라보는지, 다시 말해 곧 다가올 보다 중요한 선거와의 연관 하에서 지방선거의 의미를 받아들이고 있는지 분석해볼 것이다. 이런 점에서 볼 때 2002년의 지방선거는 매우 흥미로운 사례이다. 2002년 지방선거는 시기적으로 그해 12월로 예정된 대통령 선거를 불과 6개월 앞둔 6월 13일에 실시되었기 때문에 차기 대선의 '전초전'으로 바라볼 만한 시간적 근접성을 갖고 있었기 때문이다.

이 장에서는 이러한 특성을 확인하기 위해 3가지 자료를 활용한다. 첫째, 중앙선관위가 집계한 정당 별 득표에 대한 집합자료를 통해 지방선거와 대통령 선거에서 실제 각 정당이 획득한 득표결과의 유사성과 차이점을 살펴볼 것이다. 둘째, 지방선거를 유권자들이 어떻게 바라보고 인식하는지를 알아보기 위해 서베이 자료를 분석할 것이다. 이를 위해 한국사회과학데이터센터가 2002년 6·13 지방선거 이후 실시한 선거후조사 자료를 활용할 것이다. 마지막으로 지방선거 전후에 실시된 각 언론사의 여론조사자료 결과를 이용하여 지방선거 결과의 정치적 효과에 대해서 살펴볼 것이다.

2. 선거효과의 연속성과 '전초전' 논리: 기존 논의의 검토

시기적으로 근접한 선거에서 앞의 선거가 뒤에 실시되는 선거의 '전초전'이 될 것으로 바라보는 시각은, 앞선 선거에서 유권자의 선택이 뒤따라오는 선거에서도 유사한 형태로 반복되어 나타날 것이라는 인식이 전제되어 있다. 즉 시기적으로 근접해 있는 만큼 정치상황을 판단하고 바라보는 유권자의 인식이 큰 변화 없이 유지될 것으로 가정하고 있다. 따라서 앞서 치러지는 선거결과를 보면 그 이후에 행해질 선거결과를 어느 정도 예측해볼 수 있기 때문에 '전초전'의 의미를 갖는다는 것이다.

그러나 이와는 달리 그 역의 경우도 생각해볼 수 있다. 즉 먼저 실시된 선거결과로 인해 뒤에 실시되는 선거에서 유권자의 선택이 달라지는 경우도 있을 수 있기 때문이다. '전초전' 시각은 앞의 결과가 뒤에 따라올 결과와 유사할 것이라는 점을 가정하는 것이지만, 때로는 앞선 선거결과와 완전히 상반된 결과가 뒤에 실시되는 선거에서 나타날 수 있다. 예컨대, 앞선 선거에서 여당이 승리했다면 뒤따르는 선거에서는 야당이 승리할 수도 있는 것이다. 시기적 근접성으로 인한 정치적 상황의 유사성, 그로 인한 유권자의 정치적 판단과 결정의 일관성·지속성을 강조하는 '전초전' 시각과 비교해서 본다면, 이는 정반대의 경우가 될 것이다. 그런데 다음에 인용한 글에서 보는 것처럼 우리나라의 선거결과도 외형상 이러한 특성을 보인 적이 있다.

> 한번 선거에서 승리한 후에는 자만심이 발동하여 대내 결속이 약화되고 갈등과 분열이 나타나 다음 선거에서 패배한 후 다시 위기의식을 느껴 대내 결속과 함께 다른 정당과 통합하거나 외부세력을 영입하려는 노력이 성공하여 다음 선거에 이기는 결과를 반복하고 있다.

다시 말해 집권당이 선거에 승리한 후 원심력이 작용하여 다음 선거에 실패하지만, 실패 후 위기의식으로 인해 다시 구심력이 작용하여 다음 선거에는 성공하는 것을 반복하고 있다. …이것이…1987년 민주화 선언 이후 8번에 걸친 전국적 선거에 나타난 부동표의 움직임과 관련된 가설로서 '시계추 현상'이라고 할 수 있다(김용호 2001: 445~446).

이러한 현상은 매우 흥미롭다. 그러나 이 '시계추 현상' 가설은 시기적으로 앞선 선거와 뒤따르는 선거 간의 연계가능성을 시사해 주고 있기는 하지만 아쉽게도 경험적 자료의 분석을 통해 양자의 관련성을 입증하지는 않았다. 더욱이 1997년 대선에서 승리한 새천년민주당은 1998년 지방선거에서도 승리했고, 2002년 대선에서 승리한 노무현의 정당은 2004년 총선에서도 승리함으로써 '시계추 현상' 가설은 더 이상 경험적으로도 지속되지 않았다.

이 가설의 또 다른 취약점은 상이한 수준의 선거를 단지 시간상의 선후라는 요인만으로 바라보고 있다는 점이다. 즉 전국적 수준의 선거라고 해도 대통령제에서라면 대통령 선거와 국회의원 선거, 그리고 지방선거가 갖는 정치적 중요성과 의미는 달라질 수밖에 없다. 앞 장에서 언급한 대로, 뷰캐넌과 털럭(Buchanan and Tullock 1962)이 말한 '외부비용'은 상이한 선거수준에 따라 각기 달라질 수밖에 없다.

이러한 특성을 잘 보여주는 것이 보궐선거일 것이다. 보궐선거는 권력을 두고 다투는 경쟁이 아니라 몇 개의 '빈 자리'를 채우는 선거라는 점에서 총선이나 대통령 선거와 비교할 때 정치적 중요성에서 커다란 차이를 갖는다. 그 때문에 보궐선거에서는 현 집권당에 대한 중간평가적 속성이 선거결과 자주 나타났다. 실제로 우리나라에서 보궐선거는 '국정운영에 대한 평가', '중간평가', '선거 전초전' 등으로 불려왔다(조진만·최준영·가상준 2006; 진영재·조진만 2002: 186). 앞 장에서 언급한 대로, 보궐선거를 바라보는 이런 시각으로 인해 집권당은 보궐선거에서 패배하는 경우가 많다. 노리스(Norris 1990: 145~9)의 분석에 따르면, 영국의 경우 집권당은 총선 때에 비해 같은 선거구에서 10%가량 득표율이 떨어지는 것으로 나타났다. 영국 보수당은 집권기간이었던 1989년 2월 이후 1997년 7월까지 실시된 보궐선거에서 단 한 명의 당선자도 내지 못했다. 노동당에 패배한 이후인 1997년 7월의 억스브리지(Uxbridge) 보궐선거에서야 보수당은 1989년 이후 최초의 당선자를 낼 수 있었다(강원택 2004 b: 153). 그러나 흥미롭게도 집권당은 보궐선거에서 잃었던 의석의 대부분을 뒤이은 총선에서는 다시 찾아오는 모습을 보였다. 그래서 노리스(1990: 225)는 특정 보궐선거의 결과가 이후 예정된 총선 결과는 말할 것도 없고 곧이어 실시될 다음 보궐선거의 결과를 예측해 주는 것으로도 보아서는 안 된다고 결론 내린 바 있다. 지방선거의 결과 역시 영국에서는 총선 결과와 일정한 연관성을 나타냈다. 야당으로 머물 때는 지방선거에서 의석수가 꾸준히 늘어나는 데 비해, 일단 집권하면 지방의회 의석을 잃는 패턴이 노동당, 보수당 가릴 것 없이 오랜 기간 반복되어 나타났다(강원택 2006). 보궐선거에서처럼 지방선거에서도 유권자의 평가가 총선 때와는 다르다는 점을 보여주는 것이다.

미국의 경우에도 대통령 임기중반에 실시되는 중간선거와 대통령 선거가 실시되는 해에 함께 행하는 의회의원 선거 결과는 매우 다르게 나타나는 경우가 많다. 그 까닭은 대통령 선거가 있는 해의 하원선거는 편승효과(coat-tail effect)와 같은 대통령 선거의 영향으로 인해 중간선거가 있는 해의 하원선거 결과와는 다른 양상이 생겨나기 때문이다 (정진민 2003: 179). 즉, 각 선거가 주는 정치적 의미나 중요성에 따라 유권자의 결정기준은 변화할 수 있다.

두 선거의 시간적 인접성의 정도가 문제가 되기는 하겠지만, 지금까지 논의한 대로 기존의 경험적 연구결과는 앞의 선거가 뒤따라 실시되는 선거의 결과를 예측하게 하는 '전초전'적 성격을 갖는다는 데 대해 의문을 제기하고 있다. 하지만 2002년 실시된 지방선거는 상황적으로 매우 특별한 사례로 볼 수 있다. 대통령 선거를 불과 6개월 앞두고 실시되었고 더욱이 당시 이미 주요 정당 별로 확정된 대선 후보자들이 '총력을 기울이며' 지방선거 운동에 가담하였기 때문이다. 이처럼 대선 6개월 전에 실시되었던 지방선거를 유권자들은 과연 '대선 전초전'으로 인식했을까?

3. 2002년 지방선거와 대선 결과의 비교: 집합자료의 분석

2002년 지방선거를 유권자들이 과연 '대선 전초전'으로 받아들였는지 살펴보기 위해 우선 지방선거와 대통령 선거에서 각 정당의 득표율을 비교해 보았다. 여기서의 관심은 지방선거와 대선에서 각 지역 별 정당 득표율이 과연 비슷한 패턴으로 나타났을까 하는 점이다. 만약 앞선 선거가 뒤이은 선거에 영향을 미쳤다면 두 차례 선거에서 유권자의 투표행태는 유사한 모습일 것으로 예상할 수 있을 것이다.

그런데 2002년 6월의 지방선거와 12월의 대통령 선거를 하나의 틀 속에서 분석하는 데는 기술적 어려움이 있다. 무엇보다 각 선거마다 출마한 후보자의 수나 참여정당이 다른 경우가 많기 때문이다. 또한 지방선거에서는 광역단체와 기초단체의 구분이 있고, 단체장과 지방의 원 선출도 동시에 행하는 만큼 대통령만을 선출하는 대통령 선거와 직접 비교하는 것은 문제가 있을 수 있다. 그리고 두 선거의 중요도나 의미가 다르기 때문에 유권자의 선호표현에 영향을 미치는 요인이 서로 다른 형태로 투표결정에 개입될 수 있다. 더욱이 집합자료를 통한 비교인 만큼 유권자가 후보자를 선택한 구체적 원인을 모른 채 드러난 현상만으로 두 선거를 단순 비교한다는 문제점도 존재한다. 이러한 여러 가지 한계에도 불구하고 지방선거가 대선의 '전초전' 성격을 갖고 있다면 두 선거 사이에 지역 별 투표패턴이 어느 정도라도 유사한 형태를 보일 것으로 예상할 수 있기 때문에 집합자료의 분석은 그 나름대로의 의미를 갖는다고 생각된다.

〈표 11-1〉은 2002년 지방선거와 대통령 선거의 정당별 득표율을 지역 별로 나누어 정리한 것이다. 여기서 몇 가지 흥미로운 특성을 찾아볼 수 있다. 전체적으로 볼 때 대선과 지방선거에서 각 정당이 차지한

〈표 11-1〉 2002년 지방선거와 대통령 선거의 정당 별, 지역 별 득표율 비교

(%)

지 역	선거 구분	한나라당	민주당	민노당	자민련	기타
서울	광역단체장	51.8	42.6	2.5		
	정당투표	51.8	37	6	2.4	
	16대 대선	45	51	3.2		
경기	광역단체장	57.6	35.5	5.5		
	정당투표	55	32.2	5.8	3.2	
	16대 대선	44.1	50.6	4.3		
인천	광역단체장	56.1	32.1	5		4.2[1]
	정당투표	54.4	30	6.2		
	16대 대선	45.5	49.8	5		
강원	광역단체장	70	28.4			
	정당투표	60.9	21.7	8.6	6.2	
	16대 대선	52.4	41.5	5		
충북	광역단체장	58.6		33.5		8[2]
	정당투표	51.3	16.1	7.3	22.1	
	16대 대선	42.9	50.4	5.7		
충남	광역단체장	31.9		64.8		
	정당투표	33.1	11.9	4.5	40.6	6[3]
	16대 대선	41.2	52.1	5.4		
대전	광역단체장	45.9	39.6			16.4[4]
	정당투표	42.9	12.6	7.5	35	
	16대 대선	39.5	54.6	4.4		

〈표 11-1〉 계속

(%)

지역	선거 구분	한나라당	민주당	민노당	자민련	기타
전북	광역단체장	8	72.6			16.7[2]
	정당투표	9.6	65.2	12.7	5.4	4.8[1]
	16대 대선	6.1	91.5	1.4		
전남	광역단체장	5.1	56			35.8[6]
	정당투표	7.4	67.3	15	6.9	3.2[5]
	16대 대선	4.6	93.3	1		
광주	광역단체장	10.8	46	7.2		34.1[7]
	정당투표	8.5	70.4	14.8	2.3	
	16대 대선	3.5	94.6	0.9		
경북	광역단체장	83.3				14.1[2]
	정당투표	74.9	7.8	4.4	4.4	5.4[3]
	16대 대선	73.4	21.6	4.3		
대구	광역단체장	60.2				38.2[2]
	정당투표	76.2	7.6	5.1		8.2[3]
	16대 대선	77.7	18.6	3.2		
경남	광역단체장	73.1	16.6	8.4		
	정당투표	74.5	10.8	8.9	3.3	
	16대 대선	67.5	27	4.9		
울산	광역단체장	52.3		43		3.2[5]
	정당투표	60.2	8.6	28.7		
	16대 대선	52.8	35.2	11.4		
부산	광역단체장	62.7	19.1	16.6		
	정당투표	71.7	14	10.6	2.1	
	16대 대선	66.7	30	3.1		
제주	광역단체장	44.7	50.6			3.1[8]
	정당투표	47.5	39.2	10.6		
	16대 대선	39.3	56.1	3.2		
전국	정당투표	52.1	29	8.1	6.5	
	16대 대선	46.2	48.5	3.8		

1) 녹색평화당, 2) 무소속 후보, 3) 미래연합, 4) 무소속 후보 2인의 득표 합[김현태 7.2, 정하용 9.2], 5) 사회당, 6) 무소속 후보 3인의 득표 합[송재구 23.5, 송하성 8.9, 안수원 3.4], 7) 무소속 후보 3인의 득표 합[정구신 2.4, 정동년 26.6, 정호신 5.1], 8) 민국당.

득표율 간에는 상당한 차이가 나타났다. 두 선거 간의 비교를 위해서 우선 후보자의 수나 경쟁상황에 따라 득표율에 차이가 클 수 있는 광역단체장 선거 대신, 광역의회 선거의 정당투표와 대통령 선거에서의 정당 후보 별 득표상황이 보다 적절해 보인다. 이 두 선거를 비교해 보면, 한나라당은 지방선거에서 전국적으로 52.1%를 획득하여 대통령 선거에서의 득표율 46.2%보다 선전했다. 민노당 역시 대선 득표율 3.8%에 비해 지방선거에서는 8.1%로 보다 좋은 성적을 거뒀다. 반면 민주당은 지방선거에서의 득표율은 29%에 불과했으나 대선에서는 48.5%로 상당한 차이가 나타났다. 지역 별로 보면 충남과 전북을 제외한[1] 모든 지역에서, 야당인 한나라당과 민노당은 대통령 선거보다 지방선거에서 많은 득표를 했다. 이에 비해 민주당은 지방선거와 대선 간의 득표율의 차이가 대전 42%, 충남 40.2%, 강원 39.8% 등으로, 두 선거 간에 엄청난 득표율의 차이를 보였다.

　다양한 요인이 이러한 득표율의 격차 속에 내재되어 있겠지만 한 가지 지적할 수 있는 점은, 앞에서 논의한 대로 종종 중간평가의 속성을 갖는 지방선거에서는 여당이었던 민주당이 고전할 수밖에 없는 반면 야당은 상대적으로 보다 유리한 입장이었다는 사실이다.

　두 번째로 지방선거의 광역단체장 득표율과 대선 득표율을 비교해 보면, 한나라당은 지역적으로 충남, 대구, 울산, 부산 등의 네 지역을 제외하면 대선에서 이회창 후보가 얻은 득표보다 지방선거에서 광역단체장 후보의 득표율이 높았다. 예컨대, 이회창 후보는 서울 광역단체장 선거에서 한나라당 후보가 얻은 득표율만큼 대통령 선거 때 서울에서 득표하지 못했다. 서울시장 선거에서 이명박 후보의 득표율은 51.8%였지만, 이회창 후보는 45%를 득표하는 데 그쳤다.

---

1) 대구지역에서 한나라당은 대선에서 지방선거보다 1.5% 높은 득표를 했다. 그러나 그 차이가 다른 지역에 비해 크지 않으며 또 다른 야당인 민노당은 지방선거에서 보다 높은 득표를 했기 때문에, 대구는 예외지역에서 제외했다.

　이러한 결과는 대선에서 유권자의 투표행태와 지방선거에서 유권자의 투표행태가 상당히 다를 수 있다는 점을 강하게 시사해 준다. 즉 두 선거 사이의 집합적인 정당 별 득표율의 차이뿐만 아니라 지역 별 득표율의 커다란 격차는, 앞선 선거를 뒤따르는 선거결과를 예측하게 해주는 '전초전'으로 간주하는 시각이 잘못일 수 있음을 의미하는 것으로 보인다. 그러나 이러한 분석은 집합자료 분석에 늘 뒤따르는 '생태적 오류'의 가능성을 내포하는 것이므로 이러한 특성을 보다 정확하게 확인하기 위해서는 서베이 자료의 분석이 필요하다.

4. 전초전 혹은 중간평가: 서베이 자료분석

유권자들이 지방선거를 어떻게 인식하고 투표했는지 그 특성을 파악하기 위해 한국사회과학데이터센터(KSDC)에서 실시한 2002년 지방선거 후조사 자료를 이용하여 분석했다. 유권자들이 2002년 지방선거를 다가올 대통령 선거의 전초전으로 받아들이고 있는지를 알아보기 위해, 우선 각 정당에서 확정된 대통령 후보들이 자기 당 소속 후보의 지원을 위해 지방선거 운동을 행한 것이 유권자의 선택에 얼마나 큰 영향을 미쳤는지에 대해서 알아보았다. 지방선거에서 대선 후보의 선거운동이 유권자들에게 미치는 영향력이 크다는 것은 그만큼 유권자들이 지방선거를 대선승부와 연관해서 '전초전'으로 바라보고 있는 것으로 간주했다.
　〈표 11-2〉의 결과는 예상과는 달리 그 영향이 별로 크지 않음을 보여준다. 대선 후보들의 선거운동이 시방선거에서 투표결정에 영향을 주었느냐는 질문에 대해서는 65.4%의 응답자가 부정적으로 응답했다. 2/3의 응답자가 영향을 받지 않았다는 것이다. 이는 지방선거와 대선이 비록 6개월이라는 매우 짧은 시간적 거리를 두고 있지만 대다수 유권자들에게 대선에 대한 고려가 지방선거에서의 투표결정에 큰 효과를

미친 것은 아니라는 점을 보여주고 있다. 그러나 이는 앞 장에서 살펴본 대로 지방선거에 중앙정치적 요인이 커다란 영향을 미친다는 결과와는 다소 상충되는 것으로 보인다. 이런 특성을 다시 확인하기 위해서 이번에는 주요 정당에 대해 친밀감을 갖는 이들과 좋아하는 정당이 없다는 이들을 대상으로 대선 후보들의 선거운동이 지방선거에 미친 영향에 대해 다시 비교분석해 보았다.

정당별 선호도를 고려하여 대선 후보의 영향력을 분석한 결과, 〈표 11-2〉와는 다소 다른 모습이 나타났다. 〈표 11-3〉에서 보듯이 2002년 지방선거 때 한나라당에 친밀감을 가졌던 유권자들 가운데 44.1%는 한나라당 대선 후보였던 이회창 후보의 선거운동에 영향을 받았다고 응답하였다. 이 비율은 친밀감을 느끼는 정당이 없다고 말한 응답자 집단에서 나온 응답률 22.7%와 비교하면 커다란 차이다. 한편, 새천년 민주당에 친밀감을 느끼는 집단에서 노무현 후보의 지방선거 운동에

〈표 11-2〉 대선 후보들의 선거운동이 지방선거 투표결정에 미친 영향

영향의 정도	많은 영향을 주었다	어느 정도 영향을 주었다	별로 영향을 주지 않았다	전혀 영향을 주지 않았다	N
%	6.0	28.6	40.8	24.6	1474

〈표 11-3〉 정당일체감과 대선 후보의 영향력

(%)

가장 친밀감을 느끼는 정당	대선 후보들이 지방선거에 미친 영향				N
	많은 영향을 주었다	어느 정도 영향을 주었다	별로 영향을 주지 않았다	전혀 영향을 주지 않았다	
한나라당	8.3	35.8	38.5	17.5	590
새천년민주당	6.0	29.2	43.7	21.1	318
없다	2.8	19.9	42.4	35.0	432
$x^2 = 69.3$ df = 6 p < 0.01					

영향을 받았다고 응답한 비율은 35.2%로 나타났다. 이 비율은 한나라 당 지지층에서 나온 응답비율과는 거의 10% 정도의 차이를 보이는 것 이지만, 지지정당이 없다고 한 응답자들에 비해서는 10% 이상 높은 응답비율이기도 하다. 따라서 절대적이라고 할 수는 없겠지만 지방선 거에서 대선 후보의 선거운동이 정당선호를 갖는 유권자들의 선택에는 어느 정도 영향을 미쳤다는 점은 분명해 보인다. 그리고 그 영향력의 정도는 정당 별로 각기 다르게 나타났다.

　이와 같은 대선 후보의 영향력을 보다 자세히 알아보기 위해 이번에 는 유권자의 정당친밀감 혹은 일체감의 강도에 따른 차이에 대해 살펴 보았다. 〈표 11-4〉에서는 매우 흥미로운 결과가 나타났다. 전체적으로 볼 때, 특정 정당에 대한 친밀감이 강할수록 대선 후보가 지방선거에 서 선거운동을 행한 것이 유권자의 투표결정에 미치는 영향이 컸다. 즉 각 정당의 대선 후보에 영향을 받은 유권자들은 그렇지 않은 유권 자들에 비해 정당친밀감, 정당일체감이 강하게 나타났다. 그러나 이러 한 입장은 〈표 11-3〉에서 본 것처럼, 어느 정당을 지지하느냐에 따라 다른 모습을 보인다. 한나라당 지지자들에게서는 친밀감, 일체감과 대 선 후보로부터 받는 영향이 정비례하는 것으로 나타났다. 친밀감이 강 할수록 영향을 받았다는 응답률이 높아지고 있다. 한나라당에 대한 친 밀감이 미약한 집단 가운데 영향을 받았다는 응답자의 비율은 32.7% 였지만, 친밀감이 강한 집단 중에서는 50%로 그 비율이 크게 증가했 다. 통계적으로도 그 차이가 유의미한 것으로 확인되었다. 반면 새천년 민주당 지지자들 가운데서는 정당에 대한 친밀도의 차이와 대선 후보 로부터 받은 영향의 차이 간의 관계는 통계적으로 유의미하게 나타나 지 않았다. 이상에서의 논의를 종합하면, 지방선거에서 대선 후보의 선 거운동이 보다 큰 영향력을 미친 집단은 한나라당 지지자들, 특히 한 나라당에 대해 강한 친근감을 느끼는 유권자들이었다. 이는 한나라당 지지자들이, 다른 정당 지지자들에 비해, 2002년 지방선거를 대선과 연

〈표 11-4〉 좋아하는 정당의 친밀감과 대선 후보의 영향

(%)

지방선거에서 대선 후보의 영향 정도		많은 영향	어느 정도 영향	별로 영향 없음	전혀 영향 없음	chi-square
한나라당 선호도*	약하다	5.7	26.7	42.1	25.5	$x^2 = 37.3$ $p < 0.01$
	중간이다	4.6	33.5	41.1	20.8	
	강하다	11.4	38.6	36.9	13.1	
민주당 선호도*	약하다	7.9	33.3	38.5	20.2	$x^2 = 4.1$ $p = 0.67$
	중간이다	5.7	29.5	43.4	21.3	
	강하다	6.3	28.5	44.9	20.3	

* 좋아하는 정당에 대한 친밀도[0 – 아주 미약함, 10 – 아주 좋아함]를 '0~3은 약하다, 4~6은 중간이다, 7~10은 강하다'로 재분류하였음.

관하여 인식하는 경향이 강했다는 사실을 시사해 주는 것이기도 하다.

당시 한나라당은 지방선거에 김대중 정부에 대한 평가라는 중앙정치 차원의 의미를 부여했다. 반면 민주당은 지방선거를 지역발전 등 지방적인 행사로 국한하여 정의하고자 했다. 앞 장에서 본 대로, 김대중 대통령 임기 초반에 실시된 1998년 지방선거에서는 집권당인 국민회의가 이를 중간평가로, 야당인 한나라당은 지방행사로 정의하려고 했던 것과 비교하면 뚜렷한 대조를 보인다. 2002년 지방선거에서 한나라당은 아래에 인용된 기사에서 보듯이 '부패정권을 심판하고 정권교체를 위하여 이번 선거에서 야당후보를 찍어야 한다'고 주장했다.

한나라당 이회창 대통령 후보는 충남 예산과 서울에서 지원유세를 벌였고, 서청원 대표최고위원도 기자회견에 이어 경기 김포·서울·제주를 방문했다. 이 후보는 유세에서 "6월 13일은 말로 해서 못 알아듣는 이 정권에 대해 민심이 떠났다는 것을 보여주는 날"이라며 "한나라당이 이제 이 나라 운명을 떠맡을 것"이라고 말했다. 서 대표는 회견을 통해 "이번 선거는 부패정권을 심판하는 선거"라고 규정했다(〈조선일보〉 2002. 6. 12).

　앞의 〈표 11-4〉의 분석결과에서는 한나라당 지지자들 가운데서 대선 후보의 선거운동의 영향을 받았다는 응답이 높게 나타났다. 그런 만큼 한나라당이 제기한 '부패정권 심판과 정권교체'라는 주장에 대해 어떤 반응을 보이는지에 대해서 살펴볼 필요가 있다. 한나라당의 이러한 구호에 대해 공감하는 유권자는 대체로 한나라당에 가까운 이들일 것이라는 점은 쉽게 예상해볼 수 있다. 실제 분석결과, 한나라당에 친밀감을 느끼는 유권자의 78.9%가 이 구호에 동의한다고 했고 21.1%만이 동의하지 않는다고 응답했다. 반대로 새천년민주당에 친밀감을 느끼는 유권자의 21%만이 이 주장에 동의한다고 했으며 79%는 동의할 수 없다고 응답했다. 거의 정확하게 두 정당 지지자들 사이에 이 구호에 대한 반응이 서로 상반된 형태로 나타났다.

　그런데 '부패정권 심판과 정권교체'라는 구호는 그 내용을 따져보면 야당이 당시의 지방선거를 두 가지 시각에서 접근하고 있음을 보여준다. 하나는 집권 김대중 정부에 대한 중간평가적 시각, 그리고 또 다른 하나는 '대선의 전초전'이라는 시각이다. '부패정권 심판'은 전자를 의미하는 것이며 '정권교체'는 후자를 나타내는 것이라고 할 수 있다. 앞에서 인용한 기사의 표현을 빌리면, '부패정권을 심판하는 선거'라는 구호는 현 정부에 대한 회고적 평가를 주장하는 것이며 '한나라당이 이제 이 나라 운명을 떠맡을 것'이라는 표현은 지방선거를 다가오는 대선의 전초전으로 인식하도록 선거운동을 전개한 것으로 볼 수 있다. 따라서 한나라당에 친근감을 느끼는 유권자들이 이 구호에 대해 공감을 표시한다고 해도 이 두 가지 시각 가운데 어떤 것에 더욱 공감을 느끼는지 살펴보는 일은 의미가 있을 것이다. 그러나 또 한편으로는 이 두 가지 시각을 모두 거부하고 지방선거를 단지 지방적 수준의 정치행사로만 간주하려는 태도를 갖는 유권자들도 존재할 것이다. 즉 중앙정치와 무관하게 지방단체장이나 지방자치 전반에 대한 평가를 반영하는 선거로 바라보는 이들도 있을 것이다. 따라서 한나라당이 제기한

'부패정권 심판과 정권교체'라는 구호에 대한 반응은 이와 같이 크게 3
가지로 나누어볼 수 있을 것이다.

이처럼 상이한 형태로 나타날 수 있는 반응의 특성을 보기 위해 유
권자의 태도를 3가지 범주로 나누었다. 첫 번째는 '대선의 전초전'이라
는 의미인데, 이런 속성을 반영하기 위해 2002년 12월 대선에서의 예
상 지지후보 별로 '부패정권 심판과 정권교체'에 대한 동의여부를 살펴
보았다. 두 번째로는 지방선거의 '중간평가'적 속성을 확인하기 위해
당시 집권 김대중 정부에 대한 평가를 변인으로 선택했다. 이들 두 가
지 범주에 대한 계수 값이 클수록 중앙정치적 관점에서 야당의 선거구
호를 이해하고 있다고 볼 수 있다. 세 번째로는 지방자치 자체에 대한
평가로 광역단체장과 기초단체장의 업무수행에 대한 만족도, 그리고
지방자치의 효능감에 대한 인식도를 변인으로 택했다. 이에 대한 계수
값이 클수록 지방적 요인이 야당의 선거구호를 수용하는 데 큰 영향을
미친 것으로 간주하고자 했다. 그리고 이러한 구호가 특히 한나라당
지지자들에게 어떤 영향을 미치는지 보기 위해 전체 유권자 집단과 별
도로 한나라당 지지자만을 대상으로 한 분석을 추가하였다. 이에 대한
결과가 〈표 11-5〉에 정리되어 있다.

〈표 11-5〉는 지방선거를 바라보는 시각에 따라서 야당인 한나라당
이 제기한 구호에 대한 반응이 조금씩 다르다는 사실을 보여준다. 우
선 전체 응답자를 대상으로 한 분석에서는, 대선 지지 예상 후보에 따
라 '대선 전초전'에 대한 인식에 상당한 차이가 확인되었다. 이회창에
게 투표하기로 한 이들은 다른 후보를 지지하겠다고 한 응답자들에 비
해 2.11배 더 한나라당의 구호에 대한 공감대가 크게 나타났다. 반면
노무현 지지자들은 다른 후보 지지자들에 비해 공감의 정도가 절반 정
도에 불과했다. 두 번째로, 김대중 정부에 대한 평가에 따라 야당이 제
기한 구호를 바라보는 시각의 차이가 매우 큰 것으로 나타났다. 김대
중 정부 업무 평가에 대한 불만족도가 클수록 야당의 주장에 대한 공

286

감은 크게 나타났다. 이 변인의 계수는 다른 것과 비교할 때도 가장 큰
값으로 나타났다. 김대중 정부의 업무수행에 대한 평가와 관련하여 통
계적 유의미도를 보여주는 왈드 검정통계량이 유독 큰 값으로 나타났
다는 점도 주목할 만하다. 세 번째, 지방선거를 지방 수준의 문제로 보
는 시각을 대표하는 3가지 변인들 가운데 광역단체장에 대한 업무 만
족도만이 통계적으로 유의미하게 나타났다. 그런데 광역단체장에 대한
업무평가의 만족도가 클수록 야당인 한나라당이 제기한 구호에 대한
공감대가 커지는 결과는 매우 흥미롭다. 이런 결과는 한나라당 지

〈표 11-5〉 이항 로지스틱 모델: '부패정부 및 정권교체 위해 야당 지지'

	유권자 전체			한나라당 지지자		
	B	Wald	Exp(B)	B	Wald	Exp(B)
상수	1.13	3.66		−0.60	0.18	
이회창 지지 예정	0.75[2]	4.61	2.11	−0.70	0.42	2.01
노무현 지지 예정	−0.69[2]	3.88	0.50	−0.70	0.39	0.01
김대중 정부 평가	0.82[1]	48.73	0.44	0.93[1]	19.3	2.54
광역단체장 업적 평가	−0.39[1]	8.37	1.47	−0.56[2]	6.13	0.57
기초단체장 업적 평가	0.11	0.73	0.90	0.01	0.00	1.01
지방자치 효능감	−0.03	0.09	1.03	0.00	0.00	1.00
모형 적합도	−2 Log likelihood = 876.4 Cox & Snell R^2 = 0.22 Percentage correct = 71.9%			−2 Log likelihood = 350.3 Cox & Snell R^2 = 0.06 Percentage correct = 81.4%		

1 − p<0.01 ; 2 − p<0.05.

종속변수: '부패정권 심판, 정권교체 주장' 동의함 1, 동의 않음 0.
이회창 지지 예정: 2002년 대선에서 지지 예상 후보 이회창 1, 기타 후보 0 (모름/무응답 제외).
노무현 지지 예정: 2002년 대선에서 지지 예상 후보 노무현 1, 기타 후보 0 (모름/무응답 제외).
김대중 정부 평가: 국정운영 1 − 매우 잘함 … 4 − 매우 못함.
광역단체장 업적 평가: 1 − 매우 만족 … 4 − 매우 불만족.
기초단체장 업적 평가: 1 − 매우 만족 … 4 − 매우 불만족.
지방자치 효능감: 1 − 매우 큰 영향 … 4 − 전혀 영향 없음.

지자들의 경우 광역단체장에 대한 평가가 상대적으로 보다 호의적이기 때문으로 보인다. 이는 결국 지방정치에 대한 평가와 지방선거를 바라보는 인식 간에 그다지 긴밀한 연계가 없음을 보여주는 것으로도 볼 수 있다. 둘 간의 평가가 분리되는 경향을 보인다는 것이다. 한편, 지방자치제도의 효용성이나 기초단체장의 업무에 대한 만족도는 통계적으로 유의미한 결과가 나타나지 않았다.[2]

한편, 한나라당 지지자들만을 대상으로 한 분석에서는 김대중 정부에 대한 평가와 광역단체장 업적에 대한 평가 항목만이 통계적으로 유의미한 것으로 나타났다. 이 가운데 김대중 정부에 대한 평가변인의 계수는 0.93으로 부정적인 평가를 할수록 한나라당의 선거구호에 공감하는 비율이 2.5배 이상 커지는 것으로 나타났다. 이 수치는 전체 유권자를 대상으로 한 분석에서 나타난 것보다 큰 값이다. 그러나 이회창 지지나 노무현 지지와 같이 대선과 관련된 항목에서는 통계적으로 유의미한 결과가 나타나지 않았다. 광역단체장의 업무수행에 대한 평가는 여기서도 유사한 형태의 결과가 나타났는데 계수 값은 조금 더 크게 나타났다.

전체적으로 볼 때, 야당의 구호를 바라보는 3가지 시각 가운데 김대중 정부에 대한 평가가 가장 뚜렷하고 일관된 영향을 주고 있음을 알 수 있다. 이는 응답자 전체를 대상으로 한 분석과 한나라당 지지자만을 대상으로 한 분석 모두에서도 확인되었다. 즉 김대중 정부에 대한

---

2) 광역단체장 업무수행에 대한 정당지지 별 만족도는 다음과 같다.

(%)

지지하는 정당	만족	불만족	n
한나라당	61.4	38.6	591
새천년민주당	51.8	48.2	307
자민련	45.2	54.9	31
민주노동당	41.6	58.5	77

중간평가라는 시각이 보다 강했다는 것이다.

응답자 전체를 대상으로 한 분석에서는 차기 대선 후보에 대한 지지 여부가 유의미하게 나타났지만, 앞에서 보았듯이 대선에 대해 보다 민감한 반응을 보였던 한나라당 지지자들을 대상으로 한 분석에서는 오히려 유의미한 결과가 나타나지 않았다. 즉 2002년 지방선거에서 한나라당에 친근감을 느끼는 유권자들이 지방선거를 대선의 전초전으로보다는 김대중 정부에 대한 심판으로 바라보는 시각이 더 강했다는 사실을 보여주는 결과이다. 그런 점에서 2002년 지방선거는 차기 대선의 전초전이었기보다는 당시 집권했던 김대중 정부에 대한 유권자의 불만이 보다 강하게 표출된 선거였다.

5. 지방선거 결과의 정치적 효과: 여론조사 자료

앞에서 살펴본 대로, 정치권이나 언론에서 이야기하는 것처럼 대선에 임박하여 치러지는 지방선거가 반드시 대선이라는 '본선'을 위한 '전초전, 탐색전'의 의미를 갖는 것으로 유권자들이 받아들였다고 보기는 어렵다.

오히려 대선에 임박해 치러지는 지방선거가 미치는 정치적 효과는 유권자의 선택이라는 선거 자체에서의 의미보다, 선거 이후에 더 큰 것으로 보인다. 즉 지방선거의 결과가 각 정당의 대선 후보자의 지지도에 상당한 영향을 미칠 수 있다는 것이다. 이는 유권자들이 선거 전에 지방선거를 인식하는 방식과 선거 이후에 그 결과를 받아들이고 해석하는 방식에 적지 않은 차이가 존재한다는 것을 시사해 준다. 다음의 기사는 2002년 지방선거 결과에 대한 보도이다.

> 13일 실시된 제3회 전국 지방 동시선거에서 한나라당이 서울, 경기, 인천 등 수도권을 석권하며 압승했다. …이로써 1998년 지방선거에서 영남의 5개 시도와 강원에서 모두 6명의 광역단체장만 배출했던 한나라당은 전국적으로 광역단체장 확보지역을 넓히며 대승했다. 한나라당은 특히 지난 지방선거에서 전패했던 수도권 세 곳을 휩쓸어 오는 등 12월의 대선을 앞두고 유리한 고지에 서게 됐다. …이와 같은 선거결과는 정국의 흐름에 큰 영향을 미칠 것으로 예상된다. 정치권에서는 대선을 앞두고 정계개편이 촉발되는 등 대선구도의 변화가능성을 주목하고 있다. 선거전문가들은 한나라당의 압승과 민주당, 자민련의 참패원인에 대해 "김대중 대통령 아들들 비리 등 현 정권의 부정부패에 실망한 국민이 '부정부패 심판론'을 내세운 한나라당의 손을 들어준 결과"라고 분석했다. 이에 따라 민주당은 노무현 대통령 후보의 재신임여부와 선거패배의 책임문제를 놓고 당내 분란에 휩싸일 것으로 보인다(〈중앙일보〉 2002. 6. 14).

　이처럼 2002년 지방선거가 한나라당의 압승, 새천년민주당의 참패로 나타난 이후 각 후보에 대한 여론의 지지도에 변화가 생겨나기 시작했다. 〈표 11-6〉에서 보듯이, 이회창-노무현 양자대결을 가상했을 때, 지방선거 승자인 한나라당 이회창 후보의 지지도는 6월 13일 지방선거를 기점으로 큰 폭으로 상승하기 시작하며 반대로 노무현 후보의 지지도는 하락하거나 정체되는 모습을 보인다. '모름/무응답'으로 관망하던 유권자의 비율은 지방선거가 끝난 후 크게 줄어들었다.

　이런 특성은 3자대결을 가상한 경우에도 마찬가지로 나타나고 있다. 〈표 11-7〉에서 보듯이, 5월 25일 조사에서는 노무현과 이회창의 지지율이 비슷한 추이였지만 6·13 지방선거 결과가 나타난 직후인 6월 15~16일 조사에서는 노무현의 지지도가 크게 떨어지는 현상이 나타났다. 여기서는 '모름/무응답'이라는 관망층이 늘어났고 제3후보인 정몽준의 지지도도 다소 늘어났다. 이런 추세는 그 뒤로도 지속되어 노무현의 지지도는 시간이 갈수록 더욱 낮아졌고 그 대신 정몽준은 월드컵의 성공에 힘입어 지지율이 상승했다. 그러나 동시에 '모름/무응답'의 관망층도 늘어났다.

　이러한 여론의 추이는 '지방선거 순간에 정치적 선택을 행한 유권자의 판단과는 무관하게' 지방선거의 결과가 대선 레이스에 영향을 미칠 수 있음을 보여준다는 점에서 흥미롭다. 지방선거에서 민주당이 패배한 것은, 앞에서 인용한 기사에서도 나타나듯이, 지방선거를 앞두고 터진 이른바 '최규선 게이트'와 김대중 대통령의 아들 김홍걸, 김홍업의 구속 등으로 김대중 정부에 대한 국민의 불만이 높았던 상황적 요인과 깊은 관련이 있다. 〈표 11-5〉에서 본 대로, 그런 불만 속에서 유권자들은 지방선거에 현 정부에 대한 '중간평가'적 의미를 부여한 것이다. 그러나 지방선거에서 유권자의 선택에 영향을 미친 요인이 무엇이든 그 결과는 정치권과 언론에 의해 '전초전'의 형태로 재해석되었다. 그리고 이러한 해석은 역으로 유권자들의 판단에 다시 영향을 미침으로써 각 후보자의 지지율에 영향을 미치게 되는 결과로 이어지게 된 것이다.

이처럼 지방선거 결과가 유권자의 투표결정 요인과 무관하게 독립적으로 대선경쟁에 영향을 미친다는 사실은 〈표 11-8〉에서도 확인할 수 있다. 〈표 11-8〉은 지방선거 때 정당투표의 선택에 따라 다가올 대선에서 어떤 후보를 지지할 것인지 분석한 결과이다. 지방선거에서 한나라당을 선택한 유권자들보다 새천년민주당을 선택한 유권자들 가운데서 대선 때는 이회창을 찍겠다는 비율이 더욱 높게 나타났다. 한나라당 투표자 가운데 34.9%가 이회창을 찍을 것이라고 한 반면, 새천년민주당에 투표한 유권자 가운데 41.9%가 이회창을 찍겠다고 응답했다. 이러한 결과는 이 조사가 지방선거 이후에 실시되었기 때문에, 선거결

〈표 11-6〉 지방선거 전후 양자대결 가상 여론지지도의 추이

(%)

조사시기 2002년	이회창	노무현	모름/무응답	조사기관
5월 9~12일	36.6	43.6	19.8	MBC-갤럽
5월 22일	37.4	42.6	20.0	조선일보-갤럽
6월 1일	38.6	39.1	22.3	MBC-갤럽
6월 13일	37.6	35.6	26.8	SBS-TNS
6월 15~16일	48.9	36.3	14.8	중앙일보
6월 29일	44.8	33.0	22.2	조선일보-갤럽

자료: 안부근(2003: 86)에서 일부 인용.

〈표 11-7〉 지방선거 전후 3자대결 가상 여론지지도의 추이

(%)

조사시기 2002년	이회창	노무현	정몽준	모름/무응답	조사기관
5월 25일	39.5	40.8	13.6	6.1	중앙일보
6월 15~16일	40.2	28.6	18.7	12.5	중앙일보
6월 29일	40.1	26.8	16.1	17.0	조선일보-갤럽
7월 6일	37.4	24.2	21.9	16.5	조선일보-갤럽

자료: 안부근(2003: 88)에서 일부 인용.

〈표 11-8〉 2002년 지방선거 때 지지정당에 따른 대선 때 예상 지지후보

(%)

지방선거 정당투표	2002년 대선 때 찍고 싶은 후보						N
	이회창	노무현	박근혜	정몽준	권영길	모름/무응답	
한나라당	34.9	20.7	6.7	9.7	1.8	26.2	435
새천년민주당	41.9	22.7	4.4	5.9	1.5	23.6	203
민주노동당	25.5	20.0	5.5	16.4	3.6	29.1	55
모름/무응답	42.9	15.8	7.0	7.6	2.4	24.3	329
전체 평균	33.5	21.2	6.3	11.0	2.4	25.6	1498

자료: 사회과학데이터센터 2002년 지방선거후조사 자료로 계산한 값임.

과의 정치적 효과가 응답에 반영된 때문으로 생각된다. 지방선거에서 투표한 정당을 '모름/무응답'이라고 했던 유권자들 가운데 42.9%가 이회창을 찍겠다고 응답했는데 이 역시 지방선거 이후 변화된 유권자의 태도를 잘 보여주고 있다. 투표장에서 정치적 선택을 하던 순간에 유권자가 의도하지는 않았지만, 대선에 임박해서 치러진 지방선거의 '결과'는, 유권자의 선택의도와 무관하게 대선 전초전으로 받아들여지는 정치적 해석과 효과를 낳을 수 있다는 사실을 보여준다.

6. 결 론

2002년의 지방선거는 시기적으로 대통령 선거 불과 6개월 전에 실시된 선거라는 점에서 그 정치적 의미와 효과에 대해 매우 흥미로운 사례를 제공해 주고 있다. 이 장에서 주목한 점은 2002년 6월의 지방선거가 6개월 뒤에 실시된 대통령 선거결과를 예측할 수 있는 '전초전'의 성격을 가졌나 하는 점이다. 특히 유권자들이 지방선거를 과연 그렇게 인식하면서 투표했는지를 밝히고자 했다.

앞에서 나타난 집합자료와 서베이 자료의 분석결과는 비록 6개월이라는 시기적 근접성에도 불구하고 유권자들은 이 두 선거를 서로 상이한 관점에서 바라보고 있으며, 실제 정당 별 득표결과도 두 선거 간에 커다란 차이가 존재했음을 보여준다. 시기적으로 근접해 있다고 해도 앞서 행해지는 선거가 뒤이어 치러지는 보다 중요한 선거의 '전초전'의 성격을 갖는다고 보기는 어렵다는 것이다. 시기적인 문제와 별개로 임기중반에 실시되는 지방선거는 오히려 재직 중인 대통령에 대한 '중간평가'적 속성을 가지며, 그로 인해 여당이 불리하고 야당이 유리한 결과가 나타나게 되었다. 그러나 대통령 선거에서라면 유권자들의 선택 기준은 지방선거에서와는 매우 달라질 수밖에 없다.

하지만 유권자가 지방선거를 바라보는 시각이 '전초전'이 아니더라도 2002년처럼 대선과 시기적으로 매우 인접해서 실시된 선거결과는 선거 전 유권자들이 인식하는 것과는 달리 상당한 정치적 파장을 만들어낼 수 있다는 점도 확인되었다. 선거결과에 대한 '해석'은 유권자의 정치적 상황판단이나 후보자 평가에 영향을 미침으로써, 앞선 지방선거는 대선 전초전으로 '사후(事後)에' 받아들여지게 되는 것이다.

결국 한 대통령의 임기중반에 실시되는 지방선거는 그 시기적 속성과 무관하게 현 정부에 대한 평가라는 의미를 보다 강하게 지닌다. 그러나 지방선거 결과는, 유권자의 의도와 무관하게, 정치적 해석에 의해 새로운 정치적 의미를 부여받게 되며 다가올 선거를 바라보는 유권자의 시각에 영향을 미치게 된다는 것을 알 수 있다. 2002년 지방선거 이후 6개월 뒤에 실시된 대통령 선거에서 앞선 선거에서의 패배에도 불구하고 노무현 후보가 당선되었다는 점에서 지방선거 결과에 대한 사후적 해석의 정치적 효과를 지나치게 과장할 수는 없겠지만 적어도 단기적으로는 무시할 수 없는 영향을 미칠 수 있음을 이 장에서의 분석은 보여준다.

제12장

2006년 서울시장 선거분석: 이미지 선거?

1. 서론

2006년 지방선거는 집권당인 열린우리당의 참패와 한나라당의 대승으로 끝이 났다. 앞의 제10장, 11장에서 논의한 대로, 대통령 임기중반에 실시되는 선거가 종종 중간평가적 속성을 갖는다는 점에서 집권당의 패배가 반드시 특별한 것으로 볼 수는 없지만 집권당의 '패배 정도'가 워낙 컸다는 점에서 2006년은 이전 선거와는 또 다른 특성을 보였다. 이러한 선거결과 못지않게 2006년 지방선거에서 나타난 또 다른 흥미로운 현상은 이른바 '이미지 선거' 논란이다. 열린우리당이 강금실 전 법무장관을 후보로 공천하고 이에 맞서 한나라당이 오세훈 전 의원을 서울시장 후보로 공천하면서 이들 후보자의 개인적 이미지가 강조되는 선거운동이 커다란 주목을 받았다.

'이미지 선거'라는 표현은 구체적인 정책이나 이념보다는 후보자의 외형적 이미지에만 의존하려 한다는 점에서 비판적 뉘앙스를 담고 있는 것이겠지만, 또 한편으로는 TV 등 대중매체의 발전과 인터넷의 확산으로 인해 그 영향이 불가피하다는 사실도 내포하고 있다. 그런데 투표결정과 관련해서 볼 때 이미지 선거라는 것은 정당일체감이나 현 정부 평가보다 후보자 요인이 보다 중요한 영향을 미쳤다는 것이다. 즉 후보자가 대중에게 비치는 개인적 속성이 유권자의 지지를 이끌어 내는 데 영향을 미친다는 점을 전제로 하고 있다.

이 장에서는 2006년 지방선거의 이런 특성에 주목하여 서울시장 선거에서 후보자의 지지에 영향을 미친 요인이 무엇인지에 대해 살펴보고자 한다. 보다 구체적으로 이 장에서는 선거에 영향을 미치는 요인을 크게 ① 후보자 개인 요인, ② 정당(정파적) 요인, ③ 회고적 평가 등 3가지로 나누어 보고, 과연 이 가운데 어떤 요인이 보다 큰 중요성을 가졌는지 분석하고자 한다. 선거연구에서 제기될 수 있는 많은 투표결정 요인 가운데 이 3가지에 주목하는 것은 이러한 요인이 2006년 서울시장 선거과정에서 의미 있는 것으로 부각되었기 때문이다. 특히 이 장에서는 후보자의 개인 이미지가 유권자의 투표결정에 어떤 영향을 미쳤고 또 어느 정도의 효과를 나타냈는지에 대해 주목하고자 한다. 이를 위해서 선거운동(election campaign)의 효과에 대해서 살펴볼 것이다.

여기서 사용되는 데이터는 2006년 지방선거 기간 동안 동아시아연구원(EAI)과 중앙일보, SBS, 한국리서치가 공동으로 실시한 패널조사 자료이다. 이 데이터는 모두 네 차례 동일한 표본집단을 대상으로 한 패널조사의 결과이다. 1차 조사는 2006년 4월 26일부터 4월 29일까지, 2차 조사는 5월 18일부터 19일까지, 3차 조사는 5월 24일부터 26일까지 각각 실시했고, 4차 조사는 지방선거가 끝난 직후인 6월 1일부터 2일까지 실시하였다. 효율적인 논의를 위해서 '이미지 선거' 논란의 주 대상이었던 강금실과 오세훈 두 후보만을 분석대상으로 살펴보기로 한다.

2. 이론적 논의

한국 선거에서 유권자들이 투표결정을 할 때 어떤 점을 더 중시하는가
하는 것은 논란의 대상이 되어왔다. 일반적으로는 선거후 여론조사 결
과는 '인물을 중시했다'는 응답이 높게 나타나고 있어서 우리나라 유권
자들은 정당보다 인물을 중시한다는 주장이 종종 제기되었다(예컨대,
길승흠 외 1987: 214~219; 신명순 1996: 138). 2000년 16대 총선 이후
한국사회과학데이터센터에서 실시한 실제 설문조사 결과에 따르면, 유
권자들이 투표결정 때 고려한 요인은 소속정당 22.7%, 후보자의 인품
-경력-능력 59.3%로 나타났다.

  그러나 민주화 이후 각 지역을 대표하는 지역주의 정당이 선거를 사
실상 '지배'했던 선거패턴으로 미뤄 볼 때 우리나라 유권자들이 정당보
다 인물을 중시한다고 결론 내리기는 어려울 것 같다. 정당의 공천여
부가 대부분의 지역에서 사실상 당락을 결정했던 점을 고려할 때 정당
요인이 상대적으로 덜 중요하다는 주장은 현실적 경험과는 적지 않은
괴리를 보인다. 경험적 연구결과도 이런 의구심을 뒷받침하는데, 14대
국회의원 선거부터 16대 국회의원 선거까지를 분석한 이갑윤과 이현
우(2000)는 우리나라 선거에서 유권자의 투표결정에는 후보자 요인보
다 정당요인이 보다 중요하다고 밝히고 있다. 앞의 제10장에서는 지방
선거에서의 투표결정에 중앙정치의 영향이 크다는 점에 대해 살펴보았
는데, 이는 곧 후보자보다 정당(정파적) 요인이 중요하다는 점을 지적한
것이다.

  유럽 국가에서 정당요인이 강조되는 것은 계급, 종교, 언어, 인종 등
사회적 균열을 정당이 대표하는 등 정당과 지지자 간에 집단적으로 강
한 정치적 연대감이 형성되어 있기 때문이다. 미국에서도 캠벨과 동료
들(Campbell et al. 1960)이 《미국의 유권자》(*The American Voter*)에서

제시한 대로, 정당일체감(*party identification*)은 투표결정뿐만 아니라 후보자나 이슈, 정치적 사건 등에 대한 유권자의 판단과 태도에 영향을 미치고 있다. 우리나라에서도 정당이 지역이나 이념 등 사회적 균열을 대표했고 그에 따라, 예컨대 영남-보수-한나라당의 관계처럼, 일정한 정도로 정당일체감이 발전되었다고 할 수 있다.

그런 점에서 볼 때 2006년 지방선거에서 유독 이미지 선거 혹은 후보자 요인의 영향이 많이 제기되었다는 점은 무척 흥미로운 일이다. 이처럼 후보자 요인이 부각된 것은 우리 정치의 변화를 반영한 것으로도 볼 수 있다. 우선 주목해야 할 점은 구조적 측면의 변화이다. 구조적 요인이라 함은 2002년 대통령 선거를 고비로 하여 과거 우리 선거에 절대적 영향을 미쳤던 지역주의가 약화 혹은 변형되었다는 점이다. 선거에서 지역주의의 효과에 대한 주장은 논란의 여지가 있는 것이지만 적어도 과거 이른바 '3김'이 건재하던 시절과 비교할 때 명백한 구심점의 부재라는 사실만큼은 누구도 부인하기 어려울 것 같다. 예컨대, 이준한과 임경훈(2005)은 2004년 17대 총선을 분석하면서 '중대 선거'라고 할 수는 없더라도 전통적 지역주의가 적용되기 어려운 현상이 나타났다는 점은 분명하다고 지적했다. 지역주의 정당 보스에 거의 맹목적이라고 할 만큼 절대적 지지를 보냈던 지역 유권자의 충성의 강도는 크게 약화되었으며, 그만큼 유권자의 유동성은 상대적으로 증대되었다는 것이다. 제2장에서 본 대로, 2007년 대선에서도 지역주의는 변화된 속성을 나타냈다. 정당 중심의 표의 결집이 약화되고 유권자의 유동성이 커진 만큼 후보자 요인에 대한 강조는 커질 수밖에 없다. 더욱이 이 장에서의 논의대상인 서울지역은 전통적 지역주의 대립에서 벗어나 있다는 점에서 '독립적이고 유동적인 유권자'가 다른 지역에 비해서 보다 많다고 할 수 있다.

두 번째로 이미지 선거 혹은 후보자 요인의 중요성이 부각된 이유 중 하나로 그것이 지방선거였다는 점을 들 수 있다. 지방선거는 국가

권력을 두고 다투는 대통령 선거나 국회의원 선거에 비해서 그 정치적 중요성이 상대적으로 떨어질 수밖에 없다. 서울시장이 1천만 인구의 수도를 관장하는 중요한 직책이라고 해도, 낮은 투표율이 시사해 주듯이, 지방선거에 대한 정치적 관심이나 중요도는 국회의원 선거나 대통령 선거에 비해서 낮다. 즉 유권자의 입장에서는 상대적으로 자신의 투표결정에 따른 '정치적 부담'이 국회의원 선거나 대통령 선거보다 낮다. 그런 만큼 유권자들은 후보자가 다소 만족스럽지 못하더라도 상대방 정파의 집권을 막기 위해서 정당일체감에 따라 표를 던지도록 강요받는 상황에서 벗어날 수 있다. 즉 정치적 부담이 적은 만큼 유권자들은 보다 유동적일 수 있고 그 때문에 후보자 요인의 중요성이 부각될 수 있다. 앞 장에서 몇 차례 언급한 대로, 대통령의 임기중반에 실시되는 보궐선거나 지방선거 등이 자주 중간평가적 속성을 나타내는 것도 이처럼 유권자들의 입장에서 볼 때 상대적으로 선거결과에 대한 정치적 부담이 적다는 사실과도 관련이 있다.

세 번째는 선거운동 방식의 변화와 관련이 있다. TV 등 대중매체의 발전으로 인해 과거와는 다른 방식의 유세가 필요하게 되었고 대중매체를 얼마나 잘 활용하는가 하는 것이 선거결과에 상당한 영향을 미치게 되었다. 이는 비단 우리나라만의 현상은 아니다. TV 등 대중매체를 이용한 선거운동이 이미 보편화된 미국은 말할 것도 없고 과거 정당조직 중심의 선거운동을 펼쳤던 유럽 국가들에서도 이제는 대중매체를 통한 선거운동의 중요성이 커졌다. 우리나라에서도 1997년 대통령 선거에서 TV 선거운동이 본격적으로 처음 도입된 이래 과거의 군중동원형 선거운동이 사라지게 되었고 대신 TV 등 각종 매스미디어를 통한 선거운동이 본격화되었다(강원택 2003: 337~361). 선거운동에서 매스미디어의 영향이 커진 만큼 매체를 통해 비치는 후보자의 개인 이미지가 갖는 중요성이 커지게 된 것이다. 더욱이 앞서 지적한 대로, 정당일체감이나 선거결과에 대한 정치적 부담이 상대적으로 줄어든 반면 후보자 요인이 갖는 중요성은 더욱 커졌기 때문에 매스미디어를 통해 비치는 후보자의 개인 이미지는 더더욱 중요해질 수밖에 없다.

그런데 후보자 요인이나 이미지 등은 정당일체감과 같은 장기적 태도를 뜻하기보다 상황에 따라 영향을 받을 수 있는 단기적 요인이라고 할 수 있다. 그런 만큼 선거운동의 중요성은 더욱 커지게 된 것이다. 과연 선거운동이 얼마나 유권자의 선호도를 변화시킬 수 있을까 하는 것 역시 학문적으로 논란의 대상이 되었다. 선거운동의 효과에 대한 논의는 주로 미국 선거연구에서 많이 제기되었다. 상대적으로 정당의 역할이 약하고 후보자 중심의 선거운동을 펼치고 있고, 유권자의 정치적 유동성 역시 강한 편이기 때문이다. 에이브람슨과 동료들(Abramson, Aldrich and Rohde 1990: 52)은 1988년 미국 선거를 분석하면서 초기 조지 부시의 공격적 선거운동이 듀카키스 후보를 압도했고 결국 승리로 이어졌다고 주장했다. 즉 선거운동이 선거결과와 유권자의 선택에 매우 중요하게 작용했다는 것이다(이 책의 제3장 참조). 홀브룩 (Holbrook 1996) 역시 선거운동의 중요성을 강조하면서 선거운동의 효과를 선거결과로부터만 찾으려고 할 것이 아니라 하나의 과정으로 살펴보려는 시각이 중요하며 그런 관점에서 분석할 때 선거운동은 중요하고 흥미로운 역할을 수행하고 있다고 결론지었다.

그러나 구조적 요인이나 경제상황, 사회적 이슈, 국제정치적 요인 등 외부적 요인에 의해 크게 영향을 받을 뿐 선거운동의 효과는 제한적이라는 견해도 만만치 않다. 이에 대한 고전적 분석은 라자스펠드 등 (Lazarsfeld, Berelson, and Gaudet 1944)이 미국 오하이오 주 이어리 (Erie) 카운티에 대한 여론조사 결과를 토대로 한 연구로 이들의 분석에 의하면 선거운동으로 인해 유권자의 후보선호가 크게 바뀌지 않으며 오히려 기존의 선호를 재강화(reinforce)해 주는 것으로 나타났다. 최근 연구로는 1984년 미국 선거를 분석한 라이트와 레이크(Light and Lake 1985)의 연구, 1988년 선거를 분석한 폼퍼(Pomper 1989)의 연구,

그리고 1992년 선거에 대한 퀴크와 댈러거(Quirk and Dalager 1993)의 분석 모두 선거운동이 승자결정에 미치는 영향이 제한적이라는 주장을 담고 있다. 로젠스톤(Rosenstone 1985)은 1984년 선거를 이야기하면서 심지어 선거운동 이전부터 사실상 승자가 결정되어 있었다고까지 주장한 바 있다.

미국에서 이처럼 선거운동의 효과에 대한 다양한 연구가 수행된 데 비해 유럽 국가에서 선거운동에 대한 논의는 상대적으로 많지 않았다. 그 이유는 유럽의 정당은 대부분 계급, 종교, 지역, 언어 등 사회적 균열을 반영하고 있으며 그만큼 유권자들이 미국에서처럼 선거운동에 의해 지지정당이나 후보를 쉽게 바꾸는 정치적 유동성(volatility)이 크지 않은 데 있었다. 그러나 1970년대 이후 유럽 사회에서 계급정치적 특성이 약화되면서 정당에 대한 충성심이나 일체감도 이전에 비해 크게 약화되었다. 이에 따라 부동층이 늘어나게 되었고 그만큼 정치적 유동성도 커지게 되었다. 이 때문에 최근 들어 유럽 선거에서도 선거운동의 효과에 대한 학문적 관심도 늘어났다(예컨대 Norris et al. 1999; Lees-Marshment 2001 등 참조). 다만 미국에서 선거운동이 후보자를 중심으로 전개된다면 유럽에서는 대부분 정당을 중심으로 선거운동이 펼쳐진다는 차이는 여전히 존재한다.

지금까지의 논의를 토대로 해서, 2006년 지방선거에서 유권자에 영향을 미친 요인이 무엇이었는지, 과연 당시의 선거운동이 후보자 개인을 중심으로 한 이미지를 강조하는 선거운동이었는지에 대해서 살펴보기로 한다.

3. 2006년 서울시장 선거운동: 후보, 상징색과 이미지

선거운동이 본격화되기 이전 낮은 인기로 고전하던 열린우리당에 비해서 강금실 개인의 인기는 무척 높았다. 그런 높은 인기는 강금실 후보가 가졌던 '참신함' 때문이었을 것으로 생각된다. 강금실 후보는 첫 여성 법무장관, 서울지역 첫 여성 단독판사, 첫 여성 법무법인 대표, 첫 여성 민변 부회장 등 화려한 경력을 갖고 있었지만 법조계 출신의 많은 남성들과는 달리 권위적이지 않았으며 세련되고 문화적인 이미지를 주었다. 특히 법무장관 시절의 여러 가지 파격적인 행동은 관료적이고 위계적인 관료사회에서 보기 힘든 신선한 모습으로 받아들여졌다.

그러나 한나라당 서울시장 당내경선에서 맹형규, 홍준표 후보를 극적으로 누르고 오세훈 후보가 나서게 되면서 강금실 후보가 가졌던 상대적 유리함은 상당한 정도로 상쇄되었다. 강금실 후보가 주었던 참신함, 개혁, 젊음, 문화적 이미지는 오세훈 후보에게서도 유사하게 발견할 수 있는 것이었기 때문이다. 오세훈 후보가 16대 국회의원을 역임했지만 당선이 사실상 보장되었던 서울 강남의 지역구에서 재출마를 자진포기한 결정은 많은 유권자들에게 신선하게 받아들여졌다. 또한 16대 국회 말에 강화된 정치관계법 개정이 '오세훈 선거법'으로 불리면서 개혁적 이미지를 남겼다는 것도 오세훈 후보의 정치적 자산이었다. '참신함'이라는 이미지가 기존 정치권에 대한 변화의 기대감이라고 한다면 강금실 후보나 오세훈 후보 모두 이러한 자질을 지니고 있었던 것이다.

그런데 2006년 서울시장 선거에서 '이미지 선거'라는 용어가 초반부터 관심을 끌기 시작했던 이유 중 하나는 선거운동 중에 사용된 상징색과도 관련이 있을 것이다. 두 후보 모두 자신의 이미지를 표현하는 고유한 색을 골라서 이를 적극적으로 활용했다. 과거에 있었던 이미지

정치 논란이 TV 토론 등 대중매체의 활용과 관련된 것이라면 2006년
서울시장 선거에서 달라진 점은 후보자가 자신의 이미지 전달에 보다
적극적이 되었다는 점이다. 강금실 후보는 보라색을 자신을 나타내는
상징색으로 사용했다. 강 후보는 보라색을 사용한 이유에 대해 다음과
같이 설명했다.

> 보라색을 상징색으로 쓴 것은 "개인적으로 좋아하기도 하고, 세계의
> 흐름이 블루오션(*blue ocean*, 성장잠재력을 가지고 있는 미개척 시
> 장)에서 퍼플오션(*purple ocean*, 붉은빛 바다인 기존시장에 머물면서
> 블루오션을 모색하는 것)으로 가고 있기 때문"이라면서 "보라색은 빨
> 강과 파랑의 대립을 포용하는 의미가 있다"고 했다. [1]

반면 오세훈 후보는 녹색을 자신을 나타내는 상징색으로 사용했다.

> 녹색 넥타이 차림의 그는 "강 전 장관의 대표색이 보라라면 내 대표색
> 은 녹색"이라며 "나는 오랫동안 환경운동을 해오며 (녹색이) 뼛속까지
> 박혀 있다"고 개혁 이미지 확산에 나섰다(〈중앙일보〉 2006. 4. 12).

보라색이 세련되고 문화적인 이미지를 강조하고자 했다면, 녹색은
환경관련 이미지를 강조하고자 한 것으로 보인다. 흥미로운 점은 두
사람이 선택한 색깔이 모두 소속정당이 사용하던 '전통적' 색깔과는 다
르다는 것이다. 열린우리당은 선거 때마다 노란색을 당의 색깔로 사용
했고, 한나라당은 파란색을 당의 색깔로 사용했다. 이러한 점을 감안하
면 강금실, 오세훈 두 후보 모두 당과는 일정한 정도의 거리를 두고 개
인 이미지를 보다 앞세우겠다는 뜻으로도 읽을 수 있다.

그런데 후보자의 상징색과 관련해서 평가한다면 오세훈 후보의 녹

---

1) http://www.ohmynews.com/articleview. (검색일 2006. 11. 15)

색이 선거운동에서는 보다 일관성 있는 이미지를 전달하는 데 성공한 것으로 보인다. 오세훈 후보는 환경운동에 관심을 가졌던 자신의 경력과 서울시장으로 실행하겠다고 공약한 환경정책, 그리고 그 상징색이 일관성을 갖고 있었다. 선거운동 기간 그의 블로그 제목은 '오세훈! 맑은 서울, 깨어 있는 서울! 깨끗한 힘'이었고 서울시의 대기수준을 일본 도쿄 수준으로 개선하겠다는 공약도 제시했다. 이른바 '오세훈 선거법'으로 알려진 정치개혁과 관련된 '깨끗한' 이미지와 환경 이미지가 녹색으로 적절하게 대표될 수 있었던 것으로 보인다. 선거운동 기간 중 논란이 되었던 광고도 '정수기' 관련 내용이었다. 즉 녹색으로 클린 이미지와 환경 이미지를 적절하게 결합해낼 수 있었던 것이다.

이에 비해 강금실 후보의 보랏빛은 문화, 세련의 이미지를 주기는 했지만 오세훈 후보의 녹색처럼 후보 자신의 이미지와 구체적 정책공약을 효과적으로 연결시키지 못했다. 강금실 후보는 교육, 육아, 여성 등의 이슈를 강조했고 선거공고물에도 '보람이가 행복한 서울', '정치는 짧고 교육은 길다. 교육특별시장' 등을 부각시켰지만, 이런 이슈와 후보자의 이미지, 상징색이 적절하게 연계되었다고 보기는 어려운 것이 사실이다. 특히 '교육특별시장'을 강조한 현수막은 열린우리당의 상징색인 노란색 배경색을 사용하기도 했다. 그리고 보랏빛을 강조한 선거운동은 다음 기사에서 보듯이 부정적 효과를 나타내기도 했다.

> 강금실 열린우리당 서울시장 예비후보가 '보랏빛 이미지 전략'을 탈피해 공세적 전략으로 궤도를 수정하고 있다. 기성 정치행태에 대한 비판과 열린우리당에 대한 '쓴소리' 등 강 전 장관이 보내고자 했던 메시지가 이미지에 묻힌 채 제대로 전달되지 않았다는 자체평가 때문이다. …보랏빛과 흰빛이 주조를 이루던 옷차림새에도 변화를 주기 시작했다. 지난 20일부터는 검은빛 정장 등 어두운 빛깔 계열로 옷차림을 바꿨다. 오영식 대변인은 이를 "서민과 현장에 어울리는 스타일"이라고 설명했다(〈한겨레신문〉 2006. 4. 24).

이후에도 강 후보는 보라색을 계속해서 사용했으나 선거초반에 비해서는 크게 강조하지는 않았다. 예컨대, 공식 선거홍보물에 강금실 후보는 흰 바탕에 여자어린이 사진을 크게 부각했고, 기호에만 보랏빛을 사용했다.

그러나 선거운동에 사용된 상징색의 의미와 중요성을 지나치게 강조해서는 곤란할 것이다. 다만 여기서 지적하고 싶은 점은 상징색이든 후보자의 개인 이미지든 이른바 '이미지 선거'의 특성이 이전 선거에 비해서 두드러졌던 선거라는 사실이다. TV에 어떻게 비춰질 것인가를 고민하던 단계에서 상징색의 사용에서 보듯이 후보자가 먼저 적극적으로 자신의 이미지를 만들어 전달하는 단계로 나아간 것이기 때문이다. 이제는 보다 구체적으로 이미지 선거라고 한 2006년 서울시장 선거에서 과연 유권자의 선택에 영향을 미친 요인은 과연 무엇이었는지 이에 대해서 살펴보기로 한다.

4. 이미지 선거: 경험적 분석

1) 누가 왜 지지했나

두 후보에 대한 유권자의 투표결정의 요인을 분석하기에 앞서 패널자료를 토대로 선거운동 기간 동안 유권자들이 두 후보를 어떻게 평가하고 어떤 이유로 지지하였는지 그 특성에 대해 먼저 논의하기로 한다. 우선 두 후보의 지지율 변화에 대해서 살펴보았다. 2006년 서울시장 선거의 공식적인 최종득표율은 오세훈 후보 61.1%, 강금실 후보 27.3%로 나타났다. 두 후보 간 득표율의 격차가 상당히 컸다는 사실을 알 수 있다. 패널조사 데이터에서도 대체로 이와 유사한 결과가 나타나고 있다. 〈그림 12-1〉은 4차례 패널조사에서 나타난 두 후보 지지도의 변화추이다. 1차 조사 이후 두 후보의 지지도 격차가 조금씩 확대되었으며, 그 차이가 상당히 큰 만큼 오세훈 후보의 당선가능성은 오래전부터 어느 정도 예견할 수 있었던 셈이다. 그런데 한 달 남짓한 기간 동안의 조사임에도 불구하고 지지도의 변화가 확인된다.

두 후보자에 대한 지지의 특성을 파악하기 위해서 우선 어떤 이유로 각 후보를 지지하는지에 대해서 살펴보았다. 〈표 12-1〉은 패널조사 때마다 각 후보를 지지하는 응답자들이 왜 그 후보를 지지하는지 그 원인을 답한 것을 정리한 것이다. ① 소속정당, ② 후보 자신, ③ 공약·정책, ④ 당선가능성, ⑤ 기타 등 모두 5가지 요인으로 나눠 살펴보았다. 두 후보 간에 지지원인의 흥미로운 차이를 발견할 수 있다. 우선 두 후보 모두 지지의 원인이 후보자 자신 때문이라는 응답이 월등히 높게 나타났다. 두 후보 중에는 강금실 후보에게서 개인 요인이 차지하는 비중이 상대적으로 더 높았다. 강금실 후보는 후보자 요인이 차지하는 비율이 50% 이상(2차는 49.4%)이었던 반면, 오세훈 후보는 40% 정도로 대략 10% 정도의 차이를 보였다. 그 대신 오세훈 후보는 소속정당 때문이라는 응답이 상대적으로 높았다. 소속정당이 중요한 지지원인이 라는 응답은 조금씩 높아지다가 선거 때에는 매우 중요한 요인으로 작 용하였다. 오세훈 후보가 한나라당 소속이라는 점이 선거가 가까워질

〈그림 12-1〉 강금실, 오세훈 후보의 지지도 변화추이

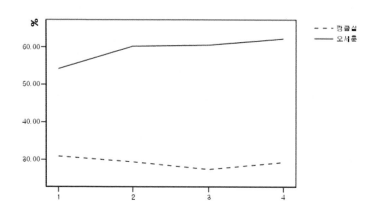

〈표 12-1〉 후보 별 지지원인의 변화추이

(%)

지지의 원인	후보자	1차	2차	3차	4차
소속정당	강금실	18.7	23.8	18.2	24.1
	오세훈	24.2	26.0	26.3	31.1
후보자 자신	강금실	55.4	49.4	51.9	54.2
	오세훈	44.2	39.1	43.4	39.1
공약/정책	강금실	16.6	15.5	22.7	18.7
	오세훈	16.8	20.4	20.1	19.1
당선가능성	강금실	6.2	9.5	3.2	1.8
	오세훈	10.6	11.5	8.3	8.6
기타	강금실	3.1	1.8	3.6	1.2
	오세훈	4.1	3.0	2.1	2.0

수록 유리하게 작용하였다는 사실을 알 수 있다. 반면 오 후보의 개인 이미지의 영향은 선거일에 가까워질수록 상대적으로 낮아졌다.

전체적으로 볼 때, 후보자 요인의 변동 폭은 오세훈 후보 쪽에서 상대적으로 큰 반면, 강금실 후보 지지자들 가운데 후보자 요인은 비교적 안정적 패턴을 보이고 있음을 알 수 있다. 그러나 정당이나 공약 요인에 대한 변동 폭은 강 후보 쪽에서 보다 크게 나타났으며 시간이 갈수록 당선가능성의 요인은 낮아졌다. 〈표 12-1〉은 두 후보 모두 후보자 개인 요인이 중요했지만 특히 강금실 후보의 경우에 그 비중이 높았다는 점을 보여주고 있다.

이번에는 지지자들이 각 후보의 어떤 개인적 속성에 주목하여 지지하게 되었는지에 대해 살펴보았다. 〈표 12-2〉에서 보듯이 후보 별로 대체적인 응답의 패턴은 비슷하지만, 시간에 따른 변화추이는 두 후보자 간에 매우 분명한 차이를 보이고 있다. '서울시를 이끌어 갈 자질' 항목은 1차 조사에서는 강금실 후보가 34.3%, 오세훈 후보가 14.7%로 강 후보 지지자들이 훨씬 중요한 요인으로 손꼽았지만, 3차 조사에서는 강금실 22.8%, 오세훈 26.5%로 두 후보 간 비율이 역전되는 현상이 나타났다. 오세훈 후보는 조사 때마다 이 응답에 대한 비율이 꾸준히 높아졌다. 이에 비해 강금실 후보의 경우에는 '매력이나 친근감'이라고 하는 개인적 이미지가 지지에 미치는 영향이 시간이 갈수록 커졌다. 1차 조사에서는 13%였지만 3차 조사에서는 22.8%로 그 비율이 높아졌다. 그러나 오세훈 후보의 경우에는 큰 폭은 아니지만 개인 이미지에 대한 응답비율은 오히려 감소했고 대신 '서울시를 이끌어 갈 자질'을 고려했다는 응답이 높아졌다. 강금실 후보의 경우 개인 이미지가 후보지지에 미친 영향이 상대적으로 더 크다는 점을 여기서도 확인할 수 있다.

이처럼 강금실 후보와 오세훈 후보에 대한 지지의 원인은 시간이 흐르면서 각기 상이한 추이를 보였다. 그렇다면 선거운동 기간 중 각 후보의 지지는 얼마나 안정적이었을까? 〈표 12-3〉은 1차 조사 때 강금실과 오세훈을 각각 지지한다고 밝혔던 응답자들이 이후에 어떻게 변화했는지 살펴본 것이다. 두 후보자 간에 비교적 분명한 차이를 확인할 수 있다. 오세훈 후보 지지 집단은 90% 이상의 지지율을 계속 유지한 데 비해서, 강금실 후보의 경우 1차 조사와 비교할 때 2차, 4차 조사에서는 약 20% 정도, 3차 조사에서는 거의 30%에 가까운 지지자들이 이탈한 것으로 나타났다. 강금실 후보 지지 이탈자 가운데 10% 이상이 오세훈 후보 지지로 돌아선 반면, 오세훈 후보 지지자들 가운데 강금실 후보 지지로 돌아선 사람은 3~4% 정도에 그쳤다. 라자스펠드 등(Lazarsfeld et al. 1944: 102)이 1940년 실시한 선거 패널조사 결과 약 8% 정도만이 선거운동 기간 중 지지후보를 바꾼다고 했고, 핀켈

〈표 12-2〉 후보지지의 원인

(%)

후보	강금실			오세훈		
조사시기	1차	2차	3차	1차	2차	3차
서울시를 이끌어 갈 자질	34.3	18.1	22.8	**14.7**	**18.3**	**26.5**
인품이나 도덕성	45.4	63.9	50.6	67.3	65.6	57.8
매력이나 친근감	**13.0**	**14.5**	**22.8**	16.7	14.5	13.6
기타 (모름/무응답)	7.4	3.6	3.8	1.4	1.5	2.0

※ 4차 조사는 질문항목이 달라져 이 표에서 제외하였음.

〈표 12-3〉 두 후보 간 지지율의 변화추이

(%)

1차 조사	조사 차수	강금실	오세훈	기타	미결정/모름/무응답	N
강금실 지지 (N = 193)	2차	**83.0**	13.9	1.7	1.5	175
	3차	**72.3**	15.8	4.6	7.3	174
	4차	**80.1**	12.2	6.0	1.8	165
오세훈 지지 (N = 339)	2차	3.5	**91.7**	0.6	4.2	302
	3차	4.0	**90.6**	3.0	2.4	301
	4차	4.6	**91.5**	3.6	0.4	324

310

(Finkel 1993: 15)이 1980년 미국 대선 연구를 통해 4.8% 정도만이 지지자를 바꾸었다고 분석한 결과를 고려할 때, 강금실 후보의 지지이탈 정도는 결코 적다고 볼 수 없다. 이탈요인은 사례 수나 조사항목의 부족으로 구체적 이유를 파악하기는 어렵지만, 〈표 12-2〉에서의 결과로 미루어 짐작할 때 '서울시를 이끌어 갈 자질'과 관련한 확신을 지지자들에게 충분히 주지 못한 데 원인이 있는 것으로 보인다. 이러한 특성은 〈표 12-4〉에서도 발견된다.

〈표 12-4〉는 1차 조사에서 강금실 후보를 지지한다고 했던 이들을 대상으로 지지요인 별 잔류비율을 조사한 것이다. '소속정당'이나 '후보자신'을 지지요인으로 밝힌 이들은 대체로 80% 이상의 잔류비율을 보이고 있지만 '공약과 정책'을 지지요인으로 골랐던 이들의 잔류비율은 비교적 낮게 나타났다. 앞의 〈표 12-2〉에서 지적한 것처럼, 서울시를 이끌어 갈 지도자로서의 비전과 자질에 대한 확신을 충분히 주지 못한 것이 이탈의 주된 원인이었으며, 이와 함께 선거일이 가까워질수록 당선가능성에 대한 의구심도 영향을 끼친 것으로 보인다.

이번에는 각 후보 별로 지지자의 사회적 속성에 대해서 살펴보았다(〈표 12-5〉). 여기서도 흥미로운 차이가 발견된다. 강금실 후보의 지지

〈표 12-4〉 강금실 후보 지지자(1차 조사 기준)의 지지원인 별 잔류비율

(%)

1차 조사 때 밝힌 지지요인	2차	3차	4차
소속정당	84.4	84.4	84.8
후보 자신	86.3	75.0	81.7
공약과 정책	**65.6**	**51.6**	**68.0**
당선가능성	83.3	75.0	**63.6**
기타	100.0	83.3	100.0
N	177	173	166

〈표 12-5〉 두 후보 지지자의 사회경제적 속성

(%)

			1차	2차	3차	4차
강금실	성별	남	**50.8**	**53.8**	**56.5**	**55.0**
		여	49.2	46.2	43.5	45.0
	연령	19~29	**33.2**	30.2	30.7	25.2
		30~39	28.9	**33.3**	**35.0**	**34.6**
		40~49	23.0	19.5	20.8	25.2
		50+	14.9	17.0	13.5	15.0
	학력	중졸 이하	17.6	17.7	13.2	17.2
		고졸	30.4	29.2	32.5	38.2
		대재 이상	**52.0**	**53.0**	**54.3**	**44.6**
	직업	블루칼라	18.9	18.5	18.6	21.3
		화이트칼라	**34.1**	**35.0**	**33.0**	26.8
		자영업	10.4	8.6	12.3	11.6
		주부	18.0	16.5	16.6	21.6
		학생	12.2	13.0	12.5	10.5
		기타	6.5	8.4	7.0	8.3
오세훈	성별	남	47.5	47.8	44.1	46.0
		여	**52.5**	**52.2**	**55.9**	**54.0**
	연령	19~29	16.3	22.6	23.6	19.5
		30~39	21.1	22.8	21.8	20.4
		40~49	23.0	21.4	20.2	20.3
		50+	**39.7**	**33.2**	**34.4**	**39.8**
	학력	중졸 이하	27.4	21.6	22.7	28.0
		고졸	38.3	40.9	38.6	36.2
		대재 이상	34.2	37.5	38.7	35.8
	직업	블루칼라	11.9	12.0	10.8	11.0
		화이트칼라	17.9	21.0	21.8	20.3
		자영업	19.7	19.4	17.3	19.2
		주부	**32.2**	**30.1**	**33.0**	**31.6**
		학생	7.7	10.0	10.2	7.9
		기타	10.6	7.6	6.8	10.0

자들은 남성이 많고, 젊은 층, 특히 30대층에서 지지율이 높았다. 또한 대재 이상의 고학력층, 그리고 다른 직종에 비해서 화이트칼라 종사자들 가운데서 지지율이 높게 나타났다. 반면 오세훈 후보 지지자들은 여성이 많으며, 연령 별로는 50대 이상층에서 높았다. 학력에서는 뚜렷한 특성이 나타나지 않은 반면 직업 별로는 주부층에서 상대적으로 높게 나타났다.

학력이나 연령 별로 후보지지에 차이를 나타내는 것은 우리나라 선거에서 드문 일이 아니다. 이전 몇 차례 선거에서 보듯이 젊은 층, 고학력층은 대체로 진보적 성향을 갖는 이들이 많으며(예컨대 강원택 2005 a: 25~61) 그런 점에서 열린우리당 후보인 강금실 지지자들 가운데서 이런 속성이 확인되는 것은 이해할 수 있는 일이다. 그러나 유권자의 성별에 따라 지지후보가 달라진 경우는 그동안 별로 나타나지 않았던 현상이라는 점에서 〈표 12-5〉의 결과는 흥미롭다. 강금실 후보가 남성 유권자에게, 오세훈 후보가 여성 유권자에게 보다 더 어필하는 것은 1차적으로는 남성 후보와 여성 후보가 격돌하게 되었다는 상황이 만들어낸 결과이겠지만 또 한편으로는 이들이 보여주는 '개인적 이미지'가 2006년 서울시장 선거에서는 그만큼 중요했었다는 사실을 입증해 주는 것이기도 하다. 실제로 성별 지지의 특성은 두 후보 모두 선거에 가까워질수록 보다 강화되는 추세가 확인된다.

개인 이미지가 중요했다면 대표적 이미지 매체인 TV를 통한 선거운동의 효과는 어떠했을까? 이를 알아보기 위해 TV토론의 시청여부와 그 영향에 대해서 살펴보았다. 〈표 12-6〉에서 보듯이 전체적으로 절반 가까운 응답자가 시장 후보자 간의 TV 토론을 시청했다고 응답했다. 선거운동으로서 TV의 중요성이 확인된 셈이다. 선거일이 가까워지면서 시청했다는 응답이 전반적으로 높아졌다. 그런데 2차 조사 때는 후보 별로 응답패턴의 차이가 거의 없었던 반면, 3차 조사에서는 지지후보 별로 응답자들의 반응이 다르게 나타났다. 오세훈 후보 지지자들의 시청률이 강금실 후보 지지자들에 비해 10% 이상 높게 나타난 반면, 시청도 안 했고 그런 사실도 모른다는 응답은 강금실 지지자들에서 상대적으로 높게 나타났다. 그렇다면 TV토론 등 선거관련 언론 보도는 어떤 영향을 준 것일까?

　TV토론을 포함하여 언론의 선거관련 보도의 효과를 알아보기 위해서 어떤 내용에 유권자들이 관심을 갖는지에 대해서 살펴보았다. 〈표 12-7〉에서 보듯이 응답자들이 가장 큰 관심을 보인다고 밝힌 것은 '후보자 개인의 자질과 경력'이었다. 이에 비해 공약, 정책이나 논쟁 등의 비율은 매우 낮았다. '자질과 경력'과 같은 후보자의 개인적 속성 (personality)에 대한 관심은 누구를 지지하느냐에 상관없이 거의 비슷한 비율로 나타났다. 당선가능성을 관심 있게 본다는 응답은 오세훈 지지자들 가운데 상대적으로 높았다. 후보자 간 논쟁에 관심이 있다는

〈표 12-6〉 지지후보 별 TV토론 시청여부

(%)

조사 구분	투표 후보	시청했다	시청 안 했지만 들어 알고 있다	시청 안 했고 몰랐다	N	chi-square
2차	강금실	45.5	40.3	14.3	154	$x^2=1.80$
	오세훈	49.8	37.4	12.7	313	p=0.62
3차	강금실	49.0	36.1	**14.8**	155	$x^2=2.20$
	오세훈	**59.7**	30.0	10.2	313	p<0.1

〈표 12-7〉 선거관련 언론보도에서 관심을 갖는 내용

(%)

투표 후보	공약, 정책	당선가능성	자질, 경력	후보자 간 논쟁	기타	모름/무응답	N
강금실	25.9	6.6	**52.4**	**10.2**	3.0	1.8	166
오세훈	26.8	**14.8**	52.1	4.3	1.7	0.3	351
합계	26.5	12.2	**52.2**	6.2	2.1	0.8	517

※ 1차 조사에만 포함된 문항임.

응답이 강금실 지지자 사이에서 상대적으로 높았다.

　사실 2006년 서울시장 선거에서는 2002년 청계천 개발 공약처럼 정책을 둘러싼 쟁점도 크지 않았다는 점에서 후보자 개인적 속성에 대한 높은 관심은 이해할 수 있는 일이다. 그런데 후보자의 개인적 속성에 대한 높은 관심이라는 특징은 반드시 쟁점의 부재의 결과로만 볼 수는 없다. 다음의 인용문은 미국 선거에서도 이러한 특성이 유사하게 나타난다는 점을 보여준다.

　　'지적' 선택은 이슈에 근거한 선택이라는 사회적 분위기 하에서도 이슈보다는 이미지가 더 많이 인식되는 것은 무엇으로 설명할 수 있을까? 많은 이유가 있지만, 인간성(*personality*)의 중요성이 그중의 하나이다. 한 응답자는 다음과 같이 말했다. "사람들은 이슈에 표를 던지는 것이 아니다. 진짜 중요한 것은 어떤 사람이 이 나라를 이끌 것인가, 닥쳐올 문제를 어떻게 다룰 것인가 하는 것이다. 나는 사람들이 더 이상 약속을 믿는다고 생각하지 않는다. 그들은 인간을 믿는 것이다."…인간으로서의 후보자, 특히 그들의 개인적 자질과 관련된 정보가 커다란 관심거리가 되는 것이다(위버 외 1994: 49).

　후보자의 개인적 속성에 대해서 관심이 크다는 것은 그만큼 어떤 이미지를 부여하느냐가 중요한 문제로 등장할 수밖에 없음을 의미한다. 그런데 지지후보의 개인적 속성이 중요하다는 점은 투표결정에서 이슈나 정당요인 등 다른 요인의 영향력이 줄어들었음을 의미하는 것이다. 과연 2006년 서울시장 선거에서 정파성 혹은 정치적 일체감의 영향은 그다지 크게 않았던 것일까?

2) 정파적 일체감과 이미지 선거

유권자의 정파성이 서울시장 선거에 미친 영향을 확인하기 위해서 이전에 실시된 주요한 선거에서 어떤 정당을 지지했는지 살펴보았다. 〈표 12-8〉은 이전 선거에서의 지지정당, 지지후보와 2006년 서울시장 선거에서 투표한 후보 간의 관계를 분석한 것이다. 두 후보 지지패턴에 매우 흥미로운 특성이 나타난다. 강금실 후보 투표자는 대부분 2002년 대선에서 노무현 후보 지지자였고, 2004년 17대 총선에서는 열린우리당을 선택한 유권자들임을 알 수 있다. 전체적으로 강금실 투표자의 3/4 정도가 노무현, 열린우리당 지지자였다. 이에 비해서 오세훈 후보에 표를 던진 이들은 지지의 정파적 집중현상이 상대적으로 약하다는 사실을 알 수 있다. 오세훈 지지자 가운데 36.5%가 2002년 대선에서 노무현 후보에게 표를 던진 이들이었다. 2004년 17대 총선에서 열린우리당을 지지한 이들 역시 오세훈 후보 지지자 중 30%가량을 차지했다.

오세훈 후보가 한나라당 지지자뿐만 아니라 열린우리당 지지자들을 다수 흡수할 수 있었던 것은 아마도 당시 열린우리당과 노무현 대통령의 낮은 인기 때문이었을 것이다. 지방선거 전이었던 2006년 5월 11일 문화일보-KSOI 조사결과 노무현 대통령의 지지도는 31%였으며, 열린우리당의 지지도는 이보다 훨씬 낮은 20.6%였다. 집권당의 낮은 인기로 인해 적지 않은 유권자가 지지정당을 떠나 야당후보에게 표를 던진 것으로 해석할 수 있다. 더욱이 앞서 언급한 대로 선거결과에 대한 '정치적 부담'이 아무래도 적은 지방선거라는 특성으로 인해 정당지지의 결속도가 더욱 낮아졌을 것으로 보인다. 그렇다면 정당요인은 서울시장 선거에서 별로 중요하지 않았던 것일까?

지금까지의 분석에 따르면 서울시장 선거운동 기간 중 후보자의 개인적 속성이 크게 부각된 반면, 이슈나 정당 등 다른 요인은 다른 선거와 비교할 때 강하게 제기되지 않았던 것으로 보인다. 이런 특성을 경

〈표 12-8〉 이전 선거에서의 선택과 서울시장 선거의 투표 후보

(%)

투표 후보	2002년 대통령 선거					2004년 17대 총선					
	이회창	노무현	권영길	여타 후보	기타*	열린 우리	한나라	민주	민노	다른 정당**	기타*
강금실	6.6	79.5	4.2	0	9.6	72.7	4.2	1.8	5.5	1.2	14.5
오세훈	52.1	36.5	2.0	0.6	8.8	29.5	48.9	5.1	2.8	1.4	16.2

* '기타'는 모름/무응답/투표권 없음/기권/기억나지 않음 등.
** '다른 정당'은 무소속 후보 포함.

험적으로 확인하기 위해 앞에서 행한 논의를 토대로 하여 후보자 요인, 정당요인, 회고적 평가라는 3가지 요인이 두 후보에 대한 투표선택에 어떤 영향을 미쳤는지에 대해서 분석했다. 〈표 12-9〉는 강금실과 오세훈 지지자를 종속변인으로 한 로지스틱 회귀분석 결과이다. '노무현 평가'는 회고적 평가 요인을 보기 위한 것이고, '열린우리당 평가', '한나라당 평가'는 모두 정당요인을 보고자 한 것이다. '이념성향' 역시 보조적으로 이를 위해 포함했다. '후보 속성', '후보 대 소속정당'은 후보자 요인의 영향을 측정하기 위한 것이다.

분석결과 가장 강한 영향이 확인된 것은 정당요인이었다. 한나라당에 대한 평가의 왈드(Wald) 값이 가장 크게 나타났는데, 한나라당을 긍정적으로 평가할수록 오세훈 후보에 대한 상대적 지지는 거의 8배 이상 높아졌다. 반면, 열린우리당을 긍정적으로 평가할수록 강금실 후보에 대한 지지가 거의 6배 이상 높아졌다. 이념성향은 그다지 강한 영향을 미치지 않았지만 예상대로 보수적인 입장이 강할수록 오 후보에 대한 지지도가 다소 높아졌다. 후보자 요인이 선거운동 기간 내내 중시되었고 실제로 그 효과 역시 앞서 본 대로 경험적으로 확인되지만 실제 투표결정에서는 정파적 요인이 크게 작용한 것이다.

노무현 대통령에 대한 평가 역시 후보결정에 영향을 미쳤다. 노무현

대통령에 대한 부정적 평가가 커질수록 오세훈 후보에 대한 지지가 2배 정도 증가했다. 그러나 정당요인의 효과에 비해서는 그 영향력의 정도는 낮았다. 이는 당시 노 대통령의 인기가 워낙 낮아서 한나라당 지지자뿐만 아니라 열린우리당 지지자들도 부정적으로 평가한 경우가

〈표 12-9〉 이항 로지스틱 회귀분석: 후보자, 정당 혹은 회고적 평가

	계수(B)	Wald	Exp(B)
상수	−1.41	2.10	
노무현 평가	0.74^1	9.38	2.10
열린우리당 평가	1.75^1	30.32	5.78
한나라당 평가	-2.14^1	64.86	0.12
이념성향	0.14^3	3.46	1.14
후보 속성	−0.37	1.49	0.69
후보 대 소속정당	−0.29	0.71	0.75

−2 Log likelihood = 361.12 Cox & Snell R^2 = 0.38 Percentage correct = 82.1%

계수: 1 − p<0.01, 3 − p<0.1.
변수: 강금실 0, 오세훈 1.
노무현 평가: 1 − 매우 잘하고 있다 … 4 − 매우 못하고 있다.
열린우리당, 한나라당 평가: 1 − 매우 잘하고 있다 … 4 − 전혀 못하고 있다.
이념성향: 0 − 매우 진보 … 10 − 매우 보수.
후보 속성(personality) 요인2): 0 − 기타, 1 − 후보자 개인 요인.
후보 대 소속정당: 0 − 소속정당, 1 − 후보자, 후보의 공약 · 정책.

---

2) 이전에 발표된 논문에서와는 달리 이 변수에 대한 분류를 수정하였다. 이전 논문에서는 개인적 이미지를 강조하기 위해 "다른 후보보다 괜찮아 보임, 매력적이고 느낌이 좋음, 인품이나 도덕성이 좋아 보임"만을 후보자 요인으로 간주했으나, 여기서는 "시장으로 일 잘할 것 같아서, 학력이나 경력이 좋아서" 두 범주 역시 개인적 속성에 포함시켰다. 따라서 로지스틱 모델에 제시된 계수 값이 전반적으로 다소 변화되었다.
　　1 − 후보자 개인 요인("다른 후보보다 괜찮아 보임, 시장으로 일 잘할 것 같아서, 학력이나 경력이 좋아서, 매력적이고 느낌이 좋음, 인품이나 도덕성이 좋아 보임"), 0 − 기타("소속정당을 지지함, 공약이 좋아서, 가족이나 주위의 권유로, 당선될 것 같아서, 기타").

많았기 때문으로 추정된다. 즉 회고적 평가 요인의 계수 값이 상대적으로 크지 않은 것은 노 대통령에 대한 평가가 강금실 후보 지지자들 가운데서도 낮은 경우가 많음을 의미하는 것이다. 한편, 후보자 요인의 영향력은 정파적 요인이나 회고적 평가에 비해 계수의 크기가 상대적으로 작을 뿐만 아니라 모두 통계적으로 유의미하지 않은 것으로 나타났다.

〈표 12-9〉의 결과는 '이미지 선거'의 논란 속에서도 정당요인은 여전히 가장 커다란 영향을 끼친다는 점을 다시 일깨워 준다. 다시 말해 후보자의 개인적 속성이나 이미지 선거의 논란이 있었지만 그럼에도 불구하고 2006년 서울시장 선거에서 투표결정에 가장 큰 영향을 미친 것은 개인의 이미지보다 정당요인이나 노 대통령에 대한 회고적 평가였다.

5. 결론

지금까지 2006년 서울시장 선거를 중심으로 이른바 '이미지 선거'에 대해 살펴보았다. 2006년 서울시장 선거는 노 대통령과 열린우리당의 낮은 지지율, 선거이슈와 쟁점의 부재, 선거운동의 도구로서 색채논란 등으로 이전과는 다소 다른 특성을 보인 것이 사실이다. 여기에 TV 화면에 잘 어울리는 텔레제닉(*telegenic*)한 젊고 참신한 '정치권 외부' 인사들이 각 당의 후보가 되어 선거운동을 이끌었다는 점도 2006년 서울시장 선거의 또 다른 특색이었다. 이 때문에 이미지 선거라는 비판적 지적이 선거운동 기간 내내 제기되었다.

그러나 분석결과 실제 투표선택에서는 역시 정당요인의 중요성이 가장 큰 것으로 나타났다. 이러한 발견은 매우 시사적이다. 즉 이미지 선거운동의 효과가 매우 제한적이라는 사실을 보여주는 것이기 때문이다. 이런 결과가 나타나게 된 여러 가지 원인을 생각해볼 수 있다. 한 원인은 열린우리당이 강금실 전 장관을 공천한 이후 한나라당에서 대항마로 유사한 이미지의 오세훈 후보를 공천하면서 두 후보 간의 개인적 이미지의 차별성이 상대적으로 줄어든 데 있을 것이다. 처음에 높은 인기를 누렸던 강금실 후보가 오세훈 후보의 공천 이후 지지도가 떨어지게 된 것은 차별성의 약화로 인한 결과일 것이다. 그러나 보다 중요한 점은 역시 선거에서 소속정당이 유권자의 정치적 판단의 중요한 기준이 된다는 것이다. 그동안 정당공천의 중요성은 지역주의 투표행태와 관련하여 많은 주목을 받았다. 그러나 이 장에서의 논의대로 정당요인의 중요성은 지역주의 균열에서 한 걸음 떨어져 있다고 할 수 있는 서울에서도 발견되고 있다. 지역주의적 패권정당이 없는 대신 노무현 정부에 대한 중간평가라는 정치적 속성이 2006년 서울시장 선거에서 정파적 소속감의 중요성을 부각시킨 것이다.

　결국 이미지 선거 논란 속에서도 정당요인의 중요성은 줄어들지 않았다. 이처럼 투표결정에서 정당요인의 영향이 크다는 사실은 공직 후보 공천과정에서 투명하고 민주적인 절차를 통해 유능한 후보자를 내세울 수 있도록 하는 정당개혁이 얼마나 시급한 과제인지를 다시금 일깨워 주고 있다.

제 5 부

정치불만과 투표참여

제 13 장 정치적 불만, 기권과 제 3후보 지지 :
1992년과 1997년 대통령 선거를 중심으로

제 14 장 정치적 연계, 민주적 가치와 투표참여 :
2007년 대선과 2008년 총선의 기권자 분석

역사적으로 민주주의를 향한 투쟁의 핵심은 선거권의 확대와 긴밀한 관련을 갖는다. 소수의 손에 놓여 있던 정치적 결정의 권리가 모든 구성원에게까지 확대되는 과정이 민주주의 발전의 역사이기 때문이다. 노동계급의 투표권 획득, 여성의 투표권 획득, 미국에서 흑인의 투표권 행사, 그리고 우리나라의 직선제 개헌 모두 이러한 역사적 과정을 보여주는 좋은 예가 된다. 그러나 최근 들어 서구 민주주의 국가뿐만 아니라 우리나라에서도 각종 선거에서 투표율이 크게 하락하고 있다. 제5부에서의 관심은 이러한 투표율 하락과 관련된 것이다. 어떤 이유로 유권자는 투표하고 또 기권하는지에 대한 학술적 논의는 그동안 다양한 차원에서 활발하게 이뤄졌다. 그런데 여기서 관심을 갖는 것은 정치적 불만족이 투표불참에 미치는 영향이다. 즉 투표불참은 정당이나 후보자 혹은 정치체계에 대한 불만족을 드러내고 있다는 것이다.

제13장에서는 정치적 불만이 선거에서 기권뿐만 아니라 제3후보나 정당에 대한 지지와 연관되어 있다는 것을 이론적 틀의 제시와 함께 경험적 분석을 통해 밝힐 것이다. 즉 제3후보 지지나 기권 모두 정치적 불만족의 표현이라는 것이다. 제14장에서는 2007년 대통령 선거와 2008년 국회의원 선거에서 투표하거나 기권한 이들을 네 집단으로 분류하여 각 집단의 정치적 속성에 대해 살펴볼 것이다. 여기에서도 정치적 불만족이 투표참여 결정에 어떤 영향을 미치는지에 대해 분석할 것이다.

정치적 불만, 기권과 제3후보 지지:
1992년과 1997년 대통령 선거를 중심으로

1. 서론

자유민주주의 체제에서 선거는 정치적 평등의 구현이라는 이상을 실현시키는 제도적 장치일 뿐만 아니라 국민들이 직접 통치한다는 민주주의의 원칙을 실천하도록 하는 중요한 정치적 행사이다. 또한 선거는 정치체제와 집권자에게 통치의 정당성을 부여하는 장이기도 하다. 이처럼 정치적으로 커다란 의미를 갖는 선거에 모든 유권자들이 참여하여 자신에게 부여된 권리를 행사하는 것은 매우 당연한 일이지만 현실적으로는 그렇지 않다. 최근 우리나라 선거의 투표율은 우려할 만한 수준으로까지 낮아졌다. 사실 투표율 하락추세는 서구 민주주의 국가의 선거에서도 발견할 수 있는 현상이지만, 이들 국가들과 비교할 때 신생 민주주의 국가인 우리나라에서 선거에 대한 기피나 불신이 높다는 것은 건강한 민주주의의 발전을 위해 결코 바람직한 현상이라고 볼 수 없다. 또 한 가지 주목할 점은 우리나라 선거의 투표율이 원래부터 낮았던 것은 아니라는 사실이다. 1987년 대통령 선거에서의 투표율은 거의 90%에 육박하는 수준이었으며, 1988년 13대 국회의원 선거 때 투표율은 75.8%였다.

 이 장에서의 논의는 한국 선거에서의 투표율 하락과 관련해 어떤 이유로 유권자들이 투표에 참여하지 않을까 하는 의문에서 출발한다. 특히 투표율이 민주화 이후 계속해서 하락한 점에 주목하여 어떤 요인이 유권자의 투표참여에 부정적 영향을 미쳤는지 그 요인을 찾고자 한다.

 이 장에서는 투표율 하락의 원인규명뿐만 아니라 그와 동시에 학문적으로 선거참여/불참에 대한 기존 이론의 장단점을 살펴보고 그 대안적 모델을 설정하여 제시해 보려는 목적도 지닌다. 그동안 투표참여/불참의 원인은 다양한 관점에서 폭넓게 논의되었지만, 이 장에서는 기존 연구에서 크게 주목하지 않은 '정치적 불만족'이라는 관점에서 새로운 설명의 틀을 제시하고자 한다. 이와 같은 대안적 모델의 타당성은 1992년과 1997년 두 차례의 대통령 선거의 자료를 사용하여 살펴볼 것이다. 분석대상을 대통령 선거로 선정한 까닭은 개별 선거구의 특성이 반영될 가능성이 있는 국회의원 선거에 비해 정치적 선택과 경쟁의 틀이 전국적 수준에서 보다 동질적이라고 판단되었기 때문이다. 경험적 분석을 위해 사용되는 데이터는 한국선거연구회가 1992년과 1997년 대통령 선거 후 실시한 설문조사 자료이다.

2. 투표참여 이론에 대한 평가

1) 기존 논의에 대한 평가

투표참여의 동인을 밝히려는 이론적 논의는 그동안 매우 다양한 시각에서 이뤄졌다. 그러나 유권자의 투표참여/기권에 대한 기존의 이론적 논의는 대체로 크게 두 가지 관점으로 요약해볼 수 있다(김욱 1998). 하나는 투표참여의 원인에 대한 것으로 '왜 투표하는가'에 대한 문제의식이며, 또 다른 하나는 투표참여자의 인구학적 특성에 주목한 것으로 '누가 투표하는가'에 대한 관심이다. '누가 투표하는가'라는 질문과 '왜 투표하는가'라는 질문은 사실 서로 연관된 것이겠지만, 두 가지 질문에 대한 접근법은 본질적으로 매우 다르다. 전자가 귀납적 형태로 투표참여의 특성을 파악하려 한다면, 후자는 연역적 측면에서 투표참여의 동인을 밝히려는 시도로 볼 수 있다.

　'누가 투표하는가'에 관심을 갖고 연구한 이들은 대체로 유권자의 인구통계학적 특성을 중심으로 경험적 자료를 분석했다. 유권자의 교육수준, 연령, 가구소득, 직업, 거주지 규모 등이 이런 분석에서 흔히 활용되는 변수들이다. 따라서 이런 연구들은 교육수준이 높을수록 투표율이 높다거나, 혹은 소득이 높을수록 투표율이 높다거나 하는 식으로 사회경제적 변인에 의해 구분된 집단별 투표/기권의 상대적 비율의 차이를 주목하면서 투표참여에 대한 사회경제적 속성의 영향을 파악하고자 하는 것이었다. 즉 이러한 연구에서 주목하는 점은 투표참여에 영향을 미치는 구조적, 제도적 변수인 것이다. 예컨대 교육수준의 차이가 유권자의 정치적 정보의 획득과 해석에 차이를 만듦으로써 각집단 간 투표율에 차이가 생긴다는 것이 이러한 접근법에서의 설명방식이다. 우리나라의 경우라면 과거 나타났던 투표율의 도저촌고(都低

村高〕 현상이나 동원투표 이론, 연령 별 투표율의 차이를 설명한 연구 등이 모두 이러한 접근법의 예가 될 수 있을 것이다.

이에 비해 '왜 투표하는가'는 선험적으로 투표참여의 동인을 찾으려고 한다는 점에서 '누가 투표하는가'의 접근법과는 차이를 갖는다. 이러한 접근법의 가장 대표적인 것이 합리적 선택이론에 의한 투표참여 설명이다. 합리적 선택이론은 유권자를 개인적 효용의 극대화를 추구하는 경제적 인간으로 정의하고 투표참가 결정 역시 효용극대화라는 관점에서 설명한다. 예컨대 다운즈(Downs 1957)는, 뒤에서 논의하겠지만, 투표참여가 승자결정에 미칠 수 있는 확률을 감안하여, 투표행위로부터 얻을 수 있는 효용과 투표로 인한 비용을 고려하여 투표참여의 논리를 설명했다.

이 두 가지 접근법 모두 적지 않은 학문적 성과를 거두었지만 또 한편으로는 각각 한계도 갖고 있다. '왜 투표하는가'의 접근법은 명쾌하고 논리적인 이론의 발전이라는 성과에도 불구하고 때때로 이론적 논의가 경험적 검증으로 잘 연결되지 못하는 문제점을 보이곤 했다. 반면 '누가 투표하는가'의 접근법은 경험적 증거나 경향을 제시하는 데는 유리했지만 그것을 기반으로 하여 투표참여에 대한 보다 세련된 일반이론으로 발전시켜 나가지 못했다. 따라서 어떤 의미 있는 현상의 발견에도 불구하고 그것이 개별국가의 특별한 경험적 사례를 뛰어넘어 보다 보편적인 이론으로 확대 적용될 수 있을 것인지에 대해서 분명한 답을 제시해 주지 못했다.

이처럼 이 두 가지 접근법은 서로 상이한 학문적 전제를 갖고 있지만 동시에 상호보완적인 속성도 지니고 있다. 만일 두 시각을 적절하게 통합할 수 있다면 보다 설명력이 큰 투표참여의 모델이 가능할 수도 있을 것이다. 예컨대, 구조적, 제도적 요인을 유권자 개인이 투표참여의 결정을 내리게 하는 상황적 조건(즉 게임이론이라면 payoff의 구조)을 규정하는 것으로 간주한다면, 그러한 제한된 상황 속에서 유권

자 개인이 투표참여 문제를 자신의 효용과 관련하여 검토하고 결정을
내리는 상황을 설정해볼 수 있다. 이러한 시각은 구조적 제한 속에서
개인의 결정을 살펴보려는 것이므로, 구조와 개인이라는 두 가지 요인
을 동시에 모두 고려하여 설명하려는 시도로 이해할 수 있다.

 이 장에서는 이처럼 구조와 개인의 선택이라는 두 가지 요인을 모두
고려하여 선거참여의 문제를 설명하고자 한다. 이 장에서의 분석은 기
본적으로 유권자 개인의 참여/불참의 동기를 규명하는 것, 즉 '왜 투
표하는가'를 문제의식의 출발점으로 삼고 있지만, 그와 동시에 투표참
여에 영향을 미치는 구조적 요인에도 관심을 갖고자 한다. 특히 여기
서는 민주화 이후 한국 선거를 사실상 결정지은 지역주의 투표행태와
관련하여 지역이라는 구조적 변수에 주목한다. 지역이 분석의 주요 요
인이 되는 것은 개인의 투표참여에 영향을 미칠 정치적 효용감(political
efficacy)을 느끼게 하는 상황적 조건이 지역 별로 각기 다를 수 있다는
가정 때문이다. 흔히 우리 사회에서 이야기되는 정치적 무력감이나 식
상(食傷) 등의 표현은 결국 정치적 효용감이 낮다는 것을 의미하는 것
이다. 지역적으로 정치적 선호나 정당에 대한 평가가 매우 상이하게
나타나는 한국의 정치상황을 고려할 때 유권자의 투표참여에 영향을
미치는 개인의 정치적 효용을 파악하기 위해서는 지역이라는 구조적
요인에 대한 고려가 포함되어야 한다. 이 장에서는 유권자가 처한 상
황적 조건을 전국 수준이 아니라 지역 수준(sub-national level)에서 살펴
봄으로써 구조적 맥락에서 유권자 개인의 선택에 대해 살펴볼 것이다.

 한 가지 밝혀둘 점은 이 장에서의 관심은 개별 유권자들이 어떠한
이유로 투표불참을 선택하게 되는지 그 논리적 결정구조를 찾고자 하
는 것이라는 점이다. 이 장에서는 기본적으로 방법론적 개인주의라는
합리적 선택이론 접근법을 채택하고 있으나, 전통적으로 주목해온 도
구적 효용성보다는 표현적 효용성(expressive utility)의 개념에 대해 보
다 주목할 것이다. 또한 유권자들이 정치권 전반, 혹은 지지정당에 기

대하는 '질적 기대수준'이라는 개념을 동원하여 구조적 제약 속에서 이뤄지는 개인적 결정의 논리를 통해 투표불참을 설명하고자 한다.

2) 합리적 선택이론과 투표참여

'왜 투표하는가'라는 질문에 대해 다양한 관점에서 그 해답을 찾고자 하는 노력이 있었지만 그 가운데 가장 논리적으로 그에 대한 답을 제시한 이론 가운데 하나가 합리적 선택이론일 것이다. 다운즈(Downs 1957)의 고전적 연구 이래 많은 학자들은 합리적 유권자(*rational voter*)라는 가정을 받아들여, 투표행위를 통해 기대하는 혜택과 비용을 모두 고려하여 자신의 효용을 극대화하는 선택을 한다는 기대효용이론을 발전시켰다. 이러한 접근방법은 미시적 시각에서 행위자 개인의 결정구조에 대해 매우 논리적이고 정교한 이론적 모델을 발전시켰지만 현실 선거에서 대해서는 그 이론이 경험적으로 잘 입증되지 않는다는 점에서 비판받았다. 피오리나(Fiorina 1989)는 투표참여에 대한 합리적 선택이론의 설명이 '합리적 선택이론을 잡아먹는 모순'(*the paradox that ate rational choice theory*)이라고 표현하기도 했다. 다운즈의 투표이론은 잘 알려진 대로 〔수식 1〕로 정리해볼 수 있다.

$$R = p*B - C \quad \text{---------------------} \quad 〔수식 1〕$$

$B = U(PA) - U(PB)$
$U(PA)$: 정당 A의 기대효용
$U(PB)$: 정당 B의 기대효용
C : 투표참여의 비용
p : 승자를 결정하는 데 영향을 미칠 확률

〔수식 1〕에서 투표참여에 미치는 변인은 모두 세 가지이다. 첫째는 정당 간 기대효용의 차이(B), 둘째, 투표참여의 비용(C), 그리고 셋째로 승자를 결정하는 데 영향을 미칠 확률(p)이다. 이 가운데 우선 정당 간 기대효용의 차이(*party differential*)가 유권자에게 상이한 결정으로 이끌게 된다는 논리적 설명구조는 설득력이 크다. 예컨대, 보수, 진보 정당 가운데 어느 정당이 승리하느냐에 따라 뒤따르게 될 정책의 방향은 크게 달라질 것이기 때문이다. 그러나 이 수식의 가장 큰 결점은 승자결정에 영향을 미칠 확률 p 값이 실제선거에서는 매우 낮다는 데 있다. 다시 말해 현실적으로 유권자가 선거의 승부에 결정적 영향을 미칠 수 있는(즉 pivotal voter가 될 수 있는) 확률은, 박빙의 승부가 예상되는 경우라도, 대단히 낮을 수밖에 없다. 즉 현실적으로 본다면 대부분의 경우에 p는 거의 0에 근접하는 값이 될 것이다. 그 결과 정당 간 차별성이 커서 B 값이 매우 큰 경우라도 해도 p*B의 값은 거의 0에 가까운 수가 된다. 투표참여에 드는 비용 C(C>0)를 고려하면 결국 R의 값은 음수가 될 것이다. 이 수식대로라면 투표참여는 손해를 끼치게 될 것이기 때문에 그런 경우라면 투표에 참여하지 않는 것이 합리적 선택이 될 것이다. 그러나 이러한 설명의 논리는 수많은 사람들이 선거에 참여하는 현실을 적절하게 설명하지 못한다는 점에서 많은 비판을 받았고 흔히 '투표참여의 역설'(*the paradox of voting*)로 불렸다.

이러한 투표참여의 논리를 보완하기 위해서 위에서 살펴본 투표행위의 도구적 효용성(*instrumental utility*)에 더해 시민적 의무, 민주주의 체제에 대한 충성심 등 내재적 효용성(*intrinsic utility*) 혹은 표현적 효용성(*expressive utility*) 등의 개념이 추가로 포함되었다. 즉 〔수식 1〕의 문제점을 보완하기 위해 표현적 효용성을 의미하는 D 값을 추가시킨 것이다.

$$R = p*B - C + D \ \text{--------------------} \ 〔수식\ 2〕$$

D의 값에 대해 다운즈(Downs 1957: 266~271)는 장기적 참여가치로 불렀으며, 라이커와 오드슉(Riker and Ordeshook 1968)은 시민적 의무의 이행이나 개인적 정치선호 표현에서 오는 만족감, 기존 정치체제에 대한 충성의 표시에서 오는 효용 등으로 간주하였다. 그러나 〔수식 1〕에서의 투표참여 논리가 기본적으로 도구적 효용성에 근거한 것인 반면, D 값은 표현적 효용이라는 점에서 서로 상이한 개념을 그저 이어 붙여놓은 것이라는 비판도 받았다. 〔수식 1〕, 〔수식 2〕와 같은 합리적 선택이론에 의한 설명방식은 그 접근법이 갖는 문제점에도 불구하고, 투표참여를 이론화하는 데 있어 학문적으로 크게 기여했으며, 투표참여의 동인을 설명하는 데 많은 시사점을 제공하였다.

이러한 합리적 선택이론을 통해 한국 선거의 투표참여를 설명하려는 연구도 있었다. 김재한(1993)은 선거승리에 영향을 미칠 확률 p에 대해 설명하면서, 우리 선거에서도 선거결과가 접전일 것으로 예상한 유권자의 투표참여 확률이 높게 나타났다는 점을 지적하였다. 다시 말해 p가 클수록 투표참여의 가능성은 높다는 것이다.

또한 김욱(1998: 229~230)은 우리 선거에서 투표참여에 드는 비용 C가 상대적으로 크다는 점에 주목하였다. 우리나라의 선거에서는 투표소가 대체로 멀지 않게 설치되기 때문에 투표를 위해 직접적으로 소요되는 시간이나 물질적 비용은 그리 크지 않지만, 투표일이 공휴일로 지정되기 때문에 투표참여 대신 할 수 있는 기회비용은 오히려 크다는 것이다. 예컨대 가족들과 선거일 하루 전 여행을 떠나거나 당일 아침 일찍 먼 곳으로 등산하기로 했다면, 투표참여로 인한 기회비용은 적지 않을 것이며, 보다 활동적인 젊은 층에게 그러한 기회비용의 값은 더욱 커질 수밖에 없음을 지적하였다. 김욱의 이러한 지적은 어떤 점에서 보면 올슨(Olson 1965)이 이야기하는 집단행동의 문제점을 보여주는 것이기도 하다. 공휴일이라는 공공재는 투표참여를 독려하기 위해 제공되는 것이지만 개인의 기여여부와 무관하게 무차별적, 비배제적으로 주어지는 것이기 때문이다. 따라서 [수식 2]에 따라 본다면, 기회비용이 클 때 투표에 불참하는 것이 보다 합리적인 선택이 될 것이다. [1]

이 외에도 선거수준마다 상이하게 나타나는 투표율의 차이 역시 합리적 선택이론에서 제기한 투표참여의 이론을 통해 살펴볼 수 있다. 예컨대 각 선거수준마다 투표율의 차이는 정당 간 효용의 차별성 B에 의해 설명해볼 수 있다. 누가 당선되느냐에 따른 효용의 차이는 우리나라의 경우 대통령 선거에서와 국회의원 선거에서 상당한 정도 차이가 발생할 수밖에 없다. 누가 당선되느냐에 따른 정치적 효용의 차이가 적으면 적을수록 투표에 불참할 가능성은 더욱 높아질 것이다. 마찬가지로 국회의원 선거와 지방선거에서 정당 차별성의 크기는 다를 것이다. 따라서 선거수준의 차이를 정당 간 차별성의 차이로 환원하여 이해한다면, 대통령 선거에서 투표율이 높고 그다음 국회의원 선거 그리고 지방선거에서 가장 낮은 투표율을 보이는 차이를 설명해볼 수 있을 것이다.

선거승리에 영향을 미칠 확률 p로 인해 합리적 선택이론에서 제기한 투표참여 이론이 상당한 정도로 비판받았지만 그로 인해 그 모델에서 제기된 모든 개념이 다 부정되어야 하는 것은 아니다. 특히 정당 간 기대효용의 차이(B)가 유권자를 상이한 선택으로 이끌 것이라는 개념은 투표든 불참이든 어떠한 투표선택에서도 결코 전적으로 부정될 수 없는 핵심적 의미를 갖는 것이라고 보아야 할 것이다. 이러한 점에 주목하여 다음 절에서는 정치적 불만과 투표불참의 논리를 B 값에 대한 평가를 중심으로 논의할 것이다.

---

[1] 정당 간 차별성이 적다면 더욱 불참은 합리적인 선택이 될 것이다.

3. 정치적 불만: 기권과 제3후보에 대한 지지

대체로 간과되었지만 제3후보에 대한 지지나 기권 모두 기존 정치권에 대한 유권자의 정치적 불만족의 서로 상이한 표현으로 이해될 수 있다. 양당적 경쟁이 유지되던 정치체제에서 제3당의 지지가 갑자기 증가하는 것은 기존 정당구조에 불만을 갖는 유권자들로 인한 저항투표 (*protest voting*) 때문인 경우가 많다. 예컨대, 로스 페로(Ross Perot)에 대한 지지분석을 통해 맥캔과 그의 동료들(McCann et al. 1999: 24)은 미국 정치 전반에 대한 냉소나, 정치기구나 주요 정당 후보에 대한 부정적 태도와 같은 배출요인(*push factor*)이 페로 지지에 긍정적 영향을 미쳤다고 지적했다. 또한 영국의 경우에도 제3당인 자유민주당(Liberal Democrats)에 대한 지지는 '일시적인 피난처'(Curtice 1983: 104)로서의 의미를 갖는데, 매 선거마다 자유민주당에 대한 지지자가 크게 바뀌면서도 일정한 지지율을 유지하는 것은 그 정당에 대한 지지가 기존의 지지정당에 대한 불만의 표시로 선택되는 것으로 그 정당 정책에 대한 승인을 의미하기보다 기존 정당에 대한 지지를 항구적으로 철회할 수 있음을 경고하는 의미로 이해되고 있다(강원택 1998 a).

제3후보에 대한 지지뿐만 아니라 투표불참, 곧 기권 역시 정치적 불만족의 표현으로 이해될 수 있다. 다운즈(Downs 1957)는 기권의 발생원인을 소외(*alienation*)에 의한 기권과 무차별(*indifference*)에 의한 기권으로 나누어 설명하였다. 그런데 무차별로 인해 생겨난 기권의 경우와는 달리 소외에 의한 기권의 경우에는 정치적 불만족이라는 부정적 의미를 수반하는 것으로 이해해야 한다. 두 정당(후보) 간에 정책적 차별성이 거의 없다면 어느 정당(후보)이 당선되어도 그로 인한 기대효용에는 별다른 차이가 없게 되므로, 투표참여의 비용을 고려할 때, 기권하는 것이 합리적일 수 있다. 이처럼 무차별에 의한 기권은 일종의 무임승차적(*free-riding*) 혜택을 기대할 수도 있으나 소외에 의한 기권은 유권자 자신의 이념적, 정책적 위치와 후보자(정당)의 이념적, 정책적 위치 간의 거리가 너무 멀기 때문에, 다시 말해 유권자의 정치적 견해가 기존 정당체계 내에서 적절히 대표될 수 없다는 데서 생겨나는 것이므로, 본질적으로 정치적 불만을 전제로 하는 것이다.

김욱(1998: 240)은 1997년 대통령 선거에 대한 분석을 통해 우리나라에서는 무차별보다는 소외감에 의한 기권의 발생이 높다는 점을 지적하였다. 김영태(2002)는 2000년 총선 분석에서 유권자들이 갖는 '정치 무의미'의 차원이 정치체계 내 정당이나 후보자 간의 무차별을 의미하는 것이 아니라 시민들이 정치에 대하여 거리감을 갖는 의미를 지닌다고 보았는데, 정치적 무의미를 느끼는 유권자들이 기권선택의 확률이 높다는 점을 지적하였다. 이러한 '정치 무의미', '거리감'은 사실상 정치적 소외를 의미하는 것으로 기권 역시 소외에 의한 결과로 보아야 할 것이다. 우리나라에서 소외에 의한 기권자가 높다는 것은 주요 정당(후보자)들이 유권자들의 정치적 의사를 적절히 대표하지 못하고 있음을 방증하는 결과이다. 그러나 한국 선거에서 나타나는 소외현상은 다운즈가 가정한 상황과는 다른 차원에서 이해되어야 할 것 같다. 다운즈는 이념공간상에서 이념적 거리를 토대로 한 분석을 제시하였지만, 1997년 대선이나 2000년 총선 때 정당 간 이념적 차별성은 크게 부각되지 않았기 때문에 당시 한국 선거에서 정치적 소외감으로 기권이 높았다면 그 원인에 대한 해석은 다소 달라져야 할 것이다.

다운즈는 이념 스펙트럼 위에서 정당은 승리를 위해 비교적 자유롭게 위치를 이동할 수 있는 것으로 가정하였다. 또한 각 유권자는 어느 정당이든 자신의 이념적 위치에서 가장 가까운 거리에 위치한 정당을 선택할 것으로 보았다. 그리고 그러한 정당 간 경쟁은 (좌우대칭의 단봉형 유권자 분포를 가정할 때) 중위수 유권자의 지점으로 수렴하게 되고 그 결과 이념공간의 양극에 위치한 유권자들은 정당과 멀어진 거리로 인해 기권하게 된다는 것이다. 이러한 다운즈의 이론은 기본적으로 유권자를 주요 두 정당 간 이념거리의 근접성에 따라 자유롭게 정치적 지지를 이동할 수 있는 '탄력적 소비자'로 가정한다. 다시 말해 가장 가까이 위치해 있던 지지정당 A가 정책적 입장을 바꿈으로써, 그 결과 B정당의 위치가 더욱 가까워지게 되었다면 그 유권자는 A정당에서 B정당으로 자신의 지지를 바꿀 수 있다는 것을 전제로 한다.

그러나 현실적으로는 정당의 위치변화에도 불구하고 주요 정당 간 지지의 이동이 자유롭지 못한 경우도 적지 않다. 특히 정치적 경쟁의 구조가 계급, 종교, 인종, 언어, 지역 등 외생적(exogenous) 요소와 관련되어 있다면 유권자의 정당선택은 그렇게 탄력적이 될 수 없다. 유권자의 이러한 '상대적 비탄력성'은 자신이 지지하던 정당에 대해 실망하게 되는 경우라고 해도 그것이 곧바로 라이벌 정당에 대한 지지로 옮아갈 수 없게 된다는 것을 의미한다(강원택 1998 b: 194). 즉 정책적 거리감이 증대하든 혹은 정부 업무수행에 대한 실망감이 크든, 자신이 지지하던 정당에 대한 정치적 불만이 곧 라이벌 정당으로의 지지전환을 가져오지 않을 수 있다는 것이다. 요약하면, 정당선택의 비유동성 (immobility of party choice)이 존재하는 경우라면 다운즈가 가정한 상황은 일어나기 어렵다.

우리나라에서는 지역주의 균열구조와 관련하여 이러한 속성에 대해 생각해볼 수 있다. 1987년 선거 이후 영남-호남을 균열의 축으로 하는 지역주의 정당경쟁은 2000년 국회의원 선거까지 완화되지 않은 채 계속해서 유지되었다. 그리고 각 지역의 유권자들은 이러한 지역대립 속에서 상대지역을 대표하는 정당을 대안으로 간주하지 않는 태도를 보였다. 다시 말해 영남 유권자들이라면 민자당에 실망한 경우라도 그것이 바로 호남을 대표하는 김대중 정당에 대한 지지로 이어지기는 어려웠다는 것이다.

따라서 정당지지의 전이가 비유동적 상황이라면 기권과 관련된 다운즈의 논의 역시 수정되어야 한다. 특정 정당에 지지가 고착되어 있고 라이벌 정당이 의미 있는 대안으로 수용되지 않는 상황이라면, 우선 〔수식 1〕에서 제시되었던 정당 간 효용의 차별성 B는 바뀌어야 한다. 정당선택의 비유동성이 존재하는 상황에서 어떤 유권자에게 지지정당이 PA라고 한다면, 정당이 주는 효용에 대한 평가는 여러 개의 대안을 동시에 고려한 효용의 차별성을 계산하는 것이 아니라 단지 정당 PA만을 대상으로 이뤄지게 될 것이다. 즉 정당의 차별성에 대한 효용의 평가는 다음과 같다.

$$B' = U(PAt_1) - U(PAt_0) \text{------------------------} 〔수식 3〕$$

  $U(PAt_0)$: 정당 PA가 기준시점 t_0에서 제공한 효용의 정도
  $U(PAt_1)$: 정당 PA가 선거시점 t_1에서 제공한 효용의 정도

만약 기준시점 t_0에서 제공한 효용의 정도가 지지자를 만족시킬 수 있는 최소한의 기준이라고 가정한다면, $B' \geq 0$ 인 상황이라면 선거를 앞둔 정당 PA의 지지자는 자신의 지지정당에 만족하게 되지만, $B' < 0$ 인 상황이라면 그 지지자는 정당 PA에 실망하게 되고 그 정당에 투표하려 하지 않을지도 모른다. 투표에 드는 비용을 고려한다면 $B' < 0$ 인 상황이라면 기존 지지정당을 지지할 가능성은 더욱 낮아진다고 볼 수 있다.

앞서 논의한 〔수식 1〕에서 논란의 대상이 된 승자결정에 영향을 미칠 확률 p를 논외로 하고, 정당 간 차별성에만 주목하여 정당선택의 논리를 살핀다면,[2] 기존 지지정당(후보)에 실망한 경우인 $B' < 0$ 인

---

[2] p 값이 의미를 갖는 것은 기대효용 극대화를 위한 논리적 결과이다. 그러나 정당 간 경쟁과 유권자의 자유로운 선택이 가능하다는 다운즈 유의 전제는 정당지지의 전이가 비유동적인 상황에서는 적절히 적용되기 어렵다. 이 글에서처럼 한 정당에 대한 평가만을 주목할 때, 이러한 접근법은 오히려 사이몬(Simon 1955)이 주장한 제한적 합리성과 만족모델(*satisficing approach*)의 논

상황에서 그 유권자가 할 수 있는 선택은 ① 라이벌 정당의 지지, ② 제3정당에 대한 지지, ③ 기권 등이 될 수 있을 것이다. 그러나 앞에서 가정하였듯이 정당지지의 전이가 비유동적 상황이라면 ①의 대안을 선택할 가능성은 상대적으로 매우 낮을 것이다. 그렇다면 남은 대안은 ② 제3정당에 대한 지지, ③ 기권이 될 것인데, 이 두 대안은 모두 기존 정당에 대한 불만의 표현으로 제기되었다는 점에서 공통의 특성을 갖게 된다.

앞서 언급한 대로 제3후보에 대한 지지나 기권이 모두 불만의 표현이라고 하는 것은 바로 이러한 상황에서 이해될 수 있다. 또한 이 두 가지 현상은 상호분리된 것이 아니라 동일한 맥락에서 함께 고려될 수 있다. 이처럼 정당지지의 유동성이 부재한 상황에서 양극적 대결구도는 제3후보에 대한 지지의 갑작스러운 부상이나 기권의 증대로 이어질 수 있는데 이 모두 기존의 지지정당에 대한 실망감의 표출로 보아야 한다.

그렇다면 이제 살펴보아야 하는 것은 과연 어느 경우에 기권하고, 어느 경우에 제3후보를 지지하는가 하는 점이다. 허쉬만(Hirschman 1970)은 기존 경제학에서의 가정과는 달리 상품 수요량의 변화가 가격이 아닌 상품의 품질의 변화에 따라 생겨날 수 있다는 점에 주목하였다. 허쉬만은 상품의 질적 하락에 대한 소비자의 대응, 혹은 조직이 제공하는 서비스 질의 저하에 따른 구성원의 대응을 탈퇴(exit)와 항의(voice)로 구분하여 설명하였다. 탈퇴는 상품의 품질저하에 따라 그 상품의 구입을 중단하거나 그 조직에서 이탈하는 것을 의미하는 것이며, 항의는 구입의 중단이나 조직의 이탈까지 나아가지는 않고 기존 틀 속에서 책임자나 관리자에게 불만을 표시하는 것이라고 보았다. 항의가 생겨나는 것은 기존 틀 속에서 교정이 가능하리라는 믿음이 있거나 탈

리와 부분적으로 유사성을 갖는다고 볼 수 있다.

퇴의 옵션이 가능하지 않은 경우라고 보았다. 허쉬만이 말하는 항의와 탈퇴는 기본적으로 '건강한 경제(*taut economy*)라는 이상을 회복하기 위한' 메커니즘이라고 할 수 있으며, 이러한 반응이 생겨나는 것은 소비자(혹은 조직원)가 기대하는 수준의 상품의 질이나 서비스의 질을 충족하지 못하기 때문이라고 보았다. 즉 소비자들은 질적 기준점을 갖고 있으며 현재의 상태가 이 기준점에 미치지 못하는 경우 반응을 보이게 되는 것이다.

앞서 정당지지의 전이가 비유동적인 상황에서 한 유권자가 '자기 정당'으로부터 기대하는 수준의 정치적 효용을 얻지 못하는 경우에 생겨나는 대응의 방식을 허쉬만의 용어로 설명하자면, 정치적 소비자인 유권자들이 특정 정당으로부터 어느 수준 이상의 정치적 상품(정책이나 업적, 성과 등)의 질(*quality*)을 요구하지만 그것이 충족되지 못하는 경우 이에 반응을 나타내게 되는 것이라 할 수 있다.

그런데 기존 지지정당의 서비스 질의 하락에 대한 실망감은 앞서 지적한 대로 기권이나 제3후보에 대한 지지로 나타날 가능성이 높다. 그런데 이 가운데 제3후보에 대한 지지의 이전은 허쉬만식으로 본다면 대체로 두 가지 차원에서 해석이 가능하다. 하나는 제3후보에게 진심으로 매력을 느끼는 경우로 새로운 지지대상의 발견에 따른 지지의 완전한 이전이다. 또 다른 경우는 앞서 이야기한 대로 정치적 불만감을 표현하기 위해 '일시적으로' 제3후보를 선택하는 경우이다. 허쉬만의 용어를 빌리면, 전자는 탈퇴로 이해할 수 있지만, 후자의 경우는 형식은 탈퇴지만 의미는 항의이다.

기존 지지정당에 대한 정치적 불만으로 인해 기권하게 되는 경우 역시 정당이 제공하는 서비스의 소비를 중단한다는 점에서 탈퇴의 형식을 갖지만 완전이탈이 아니라 '질적 회복이 이뤄지기만 한다면' 다시 그 정당을 지지할 준비가 되어 있다는 점에서 항의의 속성도 갖는다. 따라서 제3후보에 대한 지지와 기권은 모두 항의의 속성을 갖지만 기

338

존 지지정당에 대해 투표하지 않는다는 점에서는 탈퇴의 외형을 취한다. 다만 기권은 항의의 표시로 제3당을 지지하게 되는 경우에 비해서는 소극적이고 수동적이라는 점에서 차이가 있다.

동일한 속성을 갖고 있음에도 불구하고 제3당 지지와 기권으로 상이한 반응이 나타나게 되는 것은 우선 적절한 대안의 존재 유무에 달려 있을 것이다. 제3후보(정당)가 출현하게 되는 경우와 그렇지 않은 경우 선택은 다르게 될 것이다. 그러나 더욱 중요한 것은 대안에 대한 평가와 관련이 있는데, 대안에 대해 긍정적으로 평가하는 경우는 제3당에 대한 지지로, 대안에 대해 부정적으로 평가하는 경우는 기권의 형태로 나타나게 될 것이다. 이는 지지이전의 흡인요인(pull factor)과 관련된 측면이다.

그리고 또 한 가지 중요한 요인은 허쉬만이 이야기하는 충성심(loyalty)의 정도와 관련될 것이다. 충성심은 질적 저하에 대한 반응의 탄력성에 영향을 미친다. 충성심이 강하다면 질적 저하에도 불구하고 그에 대한 반응은 약할 것이고, 충성심이 약하다면 질적 저하에 대한 반응은 급격히 또 강하게 나타날 것이다. 즉 강한 충성심으로 인해 반응의 탄력성이 약하다면, 일시적이더라도 제3정당으로 지지의 이동이 생겨나기보다는 기권을 선택할 가능성이 높고, 반대로 약한 충성심으로 반응의 탄력성이 높다면 투표참여 비용을 고려하더라도 제3당에 대한 지지로 항의를 표현할 가능성이 높다. 이러한 측면은 정당지지이전의 배출요인(push factor)과 관련된 것이라고 볼 수 있다.

지금까지의 논의를 정리하면 〈그림 13-1〉과 같이 될 것이다. 정치적 지지이전의 비유동성이 존재하는 상황에서 기권은 기존 지지정당에 대한 충성심이 강한 경우, 곧 허쉬만식으로 표현한다면 반응의 탄력성이 적은 경우와, 또한 새로이 부상한 대안인 제3후보(정당)에 대해 긍정적으로 평가하지 않는 경우에 보다 발생할 확률이 높다고 볼 수 있다.

〈그림 13-1〉 기존 정당에 대한 불만의 반응과 유권자의 선택

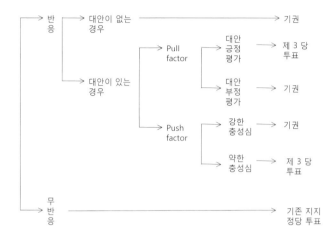

4. 경험적 분석: 1992년과 1997년 대통령 선거

이러한 이론적 모델을 경험적으로 입증하는 작업은 쉽지 않다. 그래서 합리적 선택이론에서 제기된 흥미로운 이론이나 모델이 경험적 자료에 의해 뒷받침되지 못한 경우도 종종 있었다. 또한 설문지에 포함된 질문의 항목이 제한적이고 표본의 크기도 충분히 큰 것은 아니라면 이러한 어려움은 더 커질 수 있다. 여기서의 시도 역시 자료적 한계로 인해 변인 간의 대체적 관계를 확인한다는 제한적 목적을 갖는다.

〈그림 13-1〉의 논의를 경험적으로 측정하기 위해 우선 그 모델을 구성하는 주요 변수의 속성을 고려하면, ① 정치적 불만, ② 적절한 대안의 유무, ③ 대안에 대한 평가, ④ 정당 충성심의 정도 등이 될 것이다. 또한 〈그림 13-1〉에서 제시한 설명의 논리는, 정치적 불만이 기존 지지정당에 대한 계속적인 승인으로 갈 것인지 혹은 (제3당 혹은

340

기권과 같은) 다른 선택으로 이끌게 될 것인지 하는 것과, 정치적 불만
으로 인해 다른 선택을 한다면 기권할 것인가 혹은 제3후보에게 투표
할 것인가 하는 두 가지 과정으로 나뉘므로 이를 구분하여 살펴보아야
한다. 1992년과 1997년 대통령 선거를 대상으로 앞에서 거론한 주요
항목들을 두 가지 과정으로 나누어 이에 대한 경험적 분석을 시도하고
자 한다.[3)

우선 1992년 대통령 선거에 대해 살펴보면, 〈표 13-1〉은 정치적 불
만의 유무와 그에 따른 유권자의 선택을 나타낸 것이다. 정치인에 대

〈표 13-1〉 1992년 대통령 선거에서 투표선택과 유권자의 평가

(%)

| 평가
항목 | 태 도 | 1992년 대통령 선거에서의 투표여부 | | | | chi-square |
		김영삼	김대중	제3후보[1]	기권	
정치인 평가	잘하는 편	35.8	15.6	14.0	15.4	$x^2 = 66.3$ p<0.01
	못하는 편	64.2	84.4	86.0	84.6	
	n	100.0(536)	100.0(326)	100.0(207)	100.0(78)	
정부 평가	잘하는 편	45.9	18.3	21.6	19.2	$x^2 = 91.7$ p<0.01
	못하는 편	54.1	81.7	78.4	80.8	
	n	100.0(534)	100.0(327)	100.0(208)	100.0(78)	
나라 경제 사정 평가	좋아진 편	10.7	9.8	7.2	8.9	$x^2 = 12.3$ P<0.10
	마찬가지	29.4	29.7	21.2	20.3	
	나빠진 편	59.8	60.6	71.6	70.9	
	n	99.9(540)	100.1(327)	100.0(208)	100.0(79)	
3당 합당에 대한 평가	잘했다	49.7	9.2	26.1	22.8	$x^2 = 239.4$ p<0.01
	모르겠다	30.9	25.7	23.7	43.0	
	잘못했다	19.3	65.1	50.2	34.2	
	n	99.9(543)	100.0(327)	100.0(207)	100.0(79)	

1: 제3후보는 정주영, 이종찬, 박찬종, 백기완의 지지자들을 모두 포함한다.

3) 두 선거의 설문조사의 질문항목이 많이 달라서 하나의 모델 속에 두 사례를 함
께 포함하여 분석할 수가 없었음을 밝힌다.

한 평가는 김영삼 후보에게 표를 던진 유권자군에서 상대적으로 긍정적 평가가 높게 나왔지만, 김대중 지지자, 제3후보 지지자, 기권자 집단에서는 모두 유사한 정도로 부정적 평가가 높게 나타났다. 또한 정부의 업무수행에 대한 평가에서도 거의 비슷한 패턴이 확인된다. 김영삼 투표자군에서는 거의 절반에 가까운 이들이 정부의 업무수행을 긍정적으로 평가하였지만, 나머지 집단에서는 부정적 평가가 상대적으로 훨씬 높게 나타났다. 나라 경세사정에 대한 유권자의 평가는 더욱 흥미롭다. 김영삼, 김대중 등 주요 두 후보에게 표를 던진 유권자군 가운데 60% 정도가 나라 경제사정이 나빠졌다고 생각하는 반면 제3후보나 기권한 유권자 집단에서는 그러한 부정적 평가가 10% 정도 더 높게 나타났다. 이 3가지 평가를 토대로 할 때, 제3후보와 기권자 집단은 정치적 상황에 대해 상당히 부정적 평가를 내리고 있는 이들이라는 것을 알 수 있다. 부정적 평가의 정도는 야당 후보 지지자들과 비슷하거나 더욱 강하게 나타났다.

3당 합당과 관련하여 볼 때, 기권자 집단과 제3후보 지지자들은 3당 합당에 대해서도 부정적이거나 유보적인 태도가 높게 나타났다. 3당 합당으로 정치적으로 곤경에 처하게 된 김대중 후보 지지자들만큼 부정적 태도가 높았던 것은 아니지만, 김영삼에게 투표한 집단과 비교하면 뚜렷한 차이가 확인된다. 제3후보 지지자와 기권자 집단에서 3당 합당에 대한 긍정적 평가는 절반 수준인 반면 '잘못했다'는 평가는 상대적으로 높았다. 한 가지 유의해야 할 점은 제3후보 지지군에서는 '잘못했다'는 부정적 평가의 비율이 높은 반면, 기권자 집단에서는 '모르겠다'는 유보적 응답이 높았다는 점이다. 3당 합당에 대한 긍정적 평가는 두 집단에서 모두 낮았지만, 기권자들에 비해 제3후보 지지집단에서 보다 강한 부정적 평가가 나타난 것이다. 전체적으로 볼 때 제3후보나 기권자 집단은 현 정부나 정치적 상황, 집권당에 부정적 평가를 내리고 있다.

　이번에는 이들의 정파적 성향에 대해 살펴보기로 한다. 〈표 13-2〉는 1992년 선거에서 유권자들의 선택과 김영삼, 김대중 후보에 대한 선호를 조사한 것이다.

　제3후보 지지자들과 기권자들은 김영삼, 김대중 후보 지지자들에 비해서 선호의 편향이 상대적으로 강하지 않았지만, 선호의 방향은 분명해 보인다. 즉 제3후보나 기권을 선택한 유권자들은 대체로 김영삼에 호감을 가진 반면 김대중에 대해서는 거리감을 느끼고 있다는 사실을 알 수 있다. 이러한 사실을 흥미롭다. 앞서 살펴본 〈표 13-1〉에서는 제3후보/기권 집단의 부정적 평가가 야당과 유사한 정도로 높았지만, 정파적 성향에서 본다면 이들 두 집단이 김영삼, 신한국당에 가까운 이들이라는 것을 알 수 있기 때문이다. 따라서 제3후보 지지자, 기권자 집단은 신한국당의 잠재적 지지자일 가능성이 높다고 할 수 있다. 실제로 집합자료에서도 제3후보에 대한 지지는 비호남권에 집중되어 있다. 따라서 제3후보 지지자나 기권자는 모두 대체로 비호남 지역에서 기존 지지정당인 민자당이나 현 정부의 정책에 불만을 가진 유권자들로 보인다. 3당 합당으로 인해 호남-비호남 구도로 치러진 1992년 대통령 선거에서는 지역주의로 인한 정당선택의 비유동성이 더욱 분명해지고 강해졌다. 이러한 상황에서 기존 지지정당인 민자당(혹은 합당 이전의 3정당), 혹은 김영삼 후보에 대해 불만족하는 유권자들이 제3후보를 선택하거나 기권한 것으로 이해해야 할 것이다. 그렇다면 정치적으로 불만을 가진 유권자들의 선택은 제3후보에 대한 지지와 기권 둘 중 하나인데 어떤 요인이 그 선택에 영향을 미쳤을까?

　〈표 13-3〉은 기권자들과 제3후보 지지자들만을 대상으로 하여 ① 지역, ② 여야성향의 정도, ③ 제3후보(여기서는 정주영)에 대한 선호 등 세 변인을 설정하여 이들과의 관계를 살펴본 것이다. 로지스틱 분석의 결과에 따르면, 우선 여당성향이 강하면 강할수록 제3당 후보에 대한 지지보다 기권자가 높게 나타난다는 점을 알 수 있다. 중도적 입

〈표 13-2〉 정치인의 선호 및 3당 합당에 대한 태도(1992년)

(%)

평가 항목	태 도	1992년 대통령 선거에서의 투표여부				chi-square
		김영삼	김대중	제3후보	기권	
김영삼 후보 선호도	좋아한다	90.9	17.4	**52.4**	**54.4**	x^2 = 492.6 p<0.01
	모르겠다	6.7	18.0	13.6	15.2	
	싫어한다	2.4	64.7	34.0	30.4	
	N	100.0(539)	100.1(317)	100.0(206)	100.0(79)	
김대중 후보 선호도	좋아한다	21.7	91.7	27.6	32.9	x^2 = 440.2 p<0.01
	모르겠다	20.0	5.2	15.8	17.7	
	싫어한다	58.3	3.1	**56.7**	**49.4**	
	N	100.0(530)	100.0(326)	100.0(203)	100.0(79)	

〈표 13-3〉 기권과 제3후보 지지에 대한 로지스틱 모델

(1992년 선거)

		B	S.E	Exp(B)
	상수	−0.75[3]	0.45	
지역 ('영남' 기준)	중부	−0.05	0.35	0.96
여야성향 ('중도' 기준)	여당성향	2.08[1]	0.54	7.99
	여에 기우는 편	1.07[2]	0.42	2.90
	야에 기우는 편	−0.83[3]	0.45	0.44
	야당성향	0.97	0.62	2.64
정주영에 대한 선호 ('모르겠다' 기준)	좋다	−2.60[1]	0.83	0.74
	좋은 편이다	−1.40[1]	0.45	0.25
	싫은 편이다	−0.01	0.46	0.99
	싫다	0.62	0.49	1.85

−2 Log likelihood = 257.09 prediction = 0.77

1: p<0.01, 2: p<0.05, 3: p<0.1.
(0 – 제3후보 지지, 1 – 기권)

장을 가진 이들을 기준으로 할 때 '여당성향'이라고 분명하게 자신의
정치적 성향을 밝힌 이들이 '여에 기우는 편'이라고 응답한 이들에 비
해 기권의 가능성은 더욱 높게 나타났다. 즉 여당에 대한 정치적 일체
감의 정도가 강할수록 제3후보에 대한 지지보다는 기권을 선택한다는
것이다. 정치적 충성심이 강할수록 탈퇴의 가능성은 낮아진다고 한 앞
의 논의에서처럼, 여당에 대한 정치적 일체감이 강한 경우에는 제3후
보를 지지하기보다 기권을 선택하게 된 것이다.

두 번째로 가장 성공적인 제3후보였던 정주영에 대한 선호와 관련
해서는, 정주영에 대한 평가가 높을수록 기권이 발생할 가능성은 그만
큼 낮아졌다. 앞서 〈그림 13-1〉의 모델에서 살펴본 대로, 불만을 가진
유권자가 대안에 대한 긍정적인 평가를 내리는 경우 제3후보에 대해
표를 던질 가능성이 높아질 것이라는 사실을 확인시켜 준다.

따라서 1992년 대통령 선거에서 잠재적인 민자당 지지자들이지만
민자당과 현 정부에 불만을 갖게 된 유권자들 가운데서 정치적 충성심
이 강한 편이거나 대안에 대해 긍정적으로 평가하지 않는 이들은 기권
을 선택한 반면, 정치적 충성심의 정도가 약하거나 대안인 제3후보에
대해 긍정적으로 평가하는 이들은 제3후보를 선택했다고 요약할 수
있다.

이번에는 1997년 15대 대통령 선거와 관련하여 제3후보에 대한 지
지와 기권에 대해 살펴보기로 하자. 〈표 13-4〉는 15대 대통령 선거에
서 각 후보(혹은 기권)를 선택한 유권자들이 과거 1992년 선거에서는
누구에게 투표하였는지에 대해 알아본 것이다.

〈표 13-4〉에서 보듯이, 1997년 대통령 선거에서 이회창 지지자의
3/4 이상은 과거 김영삼 지지자들이며, 김대중 지지자의 65%도 과거
김대중을 지지한 이들이었다. 그러나 1997년 대통령 선거에서 제3후
보를 선택한 이들 가운데 절반은 그 이전의 대통령 선거에서 김영삼을
지지한 유권자들이었지만, 이에 비해 제3후보 지지자들 가운데 과거

〈표 13-4〉 1992년, 1997년 대통령 선거에서 지지의 이동

(%)

		1997년 대통령 선거에서의 선택			
		이회창	김대중	제3후보	기권
1992년 대통령 선거에서의 선택	김영삼	75.6	19.1	49.5	36.8
	김대중	3.4	65.0	18.0	17.5
	제3후보	17.1	10.7	25.8	21.1
	기권	3.9	5.2	6.7	24.6
	N	100.0(356)	100.0(383)	100.0(194)	100.0(57)

김대중 지지자의 비율은 낮았다. 1997년 선거에 기권한 이들 가운데 36.8%는 과거 김영삼의 지지자였지만 김대중 지지자의 비율은 제3후보를 지지한 이들의 경우와 마찬가지로 낮았다. 이러한 사실은 앞서 살펴본 1992년 선거 때와 마찬가지로, 제3후보 지지자들과 기권자들 가운데 다수가 잠재적으로 이회창의 지지층이었다는 사실을 확인시켜 준다. 제3후보 지지자 가운데 26%가량은 1992년 선거에서 제3후보를 지지한 사람들이었고, 기권자들의 경우에도 과거 1992년 선거에서 제 3후보를 지지하였거나 기권한 이들의 비율이 20%에 달한다는 점도 지적할 만하다.

제3후보 지지자들과 기권자들의 정치적 성향을 보다 명확하게 알아 보기 위해 이번에는 이른바 'DJP연합'에 대한 평가에 대해 알아보았 다. 김대중 후보에게 표를 던진 유권자의 60%는 DJP연합에 긍정적 평가를 내렸지만, 이회창 후보를 지지한 이들 가운데 56%는 반대의사 를 나타냈다. 두 후보의 지지자들 간에 분명한 입장의 차이를 보여준 다. 그런데 제3후보를 지지한 이들이나 기권자들은 이회창 지지자들 수준은 아니라고 해도 상당히 높은 비율로 DJP연합에 대해 비판적 태 도를 보이고 있다.

〈표 13-5〉 정치적 지지와 DJP연합에 대한 평가

(%)

		15대 대통령 선거에서의 선택			
		이회창	김대중	제3후보	기권
DJP연합에 대한 평가	찬성	11.1	59.9	23.2	23.9
	반대	55.9	19.8	40.5	43.2
	모름	32.9	20.3	36.3	33.0
	N	100.0(395)	100.0(444)	100.0(237)	100.0(88)
		$x^2 = 254.6$ p<0.01			

따라서 〈표 13-4〉와 〈표 13-5〉의 결과를 두고 살펴볼 때, 제3후보 지지자들과 기권자들의 상당수는 1992년 선거 때와 마찬가지로 비호남권(혹은 영남권)의 유권자들이거나, 적어도 김대중 후보에 대해서 심리적 거리감을 느끼는 이들이라 할 수 있다.

이번에는 정치적 불만감의 정도에 대해 알아보기 위해서 IMF 위기를 초래한 책임에 대한 응답을 살펴보았다(〈표 13-6〉). 이회창 지지자 가운데 66.2%는 누구의 잘못이라고 말하기 어렵다고 생각하는 반면, 김대중 지지자의 대다수인 76.7%는 그것이 한나라당의 잘못이라고 지적했다. 즉 정파적 성향에 따라 경제위기 초래의 책임에 대한 인식에서 큰 차이가 확인되었다. 그런데 제3후보를 지지한 이들 가운데는 약 62%가 경제위기가 한나라당의 잘못 때문이라고 밝혔고, 기권한 이들 가운데서는 45%가 한나라당의 책임을 그 원인으로 지적하였다. 앞서 살펴본 대로 이들 집단의 정치적 성향이 잠재적으로 이회창에 가깝고 김대중과는 거리감을 갖고 있다는 점을 생각한다면, 한나라당이 경제위기에 책임이 있다는 응답이 이들 집단에서 비교적 높게 나타난 것은 이들이 어떤 형태로든 잠재적 지지정당이라 할 수 있는 한나라당(혹은 이회창 후보)에 정치적 불만을 갖고 있다는 것을 시사한다. 그러나 기

〈표 13-6〉 정치적 지지와 IMF 경제위기에 대한 책임의 평가

(%)

| | | 15대 대통령 선거에서의 선택 | | | |
		이회창	김대중	제3후보	기권
IMF 위기의 책임	한나라당	28.8	76.7	61.7	44.9
	국민회의	3.0	3.2	2.6	1.1
	국민신당	2.0	0.2	1.3	2.2
	말하기 어렵다	66.2	19.9	34.5	51.7
	N	100.0(399)	100.0(442)	100.0(235)	100.0(89)

권자 집단에서 한나라당에 책임이 있다는 응답이 제3후보 지지집단에 비해 상대적으로 낮고 '말하기 어렵다'는 유보적 응답이 절반 이상 나왔다는 점도 주목할 만하다.

〈표 13-7〉은 1997년 선거에서 기권과 제3후보를 선택한 이들만을 대상으로 ① 여야성향, ② 이회창 후보에 대한 선호여부, ③ 제3후보에 대한 선호여부 등 세 변인과의 관계를 살펴본 것이다. 여야성향의 경우, 야당성향을 가진 이들에 비해 뚜렷한 입장을 표명하지 않았거나 여당성향이라고 응답한 이들은 상대적으로 제3후보에 대한 투표보다 기권의 가능성이 높게 나타났다. 특히 여당성향이라고 응답한 이들의 경우 이들 다수는 비록 이회창 후보에게 표를 던지지는 않았더라도 어느 정도 정파적 일체감을 유지하고 있는 이들이라고 평가할 수 있을 것이다. 그러한 정파적 일체감을 갖는 유권자들은 정치적 불만에도 불구하고 제3후보에게 투표하기보다는 기권을 선택하는 경우가 높았다. 한편 제3후보를 긍정적으로 평가하는 이들은 기권보다 제3후보를 선택하였다는 것을 알 수 있다. 이회창을 선호하는 이들은 기권의 가능성이 높았지만 통계적으로 유의미하게 입증되지는 않았다. 이러한 결과는 앞에서 살펴본 1992년 대통령 선거에서의 결과와 일치한다.

348

<표 13-7> 기권과 제3후보 지지에 대한 로지스틱 모델
(1997년 선거)

	B	S.E	Exp(B)
상수	−0.62[1]	0.30	
여야성향			
여당성향	1.57[1]	0.46	4.79
중도	1.27[1]	0.36	3.57
이회창에 대한 선호	0.27	0.54	1.31
제3후보에 대한 선호*	−1.95[1]	0.38	0.14
−2 Log likelihood = 293.1 prediction = 0.79			

1: $p < 0.01$.
* 이인제, 권영길, 허경영, 김한식에 대한 지지표를 포함한 것이다.
(0 – 제3후보 지지, 1 – 기권)

이와 같은 결과는 기권이나 제3후보에 대한 지지가, 정당선택의 비유동성이 존재하는 상황에서 정치적 불만을 표출하는 수단이 될 수 있다는 점을 보여준다. 합리적 선택이론에서 기권은 승자결정에 미치는 영향력의 효용에 따른 변수에 의해 설명되고 있지만, 허쉬만의 표현대로, (정치적 재화의) 질적 저하에 대한 불만을 나타내기 위한 반응으로 선거불참의 논리를 적절히 설명해낼 수 있다.

불만족한 상황에서 적절한 대안의 부재로 인한 기권이나 제3후보에 대한 지지는 2000년 국회의원 선거에서도 유사하게 확인된다. 김영태 (2002: 39)는 정부정책에 대해 불만족을 느끼는 경우라도 그것이 곧바로 정당에 대한 지지의 전환과 연관되지 않으며, 집권여당인 민주당의 정책수행 결과에 불만을 느낀 국민회의 지지자들은 한나라당보다 제3당이나 무소속 후보를 지지했다고 분석했다. 이런 결과가 나타난 것은 2000년 선거에서 국민회의 지지자들 역시 1992년과 1997년 대통령 선거에서 민자당-신한국당 지지자들이 처했던 것과 매우 유사한 상황에 직면했기 때문이다. 즉 집권정당인 국민회의의 정책수행 등 현실정치에 불만을 가진 잠재적 국민회의 지지자들이 그렇다고 해서 한나라당을 지지하기는 어려운 정당선택의 비유동성이 존재하는 상황에서 이들은 (무소속 후보를 포함하는) 제3당을 지지하거나 혹은 기권을 선택하게 된 것이다.

이상에서 살펴본 경험적 분석은 정치적 불만과 기권 혹은 제3후보에 대한 지지 사이의 관련성에 대한 대체적인 경향성을 확인해 주고 있다. 이러한 분석을 토대로 보면, 민주화 이후 우리나라 선거에서 투표율이 낮아진 까닭은 지역주의로 인해 자유로운 정당지지가 제약받았던 정치적 상황과 밀접한 관련을 갖고 있다. 제3후보 선택이나 기권은 정치적 선택이 제한된 상황에서 유권자들이 자신의 정치적 불만을 표현하기 위한 방편임을 알 수 있으며, 그런 점에서 기권과 제3후보에 대한 지지는 동일한 맥락에서 이해될 수 있는 유사한 정치적 의사표현인 것이다.

5. 결론

어느 나라를 막론하고 다수의 유권자들이 선거에 불참하는 일은 바람 직하지 않다. 그것은 민주주의 체제의 기반과 정통성을 약화시킬 수 있기 때문이다. 따라서 각국은 여러 가지 방법을 통해 투표참여를 높 이기 위해 노력하고 있다. 투표율 제고와 관련해서 가장 대표적인 방 법은 아마도 오스트레일리아 등에서 실시하는 의무투표제일 것이다. 이 제도 하에서는 투표에 불참한 유권자는 벌금을 내야 하고 공직임용 에도 불이익을 받는다. 우리나라에서도 투표율이 지속적으로 하락하면 서 이 방안의 도입이 논의되고 있다. 또한 유권자들의 투표참여를 촉 진시키기 위해 일부 국가에서는 우편투표 방식이나 인터넷 투표의 도 입과 같은 방안이 검토되기도 했다(류석진 외 2009 참조). 이러한 방식 의 도입은 이론적으로 볼 때 선거불참으로 인한 비용의 증가(의무투표 제) 혹은 투표참여 비용의 절감(우편투표제, 인터넷 투표) 등 투표참여 의 비용과 관련된 측면에 주목한 해결방식이다.

그러나 지금까지 살펴본 대로, 투표참여의 문제를 단순히 비용의 측 면에서만 설명할 수는 없다. 지역주의와 같은 양극적인 사회적 균열 등의 이유로 인해 사실상 정당선택이 제약을 받게 되는 상황에서 기권 은 유권자들의 정치적 불만을 표출하는 방식이 될 수도 있기 때문이다. 이런 점에서 본다면 우리나라에서 기권율이 증가하는 것은 기존 연구 에서 설명하듯 사회경제적 변수나 선거참여의 비용과 정치적 효용 등 의 요인에 의한 것만이 아니라, 우리 정당체계의 특성과 지역주의, 그 로 인한 정치적 선택의 제약이라는 조건 속에서 정치적으로 불만을 느 끼는 유권자들의 불가피한 선택으로도 이해할 수 있다.

그렇다면 우리나라에서 투표율 하락을 해결하기 위해, 예컨대 의무 투표와 같은 제도적 장치를 도입하는 것이 단기적으로 투표참여를 높이는 데 도움을 줄 수 있을지 모르지만, 유권자들이 갖는 정치적 불만을 해소하는 근본적 문제해결이 되지는 않을 것이다. 투표율 하락에 대한 근본적 문제가 해결되지 않은 상태에서 그러한 제도적 장치의 도입만으로 과연 투표참여를 통한 민주성과 정통성의 제고라는 의도하는 효과를 거둘 수 있는지는 의심스럽다.

투표가 대의민주주의 운용의 가장 중요한 메커니즘이고 건전한 민주주의를 위해 핵심적인 정치행사라는 점에서 많은 유권자가 자신의 정치적 의사를 선거에서 표출하는 것은 대단히 중요한 의미를 갖는다. 그러나 유권자가 표출하고 싶어하는 정치적 의사는 반드시 유권자에게 주어진 후보군 가운데서 하나를 선택함으로써 전달되는 것만은 아니다. 기권 역시 선거에서 유권자가 정치체계 내에 전달하고 싶어하는 정치적 메시지를 표출하는 것이며, 선거참가율의 하락은 바로 유권자 사이에 점증하는 정치적 불만의 결과로 보아야 할 것이다. 투표율의 상승을 위해서는 유권자의 참여의식 제고라는 개인적 차원만이 아니라 정당경쟁의 구조, 사회적 균열과 같은 구조적 요인의 변화 역시 중요한 조건이 될 것이다.

제14장

정치적 연계, 민주적 가치와 투표참여:
2007년 대선과 2008년 총선의 기권자 분석

1. 서론

2008년 총선 투표율은 46.1%로 최종 집계되어 전국단위 선거에서 사상 처음으로 50%에도 미치지 못하는 기록을 세웠다. 총선 4개월 전 실시된 대통령 선거에서 투표율은 63%였는데, 이 역시 대통령 선거 역사상 최저의 투표율이었다. 그런데 2007년 대선과 2008년 총선에서의 낮은 투표율이 특히 우려스러운 것은 이것이 일회성 사건이 아닐수 있기 때문이다. 민주화 이후 투표율은 계속해서 하향추세를 보였으며 그 하락폭은 최근 들어 더욱 커지고 있다. 20년 전 한국의 민주화를 이끌어낸 구호는 '대통령 직선제 개헌'이었다. 이른바 '체육관 선거' 대신 '내 손으로 직접 대통령을 뽑겠다'는 선거참여의 국민적 여망이 민주화를 이끌었던 것이다. 그러나 불과 20년 만에 선거참여에 대한 열망은 크게 퇴색되었다.

이 장에서는 이러한 문제의식에서 출발하여 2007년과 2008년 잇달아 실시된 두 차례 선거에서 기권한 유권자들에 주목하여 이들이 기권한 원인을 찾아보고자 한다. 이 장에서는 특히 선거에 불참한 유권자들이 한국 민주주의의 현 상황에 대한 불만을 갖거나 혹은 민주주가치 자체에 회의를 갖는 이들이 아닌지 살펴보고자 한다. 만일 선거 불참자들이 민주주의의 근본적 가치에 회의를 갖는 이들이라면 기권율 의 증가는 한국 민주주의의 발전에 대단히 심각한 문제점을 제기하는 것이기 때문이다.

이 장에서 주목하는 기권자는 2008년 총선에서 투표에 불참한 이들 이지만, 앞선 대선에서의 투표참여 여부를 함께 고려할 때 이들 기권 자들은 크게 두 집단으로 구분할 수 있다. 하나는 2007년 대통령 선거 와 2008년 국회의원 선거 두 차례 모두 투표에 불참한 유권자들의 집 단이다. 또 다른 집단은 앞선 2007년의 대통령 선거에서는 투표에 참 여했지만, 4개월 뒤의 국회의원 선거에서는 투표에 참여하지 않은 기 권자들이다. 현상적으로 이들은 모두 2008년 총선에서 기권한 이들이 지만 그 속성은 다를 것으로 가정하고 있다. 전자가 보다 소극적이며 정치에 대한 무관심 혹은 불만이 강하다면, 후자는 단기적이고 상황적 인 요인에 보다 큰 영향을 받았을 것이라는 것이 여기서의 가정이다. 이러한 기권자 집단의 특성을 보다 분명히 구분하기 위해서 이 장에서 는 대선과 총선 두 번의 선거에 모두 투표한 적극적 참여자 집단과의 대비를 통해 이들을 분석할 것이다. 여기서 사용되는 데이터는 한국선 거학회가 2008년 총선 이후 조사한 서베이 자료이다.

2. 투표참여와 기권

정치현상 가운데 여전히 일목요연하고 명쾌한 설명이 제시되지 못하는 것 가운데 하나가 아마도 투표불참, 혹은 기권의 원인에 대한 설명일 것이다. 그동안 다양한 차원에서 투표참여 혹은 불참의 원인을 파악하려는 노력이 이뤄졌지만 '보편적이고 명쾌한' 설명은 아직 제시되지 않은 듯하다. 그만큼 수많은 원인이 기권이라는 행위 속에 내재되었기 때문일지도 모른다. 정치학 연구에서는 사실 그동안 다양한 시각에서 선거불참의 문제를 설명하고자 시도했다.

그중 한 접근법은, 앞 장에서 상세히 논의한 대로, 합리적 선택이론에 의한 설명방식이다. 이의 대표적 학자인 다운즈(Downs 1957)는 투표참여의 비용과 그로 인해 얻을 것으로 기대하는 효용을 고려하여 투표참여/불참의 결정을 설명했다. 이는 유권자의 투표행위로 인한 효용이 참여의 비용을 능가하게 되는 경우에 투표에 참여할 것이라는 논리에 기초해 있다. 이러한 접근법은 매우 정교하고 논리적이라는 강점을 지니고 있지만, 한 유권자가 선거결과에 영향을 미칠 수 있는 확률은 거의 0에 가까울 만큼 너무도 작기 때문에 결국 투표참여의 효용은 음수가 되고 이 논리대로라면 누구도 투표에 참여하지 않게 되는 결과를 낳게 된다는 비판을 받았다.

라이커와 오드슉(Riker and Ordeshook 1968: 28)은 이러한 비판을 수용하여 다운즈의 투표참여 모델을 수정하면서 전체 효용함수를 양수로 만들기 위한 별도의 가치를 추가했다. 투표 승자결정 이외에도 투표참여를 통해 얻을 수 있는 또 다른 효용이 있다는 것이다. 이들은 민주주의 전통에 부응했다는 투표행위의 도덕적 만족감, 정치체제에 대한 충성도를 보였다는 데서 비롯되는 만족감, 자신이 좋아하는 정당에 대한 선호도를 표현했다는 만족감, 투표장에 다녀왔다는 만족감, 정치체제 속에서 효능감을 확인했다는 만족감 등이 승자결정에서 비롯되는 효용 이외에도 투표에 참여함으로써 얻을 수 있는 효용이라고 보았다. 그러나 다운즈가 말하는 효용이 도구적 효용이라면, 라이커와 오드슉이 제시한 효용은 표출적, 혹은 표현적 효용이라는 점에서 서로 상이한 가치를 한 함수식에 포함시켰다는 비판을 받았다. 그러나 이러한 개념적 비판에도 불구하고 다운즈나 라이커-오드슉의 주장은 여전히 유용한 접근법으로 남아 있다.

또한 민주적 가치에 대한 기여라는 점이 투표참여에 영향을 준다는 주장도 경험적으로 입증되고 있다. 예컨대 조성대(2006)는 17대 총선 분석을 통해 민주주의 체제에 대한 만족감이 투표참여에 긍정적 영향을 미쳤다고 분석했다.

합리적 선택이론과 달리 투표참여 문제를 사회경제적 요인에 주목하여 연구한 결과도 적지 않다. 미국 선거에서는 유권자가 고학력, 고소득, 고연령일수록 투표율이 높은 것으로 나타나고 있다(Wolfinger and Rosenstone 1980; Burnham 1980; Rosenstone and Hansen 1993). 영국에서도 계급 별, 소득 별 차이와 같은 사회적 요인이 투표율에 영향을 미친다는 주장이 꾸준히 제기되며(Swaddle and Heath 1992), 최근에는 투표참여의 성별, 지역 별 차이에 주목한 연구도 나오고 있다(예컨대, Norris 1999; Johnston, Jones, Propper, and Burgess 2007). 연령변수는 영국에서도 투표율에 매우 뚜렷한 차이를 보이는 변인으로 나타나고 있다(Crewe et al. 1992).

우리나라 선거에서 가장 분명하고 지속적으로 투표율의 차이를 보이는 변인은 연령이다. 젊은 층일수록 투표율이 낮으며 나이가 든 유권자일수록 투표에 적극적이라는 것이다(박찬욱 1992; 김재한 1993; 김욱 1998). 그러나 우리나라에서 교육수준에 따른 투표참여의 영향은 연구자에 따라 다소 입장이 갈린다. 일반적으로는 서구에서와는 달리 교육수준이 높으면 투표율이 높아지는 교육요인의 효과는 잘 나타나지 않는다는 주장이 많았다. 그러나 김욱(1998)은 교육수준에 따른 투표율의 차이가 확인되며 교육수준이 낮을수록 투표율이 높아지는 경향이 나타난다고 분석했다. 우리나라에서는 도시화 정도에 따른 투표참여의 차이도 중요한 변인 중 하나였다. 이는 과거 관권이나 정당에 의한 동원투표의 효과로 설명되었다. 황아란(1996)은 15대 총선을 대상으로 한 연구에서 시골일수록 투표참여의 비율이 높다고 분석했으며, 김욱(1999)은 농촌지역에서 유권자들이 받는 동원압력이 강하다고 주장했다. 그러나 박찬욱(1992)은 동원이나 교차압력보다 도시화가 투표참여를 높이는 데 더 큰 영향을 준다고 보았다.

투표참여를 설명하는 세 번째 접근법은 정치적 효용감이나 정치적 일체감, 정당 소속감 등 정치적 요인이 투표참여에 영향을 준다는 시각이다. 미국 선거 분석을 통해 샤퍼(Shaffer 1981)나 에이브람슨과 알드리치(Abramson and Aldrich 1982) 등은 정치적 효용감의 감소, 정당 소속감의 약화가 투표율의 하락으로 이어지고 있다고 주장했다. 영국에서도 투표참여율의 하락은 당원 수의 감소에서 나타나듯이 정당 소속감 및 충성심의 약화와 관련이 있는 것으로 분석되었다(Crewe et al. 1992). 우리나라에서도 이와 유사하게 지지정당 혹은 후보의 선호도가 투표참여에 영향을 준다는 연구결과(김재한 1993; 조성대 2006)가 제시되었다. 또한 정치적 지지의 이전이 활성화되지 않은 상황에서 정치적으로 강한 연계를 갖던 정당에 대한 실망감이 투표불참으로 이어진다는 주장(이 책 제13장 참조)도 있었다.

지금까지 정리한 투표참여 혹은 기권을 설명하는 세 가지 시각은 각기 그 나름의 설명력을 지니고 있다. 그런데 우리나라 선거에서 투표율은 〈표 14-1〉에서 보듯이 1987년 대선, 1988년 총선을 정점으로 해서 이후 꾸준히 급락하고 있다. 이러한 추세를 바라볼 때 우리나라 선거에서 투표불참의 문제를 파악하기 위해서는 단일선거에 대한 원인분석을 넘어서 시계열적 변화의 추이를 찾아내려고 하는 노력이 필요하

〈표 14-1〉 민주화 이후 대선과 총선의 투표율

(%)

대선	1987	1992	1997	2002	2007	
	89.2	81.9	80.7	70.8	63.0	
총선	1988	1992	1996	2000	2004	2008
	75.8	71.9	63.9	57.2	60.6	46.1

자료: 중앙선거관리위원회.

다고 생각된다. 즉 현상에 대한 단면적 분석(*cross-sectional analysis*)보다 시간적 흐름에 따른 변인의 변화추이를 고려하면서 기권의 이유와 기권자의 특성을 파악하려는 시도가 보다 중요하다는 것이다. 이 장에서는, 이런 점을 감안하여 연속한 두 선거, 즉 2007년 대선과 2008년 총선에서의 투표참여를 동시에 고려하면서 2008년 총선에서의 기권자들의 특성을 살펴볼 것이다.

3. 누가 기권했나?

2007년 대선과 2008년 총선에서의 투표참여 여부를 함께 고려하게 되면, 투표참여 여부에 따라 다음과 같은 모두 4가지의 조합이 가능하다. 즉 ① 대선 투표-총선 투표, ② 대선 투표-총선 기권, ③ 대선 기권-총선 투표, ④ 대선 기권-총선 기권 등의 4가지 집단으로 구분할 수 있다. 이들 네 집단 간의 특성의 차이를 분석하기에 앞서 우선 두 차례의 선거에서 투표참여의 비율이 어떻게 변화했는지 살펴볼 필요가 있다. 〈표 14-2〉에서 보듯이, 불과 4개월의 차이지만 투표참여에는 상당한 변화가 생겨났다. 공식 투표율은 대선에 비해 총선에서는 17% 가량 낮아졌는데, 〈표 14-2〉의 결과를 보면 앞선 대선에서의 투표참여 여부에 따라 총선에서의 투표참여 비율이 달라졌음을 알 수 있다. 2007년 대통령 선거 때 투표에 참여한 집단 가운데서는 28%가 4개월 뒤 실시된 총선에서는 투표에 참여하지 않았다. 이에 비해서 2007년 대선에서 기권한 유권자 가운데서는 대선 투표자 집단에 비해 두 배가 넘는 66.7%가 총선에서도 투표하지 않은 것으로 나타났다. 모두 총선에 기권한 유권자들이라고 해도 이들이 각기 다른 특성을 지닌 집단이라는 추정을 가능하게 하는 결과이다.

따라서 2008년 총선에 참여하지 않은 기권자의 특성을 파악하기 위해서는 이 두 개의 집단을 서로 구분하여 살펴보는 것이 바람직할 것으로 보인다. 즉 ① 대통령 선거 때 참여한 유권자들이 4개월 뒤의 총선에는 참여하지 않았던 이유와, ② 대통령 선거와 국회의원 선거 모두 투표에 불참한 이유는 서로 다를 수 있다는 것이다. 이러한 차이점을 보다 분명하게 알아보기 위해 이번에는 대선과 총선의 투표참여 여부에 따른 네 집단의 사회경제적 특성에 대해서 살펴보았다.

〈표 14-2〉 2007년 대선과 2008년 총선에서의 투표참여 변화

(%)

구분	2007년 대통령 선거에서 투표했나?	
	투표	기권
투표	72.0	33.1
기권	28.0	66.9
n	100.0 (808)	100.0 (178)

2008년 국회의원 선거에서 투표했나?

자료: 한국선거학회(2008)에서 계산.

〈표 14-3〉에서는 연령, 지역, 소득, 학력, 성별 등 5개의 변인에 의해 네 집단의 특성을 구분하여 살펴보았다. 네 집단 간 사회경제적 변인에서 상당한 차이가 확인되는데, 특히 총선 기권자 가운데 '대선에서 투표하고 총선에서 기권한 집단'과 '두 선거 모두 계속해서 기권한 집단' 간에 사회경제적 변인의 차이가 분명하게 구분된다.

첫째, 연령 별로 보면 대선에서 투표한 유권자들 중에는 나이가 많을수록 총선에 투표한 유권자의 비율이 높아졌다. 대선 투표자 집단에서는 20~30대의 젊은 유권자들이 총선에서 상대적으로 많이 기권한 것으로 나타났다. 특히 19~29세 연령집단에서 그 비율은 46.9%에 달했다. 그러나 대선에서 기권한 집단을 놓고 보면 이와 유사한 패턴은 확인되지 않는다. 이들 중에서는 30대에서 가장 높은 기권비율이 나타났지만, 대선에서 투표한 집단과는 달리 50대, 60대 이상 등 고연령층 유권자 집단의 기권비율도 상대적으로 높다는 사실을 알 수 있다.

두 번째, 지역 별로도 차이가 확인된다. 대선에서 투표한 집단 중에서는 서울 거주자들 가운데 총선에서 기권한 유권자들의 비율이 가장 높았고 그다음으로 호남지역 유권자의 기권율이 상대적으로 높았다. 충청지역에서 그 비율이 가장 낮았다. 그러나 대선에서 기권한 집단에서는 호남지역과 부산·경남지역에서의 총선 기권율이 높게 나타났다. 이에 비해 충청지역과 대구지역에서 총선 기권율이 상대적으로 가장

〈표 14-3〉 2007년 대선 투표와 2008년 총선 투표참여 여부에 따른
사회경제적 특성

(%)

변인	총선 선택		구분						평균
			19~29	30~39	40~49	50~59	60+		
연령	대선 투표	투표	53.1	68.9	72.4	84.6	82.3		72.0
		기권	**46.9**	**31.1**	27.6	15.4	17.7		28.0
		n	143	183	199	136	147		808
	대선 기권	투표	39.4	20.0	43.5	29.4	31.3		33.1
		기권	60.6	**80.0**	56.5	**70.6**	**68.8**		66.9
		n	66	40	23	17	32		178
			서울	경기	충청	호남	경북	경남	
지역	대선 투표	투표	69.3	73.0	76.9	70.1	72.7	71.8	71.8
		기권	**30.7**	27.0	23.1	**29.9**	27.3	28.2	28.2
		n	179	259	78	87	88	117	808
	대선 기권	투표	37.9	32.3	45.5	16.7	45.5	26.2	33.1
		기권	62.1	67.7	54.5	**83.3**	54.5	**73.8**	66.9
		n	29	62	22	12	11	42	178
			하	중하	중상	상			
소득	대선 투표	투표		75.7	75.7	71.1	68.2		72.2
		기권		24.3	24.3	**28.9**	**31.8**		27.8
		n		111	177	190	201		679
	대선 기권	투표		35.3	18.2	28.6	48.6		32.8
		기권		64.7	**81.8**	**71.4**	51.4		67.2
		n		34	33	35	35		137
			중졸 이하		고졸		대재 이상		
학력	대선 투표	투표	76.3		74.9		61.2		72.3
		기권	23.1		25.1		**38.8**		27.7
		n	147		259		121		527
	대선 기권	투표	20.8		38.6		41.2		36.1
		기권	**79.2**		61.4		58.8		63.9
		n	24		44		51		119

<표 14-3> 계속

(%)

변 인		총선 선택	구 분		평 균
			남성	여성	
성별	대선 투표	투표	73.9	70.3	72.0
		기권	26.1	29.7	28.0
		n	394	414	808
	대선 기권	투표	34.1	32.2	33.1
		기권	65.9	67.8	66.9
		n	88	90	178

낮게 나왔다는 점도 주목할 만하다. 그러나 일부 지역의 경우 표본의 크기가 작다는 점을 감안해서 해석해야 할 것 같다.

세 번째, 소득 별 구분에서도 흥미로운 결과가 나타났다. 대선에서 투표한 집단에서는 소득이 높아질수록 총선에서의 기권비율이 높게 나타났다. 그러나 대선에서 기권한 집단에서는 그러한 일관된 추세가 나타나지 않았으며 오히려 중간소득 계층에서의 기권율이 상대적으로 높았다.

네 번째 학력 별 구분에서도 뚜렷한 차이가 확인된다. 대선 때 투표한 집단에서는 학력이 높아질수록 총선에서 기권한 이들의 비율이 증대했다. 중졸 이하 집단에서 기권의 비율이 23.1%인 데 비해 대재 이상 집단에서 그 비율은 38.8%였다. 그러나 대선에서 기권한 집단에서는 이러한 패턴이 역전되는 모습을 보이고 있다. 중졸 이하 집단에서 총선 기권자의 비율은 무려 79.2%인 데 비해 대재 이상 집단에서 그 비율은 58.8%로 상당한 차이를 보였다. 즉 이 집단에서는 학력이 높아질수록 투표참여의 비율이 높아졌다. 두 집단 간 패턴이 서로 상반되는 모습을 보이고 있는 것이다.

마지막으로 성별에 의한 구분에서는 앞서 살펴본 다른 변인과는 달리 남성과 여성 집단 사이에 커다란 차이가 확인되지 않았다. 대선에서 투표한 집단이나 기권한 집단 모두 성별과 무관하게 총선에서의 투표참여 비율은 비슷한 패턴을 나타냈다.

〈표 14-3〉에서의 분석결과, 2008년 총선에서 기권한 이들이라고 하더라도 '대선에서 투표한 집단'과 '대선과 총선 모두 계속해서 기권한 집단'은 서로 상이한 사회경제적 배경을 갖는 이들이라는 사실을 알 수 있다. 성별변수를 제외하면 두 집단 간에 분명한 차이가 확인되었다. 이러한 특성을 요약하면, 대선에서 투표한 집단 가운데 총선에서 기권한 이들은 주로 고학력, 서울(그리고 호남), 20~30대, 고소득 계층이라는 특성을 보인다. 이에 비해 두 선거에서 모두 계속해서 기권한 집단은 저학력, 50~60대 고연령층, 중간소득층, 호남과 경남지역 유권자 중에서 두드러지게 나타났다. 그런데 이 가운데 대선에서 투표하고 총선에서 기권한 이들의 사회경제적 속성, 즉 젊은 층, 고학력층, 고소득층, 서울, 호남 거주자들은 대체로 정치적으로 보다 민감하고 현실문제에 상대적으로 비판적인 특성을 지닌 이들로 볼 수 있다. 따라서 대선에서 투표에 참여했던 이들이 총선에서 기권한 것은 대선 이후 전개된 정치상황에서 생겨난 정치적 불만과 관련된 것이 아닌가 하는 추측을 가능하게 한다. 보다 명확하게 이들 두 집단 간 투표불참의 원인을 알아보기 위해서 두 차례 선거에서의 투표참여 여부를 기준으로 구분한 네 집단의 정치적 성향에 대한 차이를 비교해 보았다. 〈표 14-4〉는 정당에 대한 친근감 혹은 일체감, 그리고 정치적 연계감에 대해서 분석한 것이다.

〈표 14-4〉에서 보는 것처럼 네 집단 별로 정당정치에 대한 평가에서 적지 않은 차이가 확인되었다. 가장 적극적인 참여층, 즉 대선 투표-총선 투표 집단에서는 72.5%가 가깝게 느끼는 정당이 있다고 응답했다. 이에 비해서 가장 참여에 소극적인 '대선 기권-총선 기권'에서는 가깝게 느끼는 정당이 없다는 응답이 오히려 61.3%에 달했다. 대선, 총선 가운데 한 번이라도 투표에 참여한 집단은 대체로 비슷한 수치를 보였

〈표 14-4〉 정당에 대한 호감도, 대표성에 대한 평가

(%)

구분		대선과 총선에서의 선택				chi-square
		대선 투표- 총선 투표	대선 투표- 총선 기권	대선 기권- 총선 투표	대선 기권- 총선 기권	
가깝게 느끼는 정당	있다	**72.5**	53.1	58.6	38.7	$x^2 = 58.3$ $p < 0.00$
	없다	27.5	46.9	41.4	**61.3**	
	N	560	213	58	106	
자신을 대변하는 정당	있다	**47.3**	29.2	33.3	**13.7**	$x^2 = 49.1$ $p < 0.00$
	없다	52.7	70.8	66.7	86.3	
	N	509	195	48	95	

으며, 두 차례 투표에 참여한 적극 참여층과 한 번도 참여하지 않은 정치불참 집단의 중간 정도의 비율을 나타냈다. 자신을 대표하는 정당이 있느냐는 질문에 대한 응답도 대체로 비슷한 패턴이 나타났다. 자신을 대변하는 정당이 있다는 응답은 두 차례 모두 투표한 집단에서 47.3%로 가장 높게 나타난 반면, 두 번 모두 불참한 집단에서는 13.7%에 불과했다. 두 번의 선거에서 한 번 투표에 참여한 두 집단은 그 중간 정도인 30% 내외의 비율을 나타냈다. 〈표 14-4〉는 정당에 대한 일체감이나 소속감, 친근감을 갖는 경우에 투표참여가 증대하며, 기존 정당과의 연계가 약할 때 기권자가 증대한다는 사실을 보여주고 있다. 이러한 발견은 정당 소속감의 감소가 투표율 저하로 이어진다는 기존의 연구(예컨대 Abramson and Aldrich 1982; Crewe et al. 1992) 결과를 재확인시켜 준다. 우리나라에 대한 연구에서도 김진하(2008)는 2007년 대선 분석을 통해 정당 귀속감이 부분적으로 투표참여에 영향을 미쳤다고 분석하고 있다. 따라서 〈표 14-4〉는 선거라는 정치행사에 불참하게 만드는 중요한 요인 가운데 하나가 정당정치의 문제와 관련되어 있다는 사실을 시사해 주고 있다.

투표참여와 기권을 가르는 중요한 원인이 정당정치와 관련이 있다

는 이러한 발견을 보다 구체적으로 살펴보기 위해서, 대선과 총선의 투표참여 여부를 기준으로 구분한 네 집단이 각각 우리나라 정당정치에 대해서 어떻게 평가하고 바라보는지 분석하였다. 〈표 14-5〉에서는 '정당정치 만족도', '정치인의 역할에 대한 만족도', '주요 정당(한나라당과 통합민주당)에 대한 호감도', '정당일체감의 강도' 등 4가지 변인에 대해서 분산분석(ANOVA)을 실시하였다.

〈표 14-5〉에서는 각 집단 별로 일관된 패턴이 확인된다. 전반적으로 볼 때, 두 번 다 투표에 참여한 집단에서는 정당정치나 정치인 역할에 대한 만족감이 크고, 주요 정당에 대한 호감도도 클 뿐만 아니라 정당일체감의 강도도 상대적으로 강하게 나타났다. 반면 두 차례 모두 기권한 집단에서는 4가지 변인에 대해서 모두 가장 큰 불만이 확인되었

〈표 14-5〉 투표참여 여부에 의한 네 집단의 정당정치에 대한 평가

변인	대선, 총선 정치참여 구분				ANOVA
	대선 투표-총선 투표	대선 투표-총선 기권	대선 기권-총선 투표	대선 기권-총선 기권	
정당정치 만족도	2.12	1.92	1.98	1.84	F = 7.1 p<0.00
정치인 역할 만족도	1.87	1.70	1.82	1.65	F = 4.4 p<0.00
주요 정당 호감도	5.05	4.75	4.57	4.57	F = 4.8 p<0.00
정당일체감 강도	1.92	2.17	2.22	2.22	F = 10.3 p<0.00

자료: 한국선거학회(2008)로부터 산출.
- 정당정치 만족도, 정치인 만족도: 1 – 매우 불만족 … 3 – 대체로 만족 … 5 – 매우 만족.
- 주요 정당 호감도(한나라당과 통합민주당의 호감도의 평균): 0 – 매우 싫어한다 … 5 – 중간 … 10 – 매우 좋아한다.
- 정당일체감의 강도: 1 – 매우 친근하게 느낀다, 2 – 어느 정도 친근하게 느낀다, 3 – 그리 친근하게 느껴지지 않는다.

다. 즉 이들은 정당정치에 대한 만족감이 낮고 정치인 역할에 불만이
크며, 주요 정당에 대한 호감도 낮고 정당일체감이 강하지 않다는 것
이다. 즉 두 번 다 선거에 불참한 이들은 현실정치에 대한 강한 불만을
갖는 이들임을 알 수 있다. 대선이나 총선 가운데 한 차례만 투표에 참
여한 이들은 대체로 이 두 집단의 중간 정도의 수치를 나타냈다.

　이번에는 이러한 차이가 혹시 정치관련 정보의 획득이나 지식수준
과 관련된 것이 아닌지에 대해 살펴보았다. 〈표 14-6〉에서 보듯이 각
집단 별로 정치적 지식의 정도에 차이가 나타났다. 대선과 총선에서 모
두 투표에 참여한 집단에서 정치적 지식수준이 가장 높은 것으로 나타
났으며, 두 번 모두 기권한 집단에서 정치적 지식수준이 가장 낮은 것
으로 나타났다. 여기서도 한 번만 투표에 참여한 집단에서는 두 집단
의 중간 수준의 값이 나타났다. 이는 신문·방송과 같은 '전통매체'를
통한 정치정보의 획득빈도에서는 일관된 패턴이 나타나지는 않았지만,

〈표 14-6〉 정치적 지식과 정치적 정보획득의 빈도

변 인	대선, 총선 정치참여 구분				ANOVA
	대선 투표- 총선 투표	대선 투표- 총선 기권	대선 기권- 총선 투표	대선 기권- 총선 기권	
정치적 지식의 정도	**1.55**	1.62	1.59	1.95	F = 9.8 p<0.00
신문, 방송 통한 정치정보 획득 빈도	**2.97**	2.67	2.52	2.60	F = 9.8 p<0.00
인터넷을 통한 정보 획득 빈도	**2.21**	2.28	2.31	2.24	F = 0.3 p = 0.9

자료: 한국선거학회(2008)에서 산출하였음.
- 정치적 지식의 정도: 측정하기 위한 세 가지 질문(국무총리 이름, 집권당 이름, 대통령 임기) 가
운데 1은 세 개 모두 정답, 2는 하나만 틀린 경우, 3은 두 개 틀린 경우, 4는 세 개 모두 틀린
경우로 재코딩하였음.
- 신문, 방송, 인터넷 통한 정보획득 정도: 1 - 이용하지 않는다, 2 - 일주일에 한두 차례 이용한다,
3 - 일주일에 서너 차례 이용한다, 4 - 매일 이용한다.

적어도 대선, 총선 두 차례의 선거에 모두 참여한 집단은 신문, 방송을 통한 정치적 정보의 획득에도 상대적으로 적극적인 집단이라는 사실을 알게 한다. 총선 투표여부와 무관하게 대선 기권자 집단에서 전통매체를 통한 정치정보 획득의 빈도는 상대적으로 낮게 나타났다. 그러나 인터넷을 통한 정치적 정보의 획득빈도에 대해서는 네 집단 별로 통계적으로 유의미한 차이가 확인되지 않았다.

이번에는 이들 네 집단이 선거가 아니라 다른 방식으로 자신들의 정치적 의사를 표현하기 위한 행동을 한 적이 있는지에 대해서 알아보았다. 여기에 관심을 둔 것은 선거라는 제도적 출구의 효용성을 낮게 평가하여 선거 기권자들이 오히려 비인습적이거나 선거가 아닌 다른 형태의 제도적 정치참여를 오히려 선호하는지의 여부를 살펴보고자 한 것이다. 〈표 14-7〉에 네 집단 별로 정치적 의사표현을 위한 행동의 경험이 있는지 그 비율을 정리했다. 교차분석의 결과는 통계적으로 유의미하지 않은 것으로 나타났지만, 적어도 두 차례 선거에서 모두 투표한 집단과 다른 집단 간의 비율의 차이는 주목할 만하다. 선거에 적극적인 이 집단은 다른 방식에 의한 정치적 의사표현에도 적극적이라는 것이다. 반면 한 차례라도 기권했던 집단에서 정치적 의사표현을 위한 행동의 경험은 상대적으로 낮게 나타났다.

결국 대선과 총선 두 차례 선거에서 모두 투표에 참여한 이들은 정당정치에 대한 만족감이 상대적으로 크고, 가깝게 느끼는 정당이 있으며, 정당일체감이 강하고, 정치지식이 많을 뿐만 아니라 정치적 정보획득에도 관심이 많은 이들이다. 또한 이들은 선거가 아닌 다른 정치적 행동에도 적극적인 편이다. 이에 비해 두 번 다 투표에 불참한 이들은 정당정치에 대한 불신이 높고 선거의 효용성에 대해 의구심을 지니고 있으며, 정치지식이 적으며 정치적 정보의 습득에도 소홀한 편일 뿐만 아니라 선거 이외의 수단으로 정치적 의사표현을 하는 데도 적극적이지 않은 것으로 나타났다. 대선, 총선 중 한 차례라도 투표에 참여

〈표 14-7〉 정치적 의사표현을 위한 행동여부

(%)

		대선 투표-총선 투표	대선 투표-총선 기권	대선 기권-총선 투표	대선 기권-총선 기권	chi-square
정치적 의사표현을 위한 행동 여부	있다	11.2	7.7	7.0	7.0	$x^2 = 3.91$ $p = 0.27$
	없다	88.8	92.3	93.0	93.0	
	N	570	220	57	114	

한 이들은 대체로 이들 두 집단의 중간 정도에 위치하는 것으로 나타났다.

이러한 분석결과를 보면, 두 번 다 투표에 불참한 이들은 정치적으로 상당히 비관적이고 불만이 큰 집단으로 볼 수 있다. 반면 두 번 모두 투표에 참여한 이들은 정치에 대해 긍정적 평가를 내리는 이들로 볼 수 있다. 이런 특성을 다시 확인해 보기 위해서 네 집단이 생각하는 미래에 대한 전망에 대해서 알아보았다. 〈표 14-8〉은 4년 뒤 한국 경제가 어떻게 변화할 것인지 그 전망에 대해서 물어본 결과이다. 사실 4년 뒤의 상황을 누구도 정확하게 예측할 수 없는 것이기 때문에 이 질문은 얼마나 상황을 낙관적으로 보는지 혹은 비관적으로 보는지 구분하는 데 도움이 줄 것으로 보았다. 정치와 무관한 미래의 경제전망에 대한 질문이지만 그 응답은 앞서 나타난 것과 비슷한 집단 별 차이를 보였다. 두 차례 모두 투표에 참여한 집단에서 가장 낙관적인 전망이 나타난 반면, 두 번 다 기권한 집단에서는 가장 비관적인 응답이 나왔다. 한 번이라도 투표에 참여한 이들은 이들의 중간 정도의 수치를 보였다. 대선과 총선 모두 투표에 불참한 이들은 미래의 경제전망에 대해서도 매우 비관적인 생각을 갖는 이들임을 알 수 있다.

전체적으로 볼 때, 대선과 총선에서의 투표참여를 기준으로 구분한 네 집단은 대체로 세 개의 경향으로 나눠지고 있다. 즉 두 차례 모두

〈표 14-8〉 4년 뒤 한국 경제상황에 대한 전망

변 인	대선, 총선 정치참여 구분				ANOVA
	대선 투표- 총선 투표	대선 투표- 총선 기권	대선 기권- 총선 투표	대선 기권- 총선 기권	
4년 뒤 한국 경제 예상	1.69	1.79	1.89	1.96	F = 5.9 p<0.00

자료: 한국선거학회(2008)에서 산출.
1 - 좋아질 것이다, 2 - 비슷할 것이다, 3 - 나빠질 것이다.

투표에 참여한 적극적 투표 집단과 한 번도 투표에 참여하지 않은 기권자 집단은 서로 매우 상반된 태도를 보이고 있다. 그리고 대선과 총선 중 한 차례만 투표에 참여한 두 집단은 대체로 비슷한 경향을 보이고 있으며 적극적 투표 집단과 기권자 집단의 중간에 위치하고 있다. 이 가운데 가장 문제가 되는 집단은 역시 단 한 차례도 투표에 참여하지 않은 유권자들일 것이다. 이들은 정치적으로 불만을 갖고 있으며 정파적 소속감도 약하고 미래의 전망에 대해서도 비관적인 이들로 확인되었기 때문이다. 이들 집단의 특성은 단순히 특정 선거에서 전반적인 투표율을 하락시킨다는 사실을 넘어 우리나라 민주주의의 건강성에 대한 우려를 낳게 한다. 과연 이들은 한국 민주주의의 진전이나 민주주의의 가치에 대해서는 어떻게 생각하고 있을까? 다음 절에서는 민주주의 가치와 관련된 문제점을 두 차례 모두 투표에 참여한 적극적 참여 집단과 비교하여 이들의 특성을 분석할 것이다.

4. 민주주의 가치와 투표참여

앞에서 분석한 결과에 따르면, 대선과 총선에서 투표참여를 기준으로 구분한 네 집단의 정치적 성향과 현실정치에 대한 판단이 매우 상이하다는 사실을 알 수 있다. 이 가운데서 특히 두 차례 모두 투표한 집단과 두 차례 모두 기권한 집단 간에는 매우 뚜렷하고 일관된 차이가 확인되었다. 이 가운데서 정치적 불만이 크고 현실에 대해 비관적 평가를 내리는 기권자 집단에 보다 주목해서 그 특성을 분석해볼 필요가 있다. 과연 이들은 우리나라의 민주주의 체제에 대해서 어떤 생각을 갖고 있는지, 민주주의의 가치나 규범에 대해서 어떤 입장을 취하고 있는지에 대해 살펴봄으로써, 이들의 정치적 불만 속에 담긴 속성을 분석할 필요가 있다. 한국 민주주의가 지난 20년 동안 비교적 안정적이고 순조롭게 진전되었다고 할 수 있지만, 최근의 투표율 하락이 혹시 민주주의 체제 자체에 대한 회의나 불만의 표출이라면 이는 매우 위험스러운 징후로 봐야 할 것이다.

이런 특성을 살펴보기 위해서 두 번 다 적극적으로 투표에 참여한 적극 투표 집단과 두 번 모두 투표에 불참한 기권자 집단 등 두 집단만을 선택하여 민주적 가치와 민주주의의 작동, 제도적 기구에 대한 시각에 대해서 분석하였다. 분석방법은 판별분석(*discriminant analysis*)을 이용하였다. 판별분석은 분류된 집단 간의 차이를 의미 있게 설명해줄 수 있는 독립변수들을 찾아, 분류하고자 하는 변인의 집단을 판별하고 특성을 파악하고자 하는 기법이다. 여기서의 종속변수는 두 번 다 투표에 참여한 적극 투표자 집단(0)과 한 번도 투표에 참여하지 않은 기권자 집단(1)이다. 독립변수로는 세 범주의 특성을 나타내는 7개의 변수를 사용하였다. 분석의 목적이 투표자 집단과 기권자 집단이 민주주의 가치, 작동방식, 주요 제도적 기구에 대해 보이는 인식과 태도의 차이를 살펴보기 위한 것이므로, ① 민주주의의 가치와 한국 민주주의의 발전에 대한 평가, ② 선거의 대표성과 효용성에 대한 평가, ③ 주요한 공식적 제도기관에 대한 평가 등 세 범주로 구분하였다.

① 민주주의 가치와 한국 민주주의 발전에 대한 평가의 측정을 위한 변인으로는 다음의 세 가지 질문을 활용하였다.
- 우리나라 민주정치의 발전상황에 대한 만족도(민주정치 만족도 X1)
- 우리나라 자유, 인권의 존중 정도에 대한 평가(자유인권 존중 X2)
- '민주주의가 다른 정부형태보다 낫다'는 주장에 대한 태도(민주가 치 수용 X3)
② 선거의 대표성과 효용성에 대한 평가의 측정을 위한 변인으로는 다음의 두 가지 질문을 포함했다.
- 투표가 미래의 일에 영향을 준다는 데 대한 태도(투표 미래 영향 X4)
- 선거가 유권자 의사를 대변한다는 주장에 대한 태도(선거의사 대변 X5)
③ 주요한 공식 제도기관에 대한 평가로는 다음의 두 기관을 포함했다.
- 대통령/행정부에 대한 만족도(대통령/행정부 만족도 X6)
- 국회에 대한 만족도(국회 만족도 X7)

이에 따른 판별식은 다음과 같이 될 것이다.

$$VA = \beta 0 + \beta 1X1 + \beta 2X2 + \beta 3X3 + \beta 4X4 + \beta 5X5 + \beta 6X6 + \beta 7X7$$
$$(VA는 투표참여 여부, \beta i는 계수)$$

각 설명변수의 유의성 정도는 윌크스 람다(Wilk's Lambda) 값을 기준으로 하였고 변수를 단계적으로 투입하는 단계별(stepwise) 방식을 이용하였다. 두 집단 별로 각 변수의 평균값을 보여주는 집단통계량은

372

〈표 14-9〉와 같다.

〈표 14-9〉에서 보듯이 제시된 모든 변수에서 적극적 투표 집단과 기권자 집단 사이의 평균값에서 상당한 차이가 확인되었다. 또한 민주적 가치와 한국 민주주의 발전, 주요 공식제도에 대한 태도 등 전 변수에 걸쳐 매우 일관된 태도의 차이가 나타났다. 그러나 집단 내 변동과 집단 간 변동의 차이를 고려한 판별분석 결과, 7개의 변인 가운데 민주정치 만족도, 자유인권 존중, 민주가치 수용 등 세 변인은 통계적 예측변수에서 제거되었고, 나머지 4개의 변인만 집단 별로 유의미한 차이를 보이는 것으로 나타났다. 적극적 투표자 집단과 기권자 집단을 구분하는 표준화된 판결계수는 〈표 14-10〉과 같으며, 판별분석의 유의성을 나타내는 분류결과는 〈표 14-11〉에 정리되어 있다.

진입된 네 변수에 의한 두 집단 간 판별분석 결과 두 집단 간의 차이가 비교적 분명하게 확인되었다. 〈표 14-11〉에서 보듯이 투표자 집단

〈표 14-9〉 투표자 집단과 기권자 집단의 민주적 가치에 대한 집단통계량

	민주 정치 만족도	자유 인권 존중	민주 가치 수용	투표 미래 영향	선거 의사 대변	대통령/ 행정부 만족도	국회 만족도	n
두 번 모두 투표	2.60 (0.67)	2.19 (0.69)	2.03 (0.65)	4.10 (1.19)	2.90 (0.62)	2.47 (0.73)	1.95 (0.76)	471
두 번 모두 기권	2.72 (0.70)	2.37 (0.72)	2.23 (0.75)	3.44 (1.41)	3.14 (0.62)	2.15 (0.72)	1.64 (0.62)	78

- 표의 수치는 평균, 괄호 안은 표준편차.
- 민주정치 만족도: 1 – 매우 만족, 2 – 대체로 만족, 3 – 별로 만족 못함, 4 – 전혀 만족 못함.
- 자유인권 존중: 1 – 매우 존중, 2 – 약간 존중, 3 – 별로 존중되지 않음, 4 – 전혀 존중되지 않음.
- 민주가치 수용[민주주의에 문제가 있어도 다른 어떤 정부 형태보다 낫다]: 1 – 매우 찬성, 2 – 대체로 찬성, 3 – 대체로 찬성 않음, 4 – 전혀 찬성 않음.
- 투표 미래 영향: 1 – 전혀 중요하지 않다, 3 – 중간, 5 – 매우 중요하다.
- 선거의사 대변: 1 – 매우 잘 대변, 2 – 상당히 잘 대변, 3 – 별로 잘 대변 못함, 4 – 전혀 대변 못함.
- 대통령/행정부 만족도, 국회 만족도: 1 – 매우 불만족, 2 – 대체로 불만족, 3 – 대체로 만족, 4 – 매우 만족.

의 판별력은 73.3%로 비교적 높게 나타났고, 기권자 집단은 상대적으로 낮기는 하지만 무작위 배분을 가정할 때의 비율 50%보다는 높게 나타났다. 집단 중심점 역시 집단별 부호가 상반된 것으로 나타나서 두 집단 간 차이가 분명함을 보여주고 있다. 적중률도 70.2%로 비교적 높게 나타났다. 전체적으로 볼 때 판별분석 결과 진입된 네 변수에 의한 두 집단 간의 차이가 비교적 명확하다는 사실이 확인되었다.

판별분석에서 진입된 4개의 변인 가운데서는 〈표 14-10〉에서 보듯이, 투표가 미래의 일에 영향을 줄 것이라는 데 대한 믿음이 두 집단을 구분하는 데 가장 큰 영향을 미치는 것으로 나타났다. 그 뒤로 대통령/행정부 만족도, 선거가 유권자의 의사를 대변한다는 데 대한 태도, 그

〈표 14-10〉 표준화 정준판별함수 계수: 투표참여와 민주가치

변 수	계 수
투표 미래 영향	0.668
대통령/행정부 만족도	0.380
선거의사 대변	−0.331
국회 만족도	0.305

〈표 14-11〉 판별분석의 분류결과: 투표참여와 민주가치

	예측 소속집단		N	집단 중심점 (group centroids)	적중률 (hit ratio)
	투표자 집단	기권자 집단			
투표자 집단	366	133	499	0.11	70.2%
	73.3	26.7	100.0		
기권자 집단	42	46	88	−0.67	
	47.7	52.3	100.0		

374

리고 국회 만족도의 순으로 나타났다. 이러한 결과는 매우 흥미롭다.

앞서 언급한 대로, 판별분석에 포함된 변인들은 민주주의와 관련된 세 범주를 대표하는 것이다. 그런데 민주주의 가치와 한국 민주주의에 대한 평가범주에 포함된 세 변인(X1, X2, X3)은 모두 분석의 타당성 검토 결과 제외되었다. 최종적으로 유의미한 차이를 보이는 변인으로는 선거의 대표성과 효용성(X4, X5), 주요 공식 제도기관에 대한 만족도(X6, X7) 등이 포함되었다. 즉 이 네 변인만이 두 차례 모두 투표한 적극적 투표자 집단과 한 번도 투표에 참여하지 않은 기권자 집단을 구분하는 데 영향을 미치는 변수로 드러났다.

판별분석의 결과는 두 차례의 선거에서 모두 기권한 기권자들이, 〈표 14-9〉에서 본 대로 민주주의 가치나 우리나라의 민주정치 발전 정도에 대해서 투표자 집단보다 만족도나 신념에서는 상대적으로 취약한 모습을 보였지만, 그렇다고 해서 투표자 집단과 구분될 만큼 강한 수준으로 민주주의 체제에 대한 회의나 불만을 갖는 집단으로 볼 수는 없다는 점을 알려준다. 다시 말해 대선과 총선이라는 중요한 정치적 행사에 모두 기권했더라도 이들의 불참이, 두 번 다 투표에 참여한 이들과 비교할 때, 민주주의 체제에 대한 커다란 회의감을 반영한 것으로 볼 수 없다는 것이다. 그보다는 민주정치의 작동방식과 정치적 대표자에 대한 태도가 오히려 적극적 참여자와 불참자 집단을 나누는 중요한 요인으로 나타났다. 앞의 〈표 14-9〉와 〈표 14-10〉의 결과를 함께 고려할 때, 두 번 모두 투표에 참여한 이들은 선거라고 하는 대의제 민주주의의 작동기제에 대한 만족감이나 기대감이 상대적으로 높은 이들이며, 대통령/행정부나 국회라는 중요한 제도적 기관에 대해서도 호의적 평가를 내리는 이들임을 알 수 있다. 이에 비해 두 차례 모두 기권한 이들은 그 반대로 선거의 효용성과 대표성에 대한 불만, 대통령/행정부와 국회라는 제도적 기관에 대한 불만이 강한 집단임이 확인되었다. 즉 투표에 적극적으로 참여하는 이들과 두 번의 투표에 모두 불참한 이들을 구분짓는 것은 선거가 민의를 충분히 반영하고 대표성을 갖는가 하는 점에 대한 인식과 제도적 기관에 어느 정도의 신뢰를 부여하고 있느냐 하는 문제와 관련이 있다.

결론적으로 볼 때, 판별분석의 결과는 두 번 다 투표에 불참한 이들이 민주주의의 근본적 가치에 의구심을 갖는 이들이라고 볼 수 없음을 말해준다. 이들이 투표장에 나타나지 않은 것은 지역주의 등으로 인해 선거를 통해 정치인들이나 정당에 대한 정치적 책임성을 묻기 쉽지 않다는 사실과, 대통령/행정부의 업무수행이나 입법부의 역할에 대한 불만 때문이라는 사실을 보여준다.

5. 대선에 투표한 이들은 왜 총선에서 기권했나

지금까지 대선과 총선 두 차례 모두 기권한 이들을 대상으로, 두 번 다 투표에 참여한 유권자들과의 비교를 통해 그 특성을 살펴보았다. 두 번 다 기권한 이들은 선거정치와 제도적 기구의 업무수행이나 역할에 대한 불신이 영향을 미친 것으로 나타났다. 그런데 2008년 총선에서의 기권자 중에는 4개월 전의 대통령 선거에서는 투표에 참여했지만 총선에는 불참한 이들도 포함되어 있다. 앞에서 본 대로, 이들은 대통령 선거에 투표했다는 점에서 두 차례 모두 기권한 이들과는 정치성향에서 적지 않은 차이를 보였다. 대통령 선거 때 투표했다는 점에서 뒤이은 국회의원 선거에 이들이 기권한 이유가 민주주의 체제 자체에 대한 불만이나 거부와 같은 구조적 요인 때문이라고 보기는 어려울 것이다. 오히려 이보다는 대선 이후 벌어진 여러 가지 정치적 상황의 변화에 영향을 받았다고 보아야 할 것 같다. 제4장에서 논의한 대로, 2007년 대선에서 이명박 후보를 찍은 유권자들이 4개월 뒤의 총선에서 한나라당을 찍지 않은 까닭은 인수위원회 시절과 이명박 정부 첫 각료 임명과정에서 보여준 실망스러운 행태와 한나라당의 공천과정에서 불거진 정치적 논란과 같은 단기적 이슈의 영향과 함께, 향후 정국상황에 대한 판단에 따라 이들 유권자들이 총선의 의미를 다르게 받아들인 데 있었다. 즉 앞선 대선에서 투표한 유권자가 4개월이라는 짧은 기간만에 기권으로 돌아선 것은 상황적 요인이나 정당정치를 바라보는 시각의 차이가 반영된 것이다.

이런 특성을 확인하기 위해 이항 로지스틱 분석을 실시하였다. 종속변수는 앞선 대통령 선거에서 투표한 이들 가운데 국회의원 선거에서 투표한 유권자(0)와 불참한 유권자(1) 집단이며, 국회의원 선거 전의 정치상황적 요인과 각 정당이나 후보에 대한 평가, 만족도, 충성심 등

3개의 범주에 따라 모두 9개의 독립변인을 설정하였다. 상황적 요인으로는 한나라당 공천에 대한 평가, 통합민주당의 공천에 대한 평가, 이명박 정부의 업무수행에 대한 평가 등 세 변인이 포함되었고, 후보자 평가로는 지역구 의원의 의정활동에 대한 평가, 지역구 출마 후보자에 대한 만족도, 그리고 후보자 간 차별성의 정도 등 세 변인을 포함했다. 정당요인으로는 정당일체감, 정당체계에 대한 호감도, 그리고 한나라당, 통합민주당 등 주요 두 정당 가운데 이념적으로 가장 가까운 정당과의 이념거리 등 세 변인을 포함했다. 그 분석결과는 〈표 14-12〉에 정리되어 있다.

로지스틱 분석결과 설정한 3개의 범주 가운데 정당요인만이 통계적으로 유의미한 것으로 나타났다. 상황적 요인이나 후보자 평가의 항목에서는 통계적 유의성이 확인되지 않았다. 정당요인에 대한 세 변인에 대해서는 정당일체감이 강할수록 총선에서도 투표에 참여할 확률이 높아지는 것으로 나타났다. 또한 정당에 대해 긍정적으로 평가할수록 대선에 투표한 이들 가운데 총선에서도 투표할 확률이 증대되는 것으로 나타났으며, 자신과 가장 이념적으로 가깝게 위치한다고 생각하는 정당과의 이념거리가 짧을수록 투표참여가 늘어나는 것으로 나타났다. 즉 정당과의 이념적 근접성이 투표참여에 영향을 미치는 것으로 확인되었다. 〈표 14-12〉는 결국 투표참여 여부가 정당정치의 문제와 긴밀하게 관련되어 있다는 앞에서의 분석결과를 재확인시켜 주고 있다. 2007년 대선에 참여한 이들 가운데 4개월 뒤인 2008년 총선에 투표한 이들은 정당정치에 긍정적이고 우호적인 평가를 내리는 이들인 반면, 기권한 이들은 정당정치에 대해 부정적 평가를 내리는 이들이었다. 상황적 요인이나 후보자 요인은 이들 간의 차이를 설명하는 데 통계적 적합성을 갖지 못했다. 제4장에서 본 대로, 대선에서 이명박 지지자들이 총선에서 다른 정당 지지로 옮겨 간 것은 단기적이고 상황적인 요인이 영향을 미쳤지만, 투표참여의 문제는 그런 단기적 요인보다 장기

적인 정치적 연계, 즉 정당일체감이나 정당정치에 대한 호의적 평가,
그리고 이념적 근접성과 같은 요인이 보다 큰 영향을 미치는 것으로
나타났다.

〈표 14-12〉 이항 로지스틱 회귀분석: 대선 투표자 중 총선 투표와 총선 기권

구분	변수	B	Exp(B)
상황적 요인	한나라당 공천 평가	−0.14	0.87
	통합민주당 공천 평가	0.29	1.33
	이명박 정부 평가	−0.01	0.99
후보자 평가	지역구 후보 만족	0.32	1.37
	의원 의정활동 만족도	−0.28	0.76
	후보자 간 차별성	0.05	1.05
정당요인	정당일체감	0.67[1]	1.96
	정당 호감도*	−0.26[2]	0.77
	이념거리**	0.29[1]	1.34
상수		−2.62	

−2 Log likelihood = 198.1 Nagekerke R^2 = 0.13 Percentage correct = 81.3%

자료: 한국선거학회(2008)에서 산출.
1 − p<0.05, 2 − p<0.1.
− 종속변수: 총선 투표 (0), 총선 기권 (1).
− 한나라당, 통합민주당 공천평가: 1 − 매우 긍정적, 2 − 약간 긍정적, 3 − 약간 부정적, 4 − 매우 부정적.
− 이명박 정부 평가: 1 − 아주 잘하고 있다, 2 − 잘하고 있는 편, 3 − 못하고 있는 편, 4 − 아주 잘못하
  고 있다
− 지역구 후보 만족: 1 − 매우 공감, 2 − 대체로 공감, 3 − 별로 공감 못함, 4 − 전혀 공감 못함
− 의원 의정활동 만족도: 1 − 매우 만족, 2 − 대체로 만족, 3 − 별로 만족 못함, 4 − 전혀 만족 못함
− 후보자 간 차별성: 1 − 큰 차이, 2 − 약간 차이, 3 − 전혀 차이 없음
− 정당일체감: 1 − 매우 친근하게 느낀다, 2 − 어느 정도 친근하게 느낀다, 3 − 그리 친근하게 느껴지지
  않는다.
* 한나라딩, 동합민주낭, 친박연대, 창조한국당, 민노당, 자유선진당, 진보신당 등 7개 정당의 호오도
  (싫다 0 ↔ 10 좋다)에 대한 평균값.
** 이념거리: 한나라당과 통합민주당 두 정당을 대상으로 이념적으로 가장 가까운 정당과의 이념거리.

6. 결론

지금까지 2007년 대선과 2008년 총선이라는 잇단 선거에서 투표에 참여하거나 불참한 유권자들을 4개의 집단으로 구분하여 그 특성을 살펴보았다. 2008년 총선을 기준으로 할 때, 투표불참자는 대선에 이어 계속해서 기권한 소극적 참여자 집단과, 대선에서는 투표에 참여했지만 총선에서는 불참한 집단으로 구분해서 그 특성을 각각 살펴보았다.

두 차례의 선거에 모두 불참한 이들은 제도적 방식에 의한 정치참여에 매우 소극적인 유권자들이라는 점에서 이들이 과연 민주주의의 가치나 한국 민주주의의 발전상황에 대해서는 어떤 생각을 갖는 이들인지 주목했다. 이들의 특성을 분석한 결과 이들이 민주주의의 가치나 한국 민주주의의 발전 자체에 대해서 강한 회의감을 갖는 이들은 아닌 것으로 나타났다. 그보다는 선거라는 경쟁 메커니즘이 지역주의 등으로 인해 제대로 작동하지 못한다는 데서 비롯되는 정치적 불만과, 대통령, 정부, 국회 등 공식적 기구들에 대한 불신이 이들을 기권으로 이끌게 한 것으로 나타났다. 또 한편 대선에서는 투표했지만 총선에는 기권한 유권자들의 경우 상황적 요인이나 후보자 요인보다 정당일체감, 정당정치의 평가, 이념적 거리감 등 정당정치의 문제점이 이들의 불참에 영향을 미친 것으로 나타났다.

이 장에서의 논의를 토대로 본다면 민주화 이후 지속적으로 나타나고 있는 투표율의 하락은 우리나라 정당정치의 취약성과 깊은 관련이 있다고 할 수 있다. 지역주의에 의존하여 지역 수준에서는 사실상 자유로운 정치적 경쟁이 제대로 이뤄지지 못하며, 그로 인해 정치인이나 정당의 정치적 책임성을 제대로 묻기 어렵다는 문제점이 정당정치 전반에 대한 불만을 증대시키는 원인으로 보인다. 또한 정당이 여전히 시민사회 내에 뿌리 내리지 못하고 있으며, 제도적 기구로 그 위상을 확립하지 못한 채 정치 지도자에 따라 수시로 이합집산하는 모습을 보이는 것도 정당정치에 대한 신뢰의 상실과 소속감의 약화를 가져오는 중요한 이유로 생각된다. 2008년 총선의 투표율 46.1%는 이제 선거불참의 수준이 건강한 대의민주주의의 작동이라는 관점에서 볼 때 더 이상 방치할 수 없는 매우 심각한 상황에까지 이르렀음을 보여주고 있다. 이 장에서의 분석결과에 따르면, 투표장을 등진 유권자들을 다시 불러오는 가장 중요한 조건은 어떤 대증적이고 단기적인 유인책보다는 결국 정당정치의 책임성을 강화하고 선거의 경쟁 메커니즘을 복원시킬 수 있는 근본적이고 제도적인 해결책의 시급한 마련이라는 사실을 일깨워 주고 있다.

이 책에 수록된 각 장의 내용은 대부분 이전에 각종 학술저널에 발표된 논문을 토대로 하고 있다. 논문이 실린 구체적 내역은 아래와 같다. 그러나 책으로 엮는 과정에서 일부 논문의 경우 적지 않은 수정과정을 거쳤음을 밝힌다.

제 1장 "2007년 대통령 선거와 이슈: 회고적 평가 혹은 전망적 기대?", 《의정연구》 14권 1호 (2008), pp. 31~58.

제 2장 "지역주의는 변화했을까: 2007년 대통령 선거와 지역주의", 이현우·권혁용 편. 《변화하는 한국 유권자 2: 패널조사를 통해 본 2007 대선》, 동아시아연구원 (2008), pp. 67~93.

제 3장 "2007년 대통령 선거와 네거티브 캠페인의 효과", 《한국정치학회보》 43집 2호 (2009), pp. 131~147

제 4장 "2007년 대선과 2008년 총선에서의 지지 변화: 누가 왜 바꿨나?", 《한국과 국제정치》 24권 3호 (2008), pp. 1~28.

제 5장 "17대 국회의원 선거와 탄핵", 《행정논집》 2권 4호 (2004), pp. 155~174.

제 6장 "제 17대 총선에서 민주노동당 지지에 대한 분석", 《한국정치연구》 13집 2호 (2004), pp. 143~165.

제 7장 "How Ideology divides Generations? The 2002 and 2004 South Korean Elections", *Canadian Journal of Political Science* (2008) vol. 41 (2), pp. 461~480.
"한국의 이념 갈등과 진보-보수의 경계", 《한국정당학회보》 4권 2호 (2005), pp. 193~217.

제 8장 "386세대는 어디로 갔나? : 2007년 대선과 2008년 총선에서의 이념과 세대", 김민전·이내영 편. 《변화하는 한국 유권자 3: 패널조사를 통해 본 18대 국회의원 선거》, 동아시아연구원 (2009), pp. 69~98.

382

제 9장 "한국 정치에서 주관적 중도 유권자의 특성과 의미: 2004년 국회의원 선거를 중심으로", 《국가전략》 13권 4호 (2007), pp. 129~150.

제 10장 "지방선거에 대한 중앙정치의 영향: 지방적 행사 혹은 중앙정치의 대리전?", 조중빈 편. 《한국의 선거 III: 1998년 지방선거를 중심으로》, 푸른길 (1999), pp. 77~114.

제 11장 "2002년 지방선거의 정치적 의미: 중간평가 혹은 전초전?", 《한국정치연구》 15집 2호 (2006), pp. 61~84.

제 12장 "정당, 후보자와 선거운동: 서울시장 선거를 중심으로", 《의정연구》 13권 1호 (2007), pp. 190~214.

제 13장 "투표 불참과 정치적 불만족: 기권과 제 3당 지지를 중심으로", 《한국정치학회보》 36집 2호 (2002), pp. 153~174.

제 14장 "투표 참여, 민주주의와 정당 정치: 2007년 대선과 2008년 총선에서의 기권자 분석", 《현대정치연구》 1권 2호 (2008), pp. 75~102.

강경태. 2003. "한국 대통령 선거 어떤 유권자가 참여하나: 선거관심도를 중심으로", 《한국정치학회보》 37집 1호, pp. 91~111.

강원택. 2006. "영국의 지방선거와 민주주의", 한국세계지역학회 춘계학술회의 '세계 각국의 지방선거와 민주주의' 발표논문.

강원택. 2005 a. 《한국의 정치개혁과 민주주의》, 인간사랑.

강원택. 2005 b. "한국의 이념 갈등과 진보-보수의 경계", 《한국정당학회보》 4권 2호, pp. 193~217.

강원택. 2004 a. "남남갈등의 이념적 특성에 대한 경험적 분석", 경남대 극동문제연구소 편. 《남남갈등: 진단 및 해소방안》, pp. 55~100.

강원택. 2004 b. "한국에서 보궐선거의 특성과 정치적 의미", 《의정연구》 10권 1호, pp. 145~166.

강원택. 2003. 《한국의 선거정치: 이념, 지역, 세대와 미디어》, 푸른길.

강원택. 1998 a. "영국 양당제의 약화와 자유민주당 지지의 증가에 대한 연구", 《국제정치논총》 제 38집 1호, pp. 215~235.

강원택. 1998 b. "정치적 기대수준과 저항투표: 단순다수제 하에서 제3당에 대한 지지의 논리", 《한국정치학회보》 32집 2호, pp. 191~210.

강원택. 1997. "대통령 선거 방식의 제도적 문제점에 대한 연구: 단순다수제와 결선투표제 방식의 비교를 중심으로", 《한국정치학회보》 31집 3호, pp. 89~108.

길승흠·김광웅·안병만. 1987. 《한국선거론》, 다산출판사.

김만흠. 2003. "16대 대선과 지역주의", 김세균 편. 《16대 대선의 선거과정과 의의》, 서울대학교 출판부, pp. 181~204.

김만흠. 1997. 《한국 정치의 재인식: 민주주의, 지역주의, 지방자치》, 풀빛.

김무곤. 2005. 《네거티브 정치의 현상과 대응방안》, 삼성언론재단.

김무곤·조재수. 2002. "정치광고의 기억효과와 그 규정요인에 관한 연구: 부정, 긍정 소구와 수용자의 선유경향을 중심으로", 《광고학연구》 13권

3호, pp. 103~121.

김민정. 2004. "2002년 프랑스 대선을 통해본 정당체제의 변화", 《국제정치논총》 44집 2호, pp. 211~235.

김세균 편. 2003. 《16대 대선의 선거과정과 의의》, 서울대학교 출판부.

김수진. 2008. 《한국 민주주의와 정당정치》, 백산서당.

김왕식. 2004. "1인2표제 도입의 정치적 효과", 한국선거학회 연례학술대회 발표논문 (2004. 7. 이화여대).

김용호 외. 2004. 《17대 총선 현장 리포트》, 푸른길.

김용호. 2001. 《한국 정당정치의 이해》, 나남.

김영태. 2002. "정치적 불만족과 유권자의 투표행태", 진영재 편. 《한국의 선거 Ⅳ: 16대 총선을 중심으로》, 한국사회과학데이터센터, pp. 11~57.

김욱. 2006. "16대 대선에서 세대, 이념 그리고 가치의 영향력", 어수영 편. 《한국의 선거 Ⅴ: 제 16대 대통령 선거와 제 17대 국회의원 선거》, 오름, pp. 75~108.

김욱. 1999. "거주지 규모와 연령이 투표 참여에 미치는 영향: 합리적 선택이론의 관점을 중심으로", 조중빈 편. 《한국의 선거 Ⅲ: 1998년 지방선거를 중심으로》, 푸른길, pp. 205~246.

김욱. 1998 a. "투표 참여와 기권", 이남영 편. 《한국의 선거 Ⅱ: 제 15대 대통령 선거를 중심으로》, 푸른길, pp. 199~254.

김욱. 1998 b. "6·4 지방선거와 유권자의 투표행태 ― 설문조사 지표분석을 중심으로", 미발표논문.

김장권. 1998. "참여민주주의와 지방자치", 제 7회 아태평화재단 국내학술회의 발표논문.

김재한. 1998. "제 14대 대선과 한국경제", 《한국정치학회보》 27집 1호, pp. 99~120.

김재한. 1993. "투표 참여의 합목적성: 14대 대선에서의 기권 행태를 중심으로", 《한국과 국제정치》 9권 1호, pp. 89~100.

김주찬·윤성이. 2003. "2002년 대통령 선거에서 이념성향이 투표에 미친 영향", 《21세기 정치학회보》 13집 2호, pp. 1~17.

김진하. 2008. "17대 대선 투표 참여율과 기권", 《현대정치연구》 1권 1호, pp. 5~32.

김현진·박천호. 2008. "대통령 선거 후보자의 네거티브 캠페인 전략 결정 요

인 분석", 박찬욱 편. 《제 17대 대통령 선거를 분석한다》, 생각의 나무,
pp. 73~114.

김형준. 2007. "제 17대 대선구도의 전망과 과제", 한국지방정치학회 16차 지
역정책포럼 '제 17대 대통령 선거와 지방의 과제' 발표논문.

류석진 외. 2009. 《전자투표와 민주주의: 9개국 비교연구》, 인간사랑.

모종린·전용주. 2004. "후보경선제, 본선 경쟁력, 그리고 정당 민주화: 2002
년 6. 13 기초자치단체장 선거를 중심으로", 《한국정치학회보》 38집 1
호, pp. 233~254.

문용직. 1997. "국회의원 선거에서 현직 국회의원의 효과", 《한국과 국제정
치》 13권 2호, pp. 161~190.

박경산. 1995. "1995년 지방선거와 신정당구도", 《한국정치학회보》 29집 2호,
pp. 233~251.

박경산. 1993. "제 14대 대통령 선거에 나타난 경제적 투표", 《한국정치학회
보》 27집 1호, pp. 185~208.

박찬욱 편. 2005. 《제 17대 국회의원 총선거 분석》, 푸른길.

박찬욱. 1993. "제 14대 국회의원 총선거에서의 정당지지 분석", 이남영 편.
《한국의 선거 I》, 나남, pp. 67~115.

박찬욱. 1992. "유권자의 선거 관심도, 후보 인지 능력과 투표참여 의사: 제
14대 총선조사결과를 중심으로", 《한국정치학회보》 26집 3호, pp.
153~174.

박찬욱·김경미·이승민. 2008. "제 17대 대통령 선거에서 유권자의 사회경제
적 특성과 이념정향이 후보 선택에 미친 영향", 박찬욱 편. 《제 17대
대통령 선거를 분석한다: 2007년 12월 19일 대한민국 '국민의 선택'》,
생각의 나무.

백준기·조정관·조성대. 2003. "이데올로기와 지역주의, 그리고 2002년 대통
령 선거", 《국가전략》 9권 4호, pp. 139~167.

서현진. 2008. "제 17대 대선과 투표 참여", 이현우·권혁용 편. 《변화하는 한국
유권자 2: 패널 조사를 통해 본 2007 대선》, 동아시아연구원, pp. 97~
124.

손호철. 2003. 《현대한국정치: 이론과 역사 1945~2003》, 사회평론.

신명순. 1996. "한국 정치에서의 선거", 민준기 외. 《한국의 정치》, 나남,
pp. 101~154.

심성욱. 2007. "선거와 네거티브 캠페인", 《커뮤니케이션 이론》 3권 1호, pp. 120∼155.

안병만·김인철·서진완. 1995. "6·27 지방선거에 나타난 유권자의 자치정 향과 투표형태", 《한국정치학회보》 29집 4호, pp. 373∼392.

안부근. 2003. "16대 대선의 지지도 변화와 투표결과", 김세균 편. 《16대 대선 의 선거과정과 의의》, 서울대학교출판부, pp. 81∼101.

안청시. 1991. "3·26 지방선거의 특징과 문제점", 《자치행정》 38호, pp. 70∼ 98.

위버, 그래버·매콤스, 예열. 1994. 이현출 역. 《대중매체와 선거》, 신유.

윤종빈. 2001. "16대 총선에서 나타난 현직의원의 득표율 증감 분석: 지역구 활동 효과를 중심으로", 《한국정치학회보》 35집 4호, pp. 129∼146.

이갑윤. 2002. "지역주의의 정치적 정향과 태도", 《한국과 국제정치》 18권 2 호, pp. 155∼174.

이갑윤. 1997. 《한국의 선거와 지역주의》, 오름.

이갑윤·이현우. 2008. "이념투표의 영향력 분석: 이념의 구성, 측정 그리고 의미", 《현대정치연구》 1권 1호, pp. 137∼166.

이갑윤·이현우. 2002. "후보자 요인이 득표에 미치는 영향", 진영재 편. 《한 국의 선거 IV: 16대 총선을 중심으로》, 한국사회과학데이터센터.

이남영. 1998. "유권자의 지역주의 성향과 투표", 이남영 편. 《한국의 선거 II: 제 15대 대통령 선거를 중심으로》, 푸른길, pp. 11∼44.

이내영·정한울. 2007. "이슈와 한국 정당지지의 변동", 《한국정치학회보》 41 집 1호, pp. 31∼55.

이준한·임경훈. 2005. "과연 '중대선거'인가?: 선거에서의 유권자 투표결정 요인 분석", 박찬욱 편. 《제 17대 국회의원 총선거 분석》, 푸른길, pp. 211∼244.

이현우. 2007. "정치의식과 투표율", 한국정치학회 편. 《제 17대 대통령 선거 외부평가》, 2007년도 중앙선거관리위원회 용역보고서, pp. 255∼278.

이현우. 2006. "16대 대통령 선거에서 나타난 이슈와 후보자 전략", 어수영 편. 《한국의 선거 V: 제 16대 대통령 선거와 제 17대 국회의원 선거》, 오름, pp. 39∼74.

이현우. 2004. "정당투표제 도입의 정치적 효과", 2004년 한국정치학회 총선 분석특별학술회의 17대 총선 분석.

이현우. 1998. "한국에서의 경제투표", 이남영 편. 《한국의 선거 II: 제 15대 대통령 선거를 중심으로》, 푸른길, pp. 97~150.

이현우. 1997. "LISREL 기법을 이용한 기권에 미치는 심리적 요인 분석: 15대 총선을 대상으로", 한국정치학회 9월 월례발표회 발표논문.

이현우. 1996. "경제문제와 정당 선택: 미국의 경우. 1960~1992", 《한국정치학회보》 30집 4호, pp. 343~362.

이현우·권혁용 편. 2008. 《변화하는 한국 유권자 2: 패널조사를 통해 본 2007 대선》, 동아시아연구원.

이현출 2005. "한국 국민의 이념 성향: 특성과 변화", 《한국정치학회보》 34집 2호, pp. 321~343.

이현출. 2000. "무당파층의 투표행태: 16대 총선을 중심으로", 《한국정치학회보》 34집 4호, pp. 137~160.

장훈. 2004. "한국 참여민주주의의 발전과 과제: 진보-자유지상주의의 등장과 한국 민주주의의 압축이동", 한국정치학회 하계학술회의 발표논문.

정병기. 2003. "16대 대선과 계급: 양대 정당 후보 지지표와 민주노동당 권영길 후보 지지표 분석을 중심으로", 김세균 편. 《16대 대선의 선거과정과 의의》, 서울대학교 출판부, pp. 133~156.

정영태. 2004. "진보정당의 성공과 향후 과제", 한국선거학회 연례학술대회 발표논문(2004. 7. 이화여자대학교).

정진민. 2003. "1980년대 이후 미국 정당정치의 변화: 정당일체감과 세대요인을 중심으로", 미국정치연구회 편. 《전환기 미국정치의 변화와 지속성》, 오름, pp. 177~203.

정한울. 2007. "한국에서 경제투표는 가능한가", 이내영·이현우·김장수 편. 《변화하는 한국 유권자: 패널조사를 통해 본 5.31 지방선거》, 동아시아연구원, pp. 223~255.

조기숙. 2002. 《16대 총선과 낙선운동: 언론보도와 논평을 중심으로》, 집문당.

조기숙. 1996. 《합리적 선택: 한국의 선거와 유권자》, 한울.

조성대. 2006. "투표 참여와 기권의 정치학: 합리적 선택이론의 수리모형과 17대 총선", 《한국정치학회보》 40집 2호, pp. 51~74.

조성대. 2004. "4.15 총선과 한국 정치의 갈등 구조: 지역주의와 갈등의 대체", 《의정연구》 10권 2호, pp. 209~235.

조중빈 편. 1999. 《한국의 선거 III: 1998년 지방선거를 중심으로》, 푸른길.

조중빈. 1993. "유권자의 여야성향과 투표행태", 이남영 편. 《한국의 선거 I》, 나남, pp. 49～66.

조진만. 1998 a. "한국에서 비주기적 지역선거가 갖는 정치적 의미: 김영삼 정권기 국회의원 재보궐 선거를 중심으로", 연세대학교 정치학과 석사학위 논문.

조진만. 1998 b. "집권정부의 정치적 지지도와 국회의원 재·보궐선거 ― 김영삼 정권기를 중심으로", 《동서연구》 10권 1호, 연세대학교 동서문제연구원, pp. 159～198.

조진만·최준영·가상준. 2006. "한국 재보궐선거의 결정요인 분석", 《한국정치학회보》 40집 2호, pp. 75～100.

진영재·엄기홍. 2002. "낙천·낙선 운동의 선거적 결과: 선거 참여율, 득표, 당락 그리고 정당지지를 중심으로", 진영재 편. 《한국의 선거 IV: 16대 총선을 중심으로》, 한국사회과학데이터센터, pp. 175～223.

진영재·조진만. 2002. "한국 재·보궐선거의 특징을 파악하기 위한 분석틀 제시와 사례분석: 김영삼과 김대중 정권기를 중심으로", 《한국정치학회보》 36집 1호, pp. 185～202.

최영진. 2001. "제 16대 총선과 한국 지역주의 성격", 《한국정치학회보》 35집 1호, pp. 149～165.

최장집. 1998. 《한국 민주주의의 조건과 전망》, 나남.

최준영·조진만. 2005. "지역균열의 변화 가능성에 대한 경험적 고찰: 제 17대 국회의원 선거에서 나타난 이념과 세대 균열의 효과를 중심으로", 《한국정치학회보》 39집 3호, pp. 375～394.

최한수. 1995. "6·27 지방선거의 평가 ― 정당지지 및 지역주의 실태", 《한국정치학회보》 29집 3호, pp. 141～161.

최형익. 2003. "16대 대선과 이데올로기: 분석과 전망", 김세균 편. 《16대 대선의 선거과정과 의의》, 서울대학교 출판부, pp. 105～132.

황아란. 2000. "경제투표에 대한 정치심리학적 접근: 제 15대 대선을 중심으로", 《한국정치학회보》 34집 2호, pp. 193～212.

황아란. 1999. "6. 4 기초단체장 선거와 현직효과", 조중빈 편. 《한국의 선거 III: 1998년 지방선거를 중심으로》, 푸른길, pp. 345～398

황아란. 1996. "선거구 특성이 투표율에 미치는 영향: 제 15대 국회의원 선거 분석", 《한국정치학회보》 30집 4호, pp. 285～298.

황아란. 1995. 《한국의 투표행태에 관한 연구: 투표참여 및 선택을 중심으로》, 한국지방행정연구원.

Abramson, Paul, John Aldrich and David Rohde. 1990. *Change and Continuity in the 1988 Elections*. Washington DC: CQ Press.

Abramson, Paul and John Aldrich. 1982. "The Decline of Electoral Participation in America", *American Political Science Review* 76, pp. 502~521.

Ashenfelter, Orley and Stanley Kelly, Jr. 1982. "Determinants of Participation in Presidential Elections", *Journal of Law and Economics* 18, pp. 571~608.

Ansolabehere, Stephen, Shanto Iyengar, and Adam Simon. 1999. "Replicating Experiments Using Aggregate and Survey Data: The Case of Negative Advertising and Turnout", *American Political Science Review* vol. 93, no. 4, pp. 901~909.

Ansolabehere, Stephen, Shanto Iyengar, Adam Simon, and Nicholas Valentino. 1994. "Does Attack Advertising Demobilize the Electorate?", *American Political Science Review* vol. 88, no. 4, pp. 829~838.

Ansolabehere, Stephen and Shanto Iyengar. 1995. *Going Negative: How Political Advertising Shrinks and Polarizes the Electorate*. New York: Free Press.

Barry, Brian. 1970. *Sociologists, Economists and Democracy*. Chicago: University of Chicago Press.

Brians, Craig and Martin Wattenberg. 1996. "Campaign Issue Knowledge and Salience: Comparing Reception from TV Commercial, TV News, and Newspapers", *American Journal of Political Science* vol. 40, pp. 172~193.

Buchanan, James and Gordon Tullock. 1962. *The Calculus of Consent: Logical Foundations of Constitutional Democracy*. Ann Arbor: Michigan University Press.

Budge, Ian, Hans-Dieter Klingermann, Andrea Volkens, Judith Bara, and Eric Tanenbaum. 2001. *Mapping Policy Preferences: Estimates for Parties, Electors, and Governments 1945-1998.* Oxford: Oxford University Press.

Butler, David. "By-elections and Their Interpretation", in Cook and Ramsden (eds.) *By-elections in British Politics* (London: Macmillan), 1973.

Burnham, Walter. 1980. "The Appearance and Disappearance of the American Voter", in Richard Rose (ed.) *Electoral Participation: A Comparative Analysis.* Thousand Oaks, CA: Sage, pp. 35~73.

Cain, Bruce, John Ferejohn and Morris Fiorina. 1987. *The Personal Vote: Constituency Service and Electoral Independence.* Cambridge, Mass.: Harvard University Press.

Campbell, James. 1993. "Surge and Decline: the National Evidence", in R. Niemi and H. Weisberg (eds.), *Controversies in Voting Behavior.* Third edition. Washington D. C.: CQ Press.

Campbell, James. 1985. "Explaining Presidential Losses in Midterm Congressional Elections", *Journal of Politics* 47, pp. 1140~1157.

Campbell, Angus, Phillip Converse, Warren Miller and Donald Stokes. 1960. *The American Voter.* New York: Wiley.

Crewe, Ivor, Tony Fox, and James Alt. 1992. "Non-voting in British General Elections, 1966-October 1974", in D. Denver and G. Hands (eds.) *Issues and Controversies in British Electoral Behavior.* Hemel Hempstead: Harvester Wheatsheaf, pp. 18~30.

Curtice, John. 1983. "Liberal Voters and The Alliance: Realignment or Protest?", in Bogdanor (ed.) *Liberal Party Politics.* Oxford: Clarendon Press, pp. 99~121.

Damore, David. 2002. "Candidate Strategy and the Decision to Go Negative", *Political Research Quarterly* vol. 55, no. 3, pp. 669~686.

Dionne, Jr. E. J. 1991. *Why Americans hate Politics.* New York: Simon & Schuster.

Dorey, Peter. 1995. *British Politics since 1945.* Oxford: Blackwell.

Downs, Anthony. 1957. *An Economic Theory of Democracy.* New York:

Harper & Low.

Enelow, James and Melvin Hinich. 1984. *The Spatial Theory of Voting: An Introduction*. Cambridge: Cambridge University Press.

Feldman, Stanley. 1982. "Economic Self-interest and Political Behavior", *American Journal of Political Science* vol. 26, pp. 446~466.

Fenno, Jr. Richard. 1978. *Home Style: House Members and Their Districts*. Boston: Little Brown.

Finkel, Steven. 1993. "Reexamining the 'Minimal Effects' Model in Recent Presidential Elections", *Journal of Politics* vol. 60, pp. 159~172.

Finkel, Steven and John Geer. 1998. "A Spot Check: Casting Doubt on the Demobilizing Effect of Attack Advertising", *American Journal of Political Science* vol. 42, no. 2, pp. 573~595.

Fiorina, Morris. 1989. "Is Negative Voting an Artifact?", *American Journal of Political Science* vol. 33, pp. 423~439.

Fiorina, Morris. 1981. *Retrospective Voting in American National Elections*. New Haven: Yale University Press.

Freedman, Paul and Ken Goldstein. 1999. "Measuring Media Exposure and the Effects of Negative Campaign Ads", *American Journal of Political Science* vol. 43, no. 4, pp. 1189~1208.

Harrop, Martin and William Miller. 1987. *Elections and Voters: A Comparative Introduction*. London: Macmillan.

Hirschman, A. O. 1970. *Exit, Voice and Loyalty: Responses to Decline in Firms, Organizations and States*. Cambridge, Mass.: Harvard University Press.

Holbrook, Thomas. 1996. *Do Campaigns Matter?*. London: Sage.

Houston, David, Kelly Doan, and David Roskos-Ewoldsen. 1999. "Negative Political Advertising and Choice Conflict", *Journal of Experimental Psychology: Applied* vol. 5, no. 1, pp. 3~16.

Inglehart, Ronald. 1977. *Silent Revolution: Changing Values and Political Styles among Western Politics*. Princeton: Princeton University Press.

Jacobson, Gary and Samuel Kernell. 1983. *Strategy and Choice in Congressional Elections*. New Haven: Yale University.

Jhee, Byong-Kuen. 2006. "Ideology and Voter Choice in Korea: An Empirical Test of the Viability of Three Ideological Voting Models", *Korean Political Science Review* vol. 40, no. 4, pp. 61~83.

Johnston, Ron, Kelvyn Jones, Carol Propper, and Simon Burgess. 2007. "Region, Local Context, and Voting at the 1997 General Election in England", *American Journal of Political Science*. Vol. 51, no. 3, pp. 640~654.

Kahn, Kim and Patrick Kenney. 1999. "Do Negative Campaigns Mobilize or Suppress Turnout? Clarifying the Relationship between Negativity and Participation", *American Political Science Review* vol. 93, no. 4, pp. 877~889.

Kang, Won-Taek. 2008. "How Ideology divides Generation? The 2002 and 2004 South Korean Elections", *Canadian Journal of Political Science* vol. 41, no. 2, pp. 461~480.

Kang, Won-Taek. 2004. "Protest Voting and Abstention in Plurality Rule Elections: An Alternative Public Choice Approach", *Journal of Theoretical Politics*, vol. 16, no. 1, pp. 79~102.

Kaplowitz, Stan. 1971. "Using Aggregate Voting Data to Measure Presidential Coat-Tail Effects", *The Public Opinion Quarterly* vol. 35, no. 3, pp. 415~419.

Keith, Bruce, David Magleby, Candice Nelson, Elizabeth Orr, Mark Westlye, and Raymond Wolfinger. 1992. *The Myth of the Independent Voter*. Berkely: University of California Press.

Key, Jr. V. O. 1966. *The Responsible Electorate*. Cambridge, Mass.: Belknap Press.

Key, Jr. V. O. 1955. "A Theory of Critical Realignment", *Journal of Politics* vol. 17, pp. 3~18.

Kitschelt, Herbert. 1994. *The Transformation of European Social Democracy*. Cambridge: Cambridge University Press.

Kramer, Gerald. 1971. "Short-term Fluctuations in U. S. Voting Behavior", *American Political Science Review* 65, pp. 131~143.

Lau, Richard, Lee Sigelman, Caroline Heldman and Paul Babbitt. "The

Effects of negative Political Advertisements: A Meta-Analytic Assessment", *American Political Science Review* vol. 93, no. 4, pp. 851~875.

Lazarsfeld, Paul, Bernard Berelson, and Helen Gaudet. 1944. *The People's Choice.* New York: Duell, Sloane and Pearce.

Lee, Hyun-Chool. 2007. "The Ideological Disposition of Koreans", *Journal of Contemporary Asia*, vol. 37, no. 4, pp. 472~494.

Lees-Marshment, Jennifer. 2001. *Political Marketing and British Political Parties: The Party's Just Begun.* Manchester: Manchester University Press.

Lewis-Beck, Michael and Mary Stegmaier. 2000. "Economic Determinants of Electoral Outcomes", *Annual Review of Political Science* 3, pp. 183~219.

Light, Paul and Celinda Lake. 1985. "The Election: Candidates, Strategies, and Decisions", in Michael Nelson (ed.) *The Elections of 1984.* Washington DC: CQ Press.

Lipset, Seymour and Stein Rokkan. 1967. "Cleavage Structures, Party Systems and Voter Alignments: An Introduction", in Lipset and Rokkan (eds.) *Party Systems and Voter Alignments.* New York: Macmillan, pp. 1~64.

McCann, James, Ronald Rapport and Walter Stone. 1999. "Heeding the Call: An Assessment of Mobilization into H. Ross Perot's 1992 Presidential Campaign", *American Journal of Political Science* vol. 43, no. 1, pp. 1~28.

Macdonald, Stuart, Ola Listhaug and George Rabinowitz. 1991. "Issues and Party Support in Multiparty Systems", *American Political Science Review* 85, pp. 1107~1131.

Mair, Peter. 1997. *Party system Change.* Oxford: Oxford University Press.

McNair, Brian. 1999. *An Introduction to Political Communication.* 2nd edition. London: Routledge. 김무곤·안민호·양승찬 옮김. 2001. 《정치커뮤니케이션의 이해》, 한울.

Mayhew, David. 2000. "Electoral Realignments", *Annual Review of Pol-*

itical Science vol. 3, pp. 449~474.

Mayhew, David. 1974. *Congress: The Electoral Connection.* New Haven: Yale University Press.

Norris, Pippa. 1999. "Gender: A Gender-Generation Gap?" in G. Evans and P. Norris (eds.) *Critical Elections: British Parties and Voters in Long-term Perspectives.* London: Sage, pp. 200~217.

Norris, Pippa. 1990. *British By-elections: The Volatile Electorate.* Oxford: Oxford University Press.

Norris, Pippa, John Curtice, David Sanders, Margaret Scammell, and Holli Semetko. 1999. *On Message: Communicating the Campaign.* London: Sage.

Norton, Philip and David Wood. 1993. *Back from Westminster: British Members of Parliament and Their Constituents.* Lexington: The University of Kentucky Press.

Oakeshott, Mattew. 1973. "Towards an Economic Theory of By-elections since the War", in Cook and Ramsden (eds.) *By-elections in British Politics.* London: Macmillan, pp. 316~329.

Olson, Mancur. 1965. *The Logic of Collective Action.* Cambridge, Mass. : Harvard University Press.

Perterson, David and Paul Djupe. 2005. "When Primary Campaigns Go Negative: The Determinants of Campaign Negativity", *Political Research Quarterly* vol. 58, no. 1, pp. 45~54.

Pomper, Gerald (ed.) 1989. *The Elections of 1988: Reports and Interpretations.* Chatham, NJ: Chatham House.

Quirk, Paul and Jon Dalager. 1993. "The election: A 'New Democrat' and a New Kind of Presidential Campaign", in Michael Nelson (ed.) *The Elections of 1984.* Washington DC: CQ Press.

Rabinowitz, George and Stuart Macdonald. 1989. "A Directional Theory of Voting", *American Political Science Review* 83, pp. 93~121.

Riker, William and Ordeshook, Peter. 1968. "A Theory of the Calculus of Voting", *American Political Science Review* 62, pp. 25~43.

Rosenstone, Steven. 1985. "Why Reagan won", *Brookings Review* vol. 3, pp. 25~32.

Rosenstone, Steven and John Hansen. 1993. *Mobilization, Participation and Democracy in America*. New York: Macmillan.

Shaffer, Stephan. 1981. "A Multivariate Explanation of Decreasing Turnout in Presidential Elections", *American Journal of Political Science* 25, pp. 68~95.

Simon, Herbert. 1955. "A Behavioral Model of Rational Choice", *Quarterly Journal of Economics* vol. 69, no. 1, pp. 99~118.

Skaperdas, Stergio and Bernard Grofman. 1995. "Modeling Negative Campaigning", *American Political Science Review* vol. 89, no. 1, pp. 49~61.

Swaddle, K. and A. Heath. 1992. "Official and reported turnout in the British General Election of 1987", in D. Denver and G. Hands (eds.) *Issues and Controversies in British Electoral Behavior*. Hemel Hempstead: Harvester Wheatsheaf, pp. 31~40.

Swint, Kerwin. 2007. *Mudslingers*. 김정욱·이훈 옮김. 《네거티브, 그 치명적 유혹》, 플래닛 미디어.

Timpone, Richard. 1998. "Structure, Behavior, and Voter Turnout in the United States", *American Political Science Review* 92, pp. 145~158.

Tufte, Edward. 1975. "Determinants of the Outcomes of Midterm Congressional Elections", *American Political Science Review* 69, pp. 812~826.

Wattenberg, Martin. 2002. *Where Have All the Voters Gone?* Cambridge, M. A.: Harvard University Press.

Wattenberg, Martin and Craig Leonard Brians. 1999. "Negative Campaign Advertising: Demobilizer or Mobilizer?", *American Political Science Review* vol. 93, no. 4, pp. 891~899.

Wolfinger, Raymond and Steven Rosenstone. 1980. *Who Votes?* New Haven: Yale University Press.

Zaller, John. 2005. *The Nature and Origins of Mass Opinion*. 11th edition. Cambridge: Cambridge University Press.

용어

ㄱ

강부자 102
개성공단 33
경제학적 접근법 22
고·소·영 102
구심적 (centripetal) 경쟁 220
균열 (cleavage) 171
균열구조 22
근접이론 (proximity model) 138, 222

ㄴ～ㅂ

노사모 211
대북유화정책 67
도구적 효용 (instrumental utility)
 327, 329, 356
도저촌고 (都低村高) 325
뒤베르제 (Duverger) 의 법칙 137
《미국의 유권자》(The American Voter)
 297
방향성 모델 (directional model) 138,
 222
부동산 이슈 65

분할투표 (split-ticket voting) 150, 263

ㅅ～ㅇ

사회경제 투표 36, 38, 44, 47
사회학적 접근법 22
세금폭탄 185, 190
승자편승효과 (bandwagon effect) 63
시계추 현상 274
심리학적 접근법 22
여론조사 20
연령효과 (age effect) 194
외부비용 245, 274

ㅈ

자유민주당 166, 332
저항투표 (protest voting) 166, 167,
 168, 332
전망적 투표 34
정당일체감 (party identification) 22,
 298
제왕적 대통령제 242

종합부동산세 67
주머니경제 투표 36, 38, 44, 47
'줄·푸·세' 공약 30
중간평가 246, 290
중대 선거 298
중위수 유권자 223

ㅊ~ㅎ

촛불시위 24
최규선 게이트 290
충성심 (loyalty) 338
코리아연방공화국 33
탄력적 소비자 334
탈동조화 60
탈물질주의 190
탈퇴 (exit) 336
통일국민당 165
투표참여의 역설 329
판별분석 370, 372, 373, 374, 375
포클랜드 전쟁 25
표현적 효용 (expressive utility) 327,
    329, 356
합리적 선택이론 22, 34
항의 (voice) 336
햇볕정책 30, 175, 180
회고적 투표 (retrospective voting) 23,
    38, 79, 196, 247
회고적 평가 248, 249

기타

BBK 76
coat-tail effect 100, 275
dealignment 73

DJP연합 261, 345
mid-term blues 247
pork barrel politics 116
The American Voter 297
'747' 공약 30

인 명

ㄱ

가상준 101, 274
강원택 53, 68, 73, 101, 131, 138,
    150, 157, 165, 173, 187, 190, 195,
    211, 219, 245, 275, 299, 312, 332
김만흠 51, 53
김부겸 134
김수진 171
김영춘 134
김영태 333
김용호 274
김욱 195, 263, 333, 356, 357
김원웅 134
김장권 265
김재한 89, 330, 356, 357
김주찬 219
김진하 364
김형준 221
김홍걸 290
김홍업 290

ㄴ~ㄹ

노리스 (Norris) 247, 275, 301, 356
다운즈 (Downs) 89, 138, 157, 198,

222, 231, 326, 328, 330, 332, 333, 355

대처 246

라비노위츠와 맥도날드(Rabinowitz and Macdonald) 138, 222, 234

라이커와 오드슉(Riker and Ordeshook) 330, 355

라자스펠드 등(Lazarsfeld et al) 309

류석진 350

립셋과 록칸(Lipset and Rokkan) 22, 173

ㅁ~ㅅ

문국현 208, 210

문용직 103

박경산 248

박찬욱 226, 356, 357

뷰캐넌과 털럭(Buchanan and Tullock) 245, 274

서현진 77, 93

손호철 51

신기남 134

신명순 297

ㅇ

안영근 134

애틀리 19

유시민 134

윤성이 219

윤종빈 103

이갑윤 51, 103, 203, 297

이남영 51

이부영 134

이우재 134

이현우 103, 150, 203, 297

이현출 219

잉글하트(Inglehart) 174

ㅈ

장훈 219

정병기 219

정진민 275

조기숙 51, 82

조성대 195, 357

조순형 142

조중빈 226

조진만 53, 101, 219, 274

진영재 101

ㅊ~ㅎ

처칠 19

천정배 134

최병렬 143

최영진 53

최장집 51

최준영 53, 219, 274

최형익 219

추미애 135

피오리나(Fiorina) 23, 38, 39, 79, 247, 328

허쉬만(Hirschman) 336, 337, 338

호튼, 윌리 80

홍사덕 142

황아란 103, 357